國家圖書館古籍館 編

第一册 經部

國家圖書館西諦藏書善本圖録

海峽出版發行集團 | 鷺江出版社
THE STRAITS PUBLISHING & DISTRIBUTING GROUP | LUJIANG PUBLISHING HOUSE

2019年·廈門

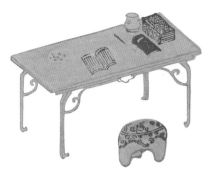

前言

鄭振鐸（1898—1958），筆名西諦，福建長樂人，二十世紀中國文壇享有盛譽的愛國主義文學家、學者，藏書家。他不僅是"五四"新文化運動的參與者，更是傳統文化的研究者和捍衛者。

鄭振鐸對祖國文化事業有着多方面的貢獻。作爲新中國文物事業的主要奠基人和開拓者，他在古籍善本的保護與收藏兩個方面都做出了突出貢獻。早在抗日戰爭時期，鄭振鐸不顧安危置身上海孤島，以極大的愛國熱忱，致力於保護、搶救珍貴古籍，使之免遭外流。1938 年，歷盡曲折，爲國家搶購了清代錢曾也是園舊藏珍本《脉望館鈔校本古今雜劇》，得書之時，他激動得徹夜難眠，"幾與克復一座名城無殊"！（鄭振鐸《脉望館鈔校本古今雜劇》跋）

抗戰時期的兵燹離亂，致使許多名家舊藏的珍本古籍流落上海書肆，美國的哈佛燕京學社、敵僞的華北交通公司以及漢奸陳群、梁鴻志等紛紛搶購。眼見珍貴善本或將流失海外，鄭振鐸極爲憂慮，他與張元濟、張壽鏞、何炳松、張鳳舉等人聯名電請重慶政府，考慮進行搶救，最終成立了由他們五位組成的文獻保存同志會，使用中英庚款董事會原爲中央圖書館建館所備的存款來購書。從 1940 年 1 月至 1941 年 12 月太平洋戰爭爆發之時止，他們爲國家搶購了善本古籍 3800 多種，其中宋、元刊本約 300 餘種。

1949 年新中國成立後，鄭振鐸擔任文化部文物局局長（後任文化部副部長），他竭盡全力，又使不少流失海外的珍貴古籍重新回歸祖國懷抱。時有"南陳北周（周叔弢）"之稱的陳澄中藏書的一部分，包括著名的南宋世綵堂所刻《昌黎先生集》《河東先生集》，以及許多宋元善本、名抄黄跋等精華，就是在鄭振鐸先生的努力之下，於 1955 年成功收購，回歸祖國。

鄭振鐸也是一位藏書家，他自青少年時期開始，就經常購買一些自己感興趣的古籍，他的私人藏書從自己學術研究的需求開始，隨研究的不斷深入逐漸擴大收藏範圍。鄭振鐸的學術研究主要集中在古代文學方面，考察其有關古代文化的著述，以《插圖本中國文學史》《中國俗文學史》《中國古代木刻畫史略》三書最具影響。《插圖本中國文學史》開創性地將歷來"不登大雅之堂"

的小説、戲曲等所謂"俗文學"寫入文學史;《中國俗文學史》指出所謂的"俗文學",就是廣泛流傳於民間的通俗文學,具體説來,主要是指民歌、戲曲、小説、彈詞、寶卷等民間的説唱文學作品;《中國古代木刻畫史略》則對具有悠久歷史的古籍版畫插圖的輝煌成就進行了全面系統的研究和總結。

正是對傳統文化的重視與鍾愛,使得鄭振鐸由一個古代文化的研究家,轉而成爲一位別具一格的藏書大家。1956 年,他在《劫中得書記·新序》中寫道:

> 我不是一個藏書家。我從來没有想到爲藏書而藏書。我之所以收藏一些古書,完全是爲了自己的研究方便和手頭應用所需的。有時,連類而及,未免旁騖;也有時,興之所及,便熱衷於某一類的書的搜集。總之,是爲了自己當時的和將來的研究工作和研究計劃所需的。因之,常常有"人棄我取"之舉。在三十多年前,除了少數人之外,誰還注意到小説、戲曲的書呢? 這一類"不登大雅之堂"的古書,在圖書館裡是不大有的,我不得不自己去搜訪。至於彈詞、寶卷、大鼓詞和明清版的插圖書之類,則更是曲"低"和寡,非自己買便不能從任何地方借到的了。

> (《西諦書話》第 268 頁;三聯書店,1983 年 10 月)

與傳統藏書家重視經、史著作及宋、元刻本不同,鄭振鐸注重子部、集部著作以及明、清刻本的收藏,尤其是注重戲曲、小説等民間俗文學書籍的收藏。正如他在《紉秋山館書目》跋文中所説:

> 予之集書也,往往獨闢蹊徑,不與衆同。予集小説、戲曲於舉世不爲之日。予集彈詞、鼓詞、寶卷、俗曲,亦在世人知之之先。予集詞集、散曲集、書目,亦以於詞、於曲、於書目有偏嗜故。至於所收他書,或以專門之需求邊類及之,或以考證有關而必欲得之。

> (《西諦書跋》第 78 頁;文物出版社,1998)

由於鄭振鐸對古代小説、戲曲以及古代版畫有很深入的研究，他收藏了很多珍稀的戲曲、小説和存有大量古籍版畫的插圖本。從文獻研究的角度説，西諦藏書極具實用價值，這也是學界對其尤爲關注的重要原因。

與傳統藏書家"秘不示人""傳之後代""子孫永寶"的做法不同，鄭振鐸藏書主要是爲開展學術研究。他特別强調有好書要大家一起分享，認爲有好書自己不用，也不許別人使用，屬於把持研究資料，這種行爲有害於科學研究工作的進行。他在《談分書》中説："書是要讀、要用的。從前的藏書樓，象寧波范氏天一閣，只是藏書而已。""書是天下之公物，誰也不能擁而私之。"（《西諦書話》第 691 頁，三聯書店，1983 年 10 月）因此，鄭振鐸經常慷慨地將自己的珍貴藏書借與友朋同道一起分享。如其所藏的明萬曆刻本《海內奇觀》，就曾借與李一氓先生補抄缺頁，不料書尚未用完，鄭先生卻突然遇難。《海內奇觀》原書末尾存有一則李一氓的手跋：

此冊曾假自西諦，攜來仰光，擬仿抄藏本缺葉。廿日得藏者墜機之訊，不禁愴怛之至，即草率轉抄畢事，急以原本送京璧還，萬卷惜無主者。回憶都門互賽善本之事，已成昨夢矣！率記於後，用志悼念。成都李一氓　五八年十月廿六日於仰光。

這段文字後來經李一氓先生修改、補充，以《明萬曆刻本海內奇觀（抄配本）書後》之名，刊表於三聯書店 1985 年出版的《存在集》（2008 年上海社會科學院出版社出版《鄭振鐸紀念集》，又收錄該文）。品味李一氓先生這則"愴怛"的悼念跋文，可以加深我們對"書是天下之公物"的理解。而鄭、李之間借書往還的軼事，今日讀來，仍不免令人感歎唏噓。

1958 年鄭振鐸殉職後，夫人高君箴女士遵照鄭先生生前遺囑，將藏書全部捐獻給國家，國家圖書館特設"西諦專藏"，以利社會各界研究之用。1963 年，文物出版社出版北京圖書館（今國家圖書館）編輯的《西諦書目》，收錄入藏國圖的西諦藏書 7740 部

（除去外文書、通行常見的舊版書和新版書）。著名古籍版本學家、
時任善本部主任的趙萬里先生在《西諦書目序》中介紹説："其中
明清版居多，手寫本次之，宋元版最少。"又對其所藏珍本如宋
刻遞修本《陶靖節先生集》，明刻戲曲《大雅堂雜劇》《吳越春秋
樂府》及明藍格抄本《録鬼簿》，餖版彩色印本《程氏墨苑》《十
竹齋書畫譜》《十竹齋箋譜》以及附有精美版畫插圖的《太平山
水圖畫》等，都做了簡明扼要的點評。

西諦藏書入藏國家圖書館不久，趙萬里先生就從中挑選了衆
多古籍精品入藏善本書庫。之後的數十年中，西諦藏書又有部分
珍品被選入善本，受到更好的保護。

西諦藏書的學術意義，最重要的有如下兩點：

一、古籍版本的資料性强

鄭振鐸是研究型藏書家，他通過親身的大量實踐，不斷增長
對各類古籍的認識，獲得了很多古籍版本鑒定的經驗。他藏書中
有許多稀見的古籍，尤其是戲曲、小説、寶卷、彈詞等類，文獻、
版本資料價值突出。

中國寶卷淵源於唐代佛教的俗講，也是長期以來未被發掘、
整理、研究的一大宗民間文獻，它是繼敦煌文獻之後，研究宋元
以來中國宗教，特別是民間宗教、民間信仰文化、農民戰爭、俗
文學、民間語文等課題的重要文獻。1987 年出版的《北京圖書館
古籍善本書目》中收録 3 部寶卷，皆爲西諦藏書，其中的明抄彩
繪本《目連救母出離地獄生天寶卷》，實爲北元宣光三年（1372）
蒙古脱脱氏施捨抄寫，是現存最早的寶卷。除此之外，明嘉靖刻
本《藥師本願功德經》也是現存年代較早的寶卷孤本。此二書無
論文獻價值還是文物價值，均非一般寶卷可與相比。

鄭振鐸藏書中有不少版本相同但印次不同的古籍，對於古籍
版本鑒定以及印刷史研究來説，這些書都是很好的依據和資料。
《中國版畫史序》説：

　　同一書也，又有初印次印之分。次印者圖多模糊，或已挖去

刻工姓氏，或竟另易他名。非得初印本，不足以考信。故余得《狀
元圖考》至三種之多，始發現明刊原有二種；又得汪氏《列女傳》
至四種之多；《程氏墨苑》至三種之多；他若《仙佛奇踪》《女範編》
《古列女傳》、李告辰本《西廂記》等數十種，亦皆蓄本二種以上，
始得決一疑，得一定論。

（《西諦書話》第 505 頁；三聯書店，1983 年 10 月）

　　傳統藏書家大多重視收藏精印本、足本，鄭振鐸反倒比較
重視後印及內容有殘缺的"劣本"的鑒別與收藏。西諦藏書中
有不少開本很小的明刻袖珍本佛道經書，內中多有版畫，刊印
雖然很差，但有些顯然是宗教儀式活動用於唱經的實物，歷史
文物價值極高。此類書籍，實際上屬於搶救式的收藏，沒有獨
到眼光，意識不到。趙萬里先生從西諦藏書中把這些規格不一、
很不起眼的小冊子幾乎全數收歸善本，說明他與鄭振鐸的見解
是相通的。

　　再如明代有很多反映百姓生活習俗的通俗類書，如《鼎鐫
十二方家參訂萬事不求人博考全編》《新版增補天下便用文林妙
錦萬寶全書》等，有的雖為殘書，但卻是稀見的珍本，文獻資料
價值很高。

　　明代萬曆以後，通俗小說十分盛行。不少書賈為求漁利，往
往利用舊版，巧立名目，改題撰人，致使版本情況十分複雜，留
下了不少學術疑案。

　　上世紀 20 年代，鄭振鐸收藏了一部題為"夢覺道人、西湖浪
子輯"的明刻話本小說集《幻影》，殘存 7 卷 7 回，原書作者和刊
印年代都無從考定。1927 年鄭先生遊學法國，在巴黎國家圖書館
發現了一部《拍案驚奇二集》，其中部分內容取自凌濛初《二刻拍
案驚奇》，另有部分故事與《幻影》全同。此外，馬廉先生舊藏一
部《三刻拍案驚奇》殘本，其前七回也與《幻影》內容全同。鑒
於《拍案驚奇》的巨大影響，《幻影》與《三刻拍案驚奇》的關係
問題，引起了學界廣泛的注意與討論。1939—1947 年間，王重民
先生為美國國會圖書館鑒定中國善本書籍時，從陸雲龍所編《皇

明十六名家小品》中發現一則啓事，提到"刊《型世言》二集，徵海內異聞"，遂敏銳指出："所謂《型世言》二集，後似刻爲《二刻拍案驚奇》，余在巴黎曾見之。"直到二十世紀九十年代初，韓國學者從漢城大學所藏奎章閣圖書中發現了《型世言》的明刻原本，這部罕爲人知的珍奇小説才終於露出了它的廬山真面目。原來，《型世言》行世以後，一些見利忘義的書商利用舊版，改頭換面，欺騙讀者，推出了《幻影》《拍案驚奇二集》《三刻拍案驚奇》等偽書，造成了許多混亂。由此可見，古籍版本源流的考訂，非常不易。《幻影》一書在這一學術公案中所起到的作用及其學術價值由此得到了充分的證明。

《紅樓夢》是中國古代最優秀的長篇小説，其傳本分爲有脂硯齋批語的抄本系統和乾隆年間程偉元刊印的"程高本"（"程甲本"、"程乙本"）系統，紅學研究者大多對有脂批的抄本更爲關注。西諦藏書中即有一部僅存兩回的清抄本《紅樓夢》，學界習稱"鄭藏本"，最近著名紅學專家劉世德先生研究發現，"此本居然保存着曹雪芹在創作過程中的初稿的文字痕蹟"，並認爲：給一個書的版本取簡名，不能含混、籠統，要遵循準確性和排他性原則，鄭振鐸藏《紅樓夢》小説多部，此本宜根據書中"晳庵"舊印，改稱"晳庵舊藏本"。（《〈紅樓夢晳本研究〉前言》，引自中國小説網）由此更加證明了鄭藏殘本的重要意義及其文獻的研究價值。

早期詞集選本以《花間集》《草堂詩餘》《尊前集》三書最爲有名，《花間集》《草堂詩餘》均有宋、元早期印本，惟《尊前集》在南宋以後流傳很少，刊本僅見明萬曆十年（1582）顧梧芳刻本，且僅存孤本一部，系羅振玉"大雲書屋"舊藏。原書分上下二卷，共二册，王國維曾對此本有所研究，寫過一篇近 600 字的跋文。之後，其下卷從羅府散出，爲鄭振鐸所得，隨西諦藏書一起歸入國圖。1990 年，國圖善本組從羅振玉文孫羅繼祖手中購得"大雲燼餘"藏書 9 部，正好包含《尊前集》上卷，這部稀見珍籍分散離合，歷經滄桑之後能在國圖終成完璧，亦得自鄭振鐸先生早年的收藏之功。

二、藝術觀賞性强，版畫及彩色印刷書籍史料豐富

明末清初，刊印名家書法、繪畫的書籍大爲流行，且成爲一時之風尚。此類書籍在鄭振鐸藏書中比比皆是，著名的如《歷代名公畫譜》《十竹齋書畫譜》《唐詩五言畫譜》《唐詩七言畫譜》《吳騷合編》《凌煙閣功臣圖》等等，皆圖繪美艷，雕印精工，悦人眼目，充滿詩情畫意。

另有一類深受藏家喜愛的名家手書精刻的寫刻本，西諦藏書中也有不少。由於此類書籍存世較少，故若非有心之人，往往不易得到。譬如清代"揚州八怪"的代表人物金農（1687-1763，字壽門，號冬心），曾於雍正十一年（1733）自編刊刻《冬心先生集》四卷，書前有同僚高翔（亦揚州八怪之一）手繪"冬心先生四十七歲小像"，卷尾有篆書"雍正癸丑十月開雕於廣陵般若庵"牌記。全書由吳郡名書手鄧弘文仿宋本字畫録寫，揚州刻工姜林伯等人精刻，字體勁秀，紙墨上乘，堪稱清代刻書中别具一格的佳品，當代古籍版本鑒賞家黄裳《來燕榭書跋》稱其爲"清刻中俊物也"。此外，鄭先生還藏有《冬心先生三體詩》，同樣十分罕見、難得。

又如清代"揚州八怪"之一的鄭板橋（名燮），其猶如"亂石鋪街"的"六分半書"體書法，稱譽一時。他曾手書自己的詩詞，刊印出版，成爲名家寫刻本中的珍品。西諦藏書中即有鄭燮手書刻本《板橋詞抄》，很是精美。

在鄭先生的收藏中，值得注意的還有題爲李卓吾手書的明陳君美觀成堂刻本《新刻草字千家詩》。李卓吾（名贄）（1527－1602）是明代著名的思想家、史學家、文學家，因富於個性、特立獨行而致命途多舛。其評點的《水滸傳》，十分著名。李卓吾手書向屬鮮見，此寫刻本尚可窺其書法之一斑。

《中國古籍善本書目》編纂之初，曾討論、設立了古籍善本歷史文物性、學術資料性、藝術代表性的三性九條原則，其中"藝術代表性"包含着"藝術觀賞性"，大致意思不難理解，但如何掌握，卻很難説出一個標準。上述書籍，或許可以爲之作一些註脚。而以這樣的標準來衡量鄭振鐸的藏書，可以更清楚地凸顯其版本的價值與意義。

　　鄭振鐸藏書及其研究的一個重要貢獻，是開啓並引領了人們對古代版畫藝術和餖版、拱花彩色印刷技術的研究。可以説，明末清初時期幾乎所有重要的彩印本，都能在西諦藏書中窺見其踪影，如《程氏墨苑》《十竹齋書畫譜》《十竹齋箋譜》《花史》《西湖佳話》《芥子園畫傳》（初、二、三集）等等，不僅品種多樣，而且版印清晰，多爲傳世最好的版本。現今學術界對古代餖版、拱花彩色印刷史的認知及其有關事實的證明，與鄭振鐸先生的研究、尤其是其彩印本藏書實物的存在，不無關係。

　　西諦藏書久爲學界所重視，但此前很少有系統反映其藏書面貌的書影圖録。今年是鄭振鐸先生誕辰 120 周年、逝世 60 周年，國家圖書館古籍館特編輯《國家圖書館西諦藏書善本圖録》一書，以紀念鄭先生對保護祖國歷史文化所做出的重要貢獻。本書從文獻、歷史、版本等多個方面揭示“西諦藏書”的特點，爲深入研究鄭振鐸先生及其藏書提供了重要資料。西諦藏書的意义及价值，仍有待於我們做更深入的研究與發掘。

程有慶

2018 年 11 月 15 日

凡
例

一、本書收録國家圖書館藏鄭振鐸先生舊藏善本古籍共 2372 部。

二、本書按經、史、子、集四部分類排序，序次依據《西諦書目》。《西諦書目》未收録者，歸入四部相應位置。

三、書影選取各書卷端、牌記、題跋等處以反映版本信息，並加選精美版畫。部分版本相同者則選不同位置，以揭示更多信息。

四、每部書的書影以其在原書的先後順序排序。遇題跋書於書衣者，該書影置於本書書影最末。

五、本書著録内容依次爲：題名、卷數、著者、版本（含批校題跋）、册數、存卷、裝幀形式、行款版式、版框尺寸、館藏索書號、西諦書號。

樣例：

書經大全十卷綱領一卷圖一卷　〔明〕胡廣等輯

明嘉靖七年（1528）書林楊氏清江書堂刻本

四册　存九卷：一至五、九至十，綱領一卷，圖一卷

半葉十一行二十一字，黑口，四周雙邊。版框 17.0×13.1 厘米

16130（10113）

1. 題名：一般依卷端著録。特殊情況按古籍書目著録慣例，參照版心、書衣題名著録。題名據全書内容另擬者，用〔 〕括註。

2. 卷數：原書卷數不詳者，標作□卷或□□卷。

3. 著者：明清之際人物，凡在明朝爲官，又入仕清朝者，時代一般著録爲"清"。

4. 存卷（含叢書子目殘存情況）：一般註明現存總卷數及具體卷次（子目）。遇存卷（子目）信息較複雜者，以簡明爲要，僅著録現存總卷數或所缺卷次；叢書子目超過十個則從略，或僅註明所缺子目。

5. 裝幀形式：僅著録子部釋家類的非綫裝裝幀形式。

6. 行款版式：無論刻本或抄本，均註明行格字數、邊欄書口

等情況，以反映各書版本異同。

　　7.版框尺寸：以半葉爲單位；以卷一首葉爲據，若卷端殘損或補版、抄配，則順序擇取次卷首葉；無邊框者不著録。著録格式爲"高 × 寬厘米"。

　　六、本書附書名和著者的筆畫和漢語拼音索引。

總

目

第一冊

前 言 —————————— 一

凡 例 —————————— 一

索 引

　　書名筆畫索引 ————— 二

　　書名漢語拼音索引 ——— 四七

　　著者筆畫索引 ————— 九二

　　著者漢語拼音索引 —— 一三三

經 部

　　易類 ——————————— 一

　　書類 ——————————— 一三

　　詩類 ——————————— 三三

　　禮類 ——————————— 六三

　　春秋類 ————————— 八五

　　孝經類 ————————— 一〇三

　　四書類 ————————— 一一七

　　樂類 ——————————— 一二五

　　群經總義類 —————— 一三七

　　小學類 ————————— 一五七

第二冊

史 部

　　紀傳類 ————————— 一

　　編年類 ————————— 一一

　　雜史類 ————————— 二三

　　詔令奏議類 —————— 六一

　　傳記類 ————————— 七七

　　地理類 ————————— 二五一

職官類 —————— 三二七

政書類 —————— 三三一

金石類 —————— 三七一

目録類 —————— 四一三

時令類 —————— 四九七

史評類 —————— 五〇九

史抄類 —————— 五二五

第三册

子部一

總類 —————— 一

儒家類 —————— 九

兵家類 —————— 四一

法家類 —————— 八一

農家類 —————— 八七

醫家類 —————— 一〇五

天文算法類 —————— 一五七

術數類 —————— 一八三

藝術類 —————— 二一五

譜録類 —————— 四四七

第四册

子部二

雜家類 —————— 一

小説家類 —————— 一七九

類書類 —————— 二一七

釋家類 —————— 三三五

道家類 —————— 四七五

叢書類 —————— 五〇七

第五册

集部一

楚辭類 —————— 一

漢魏六朝別集類 —————— 一七

唐五代別集類 —————— 五九

宋別集類 —————— 一四九

金別集類 —————— 二二五

元別集類 —————— 二二九

明別集類 —————— 二五三

清別集類 —————— 四八一

第六册

集部二

總集類 —————— 一

詩文評類 —————— 四一一

第七册

集部三

小説類 —————— 一

詩餘類 —————— 一一七

曲類 —————— 二一五

彈詞鼓詞類 —————— 五四三

寶卷類 —————— 五五一

後　記 —————— 五六一

索引

書名筆畫索引 —————————— 二

書名漢語拼音索引 —————————— 四七

著者筆畫索引 —————————— 九二

著者漢語拼音索引 —————————— 一三三

一畫

一夕話二刻□□種□□卷 —— 第四册·一八六

一夕話十種十卷又一夕話十種十卷一夕

　　話二刻□□種□□卷 —— 第四册·一八六

一笠庵新編一捧雪傳奇二卷 —— 第七册·三九九

一笠庵新編兩鬚眉傳奇二卷 —— 第七册·四〇一

一笠庵新編第七種傳奇眉山秀二卷

　　　　　　　　　　　　第七册·四〇〇

一瓢齋詩話一卷 —— 第六册·四四五

一覽知書二卷 —— 第三册·二五〇

二畫

二十一史論贊輯要三十六卷 —— 第二册·一〇

二十家子書二十九卷 —— 第三册·六

二仲詩二卷 —— 第六册·二七八

二如亭群芳譜二十八卷 —— 第三册·五〇三

二如亭群芳譜三十卷 —— 第三册·五〇二

二酉園文集十四卷詩集十二卷續集

　　二十三卷 —— 第五册·三五四

　　　　　　　　　　第五册·三五五

二刻拍案驚奇四十卷 —— 第七册·八

二張先生書院録一卷竹房先生文集補一

　　卷 —— 第二册·一四四

二張詩集四卷 —— 第六册·二六

二雅十三卷 —— 第一册·一六二

二程子全書五十一卷 —— 第三册·二四

十二代詩吟解集七十四卷 —— 第六册·二二

[十二科程墨偶評]不分卷 —— 第二册·二二三

十二家唐詩二十四卷 —— 第五册·六一

十二緣生祥瑞經卷下毗俱胝菩薩一百八

　　名經 —— 第四册·四四一

十八學士告身一卷齋中十六友圖説一

　　卷 —— 第三册·四七七

十三經九十卷 —— 第一册·一五五

十竹齋石譜一卷 —————— 第三冊·三五四

十竹齋書畫譜八卷 —————— 第三冊·三六二

第三冊·三六六

第三冊·三六八

十竹齋畫譜八卷 —————— 第三冊·三六〇

十竹齋箋譜初集四卷 —————— 第三冊·三七二

第三冊·三七四

第三冊·三七六

十竹齋蘭譜一卷 —————— 第三冊·三五八

十種傳奇二十二卷 —————— 第七冊·三〇七

十嶽山人詩集四卷 —————— 第五冊·三一〇

厂樓詞一卷 —————— 第五冊·五二一

七十二峰足徵集八十八卷文集十六卷

第六冊·三七一

七夕別韻倡和一卷 —————— 第六冊·三四五

七修類稿五十一卷續稿七卷 —— 第四冊·三二

七頌堂詩集九卷文集四卷別集一卷附錄

一卷尺牘一卷 —————— 第五冊·五一九

七錄齋詩文合集十六卷 —————— 第五冊·四四九

卜居秘髓二卷 —————— 第三冊·一八九

人文爵里九卷 —————— 第三冊·四五四

第三冊·四五九

第三冊·四六〇

人物概十五卷 —————— 第二冊·八一

人鏡陽秋二十二卷 —————— 第二冊·一一一

第二冊·一一三

入告初編一卷二編一卷三編一卷

第二冊·七六

入楚稿一卷 —————— 第五冊·三四八

八函二十四卷 —————— 第四冊·五三三

九大家詩選十二卷 —————— 第六冊·二七九

九夷古事一卷 —————— 第二冊·五四

九宮譜定十二卷總論一卷 —————— 第七冊·五二一

九華山志六卷圖一卷 —————— 第二冊·二九五

九雲夢六卷 —————— 第四冊·二一六

九蓮燈一卷 —————— 第七冊·三〇一

九歌圖一卷 —————— 第五冊·八

九靈山房集三十卷 —————— 第五冊·二四九

又一夕話十種十卷 —————— 第四冊·一八六

第四冊·一八九

又新集一卷 —————— 第五冊·五一三

三畫

三山論學紀一卷 —————— 第四冊·五八

三元正經纂要三卷 —————— 第三冊·二一〇

三友詩三卷 —————— 第五冊·五二九

三巴集一卷 —————— 第五冊·五六二

三代遺書六種二十八卷 —————— 第四冊·五二〇

三百詞譜六卷 —————— 第七冊·一九四

三百篇原聲七卷 —————— 第一冊·六一

三省備邊圖記不分卷 —————— 第三冊·六五

三星圓初集二卷二集二卷三集二卷四集

二卷 —————— 第七冊·四四三

三家店一卷 —————— 第七冊·四六〇

三異人文集二十三卷附錄四卷 —— 第六冊·六五

三國文二十卷 —————— 第六冊·二〇五

三朝遼事實錄十七卷總略一卷 —— 第二冊·四二

三儂嘯旨五種五卷 —————— 第五冊·四八九

于山奏牘七卷詩詞合選一卷 —— 第二冊·七五

于野集十卷 —————— 第六冊·三八〇

才調集十卷 —————— 第六冊·二〇八

下園徐氏族譜一卷 —————— 第二冊·二四三

大方廣佛華嚴經八十卷 —————— 第四冊·三九九

第四冊·四〇二

大明一統名勝志二百八卷 —— 第二冊·二五四

大明仁孝皇后內訓一卷 —————— 第三冊·三三

大明仁孝皇后勸善書二十卷 —— 第四冊·一二二

大明正德乙亥重刊改併五音類聚四聲篇

十五卷五音集韻十五卷新編經史正音

切韻指南一卷新編篇韻貫珠集八卷直

指玉鑰匙門法一卷 —————— 第一冊·一七四

大明清類天文分野之書二十四卷
　　　　　　　　　第二冊・二五三

大明萬曆四十七年歲次己未大統曆一卷
　　　　　　　　　第三冊・一六九

大威德陀羅尼經二十卷 ——— 第四冊・三八七

大般涅槃經四十卷 ——— 第四冊・三七九

大唐類要一百六十卷 ——— 第四冊・二一九

大崖李先生文集二十卷年譜一卷附錄一
　卷 ——— 第五冊・三〇二

大清一統志三百五十六卷 —— 第二冊・二五八

大清咸豐八年歲次戊午時憲書一卷
　　　　　　　　　第三冊・一七四

大清康熙六十一年歲次壬寅時憲曆一卷
　　　　　　　　　第三冊・一七〇

大雅堂雜劇四卷 ——— 第七冊・二六八

大悲心陀羅尼經一卷 ——— 第四冊・四三二

大悲心陀羅尼經一卷白衣大悲五印心陀
　羅尼經一卷 ——— 第四冊・四三五

小方壺齋存稿十卷 ——— 第五冊・六三四

小四夢四卷 ——— 第七冊・二九八

小窗自紀四卷清紀不分卷別紀四卷艷紀
　不分卷 ——— 第五冊・四〇一

小蓬萊閣金石目不分卷 —— 第二冊・三七六

小蓬廬雜綴二卷 ——— 第五冊・六一〇

小學書綱領一卷 ——— 第三冊・二五

小學集註六卷 ——— 第三冊・二七

小學集說六卷 ——— 第三冊・三六

小瀛洲十老社詩六卷瀛洲社十老小傳一
　卷 ——— 第六冊・二六二

口筆刀圭九卷 ——— 第四冊・八三

山谷小詞二卷 ——— 第三冊・二二七

山谷尺牘二卷 ——— 第三冊・二二七

山谷老人刀筆二十卷 —— 第五冊・一八〇

山谷詞一卷 ——— 第七冊・一三四

山谷題跋四卷山谷尺牘二卷山谷小詞二
　卷 ——— 第三冊・二二七

山林經濟籍八卷 ——— 第四冊・五三二

山東乙酉科鄉試硃卷一卷順治四年丁亥
　科春秋房會試硃卷一卷 — 第五冊・五一〇

山居小玩十種十四卷 —— 第三冊・四四九

山陽耆舊詩不分卷 ——— 第六冊・三八一

山歌十卷 ——— 第七冊・五〇一

山曉閣重訂昭明文選十二卷 — 第六冊・三〇九

山曉閣選明文全集二十四卷續集八卷
　　　　　　　　　第六冊・三〇七

千手千眼觀世音菩薩廣大圓滿無礙大悲心
　懺一卷禮拜觀想偈略釋一卷 — 第四冊・四五九

千百年眼十二卷 ——— 第二冊・五二〇

千秋歲倡和詞一卷 ——— 第七冊・二〇五

千家詩不分卷 ——— 第六冊・一四四

乞食圖二卷 ——— 第七冊・四三一

己吾集十四卷附錄一卷 —— 第五冊・四六四

女才子十二卷首一卷 —— 第七冊・一八

女訓一卷 ——— 第三冊・三四

女範編四卷 ——— 第二冊・一二〇

女論語一卷 ——— 第六冊・一三七
　　　　　　　　　第六冊・一三八

女鏡八卷 ——— 第二冊・一二三

四畫

王氏書苑十卷補益十二卷 —— 第三冊・二一七

王氏畫苑十五種三十七卷 —— 第三冊・二一九

王氏畫苑十卷補益四卷 —— 第三冊・二一八

［王文莊日記］不分卷 —— 第二冊・二〇四

王西樓先生樂府一卷 —— 第七冊・四八六

王西樓先生詩集一卷樂府一卷 — 第五冊・三〇三

王百穀集八種十四卷 —— 第四冊・五五六

王奉常雜著十四種十八卷 —— 第四冊・五五一

王昌齡詩集三卷 ——— 第五冊・七一

王季重先生文集□卷 —— 第五冊・四一七

王摩詰集十卷 ——— 第五冊・七七

王摩詰集六卷 ——————— 第五冊・七八
王遵巖家居集七卷 ——————— 第五冊・三二三
天一閣書目不分卷 ——————— 第二冊・四一九
天下有山堂畫藝二卷 ——————— 第三冊・三三一
天元曆理全書十二卷首一卷 ——————— 第三冊・一六六
天形道貌一卷 ——————— 第三冊・二七六
天花藏批評平山冷燕四才子小傳藏本
　二十回 ——————— 第七冊・九八
天竺靈籤一卷 ——————— 第三冊・一九八
　　　　　　　　　　　第三冊・二〇〇
天香別墅漫存一卷 ——————— 第五冊・六三一
天香別墅學吟十一卷 ——————— 第五冊・六三二
天啓元年于志舒陸文台買賣房契紙
　　——————— 第二冊・三五三
天遊山人集二十卷 ——————— 第五冊・三三三
元人集十種五十四卷 ——————— 第六冊・六二
元氏長慶集六十卷集外文章一卷
　　——————— 第五冊・一二一
元本出相北西廂記二卷會真記一卷釋義
　一卷 ——————— 第七冊・二二三
元本出相北西廂記二卷會真記詩詞跋序
　辯證年譜碑文附後一卷 ——————— 第七冊・三
元曲選一百種一百卷 ——————— 第七冊・二一九
元曲選圖一卷 ——————— 第七冊・二二〇
元詞備考五卷 ——————— 第七冊・五二〇
元詩選不分卷 ——————— 第六冊・二四九
元懶翁詩集二卷 ——————— 第五冊・二三三
木石居精校八朝偶雋七卷 ——————— 第六冊・四三二
五代詩話十二卷漁洋詩話二卷 — 第六冊・四三八
五局傳奇五種十卷 ——————— 第七冊・三七九
五服異同彙考三卷 ——————— 第一冊・八三
五星通軌一卷 ——————— 第三冊・一六四
五唐人詩集二十六卷 ——————— 第六冊・三八
五鹿塊傳奇二卷 ——————— 第七冊・四二六
五經五卷 ——————— 第一冊・一四六

五經註選五卷 ——————— 第一冊・一四四
五經疑義二卷 ——————— 第一冊・一五三
五雜俎十六卷 ——————— 第四冊・四三
　　　　　　　　　　　第四冊・四五
五鵲別集二卷 ——————— 第五冊・三四〇
支塘小志不分卷 ——————— 第二冊・二六一
不伏老一卷 ——————— 第七冊・二七〇
太上說天妃救苦靈驗經一卷 ——————— 第四冊・四九九
太平三書十二卷 ——————— 第六冊・三八二
太平山水圖畫一卷 ——————— 第三冊・三一四
　　　　　　　　　　　第三冊・三一五
太平班雜劇五卷 ——————— 第七冊・三〇〇
太平樂府玉勾十三種十四卷 — 第七冊・四二七
太玄月令經不分卷 ——————— 第三冊・二〇九
太和正音譜三卷 ——————— 第七冊・五一四
太函集一百二十卷目錄六卷 — 第五冊・三四九
太音大全集五卷 ——————— 第三冊・四二八
太師誠意伯劉文成公集十八卷 — 第五冊・二五七
太僕奏議四卷續奏議一卷 ——————— 第二冊・七一
太霞新奏十四卷 ——————— 第七冊・四七七
牙牌酒令一卷 ——————— 第三冊・三八七
止齋先生文集五十二卷附錄一卷
　　——————— 第五冊・二〇三
少林棍法闡宗三卷 ——————— 第三冊・六三
少保于公奏議十卷附錄一卷 ——————— 第二冊・六六
日月雲山地震災詳圖錄不分卷 — 第三冊・一八七
日食通軌一卷 ——————— 第三冊・一六五
日涉編十二卷 ——————— 第二冊・五〇三
　　　　　　　　　　　第二冊・五〇五
日涉錄不分卷 ——————— 第四冊・七八
中山傳信錄六卷 ——————— 第二冊・三二三
中邨逸稿二卷 ——————— 第五冊・五二二
中州名賢文表三十卷 ——————— 第六冊・三四九
中州樂府集一卷 ——————— 第七冊・二〇一
中晚唐詩五十一卷 ——————— 第六冊・五一

中晚唐詩紀六十二卷 ——————— 第六冊・五〇

水心題跋一卷益公題跋十二卷後村題跋

　　四卷 ——————— 第五冊・二〇九

水明樓集十四卷 ——————— 第五冊・四一二

水陸道場圖像不分卷 ——————— 第四冊・四六九

水滸葉子不分卷 ——————— 第三冊・三八一

水滸傳二十卷一百回 ——————— 第七冊・六八

水滸傳註略二卷 ——————— 第七冊・八三

　　　　　　　　　　　　　　第七冊・八四

四畫

午亭文編五十卷 ——————— 第五冊・五四八

毛詩二十卷 ——————— 第一冊・四一

毛詩日箋六卷 ——————— 第一冊・五七

毛詩振雅六卷 ——————— 第一冊・五二

毛詩說二卷首一卷 ——————— 第一冊・五八

壬辰四友二老詩贊不分卷 ——————— 第六冊・二六五

　　　　　　　　　　　　　　第六冊・二六六

升庵南中集七卷 ——————— 第五冊・三一一

升庵南中續集四卷 ——————— 第五冊・三一二

仁和龔氏舊藏書目不分卷 ——————— 第二冊・四三四

仍園日出言二卷 ——————— 第五冊・四三二

介庵琴趣外篇六卷 ——————— 第七冊・一三七

今文韻品二卷 ——————— 第六冊・二八八

今吾集一卷筆雲集一卷 ——————— 第五冊・五三八

分類尺牘新語二編二十四卷 —— 第六冊・三六一

分類尺牘新語廣編二十四卷補編一卷

　　　　　　　　　　　　　　第六冊・三六二

分類補註李太白詩二十五卷分類編次李

　　太白文五卷 ——————— 第五冊・七三

分類編次李太白文五卷 ——————— 第五冊・七三

月令通考十六卷 ——————— 第二冊・五〇二

月食通軌一卷 ——————— 第三冊・一六五

月峰先生居業四卷 ——————— 第五冊・三七八

丹鉛摘錄十三卷 ——————— 第四冊・六七

六臣註文選六十卷諸儒議論一卷 — 第六冊・八九

　　　　　　　　　　　　　　第六冊・九〇

　　　　　　　　　　　　　　第六冊・九一

六合叢談十三卷 ——————— 第四冊・八六

六法管見一卷 ——————— 第三冊・三三六

六書正訛五卷 ——————— 第一冊・一六九

六書長箋七卷 ——————— 第一冊・一七一

六朝詩集二十四種五十五卷 ——————— 第六冊・一五

六朝詩彙一百一十四卷目錄九卷詩評一

　　卷 ——————— 第六冊・一二九

六經始末原流不分卷 ——————— 第一冊・一四八

六經圖六卷 ——————— 第一冊・一三九

　　　　　　　　　　　　　　第一冊・一五一

文公小學六卷小學書綱領一卷文公先生

　　年譜一卷 ——————— 第三冊・二五

文公先生年譜一卷 ——————— 第三冊・二五

文公家禮儀節八卷 ——————— 第一冊・八一

文心雕龍十卷 ——————— 第六冊・四一三

文長雜紀二卷 ——————— 第五冊・三六〇

文苑彙雋二十四卷 ——————— 第四冊・二七四

文始真經言外經旨三卷 ——————— 第四冊・四八六

文美齋百華詩箋譜不分卷 ——————— 第三冊・四二一

　　　　　　　　　　　　　　第三冊・四二三

文津二卷 ——————— 第六冊・三五四

文通三十卷閏一卷 ——————— 第四冊・五四

文章正論二十卷 ——————— 第六冊・一六八

文章類選四十卷 ——————— 第六冊・一五六

　　　　　　　　　　　　　　第六冊・一五七

文淵閣書目不分卷 ——————— 第二冊・四一五

文範□□卷 ——————— 第六冊・二八三

文選六十卷 ——————— 第六冊・八五

　　　　　　　　　　　　　　第六冊・八六

　　　　　　　　　　　　　　第六冊・八七

文選章句二十八卷 ——————— 第六冊・九三

文選增定二十三卷 ——————— 第六冊・一〇二

　　　　　　　　　　　　　　第六冊・一〇三

文選雙字類要三卷 ——————— 第四冊・二二五

文選類林十八卷 ——————— 第四冊・二二六

文選瀹註三十卷 —————— 第六冊·九六

文壇列俎十卷 —————— 第六冊·一七一

文體明辯六十一卷首一卷 —— 第六冊·一七五

文體明辯六十一卷首一卷目録六卷附録

　　十四卷附録目録二卷 —— 第六冊·一七七

文體明辯附録十四卷目録二卷 — 第六冊·一七八

方氏墨譜六卷 —————— 第三冊·四六三

　　　　　　　　　　　　第三冊·四六五

　　　　　　　　　　　　第三冊·四六七

方洲張先生文集四十卷 ——— 第五冊·二七二

方壺存稿九卷附録一卷 ——— 第五冊·二一七

方輿勝略十八卷外夷六卷又一卷

　　　　　　　　　　　　第二冊·二五五

心史七卷 —————— 第五冊·二二四

［心齋三種］五卷 ——— 第四冊·一七五

弔譜補遺八卷 —————— 第三冊·四四六

孔子家語十卷 —————— 第三冊·一一

孔聖全書三十五卷 ——— 第二冊·一六一

幻影八卷三十回 ——— 第七冊·一〇

五畫

玉山倡和一卷遺什一卷附録一卷

　　　　　　　　　　　　第六冊·二四八

玉山璞稿二卷 —————— 第五冊·二五〇

玉尺樓傳奇二卷 ——— 第七冊·四二九

玉芝堂談薈三十六卷 ——— 第四冊·一三三

玉茗堂文摘十一卷 ——— 第四冊·一二五

玉茗堂全集四十六卷 ——— 第五冊·三九二

玉茗堂批評紅梅記二卷 ——— 第七冊·三五三

玉茗堂批評異夢記二卷 ——— 第七冊·三九三

玉茗堂集選十五卷 ——— 第五冊·三九三

玉茗堂摘評王弇州先生豔異編十二卷

　　　　　　　　　　　　第四冊·二〇〇

　　　　　　　　　　　　第四冊·二〇二

玉峰先生腳氣集一卷 ——— 第四冊·一五

玉堂校傳如岡陳先生二經精解全編九卷

　　　　　　　　　　　　第四冊·四八二

玉堂叢語八卷 —————— 第四冊·八九

玉涵堂詩選十卷 ——— 第五冊·三三〇

玉壺山房詞選二卷 ——— 第七冊·一七二

玉壺冰一卷 —————— 第四冊·一二三

玉搔頭傳奇二卷 ——— 第七冊·四〇五

玉楮詩稿八卷 —————— 第五冊·二一九

玉臺新詠十卷 —————— 第六冊·一一四

玉臺新詠十卷續五卷 ——— 第六冊·一一一

玉臺新詠十卷續四卷 ——— 第六冊·一一三

玉磑集四卷蠡音一卷壽壙碑辭一卷吳江

　　旅嘯一卷綺樹閣賦稿一卷詩稿一卷

　　　　　　　　　　　　第五冊·五四〇

玉機微義五十卷 ——— 第三冊·一四四

玉籹樓詞一卷 —————— 第七冊·一七一

巧團圓傳奇二卷 ——— 第七冊·四〇六

正祀考集□□卷 ——— 第二冊·一五三

正信除疑無修證自在經一卷 — 第七冊·五五四

正誼堂文集不分卷詩集二十卷蓉渡詞三

　　卷 —————— 第五冊·五五八

甘泉先生兩都風詠四卷 ——— 第五冊·二九九

世敬堂集四卷 —————— 第五冊·三二九

古今合璧事類備要後集八十一卷 — 第四冊·二二四

古今名扇録不分卷 ——— 第三冊·二四二

古今名喻八卷 —————— 第四冊·一二九

古今名媛彙詩二十卷 ——— 第六冊·一四三

古今法書苑七十六卷 ——— 第三冊·二四九

古今官制沿革圖一卷 ——— 第二冊·三二九

古今振雅雲箋十卷 ——— 第五冊·三〇九

古今將略四卷 —————— 第三冊·七九

古今詞彙三編八卷 ——— 第七冊·一九二

古今詞選十二卷 ——— 第七冊·一九三

古今詞選七卷蘭思詞鈔二卷蘭思詞鈔二

　　集二卷 —————— 第七冊·一九一

五畫

古今寓言十二卷 ——————— 第六冊·一六六

古今詩韻二百六十一卷 ——— 第一冊·一八〇

古今詩韻釋義五卷 ————— 第一冊·一八三

古今廉鑒八卷 ————————— 第二冊·一一五

古今經世格要二十八卷 ——— 第四冊·二五三

古今圖書集成圖不分卷 ——— 第四冊·三三一

古今說海一百三十五種一百四十二卷

　　　————————— 第四冊·五一一

古今辭命達八卷 ————— 第六冊·一八八

古今類書纂要增删十二卷 —— 第四冊·三二四

古文小品冰雪攜六卷 ——— 第六冊·三一八

古文苑二十一卷 ————— 第六冊·一〇五

古文會編八卷 ——————— 第六冊·一五九

古文類選十八卷 ————— 第六冊·一六一

古心傳一卷芙蓉花史詩詞抄一卷栀禪録

　　題辭一卷 ————— 第五冊·六三六

古本荊釵記二卷 ————— 第七冊·三二六

古名儒毛詩解十六種二十四卷 —— 第一冊·五五

古直先生文集十六卷附録一卷 — 第五冊·二七一

古香齋鑒賞袖珍五經八卷 —— 第一冊·一五二

古唐詩選全部四卷 ————— 第六冊·二三二

古逸書三十卷首一卷末一卷 — 第六冊·一七〇

古詩類苑一百三十卷 ——— 第六冊·一二五

古樂府十卷 ——————— 第六冊·一一七

古寫本手鑒不分卷 ————— 第四冊·一七七

古歙山川圖一卷 ————— 第三冊·四一三

古穰文集三十卷 ————— 第五冊·二六九

本草原始十二卷 ————— 第三冊·一二一

本草原始合雷公炮製十二卷 — 第三冊·一二二

本草萬方針綫八卷 ————— 第三冊·一一三

本草發明蒙筌十二卷總論一卷歷代名醫

　　考一卷 ————— 第三冊·一一四

本草彙言二十卷 ————— 第三冊·一一八

本草彙箋十卷總略一卷圖一卷 — 第三冊·一二八

本草圖譜□卷 ——————— 第三冊·一二六

本草綱目五十二卷附圖二卷瀕湖脉學一卷

　　脉訣考證一卷奇經八脉考一卷 — 第三冊·一一〇

本草綱目五十二卷首一卷圖三卷 — 第三冊·一一一

本草綱目五十二卷圖三卷瀕湖脉學一卷

　　脉訣考證一卷奇經八脉考一卷本草萬

　　方針綫八卷 ————— 第三冊·一一三

本草選五卷 ——————— 第三冊·一二五

本朝京省人物考一百十五卷 — 第二冊·一四七

石田先生集十一卷 ————— 第五冊·二七六

石田先生詩鈔八卷文鈔一卷事略一卷

　　————————— 第五冊·二七四

石盂集十七卷 ——————— 第五冊·三六九

石刻鋪叙二卷 ——————— 第三冊·二四三

石柱記箋釋五卷 ————— 第二冊·三一三

石研齋七律鈔選三十七家 —— 第六冊·一五二

石恂齋傳奇四種十二卷 ——— 第七冊·四三二

石倉十二代詩選□□卷 ——— 第六冊·一四〇

石倉歷代文選二十卷 ——— 第六冊·二九三

石雲先生淳化閣帖釋文考異十卷校定新

　　安十七帖釋文音義一卷 — 第三冊·二四八

石隱園藏稿不分卷 ————— 第五冊·四〇九

石點頭十四卷 ——————— 第七冊·一三

石譜一卷 ——————— 第三冊·四八五

平妖傳八卷四十回 ————— 第七冊·八五

平播全書十五卷 ————— 第二冊·四〇

北户録三卷 ——————— 第二冊·二八五

北西廂五卷會真記一卷 ——— 第七冊·二四五

　　————————— 第七冊·二四八

北曲譜十二卷 ——————— 第七冊·五一五

北狩見聞録一卷 ————— 第二冊·三五

北涇草堂集五卷外集三卷 —— 第五冊·六〇一

北詞譜十四卷臆論一卷附一卷 — 第七冊·五一六

北新關商稅則例不分卷 ——— 第二冊·三四五

北墅抱甕録不分卷 ————— 第三冊·五〇五

　　————————— 第三冊·五〇六

占書一卷 ——————————— 第三冊·二〇四

目治偶抄四卷 ——————————— 第二冊·四六四

目連救母出離地獄生天寶卷一卷 — 第七冊·五五五

甲乙剩言一卷 ——————————— 第四冊·二八

甲子會紀五卷 ——————————— 第二冊·一八

申椒集二卷繪心集二卷盟鷗草一卷炊香

　　詞三卷紅蕚詞二卷 —————— 第五冊·五四四

田水月山房北西廂藏本五卷 ———— 第七冊·二三三

史記抄不分卷 ——————————— 第二冊·五二七

史懷十七卷 ———————————— 第二冊·五二二

四友記二卷 ———————————— 第七冊·三九七

四六菁華二卷 ——————————— 第六冊·一九三

四六徽音集四卷 —————————— 第六冊·二九八

四六類編十六卷 —————————— 第六冊·二九七

四色石四卷 ———————————— 第七冊·二九〇

四明四友詩六卷 —————————— 第六冊·三八九

　　　　　　　　　　　　　　　第六冊·三九〇

四書人物考四十卷 ————————— 第一冊·一二〇

四書指月論語六卷孟子七卷 ———— 第一冊·一二四

四書集註十九卷 —————————— 第一冊·一〇九

四雪草堂重訂通俗隋唐演義二十卷一百

　　回 ——————————————— 第七冊·三六

四朝聞見錄甲集一卷乙集一卷丙集一卷

　　丁集一卷戊集一卷 ————— 第四冊·八一

四景絶句一卷 ——————————— 第六冊·三四五

四照堂文集五卷詩集二卷 ————— 第五冊·四九〇

四餘通軌一卷 ——————————— 第三冊·一六五

四聲猿四卷 ———————————— 第七冊·二六三

生緑堂文集六卷隨筆二卷續筆二卷

　　　　　　　　　　　　　　　第五冊·四六二

代言選五卷 ———————————— 第二冊·六三

仙佛奇踪八卷 ——————————— 第四冊·二〇九

仙都紀遊集一卷 —————————— 第五冊·五〇四

白山戩鑄陶一卷鷹青山人集杜一卷

　　　　　　　　　　　　　　　第五冊·五八四

白氏文集七十一卷 ————————— 第五冊·一一四

白氏諷諫一卷 ——————————— 第五冊·一一七

白石樵真稿二十四卷尺牘四卷 ——— 第五冊·四六三

白衣大悲五印心陀羅尼經一卷 ——— 第四冊·四三三

　　　　　　　　　　　　　　　第四冊·四三四

　　　　　　　　　　　　　　　第四冊·四三五

　　　　　　　　　　　　　　　第四冊·四三六

白衣觀音五印心陀羅尼經一卷 ——— 第四冊·四三七

　　　　　　　　　　　　　　　第四冊·四三八

白虎通德論二卷 —————————— 第四冊·四

白雪樓二種四卷 —————————— 第七冊·三七三

白雪樓詩集十二卷 ————————— 第五冊·三四五

白雪遺音四卷 ——————————— 第七冊·五〇二

白雪齋選訂樂府吳騷合編四卷衡曲塵譚

　　一卷曲律一卷 —————— 第七冊·四七八

白雲集三卷題贈附錄一卷 ————— 第五冊·二三二

白榆集二十八卷 —————————— 第五冊·三八四

白醉璅言二卷 ——————————— 第四冊·九二

白樂天先生文抄二卷 ———————— 第五冊·一一六

白嶽凝煙一卷 ——————————— 第三冊·四一七

白蘇齋類集二十二卷 ———————— 第五冊·四一〇

用藥凡例一卷 ——————————— 第三冊·一四六

印正附說一卷 ——————————— 第二冊·四〇八

冬心先生三體詩一卷 ———————— 第五冊·五八九

冬心先生自度曲一卷 ———————— 第七冊·一六八

冬心先生集四卷冬心齋研銘一卷

　　　　　　　　　　　　　　　第五冊·五八七

冬心齋研銘一卷 —————————— 第五冊·五八七

冬至承應玉女獻盆一卷 —————— 第七冊·四五三

玄真子三卷 ———————————— 第四冊·四八七

永康縣儒學志八卷 ————————— 第二冊·二六七

永樂大典卷一萬三千九百九十一

　　　　　　　　　　　　　　　第四冊·二四二

司空曙集二卷 ——————————— 第五冊·一〇二

弘陽苦功悟道經二卷 ———————— 第七冊·五五三

出師表二卷 ——————— 第七冊・四五六

幼學堂文稿四卷 ——————— 第五冊・六一二

幼學堂詩稿十七卷 ——————— 第五冊・六一一

六畫

式古堂書畫彙考六十卷目錄二卷

　　　　　 ——————— 第三冊・二三七

式馨堂詩前集十二卷詩餘偶存一卷後集

　　十四卷 ——————— 第五冊・五七一

戎事類占二十一卷 ——————— 第三冊・一八五

圭窬漫載八卷 ——————— 第四冊・一七六

考工記一卷 ——————— 第一冊・六九

老解二卷 ——————— 第四冊・四七八

芝山集一卷 ——————— 第五冊・四八〇

亙史鈔□□卷 ——————— 第二冊・一五〇

再生緣二十卷 ——————— 第七冊・五四八

西山先生真文忠公文章正宗二十四卷續

　　二十卷 ——————— 第六冊・六一

西山先生真文忠公文集五十五卷目錄二

　　卷 ——————— 第五冊・二一三

西山絕句一卷 ——————— 第五冊・五五六

西方合論十卷 ——————— 第四冊・四六四

西玄集十卷 ——————— 第五冊・三一六

西江詩話十二卷 ——————— 第六冊・四四二

西村集八卷附錄一卷 ——————— 第五冊・二八四

西征集二卷 ——————— 第五冊・三五二

西征集十卷 ——————— 第二冊・七二

西京雜記六卷 ——————— 第四冊・一八一

西陵詞選八卷 ——————— 第七冊・二〇七

西堂樂府七卷 ——————— 第七冊・二七九

西廂記五卷會真記一卷末一卷 — 第七冊・二五〇

西廂記五卷解證五卷會真記一卷附錄一

　　卷 ——————— 第七冊・二四四

西廂記傳奇二卷 ——————— 第七冊・二二六

西廂記譜五卷 ——————— 第七冊・五三三

西廂觴政一卷 ——————— 第四冊・一七一

西湖二集三十四卷西湖秋色一百韻一卷

　　　　　 ——————— 第七冊・一一

西湖志類鈔三卷首一卷 ——————— 第二冊・三〇七

西湖秋色一百韻一卷 ——————— 第七冊・一一

西湖遊覽志二十四卷 ——————— 第二冊・三〇五

西園前稿□□卷續稿□卷 ——————— 第五冊・四二九

西園續稿二十卷 ——————— 第五冊・四三〇

西學凡一卷 ——————— 第四冊・五七

有象列仙全傳九卷 ——————— 第四冊・四九四

百川學海一百種一百七十九卷 — 第四冊・五〇九

百夷傳一卷 ——————— 第二冊・五五

　　　　　 ——————— 第二冊・五六

百名家詞鈔一百卷 ——————— 第七冊・一二三

　　　　　 ——————— 第七冊・一二五

百名家詞鈔初集六十卷 ——————— 第七冊・一二七

百名家詩選八十九卷 ——————— 第六冊・三三三

百花凡譜一卷 ——————— 第七冊・一五八

百花詩一卷百果詩一卷花王韻事一卷

　　　　　 ——————— 第五冊・五四九

百果詩一卷 ——————— 第五冊・五四九

百僚金鑒十二卷 ——————— 第二冊・一三三

存素堂文集四卷續集二卷 — 第五冊・六〇六

列女傳十六卷 ——————— 第二冊・一〇〇

列仙酒牌一卷 ——————— 第三冊・四一九

成弘正嘉啓禎大小題文讀本 — 第六冊・三一〇

夷白齋稿三十五卷外集一卷 — 第五冊・二五二

夷門廣牘一百七種一百六十五卷

　　　　　 ——————— 第四冊・五一七

　　　　　 ——————— 第四冊・五一八

　　　　　 ——————— 第四冊・五一九

夷堅志甲集二卷乙集二卷丙集二卷丁集

　　二卷戊集二卷己集二卷庚集二卷辛集

　　二卷壬集二卷癸集二卷 ——————— 第四冊・一九八

至正集八十一卷 ——————— 第五冊・二四二

光福許氏貯書樓收藏碑版目四卷附錄宋
　　金元石刻一卷 ——————— 第二冊・三九四
曲江張文獻先生文集十二卷附錄一卷
　　　　　　　　　　　　 第五冊・七〇
曲律一卷 ——————————— 第七冊・四七八
　　　　　　　　　　　　 第七冊・五一二
曲律四卷 ——————————— 第七冊・五二八
曲録六卷 ——————————— 第七冊・五四〇
曲譜大成□□卷 ——————— 第七冊・五三六
同聲集十四卷 ———————— 第五冊・六三三
呂氏春秋二十六卷 ————— 第四冊・三
呂氏家塾讀詩記三十二卷 —— 第一冊・四二
呂晚邨先生論文彙鈔不分卷 — 第六冊・四四〇
朱子校昌黎先生集傳一卷 —— 第五冊・一〇八
朱子説書綱領一卷 ————— 第一冊・一九
朱太復文集五十二卷目録五卷 — 第五冊・三九一
朱文公校昌黎先生文集四十卷外集十卷
　　　　　　　　　　　　 第五冊・一〇七
朱魚譜一卷韓香譜一卷 ——— 第三冊・五二七
先秦兩漢文膾五卷 ————— 第六冊・一七九
先聖大訓六卷 ———————— 第三冊・三〇
竹汀府君行述一卷 ————— 第二冊・一九八
竹里秦漢瓦當文存不分卷 —— 第二冊・四〇四
竹初樂府三種□卷 ————— 第七冊・四三一
竹房先生文集補一卷 ———— 第二冊・一四四
竹洲文集十卷附録一卷 ——— 第五冊・一九七
竹素園詩選二卷 —————— 第六冊・三七五
竹浪亭集補梅花集句一卷 —— 第五冊・二八五
竹雲題跋四卷 ———————— 第三冊・二五一
竹齋先生詩集四卷 ————— 第五冊・二一〇
竹灣未定稿八卷 —————— 第五冊・六三五
休復居詩集六卷文集六卷附一卷
　　　　　　　　　　　　 第五冊・六一五
休寧宣仁王氏族譜十二卷 —— 第二冊・二三五
休寧流塘詹氏宗譜六卷 ——— 第二冊・二三〇

伄真陀羅所問寶如來三昧經三卷
　　　　　　　　　　　　 第四冊・三三七
仲蔚先生集二十四卷附録一卷 — 第五冊・三六八
任中丞集六卷 ———————— 第五冊・四八
任彥升集六卷 ———————— 第五冊・二六
自娱集十卷 —————————— 第五冊・四二五
伊川擊壤集八卷 —————— 第五冊・一六三
舟山堂繪像第六才子書八卷 — 第七冊・二五六
全史吏鑒四卷 ———————— 第二冊・一一六
全幼心鑒四卷 ———————— 第三冊・一五三
全芳備祖後集三十一卷 ——— 第四冊・二三三
全唐詩話六卷 ———————— 第六冊・四一六
全燬書目一卷 ———————— 第二冊・四八〇
全燬書目一卷抽燬書目一卷 — 第二冊・四七八
合古今名公全補標題評註歷朝捷録定本
　　八卷 —————————— 第二冊・五一五
合刻忠武靖節二編二十一卷 — 第六冊・六
合刻周張兩先生全書二十二卷 — 第三冊・二二
合刻楊南峰先生全集十種二十二卷
　　　　　　　　　　　　 第四冊・五四八
合浦珠傳奇二卷 —————— 第七冊・四四七
各省咨查銷燬書目一卷 ——— 第二冊・四九〇
名人世次爵里一卷 ————— 第六冊・一〇一
名山勝概記四十八卷圖一卷附録一卷
　　　　　　　　　　　　 第三冊・三八八
名山巖洞泉石古蹟十六卷 —— 第二冊・三一四
名世文宗三十卷談藪一卷 —— 第六冊・一八一
名物考二十卷 ———————— 第一冊・一二一
名家詞鈔六十種六十卷 ——— 第七冊・一二九
名家詩詞叢抄二十八卷 ——— 第六冊・三六五
名家詩選□□卷 —————— 第六冊・八二
名媛詩一卷 —————————— 第六冊・三三一
冰川詩式十卷 ———————— 第六冊・四二八
　　　　　　　　　　　　 第六冊・四二九
亦頏集八卷 —————————— 第五冊・四三九

交食通軌一卷月食通軌一卷日食通軌一
　　卷四餘通軌一卷 —————— 第三冊・一六五
交聲一卷晉聲一卷蔡聲一卷燕聲一卷
　　　　　　　　　　　　第五冊・四四八
米襄陽志林十三卷米襄陽遺集一卷海嶽
　　名言一卷寶章待訪錄一卷研史一卷
　　　　　　　　　　　　第二冊・一八〇
米襄陽遺集一卷 —————— 第二冊・一八〇
江文通集四卷 —————— 第五冊・五二
江西奏議二卷附錄一卷 —————— 第二冊・六八
江邨銷夏錄三卷 —————— 第三冊・二四〇
江村遺稿一卷 —————— 第五冊・二一一
江東白苧二卷續二卷 —————— 第七冊・四九三
　　　　　　　　　　　　第七冊・四九四
江寧金石記八卷待訪目二卷 —— 第二冊・三九二
汝水巾譜一卷 —————— 第三冊・四七四
字香亭梅花百詠一卷 —————— 第五冊・五五七
安序堂文鈔三十卷 —————— 第五冊・五四七
安得長者言一卷 —————— 第三冊・二三五
安陽集五十卷別錄三卷遺事一卷忠獻韓
　　魏王家傳十卷 —————— 第五冊・一五四
祁門金吾謝氏仲宗文集一卷詩集一卷
　　　　　　　　　　　　第六冊・三〇四
祁閶雜詠一卷續一卷 —————— 第五冊・二八〇
阮嗣宗集二卷任彥升集六卷 —— 第五冊・二六
阮嗣宗集二卷潘黃門集六卷 —— 第五冊・二七
如韋館墨評一卷 —————— 第三冊・四五二
巡河雜詠一卷巡河續詠一卷棘闈倡和詩
　　三卷 —————— 第五冊・五六五
巡河續詠一卷 —————— 第五冊・五六五
巡湖營奉憲酌定支領薪糧章程 —— 第二冊・五二

七畫

扶荔詞三卷別錄一卷 —————— 第七冊・一五四
扶輪集十四卷 —————— 第六冊・二七二

扶輪新集十四卷 —————— 第六冊・二七五
扶輪廣集十四卷 —————— 第六冊・二七四
玒荷譜一卷 —————— 第三冊・五一六
赤谷詩鈔十五卷 —————— 第五冊・五六〇
赤城詞一卷 —————— 第七冊・一三六
赤城詩集六卷 —————— 第六冊・三九八
赤雅不分卷 —————— 第二冊・二八六
折獄龜鑑二卷 —————— 第三冊・八五
孝義真蹟珍珠塔二十四回 —— 第七冊・五四九
孝經古註五卷 —————— 第一冊・一〇五
投壺儀節一卷 —————— 第一冊・七六
投壺譜一卷 —————— 第三冊・四四二
志壑堂詩集十二卷文集十二卷詩後集五
　　卷 —————— 第五冊・五二八
芙航詩襭十二卷 —————— 第五冊・五六七
芙蓉花史詩詞抄一卷 —————— 第五冊・六三六
花王韻事一卷 —————— 第五冊・五四九
花史左編二十七卷 —————— 第三冊・四九六
花史左編二十四卷花麈一卷 —— 第三冊・四九八
　　　　　　　　　　　　第三冊・四九九
花史四卷 —————— 第三冊・五〇〇
花草稡編十二卷 —————— 第七冊・一八九
花間九奏九卷 —————— 第七冊・二九四
花間集十卷 —————— 第七冊・一八一
花間集十卷補二卷音釋二卷 —— 第七冊・一八〇
花鏡雋聲元集三卷亨集五卷利集四卷貞
　　集四卷花鏡韻語一卷 —————— 第六冊・一三九
花鏡韻語一卷 —————— 第六冊・一三九
花韻軒詠物詩存一卷 —————— 第五冊・六〇八
花麈一卷 —————— 第三冊・四九八
　　　　　　　　　　　　第三冊・四九九
芥子園畫傳二集八卷 —————— 第三冊・三九五
　　　　　　　　　　　　第三冊・三九七
　　　　　　　　　　　　第三冊・四〇二
　　　　　　　　　　　　第三冊・四〇五

芥子園畫傳三集四卷 ——————— 第三冊・四〇七
芥子園畫傳五卷 ——————————— 第三冊・三九〇
　　　　　　　　　　　　　　　　第三冊・三九一
　　　　　　　　　　　　　　　　第三冊・三九三
芥子園畫譜三集四卷 ——————— 第三冊・四一〇
芥舟書舍全集曲譜八卷 ——————— 第七冊・五三四
芳堅館書髓一卷 ——————————— 第二冊・三八四
杜工部七言律詩二卷 ——————— 第五冊・九三
杜子美詩集二十卷 ——————————— 第五冊・九二
杜詩瑣證二卷 ——————————————— 第五冊・九六
杜詩論文五十六卷 ——————————— 第五冊・九五
杜樊川集十七卷 ——————————— 第五冊・一三一
杜審言集二卷 ——————————————— 第五冊・六五
　　　　　　　　　　　　　　　　第五冊・六六
李元賓文編三卷 ——————————— 第五冊・一〇六
李氏弘德集三十二卷 ——————— 第五冊・二九〇
李何近體詩選七卷 ——————————— 第六冊・六四
李長吉昌谷集句解定本四卷 — 第五冊・一二七
李長吉歌詩四卷外詩集一卷 — 第五冊・一二四
李長卿集二十八卷 ——————————— 第五冊・三九七
李卓吾先生批評三國志一百二十回
　　　　　　　　　　　————— 第七冊・二九
李卓吾先生批評古本荊釵記二卷 - 第七冊・三二八
李卓吾先生批評幽閨記二卷 ——— 第七冊・三〇九
李卓吾先生批評琵琶記二卷 ——— 第七冊・三二一
李卓吾先生批選晁賈奏疏二卷 - 第六冊・二〇四
李卓吾先生批點西廂記真本二卷
　　　　　　　　　　　————— 第七冊・二三九
李卓吾先生批點西廂記真本二卷錢塘夢
　一卷園林午夢一卷 ————— 第七冊・二三八
李卓吾評選陶淵明集二卷 ——————— 第五冊・四五
李溫陵集二十卷 ——————————— 第五冊・三五一
李義山文集十卷 ——————————— 第五冊・一三二
李義山詩一卷 ——————————————— 第五冊・一三五
李義山詩集三卷 ——————————— 第五冊・一三三

李潛夫先生遺文一卷 ——————— 第五冊・四五一
李翰林分類詩八卷賦一卷 ——————— 第五冊・七五
求是堂詩集二十二卷詩餘一卷 - 第五冊・六一三
甫里逸詩二卷 ——————————————— 第六冊・三七四
甫里逸詩二卷逸文一卷聞見集一卷詩文
　選一卷竹素園詩選二卷易安詩稿一卷
　　　　　　　　　　　————— 第六冊・三七五
吾學編六十九卷 ——————————— 第二冊・三七
吳太宰公年譜二卷 ——————————— 第二冊・二〇二
吳江旅嘯一卷 ——————————————— 第五冊・五四〇
吳吳山三婦合評牡丹亭還魂記二卷
　　　　　　　　　　　————— 第七冊・三四七
吳郡陸氏藏書目録不分卷 ——— 第二冊・四四一
吳越春秋十卷 ——————————————— 第二冊・三一
吳越遊草一卷 ——————————————— 第五冊・五四六
吳歙萃雅四卷 ——————————————— 第七冊・五〇八
吳騷集四卷二集四卷 ——————— 第七冊・四六四
見聞搜玉八卷 ——————————————— 第四冊・一二八
見聞廣記一卷 ——————————————— 第四冊・八五
吟風閣四卷譜二卷 ——————————— 第七冊・二九二
　　　　　　　　　　　　　　　　第七冊・二九三
刪補頤生微論四卷 ——————————— 第三冊・一四七
岑嘉州集二卷 ——————————————— 第五冊・九七
牡丹亭還魂記二卷 ——————————— 第七冊・三四一
　　　　　　　　　　　　　　　　第七冊・三四二
　　　　　　　　　　　　　　　　第七冊・三四四
兵機纂八卷 ——————————————————— 第三冊・六八
何大復先生學約古文十二卷 — 第六冊・一五八
何氏集二十六卷 ——————————— 第五冊・二九七
何禮部集十卷 ——————————————— 第五冊・三三九
作聖齋詩一卷 ——————————————— 第五冊・四二三
作論秘訣心法不分卷 ——————— 第六冊・四三三
佛母大孔雀明王經三卷 ——————— 第四冊・四〇四
　　　　　　　　　　　　　　　　第四冊・四〇八
佛母大准提神咒一卷 ——————— 第四冊・四五三

佛頂心大陀羅尼經三卷 ——— 第四冊·四一五
　　　　　　　　　　　　　　 第四冊·四一六
　　　　　　　　　　　　　　 第四冊·四一七
　　　　　　　　　　　　　　 第四冊·四一八
　　　　　　　　　　　　　　 第四冊·四一九
　　　　　　　　　　　　　　 第四冊·四二〇
　　　　　　　　　　　　　　 第四冊·四二二
　　　　　　　　　　　　　　 第四冊·四二三
佛頂心陀羅尼經三卷 ——— 第四冊·四二四
　　　　　　　　　　　　　　 第四冊·四二六
　　　　　　　　　　　　　　 第四冊·四二七
　　　　　　　　　　　　　　 第四冊·四二八
　　　　　　　　　　　　　　 第四冊·四二九
　　　　　　　　　　　　　　 第四冊·四三〇
佛頂心觀世音大陀羅尼經一卷 — 第四冊·四一一
佛頂心觀世音菩薩大陀羅尼經三卷
　　　　　　　　——— 第四冊·四一二
　　　　　　　　　　　　　　 第四冊·四一四
佛頂尊勝神咒一卷 ——— 第四冊·四五二
佛頂尊勝總持經咒一卷 ——— 第四冊·四五〇
佛像一卷 ——— 第四冊·三六八
佛說一切如來真實攝大乘現證三昧大教
　　王經三十卷 ——— 第四冊·四三九
佛說三十五佛佛名經一卷 ——— 第七冊·五六〇
佛說大方廣圓覺修多羅了意寶卷一卷
　　　　　　　　——— 第七冊·五五七
佛說大報父母恩重經一卷 ——— 第四冊·三七八
佛說不增不減經一卷 ——— 第四冊·三八五
佛說地獄還報經一卷 ——— 第四冊·四四六
佛說阿彌陀經一卷 ——— 第四冊·三七七
佛說金剛神咒一卷 ——— 第四冊·四四七
佛說造塔功德經一卷佛說不增不減經一
　　卷佛說堅固女經一卷 ——— 第四冊·三八五
佛說高王觀世音經一卷 ——— 第四冊·四四二
佛說堅固女經一卷 ——— 第四冊·三八五

佛說壽生經一卷 ——— 第四冊·四四五
佛說摩利支天菩薩經一卷 ——— 第四冊·四〇九
佛說閻羅王經一卷 ——— 第四冊·四四三
佛說觀世音菩薩救苦經一卷佛頂尊勝總
　　持經咒一卷 ——— 第四冊·四五〇
佛說觀世音菩薩救苦經一卷佛說金剛神
　　咒一卷 ——— 第四冊·四四七
佛說觀無量壽佛經一卷 ——— 第四冊·三八一
坐隱先生訂碁譜二卷 ——— 第三冊·四三八
坐隱先生精訂陳大聲樂府全集十二卷
　　　　　　　　——— 第七冊·四八八
坐隱先生精訂梨雲寄傲二卷 ——— 第七冊·四八九
坐隱先生精訂馮海浮山堂詞稿二卷
　　　　　　　　——— 第七冊·四九五
含英閣詩餘三卷 ——— 第七冊·一六二
言行拾遺録四卷 ——— 第五冊·一五六
汪氏珊瑚網名畫題跋二十四卷 — 第三冊·二七八
汪氏鑒古齋墨藪不分卷 ——— 第三冊·四六九
汪柯庭彙刻賓朋詩十一卷 ——— 第六冊·三二四
汪虞卿梅史一卷 ——— 第三冊·二七三
沙痕拾翠二卷 ——— 第五冊·四四七
沂東樂府二卷 ——— 第七冊·四八五
泛舟詩一卷 ——— 第六冊·二六一
沈氏弋説六卷 ——— 第四冊·四九
沈南疑先生橋李詩繫四十二卷 — 第六冊·三九四
沈隱侯集四卷 ——— 第五冊·四九
快士傳十六卷 ——— 第七冊·九九
宋十五家詩選十六卷 ——— 第六冊·二四一
宋人小集十卷 ——— 第六冊·六〇
宋之問集二卷 ——— 第五冊·六七
宋元明三十三家詞五十三卷 ——— 第七冊·一一九
［宋元明本書影］不分卷 ——— 第二冊·四九三
　　　　　　　　　　　　　　 第二冊·四九四
［宋元明刻本零葉］不分卷 ——— 第二冊·四九五
宋元詩六十一種二百七十三卷 ——— 第六冊·一九

宋五家詞六卷 ——————— 第七冊・一二一
宋氏家要部三卷家儀部四卷家規部四卷
　燕閒部二卷 ——————— 第四冊・一二四
宋文文山先生全集二十一卷 —— 第五冊・二二二
宋四六叢珠彙選十卷 ——————— 第四冊・二四三
宋范文正公流寓長山事蹟考一卷
　——————— 第二冊・一七九
宋林和靖先生詩集四卷補遺一卷省心録
　一卷附録一卷 ——————— 第五冊・一五一
宋季三朝政要六卷 ——————— 第二冊・二一
宋金元石刻一卷 ——————— 第二冊・三九四
宋周公謹雲煙過眼録四卷 —— 第四冊・一〇二
宋書一百卷 ——————— 第二冊・九
宋端明殿學士蔡忠惠公文集四十卷
　——————— 第五冊・一五七
宋賢説部叢鈔五十六種六十二卷 - 第四冊・五六六
宋遺民録十五卷 ——————— 第二冊・一四一
　——————— 第二冊・一四三
宋鎖碎録二十卷 ——————— 第四冊・二三九
初月樓聞見録十卷 ——————— 第四冊・九九
初唐彙詩七十卷詩人氏系履歷一卷目録
　十卷 ——————— 第六冊・二二九
初潭集三十卷 ——————— 第四冊・一三九
初學記三十卷 ——————— 第四冊・二二一
改本白仙傳四卷 ——————— 第七冊・五四六
妙法蓮華經觀世音菩薩普門品一卷
　——————— 第四冊・三三九
　——————— 第四冊・三四〇
　——————— 第四冊・三四二
　——————— 第四冊・三四四
　——————— 第四冊・三四六
　——————— 第四冊・三四七
　——————— 第四冊・三四八
　——————— 第四冊・三四九
　——————— 第四冊・三五〇

　——————— 第四冊・三五二
　——————— 第四冊・三五三
　——————— 第四冊・三五四
　——————— 第四冊・三五五
　——————— 第四冊・三五六
　——————— 第四冊・三五七
　——————— 第四冊・三五八
　——————— 第四冊・三六〇
　——————— 第四冊・三六二
　——————— 第四冊・三六四
　——————— 第四冊・三六六
　——————— 第四冊・三七〇
　——————— 第四冊・三七二
　——————— 第四冊・三七三
　——————— 第四冊・三七五
甬上耆舊詩三十卷高僧詩二卷 - 第六冊・三八七

八畫

奉天録四卷 ——————— 第二冊・三二
奉使集二卷 ——————— 第五冊・三二七
玩世齋集十二卷 ——————— 第五冊・四四四
［武夷山九曲溪詩詠］□卷 —— 第二冊・三〇一
武夷山志十九卷 ——————— 第二冊・三〇〇
武夷志略四卷 ——————— 第二冊・二九七
武備志二百四十卷 ——————— 第三冊・六九
武當山玄天上帝垂訓一卷 —— 第四冊・五〇〇
武溪集二十一卷 ——————— 第五冊・一五三
武經總要前集二十二卷 ——— 第三冊・四六
武經總要前集二十二卷後集二十一卷
　——————— 第三冊・四五
青來館吟稿十二卷文一卷 —— 第五冊・六〇〇
青雀集二卷 ——————— 第五冊・三六四
青棠集八卷 ——————— 第五冊・三八七
青溪笑二卷 ——————— 第七冊・四五〇
青溪詩集六卷 ——————— 第六冊・一二七

八畫

青樓韻語四卷 ————— 第六冊・一五三

青錦園文集選五卷 ————— 第五冊・四四六

長生殿傳奇二卷 ————— 第七冊・四一七

長物志十二卷 ————— 第四冊・一一一

長慶集不分卷 ————— 第五冊・一一五

坦庵詞曲六種九卷 ————— 第七冊・二七四

　　　　　　　　　　　　　第七冊・二七六

抽燬書目一卷 ————— 第二冊・四七八

抽燬書目一卷全燬書目一卷 ————— 第二冊・四八〇

抱經樓書目四卷 ————— 第二冊・四三〇

抱經樓盧氏書目四卷 ————— 第二冊・四二八

拙圃詩草初集一卷二集一卷三集一卷煙

　　花債傳奇一卷 ————— 第五冊・五七四

苦海航一卷 ————— 第五冊・六二八

英石硯山圖記一卷 ————— 第三冊・二五九

英雄譜四十卷 ————— 第七冊・七六

英雄譜四十卷目錄二卷圖二卷 ——— 第七冊・七七

范氏博山堂三種曲六卷北曲譜十二卷

　　　　　　　————— 第七冊・五一五

范文正公集二十四卷年譜一卷年譜補遺

　　一卷附錄一卷 ————— 第五冊・一五五

范文正公集二十卷別集四卷政府奏議二卷

　　尺牘三卷遺文一卷年譜一卷年譜補遺一

　　卷祭文一卷褒賢集一卷褒賢祠記二卷諸

　　賢贊頌論疏一卷論頌一卷詩頌一卷祭文

　　一卷鄱陽遺事錄一卷言行拾遺錄四卷遺

　　蹟一卷義莊規矩一卷 ————— 第五冊・一五六

范石湖詩集二十卷 ————— 第五冊・二〇七

范忠宣公文集二十卷 ————— 第五冊・一六八

范香溪先生文集二十二卷范蒙齋先生遺

　　文一卷范楊溪先生遺文一卷 ——— 第五冊・一九五

范蒙齋先生遺文一卷 ————— 第五冊・一九五

范楊溪先生遺文一卷 ————— 第五冊・一九五

直指玉鑰匙門法一卷 ————— 第一冊・一七四

直講李先生文集三十七卷外集三卷

　　　　　　　————— 第五冊・一六〇

茅鹿門稿一卷 ————— 第六冊・七〇

林下詞選十四卷 ————— 第七冊・一九六

　　　　　　　　　　　　　第七冊・一九七

林外野言二卷 ————— 第五冊・二四六

林初文詩文全集十五卷 ————— 第五冊・三七七

林和靖先生詩集四卷省心錄一卷詩話一

　　卷 ————— 第五冊・一五二

林屋民風十二卷見聞錄一卷 ————— 第二冊・三〇四

林湖遺稿一卷 ————— 第五冊・二一一

板橋集六編七卷 ————— 第七冊・一六七

來青閣遺稿二卷 ————— 第五冊・六二四

松陵文獻十五卷 ————— 第二冊・一五四

松陵集十卷 ————— 第六冊・二三四

　　　　　　　　　　　　　第六冊・二三五

　　　　　　　　　　　　　第六冊・二三六

杭雙溪先生詩集八卷 ————— 第五冊・二九六

述史樓書目四卷 ————— 第二冊・四五〇

枕肱亭文集二十卷目錄二卷附錄二卷

　　　　　　　————— 第五冊・二七三

杼山集十卷 ————— 第五冊・一〇三

東夷圖總說一卷嶺海異聞一卷嶺海續聞

　　一卷 ————— 第二冊・五八

東江集鈔九卷附錄一卷 ————— 第五冊・四七一

東池詩集五卷 ————— 第六冊・三二一

東祀錄三卷 ————— 第五冊・二七九

東坡集選五十卷集餘一卷年譜一卷外紀

　　二卷外紀逸編一卷 ————— 第五冊・一七五

東坡詩選十二卷 ————— 第五冊・一七六

東坡養生集十二卷 ————— 第五冊・一七七

東坡題跋六卷 ————— 第六冊・五七

東林十八高賢傳一卷 ————— 第二冊・一三五

東郭記二卷 ————— 第七冊・三七七

東萊先生古文關鍵二卷 ————— 第六冊・一五五

東萊先生詩律武庫十五卷東萊先生詩律

　　武庫後集十五卷 ————— 第四冊・二二八

東嶽獨體關元帥大法一卷 ——— 第四册・五〇一

東觀餘論二卷 ——— 第四册・六六

東觀餘論不分卷 ——— 第四册・六五

臥雲稿一卷 ——— 第五册・四三三

臥龍山人集十四卷 ——— 第五册・四七二

臥癡閣彙稿不分卷 ——— 第五册・三〇五

事物紀原集類十卷 ——— 第四册・二二七

事類賦三十卷 ——— 第四册・二二三

兩山墨談十八卷 ——— 第四册・一九

兩厓集八卷 ——— 第五册・三二一

兩度梅三卷 ——— 第七册・四五九

兩晉南北合纂四十卷 ——— 第二册・八

兩浙地志録一卷 ——— 第二册・四六五

兩紗二卷附一卷 ——— 第七册・二七一

兩漢萃寶評林三卷 ——— 第二册・五

奇姓通十四卷 ——— 第四册・二六五

奇經八脉考一卷 ——— 第三册・一一〇

　　　　　　　　　　　第三册・一一三

非水居詞箋三卷 ——— 第七册・一五〇

尚書葦籥五十八卷 ——— 第一册・二九

具茨晁先生詩集一卷 ——— 第五册・一八四

杲堂文鈔六卷詩鈔七卷 ——— 第五册・五〇一

昌志編二卷續編二卷附一卷三編二卷附

　一卷吳越遊草一卷 ——— 第五册・五四六

昌谷集四卷 ——— 第五册・一二五

昌黎先生集四十卷外集十卷遺文一卷朱

　子校昌黎先生集傳一卷 ——— 第五册・一〇八

昌黎先生詩集十卷外集一卷遺詩一卷

　——— 第五册・一一〇

昌黎先生詩集註十一卷年譜一卷

　——— 第五册・一一二

明十一大家集一百十四卷 ——— 第六册・七七

　　　　　　　　　　　第六册・七八

明人手簡序録三卷 ——— 第二册・一四八

明人尺牘不分卷 ——— 第六册・三一九

明丈量魚鱗册不分卷 ——— 第二册・三六九

明山遊籍臺宕遊歈草潞草再來草悟香集

　零葉 ——— 第五册・四四三

明文英華十卷 ——— 第六册・三〇六

明文鈔不分卷詩鈔不分卷 ——— 第六册・三〇三

［明季殉節官民姓名事略清册］七卷

　——— 第二册・一五一

明季稗乘三種七卷 ——— 第二册・五一

明季遺聞四卷 ——— 第二册・四五

　　　　　　　　　　　第二册・四六

明狀元圖考五卷 ——— 第二册・二一三

　　　　　　　　　　　第二册・二一六

明洪武十九年拾都陸保罪字保簿不分卷

　——— 第二册・三六八

明農軒樂府一卷 ——— 第七册・四九〇

明詩綜一百卷 ——— 第六册・二七六

明詩選十二卷 ——— 第六册・二五一

明翠湖亭四韻事四卷 ——— 第七册・二八〇

易安詩稿一卷 ——— 第六册・三七五

易象管窺十五卷 ——— 第一册・七

忠孝全書二種十二卷 ——— 第四册・五〇二

忠信堂四刻分類註釋合像初穎日記故事

　□□卷 ——— 第四册・三〇〇

忠義水滸全書一百二十回宣和遺事一卷

　——— 第七册・七一

　　　　　　　　　　　第七册・七四

忠義水滸傳一百回 ——— 第七册・六九

　　　　　　　　　　　第七册・七九

忠獻韓魏王家傳十卷 ——— 第五册・一五四

邸亭日記不分卷 ——— 第二册・二〇九

邸亭校碑記一卷 ——— 第二册・三八六

邸亭詩鈔一卷 ——— 第五册・六二九

知白齋詩草八卷續草八卷 ——— 第五册・六二七

知過軒隨録不分卷 ——— 第二册・二七一

牧牛圖頌一卷 ——— 第四册・四六六

牧牛圖頌一卷又十頌一卷

　　　　　　　　　　　第四册・四六七

牧雲和尚病遊初草一卷後草一卷　第五册・四八四

〔牧齋文集〕不分卷　　　　　　第五册・四八三

秋林伐山二十卷　　　　　　　　第四册・六八

季漢書六十卷正論一卷答問一卷　第二册・七

岳石帆先生鑒定四六宙函三十卷附文武

　　爵秩一卷　　　　　　　　　第六册・二九六

岳武穆盡忠報國傳七卷　　　　　第七册・五八

佩文齋書畫譜一百卷　　　　　　第三册・二八六

依歸草不分卷　　　　　　　　　第五册・五六九

欣賞編十種十四卷　　　　　　　第四册・五一二

金正希先生文集輯略九卷　　　　第五册・四七五

金石古文十四卷　　　　　　　　第二册・三七四

金石錄三十卷　　　　　　　　　第二册・三七三

金先生講學紀錄二卷　　　　　　第三册・三九

金珠寶石細毛綢緞紗等譜不分卷　第三册・四八三

金華文統十三卷　　　　　　　　第六册・三九九

金剛般若波羅蜜經一卷　　　　　第四册・三七六

金瓶梅二卷　　　　　　　　　　第七册・四一〇

金瓶梅圖不分卷　　　　　　　　第七册・四〇九

金屑一撮一卷　　　　　　　　　第四册・四六五

金陵梵刹志五十三卷　　　　　　第四册・四七〇

金陵新鐫皇明史館名公經世宏辭十四卷

　　　　　　　　　　　第六册・三〇一

金陵瑣事四卷續二卷　　　　　　第四册・八八

金魚圖譜不分卷　　　　　　　　第三册・五二九

金湯借箸十二籌十二卷　　　　　第三册・五四

金薤琳琅二十卷　　　　　　　　第二册・三八三

采衣堂集八卷　　　　　　　　　第五册・五五九

受祐堂集十二卷　　　　　　　　第五册・五四三

念佛往生西方公據一卷　　　　　第四册・四五七

周文歸二十卷　　　　　　　　　第六册・一九〇

周易大義圖說續稿一卷　　　　　第一册・一二

周易本義四卷筮儀一卷圖說一卷卦歌一

　　卷　　　　　　　　　　　　第一册・四

周易悟真篇圖註三卷外集一卷　　第四册・四八九

周易悟真篇圖註三卷附外集一卷　第四册・四八八

周易集解十七卷略例一卷　　　　第一册・三

周宣王石鼓文定本不分卷　　　　第二册・三八八

周詩遺軌十卷　　　　　　　　　第六册・一二〇

周禮文物大全圖不分卷　　　　　第一册・七〇

周禮句解六卷集註句解一卷考工記一卷

　　　　　　　　　　　第一册・六九

周禮筆記六卷　　　　　　　　　第一册・六八

周禮集註七卷　　　　　　　　　第一册・六六

周禮補亡六卷　　　　　　　　　第一册・六五

鄈庵重訂李于鱗唐詩選七卷鄈庵訂正詩韻

　　輯要五卷鄈庵增訂唐詩評一卷　第六册・二二一

鄈庵訂正詩韻輯要五卷　　　　　第六册・二二一

鄈庵增訂唐詩評一卷　　　　　　第六册・二二一

京本音釋註解書言故事大全十二卷

　　　　　　　　　　　第四册・二三六

京本校正音釋唐柳先生集四十三卷別集

　　一卷外集一卷附錄一卷　　　第五册・一二〇

京鍥皇明通俗演義全像戚南塘勦平倭寇

　　志傳□卷　　　　　　　　　第七册・六四

庚子銷夏記八卷　　　　　　　　第三册・二三六

刻李九我先生批評破窰記二卷　　第七册・三八八

刻迎暉堂彙附人物事文概四書翼註講意

　　六卷　　　　　　　　　　　第一册・一二三

刻孫齊之先生松韻堂集十二卷　　第五册・三六七

刻註釋李滄溟先生文選狐白四卷　第五册・三四六

刻精選百家錦繡聯六卷　　　　　第四册・三二一

刻續名世文宗評林十卷　　　　　第六册・四三五

炊香詞三卷　　　　　　　　　　第五册・五四四

河防一覽榷十二卷　　　　　　　第二册・三一〇

河汾詩集八集　　　　　　　　　第五册・二六七

河東先生集四十五卷外集二卷龍城錄二

　　卷附錄二卷傳一卷　　　　　第五册・一一九

泊如齋重修宣和博古圖錄三十卷　第二册・三七八

八畫

性命雙修萬神圭旨四卷 ————— 第四冊・四九七

怡情快書不分卷 ————————— 第四冊・一六五

怡雲閣浣紗記二卷 ————————— 第七冊・三三六

宗忠簡公文集二卷 ————————— 第五冊・一八六

宗風師法真傳五卷 ————————— 第六冊・三六六

定盦文集一卷餘集一卷 ————— 第五冊・六二一

定盦文集三卷餘集一卷 ————— 第五冊・六一八

定盦文集破戒草一卷破戒草之餘一卷

　　　　　　　　　　　　——— 第五冊・六二〇

定盦詞五卷 ——————————— 第七冊・一七五

定盦龔先生集外文不分卷 ——— 第五冊・六二二

空同集六十三卷 ————————— 第五冊・二八八

空同詩選一卷 ————————— 第五冊・二八九

空明子全集六十六卷 ————— 第五冊・五七九

建安七子集二十八卷 ————— 第六冊・二三

居易子鏗鏗齋外稿續集一卷雜一卷

　　　　　　　　　　　　——— 第五冊・四三一

居家必用事類全集十卷 ————— 第四冊・一〇三

屈子七卷評一卷楚譯二卷參疑一卷 — 第五冊・三

屈原列傳一卷 ————————— 第五冊・一六

屈陶合刻十六卷 ————————— 第六冊・三

弦索調時劇新譜二卷 ————— 第七冊・五三一

弦雪居重訂遵生八箋二十卷 —— 第四冊・一〇九

弢園日記不分卷 ————————— 第二冊・二一一

弢園藏書目不分卷 ————————— 第二冊・四三八

弢園藏書志二卷 ————————— 第二冊・四三六

孟子外書四篇四卷孟子外書附訂四卷

　　　　　　　　　　　　——— 第一冊・一一六

孟子外書附訂四卷 ————————— 第一冊・一一六

孟我疆先生集八卷 ————————— 第五冊・三七四

孟東野詩集十卷 ————————— 第五冊・一〇四

陌巷志八卷 ——————————— 第二冊・三一二

狀元圖考六卷 ————————— 第二冊・二一七

　　　　　　　　　　　　　　第二冊・二一九

孤竹賓談四卷 ————————— 第四冊・二一

函史上編八十二卷下編二十一卷 —— 第二冊・三

姑蘇楊柳枝詞一卷 ————————— 第六冊・三四四

姓氏譜纂七卷 ————————— 第四冊・二六六

九畫

奏雅世業十一卷 ————————— 第六冊・二六九

春雨樓集十四卷題詞一卷 ——— 第五冊・五九三

春草堂黃河遠二卷 ————————— 第七冊・四四五

春秋世族譜不分卷 ————————— 第一冊・一〇一

春秋左傳集解三十卷 ————— 第一冊・八七

春秋左傳補註六卷 ————————— 第一冊・九八

春秋左傳詳節句解三十五卷 —— 第一冊・九三

春秋貫玉四卷 ————————— 第一冊・九四

春秋會異六卷 ————————— 第一冊・九五

春秋疑問十二卷 ————————— 第一冊・九六

春秋戰國文選十三卷 ————— 第六冊・二〇三

春秋衡庫三十卷附錄三卷備錄一卷 — 第一冊・九七

春雪箋八卷 ——————————— 第六冊・三一六

珂雪集二卷 ——————————— 第五冊・五〇二

珊瑚木難不分卷 ————————— 第三冊・二二九

赴滇紀程一卷 ————————— 第二冊・三一六

按史校正唐秦王傳八卷六十四回 —— 第七冊・四四

荊門耆舊紀略三卷烈女紀略一卷 — 第二冊・一五九

革象新書二卷 ————————— 第三冊・一六三

草木疏校正二卷 ————————— 第一冊・六〇

草書韻會五卷 ————————— 第一冊・一七二

草堂雅集十三卷 ————————— 第六冊・二四五

　　　　　　　　　　　　　　第六冊・二四七

草堂雅集十三卷後四卷 ————— 第六冊・二四六

草堂詩餘五卷 ————————— 第七冊・一八六

草窗梅花集句四卷竹浪亭集補梅花集句

　一卷 ———————————— 第五冊・二八五

草賢堂詞箋十卷蘗弦齋詞箋一卷雜箋一卷

　雪堂詞箋一卷非水居詞箋三卷 - 第七冊・一五〇

草韻辨體五卷 ————————— 第一冊・一七六

茶花別名詠一卷 ———————— 第三冊·五一八

茶花詠一卷 ———————————— 第三冊·五一八

茶花譜一卷茶花詠一卷茶花別名詠一卷擬

　詠鐘款茶花詩一卷總說一卷 — 第三冊·五一八

茶具圖贊一卷 ———————————— 第三冊·四九四

茶集二卷烹茶圖集一卷 ——————— 第六冊·一三四

茶經三卷茶具圖贊一卷 ——————— 第三冊·四九四

胡氏粹編五種二十卷 ——————— 第四冊·五二一

胡思泉稿一卷 ———————————— 第六冊·七〇

九畫

南方草木狀三卷 ———————————— 第四冊·五二八

南西廂記二卷 ———————————— 第七冊·三五二

南行載筆六卷 ———————————— 第五冊·四六〇

南宋群賢小集四十八種五十七卷 — 第六冊·五八

南柯夢二卷 ———————————— 第七冊·三四九

南音三籟四卷譚曲雜劄一卷曲律一卷

　———————————————————— 第七冊·五一二

南華真經評註十卷 ————————— 第四冊·四八〇

南華真經標解十卷 ————————— 第四冊·四八三

南華經內篇一卷 ——————————— 第四冊·四七九

南華經內篇集註七卷 ——————— 第四冊·四八一

南原家藏集□卷 ——————————— 第五冊·三〇一

南陵無雙譜一卷 ——————————— 第二冊·一二四

　　　　　　　　　　　　　　 第二冊·一二八

　　　　　　　　　　　　　　 第二冊·一三〇

南無大慈悲靈感觀世音菩薩三十二課一

　卷 ——————————————————— 第三冊·二〇一

南詞便覽不分卷 ——————————— 第七冊·五二六

南雷文定十一卷後集四卷附錄一卷

　————————————————————— 第五冊·四七三

南漪先生遺集四卷 ————————— 第五冊·五八二

南樓吟香集六卷 ——————————— 第五冊·五一五

南豐先生元豐類稿五十一卷 ——— 第五冊·一六一

南豐先生元豐類稿五十卷續附一卷

　————————————————————— 第五冊·一六二

柯庭文藪不分卷 ——————————— 第五冊·五四二

柯庭餘習十二卷 ——————————— 第五冊·五四一

柘湖小稿一卷 ———————————— 第五冊·五二四

　　　　　　　　　　　　　　 第五冊·五五六

查吟集四卷 ———————————— 第五冊·五五三

柳庭輿地隅說四卷圖說一卷 ——— 第二冊·二七〇

柳洲詩存一卷 ———————————— 第五冊·五五六

　　　　　　　　　　　　　　 第五冊·五七八

咸賓錄八卷 ———————————— 第二冊·三一七

研史一卷 ———————————————— 第二冊·一八〇

研硃集五經總類二十二卷 ——— 第一冊·一四七

研露樓兩種曲二卷 ————————— 第七冊·二八八

厚銘日記四卷 ———————————— 第二冊·二三七

耐歌詞四卷首一卷笠翁詞韻四卷 — 第七冊·一五九

貞豐擬乘二卷 ———————————— 第二冊·二六三

貞觀公私畫史一卷 ————————— 第三冊·二五二

省心録一卷 ———————————— 第五冊·一五一

　　　　　　　　　　　　　　 第五冊·一五二

省耕詩圖一卷 ———————————— 第三冊·四一二

盼雲軒畫傳四卷聞窗論畫一卷 — 第三冊·三三八

昨非庵日纂一集二十卷二集二十卷三集

　二十卷 ———————————————— 第四冊·一六一

昭代簫韶十本二十卷首一卷 ——— 第七冊·四二三

昭德先生郡齋讀書志二十卷 ——— 第二冊·四五八

昭德先生郡齋讀書志四卷後志二卷附志

　一卷考異一卷 ——————————— 第二冊·四五四

　　　　　　　　　　　　　　 第二冊·四五六

毗俱胝菩薩一百名八經 ——————— 第四冊·四四一

毗陵六逸詩鈔二十四卷 ——————— 第六冊·三七八

思復堂集十卷 ———————————— 第五冊·五五二

思適齋集十八卷 ——————————— 第五冊·六一四

拜竹詩堪集外稿五卷 ——————— 第五冊·六一七

拜針樓一卷 ———————————— 第七冊·四二一

拜經樓書目不分卷 ————————— 第二冊·四二六

香乘二十八卷 ———————————— 第三冊·四七九

　　　　　　　　　　　　　　 第三冊·四八一

香雪林集二十六卷 ——— 第三冊・二七二

香溪先生范賢良文集二十二卷 — 第五冊・一九四

香嚴齋詞一卷詞話一卷 ——— 第七冊・一五二

秋水庵花影集五卷 ——— 第七冊・四九七

秋虎丘二卷 ——— 第七冊・四一一

秋查集二卷雙井書屋集三卷 — 第五冊・五六八

秋崖先生小稿四十五卷 ——— 第五冊・二二一

重刊校正唐荊川先生文集十二卷續集六
　　卷奉使集二卷 ——— 第五冊・三二七

重刊校正笠澤叢書四卷補遺詩一卷
　　——————————— 第五冊・一三八

重刊巢氏諸病源候總論五十卷 — 第三冊・一四一
　　　　　　　　　　　　　第三冊・一四二

重刊補訂四書淺說十三卷 ——— 第一冊・一一九

重刊增廣分門類林雜說十五卷 — 第四冊・二四〇

重刻丁卯集二卷 ——— 第五冊・一二九

重刻訂正元本批點畫意北西廂五卷會真
　　記一卷 ——— 第七冊・二二七
　　　　　　　　　　　　　第七冊・二三〇

重刻痘疹仙傳妙訣二卷 ——— 第三冊・一五五

重修正文對音捷要真傳琴譜大全十卷
　　——————————— 第三冊・四三一

重修古歙城東許氏世譜八卷 —— 第二冊・二三九

重修政和經史證類備用本草三十卷
　　——————————— 第三冊・一〇九

重訂校正魁板句解消砂經節圖地理訣要
　　雪心賦四卷增補秘傳地理尋龍經訣法
　　一卷 ——— 第三冊・一九五

重校正唐文粹一百卷 ——— 第六冊・二一七

重校四美記二卷 ——— 第七冊・三九二

重校金印記四卷 ——— 第七冊・三三一

重校琵琶記四卷釋義大全一卷 — 第七冊・三一五

重校蘇季子金印記二卷 ——— 第七冊・三二九

重鐫心齋王先生全集六卷 ——— 第五冊・三一九

便民圖纂十五卷 ——— 第三冊・一〇二

修吉堂遺稿二卷 ——— 第五冊・五五四

修建諷經施食祈薦冥福莊嚴九蓮上品道
　　場文意不分卷 ——— 第四冊・四六〇

修養文選□□卷 ——— 第五冊・四七八

保定名勝圖詠不分卷 ——— 第三冊・四一五

信天巢遺稿一卷林湖遺稿一卷疏寮小集
　　一卷江村遺稿一卷 ——— 第五冊・二一一

皇甫司勳集六十卷 ——— 第五冊・三三二

皇明十六名家小品三十二卷 —— 第六冊・六六

皇明大政纂要六十三卷 ——— 第二冊・二二

皇明文苑九十六卷 ——— 第六冊・二八七

皇明文範六十八卷目錄二卷 —— 第六冊・二八四
　　　　　　　　　　　　　第六冊・二八五

皇明文選二十卷 ——— 第六冊・二八〇

皇明百家小說一百八種 ——— 第四冊・五三六

皇明近代文範六卷 ——— 第六冊・二八六

皇明英烈志傳四卷六十回 ——— 第七冊・六一

皇明泳化類編一百三十六卷續編十七卷
　　——————————— 第二冊・三三九

皇明象胥錄八卷 ——— 第二冊・三一八

皇明詩統四十二卷 ——— 第六冊・二六八

皇明嘉隆兩朝聞見紀十二卷 —— 第二冊・三九

皇明寶訓四十卷 ——— 第二冊・三三六
　　　　　　　　　　　　　第二冊・三三七

皇清詩選三十卷首一卷 ——— 第六冊・三三七

皇朝名臣言行續錄八卷別集三卷
　　——————————— 第二冊・一四〇

皇朝道學名臣言行外錄十七卷
　　——————————— 第二冊・一三九

皇朝經解十六卷 ——— 第一冊・一五六

泉史十六卷 ——— 第二冊・四〇六

鬼谷子前定書一卷 ——— 第三冊・二〇五

禹貢備遺一卷書法一卷 ——— 第一冊・二八

禹貢彙疏十二卷圖經一卷考略一卷別錄
　　一卷 ——— 第一冊・三〇

禹貢譜二卷 —————————— 第一册・三一

律話三卷 —————————— 第一册・一三六

後一捧雪二卷 ———————— 第七册・四一六

後甲集二卷 ————————— 第五册・五六一

後村居士集五十卷 ————— 第五册・二一八

後村詩話二卷 ——————— 第六册・四二二

後村題跋四卷 ——————— 第五册・二〇九

後村雜著三卷 ——————— 第五册・五四五

後畫録一卷 ————————— 第三册・二五七

後漢書餘論一卷 —————— 第二册・四

九畫

弇州山人四部稿一百七十四卷目録十二

　卷 ———————————— 第五册・三四七

食物本草二十二卷救荒野譜一卷 第三册・一三一

食物本草二卷 ——————— 第三册・一三五

食物本草會纂十二卷 ———— 第三册・一三六

　　　　　　　　　　　　　　 第三册・一三七

脉訣考證一卷 ——————— 第三册・一一〇

　　　　　　　　　　　　　　 第三册・一一三

負苞堂詩選五卷文選四卷 —— 第五册・三八八

風教雲箋續集四卷 ————— 第六册・三一七

計部奏疏四卷 ——————— 第二册・六九

度曲須知二卷絃索辨訛三卷 — 第七册・五二九

弈志五卷 —————————— 第三册・四四〇

奕園史一卷 ————————— 第六册・二五五

奕園雜詠一卷奕園史一卷 —— 第六册・二五五

帝鄉戚氏家傳葩經大成心印□卷 — 第一册・五四

帝鑒圖說不分卷 —————— 第二册・一〇二

帝鑒圖說六卷 ——————— 第二册・一〇四

前唐十二家詩二十四卷 ——— 第六册・三〇

炮炙大法一卷 ——————— 第三册・一四六

洪武正韻十六卷 —————— 第一册・一八二

洞庭集五十三卷 —————— 第五册・三二六

洮岷邊備知參政事畢自嚴生祠志一卷

　　　　　　　　　　　　　　 第二册・一八七

洛陽賈生傳一卷 —————— 第三册・一五

宣西通三卷 ————————— 第三册・一六七

宣和書譜二十卷 —————— 第三册・二二四

宣和書譜二十卷宣和畫譜二十卷 — 第三册・二二〇

宣和畫譜二十卷 —————— 第三册・二二〇

　　　　　　　　　　　　　　 第三册・二二一

　　　　　　　　　　　　　　 第三册・二二三

　　　　　　　　　　　　　　 第三册・二二五

　　　　　　　　　　　　　　 第三册・二二六

宣和遺事一卷 ——————— 第七册・七一

　　　　　　　　　　　　　　 第七册・七四

宮闈組韻二卷 ——————— 第五册・五九八

客乘二十八卷 ——————— 第五册・四〇八

客座贅語十卷 ——————— 第四册・九〇

祇平居士集三十卷 ————— 第五册・五九六

退思軒詩集一卷 —————— 第五册・四九五

退齋印類十卷 ——————— 第三册・四三四

屏山集二十卷 ——————— 第五册・一九二

陣法馬步射法棍法一卷 ——— 第三册・四七

韋蘇州集五卷 ——————— 第五册・一〇一

韋蘇州詩集十卷補遺一卷 —— 第五册・一〇〇

眉公書畫史一卷安得長者言一卷 — 第三册・二三五

陝西右布政使備兵靖邊道畢自嚴生祠記

　一卷 ———————————— 第二册・一八九

紅牙集一卷 ————————— 第七册・一五一

紅拂記四卷 ————————— 第七册・三五七

紅蕚詞二卷 ————————— 第五册・五四四

紅樓夢一百二十回 ————— 第七册・一〇八

　　　　　　　　　　　　　　 第七册・一一三

紅樓夢八十回 ——————— 第七册・一一六

紅欄書屋詩集九卷 ————— 第五册・五九七

紀効新書十八卷首一卷 ——— 第三册・四九

紀効新書十四卷 —————— 第三册・五一

紀城文稿四卷詩稿柳邨雜詠二卷倦遊草

　一卷嶽江草一卷 ————— 第五册・五三九

紉齋畫賸不分卷 —————— 第三册・三四〇

十畫

耕餘剩技六卷 ——————— 第三冊・五七

耕織圖一卷 ——————— 第三冊・三二三

第三冊・三二五

秦詞正訛二卷 ——————— 第七冊・四九一

秦漢瓦當文字二卷續一卷 —— 第二冊・三九七

第二冊・三九九

第二冊・四〇一

秦漢文定十二卷 ——————— 第六冊・一八二

秦漢文鈔六卷 ——————— 第六冊・一七二

秦漢文歸三十卷 ——————— 第六冊・一八四

素園石譜四卷 ——————— 第三冊・四八七

匪庵四書明文選十卷補格一卷 — 第六冊・三〇五

馬東田漫稿六卷 ——————— 第五冊・二八一

振綺堂書目四卷 ——————— 第二冊・四三二

袁中郎十集十六卷 ——————— 第四冊・五五四

第四冊・五五五

袁中郎先生批評唐伯虎彙集四卷唐六如

　先生畫譜三卷外集一卷紀事一卷傳贊

　一卷 ——————— 第五冊・二九四

哲匠金桴五卷 ——————— 第四冊・二四八

耄餘殘瀋二卷 ——————— 第五冊・五五四

華氏傳芳集八卷 ——————— 第二冊・二二九

華陽集四十卷 ——————— 第五冊・一九〇

莆陽文獻十三卷列傳七十四卷 — 第二冊・一六〇

莆輿紀勝九卷 ——————— 第二冊・二八二

真文忠公政經一卷 ——————— 第三冊・二九

真如里志四卷 ——————— 第二冊・二六六

真珠船二十卷 ——————— 第四冊・一六七

真蹟日録一卷二集一卷三集一卷 — 第三冊・二三三

莊子內篇註七卷 ——————— 第四冊・四八四

桂花塔二卷 ——————— 第七冊・四三八

桂洲詞一卷 ——————— 第七冊・一四四

桂洲詩集二十四卷 ——————— 第五冊・三一五

桂翁詞六卷鷗園新曲一卷 ——— 第七冊・一四五

桂隱文集四卷附録一卷 ——— 第五冊・二四三

桃花吟一卷四色石四卷 ——— 第七冊・二九〇

桃花扇傳奇二卷 ——————— 第七冊・四一九

第七冊・四二〇

格致叢書□□種□□卷 ——— 第四冊・五二二

第四冊・五二三

第四冊・五二四

第四冊・五二五

第四冊・五二六

第四冊・五二七

校正會稽掇英總集札記一卷 —— 第六冊・三九一

校定新安十七帖釋文音義一卷 — 第三冊・二四八

根本説一切有部毗奈耶破僧事二十卷

——————— 第四冊・四一〇

夏叔夏貧居日出言二卷仍園日出言二卷

——————— 第五冊・四三二

夏爲堂別集九種十卷 ——————— 第五冊・四五六

破戒草之餘一卷 ——————— 第五冊・六二〇

破研齋集三卷 ——————— 第四冊・五五五

破愁一夕話十種十卷 ——————— 第四冊・五三八

致身録一卷附編一卷附録一卷 — 第二冊・二〇〇

致富全書十二卷 ——————— 第三冊・一〇四

晉二俊文集二十卷 ——————— 第六冊・二五

晉文春秋一卷異同附載一卷 —— 第二冊・三〇

晉書纂十六卷 ——————— 第二冊・八

晉聲一卷 ——————— 第五冊・四四八

柴氏四隱集六卷目録二卷 ——— 第六冊・二四四

時賢題詠卜氏牡丹詩一卷首一卷 — 第六冊・三四七

[畢自嚴家敕命誥命] 不分卷 —— 第二冊・一八五

財源輻輳一卷 ——————— 第七冊・四六〇

晏子春秋六卷 ——————— 第二冊・一七六

晏子春秋四卷 ——————— 第二冊・一七五

晏如齋古文簡鈔三卷詩鈔三卷 — 第五冊・六〇三

峽流詞三卷 ——————— 第七冊・一五五

十畫

秣陵春傳奇二卷 ——————— 第七册‧三九八

秘訣仙機一卷 ——————— 第二册‧三六一

秘傳天禄閣寓言外史八卷 ——— 第四册‧八

秘傳花鏡六卷 ——————— 第三册‧五〇四

借題集句一卷 ——————— 第五册‧五二五

　　　　　　　　　　　　　　 第五册‧五五六

倚玉堂文鈔初集不分卷 ——— 第五册‧四九一

倚雲樓文選四卷尺牘選一卷詞選一卷厂

　　樓詞一卷 ——————— 第五册‧五二一

倪小野先生全集八卷 ——— 第五册‧二九八

倪雲林一卷題畫詩一卷 ——— 第二册‧一八一

倦遊草一卷 ——————— 第五册‧五三九

息柯白箋八卷 ——————— 第四册‧五七〇

息影軒畫譜一卷 ————— 第三册‧三一二

師山先生文集八卷 ———— 第五册‧二四七

師律十六卷 ——————— 第三册‧七一

徐氏筆精八卷續二卷 ——— 第四册‧五六

徐文長三集二十九卷文長雜紀二卷

　　　　　　　　　　　　　　 第五册‧三六〇

徐文長四聲猿四卷 ———— 第七册‧二六五

　　　　　　　　　　　　　　 第七册‧二六六

徐卓晧歌一卷 ——————— 第七册‧一九〇

［徐迪惠日記］不分卷 ——— 第二册‧二〇七

徐詩二卷 ——————— 第五册‧五〇六

般若多心經一卷 ————— 第四册‧三九七

般若波羅蜜多心經一卷 ——— 第四册‧三九四

　　　　　　　　　　　　　　 第四册‧三九五

針灸大成十卷 ——————— 第三册‧一五六

針餘小草一卷 ——————— 第六册‧三三九

奚囊蠹餘二十卷 ————— 第五册‧三三六

胭脂雪二卷 ——————— 第七册‧四〇八

留青日札三十九卷 ———— 第四册‧二六

留計東歸贈言八卷 ———— 第六册‧二六七

芻蕘集六卷 ——————— 第五册‧二六二

記方二卷 ——————— 第三册‧一四五

記紅集三卷詞韻簡一卷 ——— 第七册‧二一四

訒葊集古印存三十二卷 ——— 第二册‧四一一

凌煙閣圖功臣一卷 ———— 第三册‧三一七

高唐照乘堂興識隨筆十六卷 —— 第四册‧七三

高常侍集十卷 ——————— 第五册‧八三

高僧詩二卷 ——————— 第六册‧三八七

郭汝承集□卷 —————— 第五册‧四三五

郭孟履集五卷 ——————— 第五册‧四五五

唐堂樂府五種六卷 ———— 第七册‧二八一

唐一庵雜著十二種十三卷 —— 第四册‧五五〇

唐十二家詩十二卷 ————— 第六册‧三三

唐十子詩十四卷 ————— 第六册‧二九

唐人六集四十二卷 ———— 第六册‧四一

唐人四集十二卷 ————— 第六册‧三五

唐人選唐詩六種十二卷 ——— 第六册‧五四

唐八家詩二十六卷 ———— 第六册‧四三

唐三高僧詩集四十七卷 ——— 第六册‧四四

唐才子傳十卷考異一卷 ——— 第二册‧一三七

唐王右丞詩集六卷 ———— 第五册‧八一

唐丹元子步天歌一卷 ——— 第三册‧一五九

唐六如先生畫譜三卷 ——— 第五册‧二九四

唐四家詩八卷 ——————— 第六册‧二八

唐皮日休文藪十卷 ———— 第五册‧一四七

唐皮日休文藪十卷唐皮從事倡酬詩八卷

　　　　　　　　　　　　　　 第五册‧一四五

唐皮從事倡酬詩八卷 ——— 第五册‧一四五

唐百家詩一百七十一卷唐詩品一卷

　　　　　　　　　　　　　　 第六册‧二七

唐先生文集二十卷 ———— 第五册‧一八五

唐李杜詩集十六卷 ———— 第六册‧二三九

唐李長吉詩集四卷 ———— 第五册‧一二三

唐伯虎先生集二卷外編五卷續刻十二卷

　　　　　　　　　　　　　　 第五册‧二九五

唐宋八大家文抄一百四十四卷 — 第六册‧一八六

唐宋八大家文懸十卷 ——— 第六册‧一八五

唐宋白孔六帖一百卷目録二卷 —— 第四册・二二二
唐宋諸賢絶妙詞選十卷 ———— 第七册・一八三
唐荆川先生傳稿不分卷 ———— 第五册・三二八
唐段少卿酉陽雜俎前集二十卷續集十卷

　　　　　　　　　　　　　　—— 第四册・一八三
唐音統籤一千三十六卷 ———— 第六册・二二六
唐陸宣公集二十二卷 ———— 第五册・一〇五
唐孫可之文集十卷 ———— 第五册・一四四
唐孫樵集十卷 ———— 第五册・一四二
唐張燕國公詩集二卷 ———— 第五册・六八
唐會元精選批點唐宋名賢策論文粹八卷

　　　　　　　　　　　　　　—— 第六册・一六〇
唐會元精選諸儒文要八卷 ———— 第三册・三七
唐詩百名家全集三百二十六卷 —— 第六册・四六

　　　　　　　　　　　　　　　　第六册・四七

　　　　　　　　　　　　　　　　第六册・四八

［唐詩抄］三卷 ———— 第六册・五三
唐詩指月七卷首一卷 ———— 第六册・二三三
唐詩品一卷 ———— 第六册・二七
唐詩紀一百七十卷目録三十四卷 — 第六册・二二五
唐詩紀事八十一卷 ———— 第六册・四一九
唐詩鼓吹十卷 ———— 第六册・二一三
唐詩選七卷 ———— 第六册・二二〇
唐詩選七卷彙釋七卷附録一卷 — 第六册・二一九
唐詩類苑一百卷 ———— 第六册・二一五
唐詩類苑二百卷 ———— 第六册・二一六
唐詩類鈔八卷 ———— 第六册・二一四
唐詩類選六卷 ———— 第六册・二二四
唐詩豔逸品四卷 ———— 第六册・二二七
唐摭言十五卷 ———— 第四册・七九
唐僧弘秀集十卷 ———— 第六册・二一二
唐樂府十八卷 ———— 第六册・二三一
唐劉乂詩一卷 ———— 第五册・一一三
唐劉蜕集六卷 ———— 第五册・一三七
唐諸家同詠集一卷 ———— 第五册・七九

唐錢起詩集十卷 ———— 第五册・九九
唐儲光羲詩集五卷 ———— 第五册・八六
益公題跋十二卷 ———— 第五册・二〇九
益州名畫録三卷 ———— 第三册・二五四
朔埜山人集 ———— 第五册・三三四
剡溪漫筆六卷 ———— 第四册・四七
浙西六家詞十一卷 ———— 第七册・一三一
浙江布政司税契號票及收執 —— 第二册・三五四
涑水記聞二卷 ———— 第四册・八〇
浯溪考二卷 ———— 第四册・五七〇
酒史續編六卷 ———— 第四册・一七四
酒牌不分卷 ———— 第三册・三八六
酒顚二卷酒顚補三卷 ———— 第四册・一三六
酒顚補三卷 ———— 第四册・一三六
海天秋色譜九卷養菊法一卷 —— 第三册・五一四
海日樓書目不分卷 ———— 第二册・四四六
海防圖論□□卷 ———— 第二册・二九一
海東逸史十八卷 ———— 第二册・四八
海昌著録續考六卷 ———— 第二册・四七五
海昌經籍志略四卷 ———— 第二册・四七三
海島逸志六卷 ———— 第二册・三二一
海嶽名言一卷 ———— 第二册・一八〇
海瓊玉蟾先生文集六卷續集二卷 — 第五册・二一六
浮山文集前編十卷 ———— 第五册・四六六
浮玉山人集九卷 ———— 第一册・一四九
浮溪遺集十五卷附録一卷 ———— 第五册・一八八
流楚集不分卷 ———— 第七册・五〇〇
浣雪詞鈔二卷 ———— 第七册・一五六
悟香亭畫稿二卷六法管見一卷 — 第三册・三三六
宵光劍二卷 ———— 第七册・三七一
容居堂三種曲六卷 ———— 第七册・四一五
容臺文集九卷 ———— 第五册・四〇七
容臺文集九卷詩集四卷別集四卷 — 第五册・四〇五
容齋隨筆十六卷續筆十六卷三筆十六卷

　　四筆十六卷五筆十卷 ———— 第四册・一〇

書言故事大全十二卷 ——— 第四冊·二三四

書法鉤玄四卷 ——— 第三冊·二四七

書記洞詮一百十六卷目録十卷 — 第六冊·二〇〇

書集傳六卷朱子説書綱領一卷 ——— 第一冊·一九

書集傳音釋六卷首一卷末一卷 ——— 第一冊·二一

書鈔閣行篋書目不分卷 ——— 第二冊·四四〇

書畫傳習録四卷續録一卷梁溪書畫徵一

　卷 ——— 第三冊·二二八

書畫題跋五種五卷 ——— 第六冊·三七三

書畫題跋記十二卷續記十二卷 — 第三冊·二三四

書義矜式六卷 ——— 第一冊·二三

書經大全十卷綱領一卷圖一卷 ——— 第一冊·二四

書經直解十卷 ——— 第一冊·二六

書經集註六卷 ——— 第一冊·一七

書經敷言十卷 ——— 第一冊·二五

書隱叢説十九卷 ——— 第四冊·六二

陸士龍文集十卷 ——— 第五冊·二八

第五冊·三〇

陸士龍集四卷 ——— 第五冊·二九

陸子餘集八卷 ——— 第五冊·三二四

陸狀元增節音註精議資治通鑑一百二十

　卷目録三卷首一卷 ——— 第二冊·一三

陸密庵文集二十卷録餘二卷 — 第五冊·四九九

陳白陽集十卷附録四卷 ——— 第五冊·三六二

陳定宇先生文集十六卷別集一卷 — 第五冊·二三八

陳建安詩餘一卷 ——— 第七冊·一四六

陳思王集十卷 ——— 第五冊·二四

陳眉公正廿一史彈詞二卷 ——— 第七冊·五四五

陳眉公先生訂正畫譜八卷 ——— 第三冊·二六九

陳眉公訂正文則二卷 ——— 第六冊·四二一

陳學士吟窗雜録五十卷 ——— 第六冊·四一五

陳檢討集二十卷 ——— 第五冊·五〇五

孫可之文集十卷 ——— 第五冊·一四一

孫武子會解四卷 ——— 第三冊·四三

孫淵如先生書劄不分卷 ——— 第五冊·六〇九

陶人心語稿二卷 ——— 第五冊·五八三

陶庵全集二十卷 ——— 第五冊·四七七

陶情樂府四卷續集一卷拾遺一卷 — 第七冊·四八七

陶淵明全集四卷 ——— 第五冊·三五

陶淵明集十卷附録一卷 ——— 第五冊·四三

陶淵明集八卷 ——— 第五冊·三三

陶淵明集八卷首一卷末一卷 ——— 第五冊·三四

陶詩彙註四卷首一卷末一卷論陶一卷

——— 第五冊·四六

陶靖節先生集十卷年譜一卷 ——— 第五冊·三二

陶靖節集十卷 ——— 第五冊·三七

第五冊·四一

陶靖節集十卷總論一卷 ——— 第五冊·三六

第五冊·三八

第五冊·三九

第五冊·四〇

陶靖節集八卷總論一卷 ——— 第五冊·四四

通天臺一卷臨春閣一卷 ——— 第七冊·二七七

納蘭詞五卷補遺一卷 ——— 第七冊·一五七

紡授堂集八卷二集十卷文集八卷 — 第五冊·四五三

琅邪代醉編四十卷 ——— 第四冊·一四六

捫虱璅譚二卷 ——— 第四冊·六三

推背圖一卷 ——— 第三冊·二一一

授研齋詩不分卷 ——— 第五冊·五三三

黃山紀遊草一卷西山絶句一卷柳洲詩存一

　卷借題集句一卷柘湖小稿一卷 — 第五冊·五五六

黃氏集千家註杜工部詩史補遺十卷外集

　一卷 ——— 第五冊·八八

黃氏畫譜八種八卷 ——— 第三冊·三〇一

黃梨洲先生明夷待訪録一卷 ——— 第二冊·三四二

黃湄詩選十卷 ——— 第五冊·五一六

菜根譚前集一卷後集一卷 ——— 第四冊·一四七

菊名詩一卷 ——— 第三冊·五一二

乾初先生遺集四卷───────第四冊・六〇

乾坤嘯二卷　　　　　　　　第七冊・四〇二

乾隆二十六年至二十七年續入字畫二卷

　　　　　　　　　　　　　第三冊・二四一

乾隆縉紳全書不分卷　　　　第二冊・二二六

梧溪集七卷　　　　　　　　第五冊・二四八

梅花書屋詠梅六疊不分卷　　第五冊・四八五

梅村集四十卷───────第五冊・四九三

梅杏爭春一卷　　　　　　　　第七冊・五

梅溪先生廷試策一卷奏議四卷文集二十

　　卷後集二十九卷附錄一卷─第五冊・二〇四

梅溪譚士遠掘得書二卷附一卷─第五冊・五一八

梔禪錄題辭一卷　　　　　　第五冊・六三六

救荒本草二卷───────第三冊・九四

　　　　　　　　　　　　　第三冊・九六

救荒野譜一卷　　　　　　　第三冊・一三一

曹子建文集十卷──────第五冊・二五

曹子建集十卷───────第五冊・二三

曹氏墨林二卷　　　　　　　第三冊・四六八

曹江集五卷────────第五冊・五〇三

曹門學則四卷───────第五冊・四一一

盛明百家詩選三十四卷首一卷─第六冊・二六〇

盛唐彙詩一百二十四卷詩人氏系履歷一

　　卷目錄二十二卷────第六冊・二三〇

雪心賦翼語一卷　　　　　　第三冊・一九四

雪堂詞箋一卷───────第七冊・一五〇

雪庵詩存二卷　　　　　　　第五冊・五一七

雪鴻堂文集十八卷又四卷又二卷─第五冊・五二三

雪韻堂批點燕子箋記二卷──第七冊・三八二

虛直堂文集不分卷　　　　　第五冊・五二〇

處實堂集八卷續集十卷　　　第五冊・三五三

野菜譜一卷────────第三冊・九八

　　　　　　　　　　　　　第三冊・一〇〇

晦庵先生朱文公文集一百卷續集五卷別

　　集七卷目錄二卷────第五冊・二〇一

晚邨先生八家古文精選八卷─第六冊・一九四

異同附載一卷───────第二冊・三〇

異林十六卷────────第四冊・一四二

異物彙苑十八卷──────第四冊・二五四

異域錄一卷────────第二冊・三二〇

國史經籍志六卷──────第二冊・四七六

國秀集三卷────────第六冊・二〇六

國朝七名公尺牘八卷────第六冊・三一二

　　　　　　　　　　　　　第六冊・三一三

　　　　　　　　　　　　　第六冊・三一四

國朝大家制義四十二卷───第六冊・七〇

國朝名公經濟文鈔十卷第一續不分卷

　　　　　　　　　　　　　第六冊・二九一

國朝名家詩餘四十卷────第七冊・一二二

國朝畫後續集一卷─────第三冊・二八八

國朝碑版考不分卷碑帖目錄不分卷

　　　　　　　　　　　　　第二冊・三九〇

國雅二十卷續四卷國雅品一卷─第六冊・二五二

國雅初集不分卷──────第六冊・三三〇

國雅品一卷────────第六冊・二五二

嵋山集十二卷───────第五冊・四一九

崑山雜詠二十八卷─────第六冊・三七六

崇正文選十二卷──────第六冊・一六九

過日集二十卷名媛詩一卷諸體評論一卷

　　曾青藜詩八卷曾丽天詩一卷─第六冊・三三一

過去莊嚴劫千佛名經一卷──第四冊・三八三

梨雲館竹譜一卷──────第三冊・三七八

梨雲館廣清紀四卷─────第五冊・四〇三

梨園按試樂府新聲三卷───第七冊・四六二

笠翁一家言初集十二卷二集十二卷別集

　　四卷─────────第四冊・五六二

笠翁詞韻四卷───────第七冊・一五九

笠翁傳奇十種二十卷────第七冊・四〇三

笠澤遊記不分卷──────第二冊・二七五

笠澤叢書九卷附考一卷————第五冊・一三九

從征隙駒集不分卷附巡湖營奉憲酌定支

　　領薪糧章程————第二冊・五二

釣臺集二卷————第六冊・三八四

彩筆情辭十二卷————第七冊・四七六

逸樓論文一卷論史一卷————第四冊・六一

祭皋陶一卷————第七冊・二七八

許太常歸田稿十卷————第五冊・三三五

許白雲先生文集四卷附錄一卷——第五冊・二三六

訪求中州先賢詩文集目一卷——第二冊・四六九

烹茶圖集一卷————第六冊・一三四

十一畫

庶物異名疏三十卷————第四冊・二八四

庾子山集十六卷年譜一卷總釋一卷-第五冊・五七

庾開府哀江南賦註不分卷————第五冊・五八

望湖亭集四卷————第六冊・一〇九

剪燈新話句解二卷————第七冊・四

清內廷承應劇本二十種二十卷-第七冊・四五四

清河書畫舫十一卷————第三冊・二三一

　　　　　　　　　　第三冊・二三二

清逸山房竹譜二卷————第三冊・三三四

清暉閣批點玉茗堂還魂記二卷-第七冊・三四五

清濤詞二卷————第七冊・一六三

清懷詞草一卷滇南福清洞天二十四詠一

　　卷————第七冊・一六一

渠丘耳夢錄四卷————第四冊・二一二

淮海後集六卷————第五冊・一八二

淮關統志十四卷————第二冊・三四七

淮鹺分類新編六卷————第二冊・三五一

深雪偶談一卷————第六冊・四二三

梁江文通文集十卷————第五冊・五〇

　　　　　　　　　　第五冊・五一

梁昭明太子集五卷————第五冊・五六

梁昭明文選十二卷————第六冊・九五

梁陶貞白先生文集二卷————第五冊・五四

梁溪書畫徵一卷————第三冊・二二八

梁劉孝威集一卷————第五冊・五三

梁劉孝綽集一卷梁劉孝威集一卷-第五冊・五三

寄園七夕集字詩一卷補遺一卷附七夕別

　　韻倡和一卷四景絕句一卷寄園詩一卷

　　　　————第六冊・三四五

寄園詩一卷————第六冊・三四五

啓禎兩朝剝復錄十卷————第二冊・四三

啓禎兩朝遺詩□□卷————第六冊・七五

啓禎野乘二集八卷————第二冊・四四

屠王二先生參補註解書言故事一覽抄六

　　卷————第四冊・二三八

屠先生評釋謀野集四卷————第五冊・三六五

屠緯真先生藿語一卷————第四冊・五〇

張小山樂府一卷————第七冊・四八〇

張子壽文集二十二卷————第五冊・六九

張文潛文集十三卷————第五冊・一八一

張玉娘閨房三清鸚鵡墓貞文記二卷

　　　　————第七冊・三七八

張穆祁寯藻等書劄不分卷————第六冊・三六三

陽明先生年譜一卷————第二冊・二〇一

陽春白雪□卷————第七冊・二〇〇

陽春白雪八卷外集一卷考異一卷-第七冊・一九九

隆武紀不分卷————第二冊・四九

貫虱篇一卷————第三冊・七四

貫華堂第六才子書西廂記八卷-第七冊・二五四

貫華堂評論金雲翹傳四卷二十回-第七冊・一〇三

貫華堂繪像第六才子西廂八卷醉心編一

　　卷————第七冊・二五一

貫經一卷禮記投壺篇一卷投壺譜一卷

　　　　————第三冊・四四二

鄉味雜詠二卷————第三冊・四九三

絅齋先生文集□□卷————第五冊・三五〇

絃索辨訛三卷————第七冊・五二九

紹聖新儀象法要三卷————第三冊・一六一

十二畫

琵琶記三卷釋義一卷 ——————— 第七冊・三一三

琵琶記四卷附録一卷 ——————— 第七冊・三一八

琴川三志補記續八卷 ——————— 第二冊・二六〇

琴史六卷 ——————————— 第三冊・四二六

瑯嬛文集二卷 ————————— 第五冊・四七六

堯山堂外紀一百卷 —————— 第四冊・一五〇

越中三子詩三卷 —————— 第六冊・三九二

揚州東園題詠四卷 ————— 第六冊・三五〇

博古圖録考正三十卷 ————— 第二冊・三八〇

　　　　　　　　　　　　　　　第二冊・三八一

博物志十卷 ——————————— 第四冊・一八二

博雅音十卷 ——————————— 第一冊・一六四

揮塵新譚二卷 ————————— 第四冊・二〇七

壺中日記不分卷 —————— 第二冊・二〇六

萬宜樓善本書目一卷 ————— 第二冊・四四四

萬首唐人絶句一百一卷 ——— 第六冊・二〇九

萬壽盛典初集一百二十卷 —— 第二冊・三四三

萬僧問答景德傳燈全録三十卷 — 第四冊・四六三

萬曆乙卯山東鄉試硃卷一卷 —— 第五冊・四二六

萬曆丙辰會試硃卷一卷 ——— 第五冊・四二七

萬曆欣賞編□□卷 —————— 第四冊・九七

萬曆癸未謝太常公析産圖書不分卷

　　　　　　　　　　　—— 第二冊・二四九

葛端肅公文集十八卷 ————— 第五冊・三三一

董文敏公畫禪室隨筆四卷 —— 第三冊・二六七

董解元西廂記二卷 ————— 第七冊・二一七

葆光堂詩不分卷 —————— 第五冊・五三三

朝野新聲太平樂府九卷 ——— 第七冊・四六一

葦間詩集五卷 ————————— 第五冊・五三〇

葵軒詞一卷 ——————————— 第七冊・一四七

椒丘先生文集三十四卷外集一卷 — 第五冊・二八二

惠山聽松庵竹罏圖詠四卷 —— 第六冊・一四九

棘闈倡和詩三卷 ——————— 第五冊・五六五

酣酣齋酒牌不分卷 ————— 第三冊・三八三

喜崇臺一卷 ——————————— 第七冊・四六〇

敬修堂釣業一卷 —————— 第二冊・四七

硯北偶鈔十二種十七卷 ——— 第四冊・五四一

雁停樓不分卷 ————————— 第七冊・四四二

雲仙雜記十卷 ————————— 第四冊・一八四

雲間杜氏詩選七卷 ————— 第六冊・一四八

雅尚齋遵生八箋十九卷 ——— 第四冊・一〇五

　　　　　　　　　　　　　　　第四冊・一〇八

雅宜山人集十卷 —————— 第五冊・三一八

雅音會編十二卷 —————— 第六冊・二一八

雅趣藏書一卷 ————————— 第七冊・二五八

　　　　　　　　　　　　　　　第七冊・二六〇

紫柏老人集十五卷首一卷 —— 第五冊・四三六

紫庭草一卷 ——————————— 第五冊・四二二

紫陽朱氏統宗世譜十卷 ——— 第二冊・二三八

晴川蟹録四卷後録四卷 ——— 第三冊・五三二

最樂編五卷 ——————————— 第四冊・一五三

鼎刻京板太醫院校正分類青囊藥性賦三

　卷 ————————————— 第三冊・一三九

鼎湖山慶雲寺志八卷 ————— 第二冊・三一五

鼎鋟四民便覽柬學珠璣四卷首一卷

　　　　　　　　　　　　—— 第四冊・二七五

鼎鍥卜筮啓蒙便讀通玄斷易大全三卷首

　一卷 ——————————— 第三冊・二〇二

鼎鐫十二方家參訂萬事不求人博考全編

　六卷 ——————————— 第四冊・三〇九

鼎鐫吳寧野彙選四民切要時製尺牘芳規

　四卷 ——————————— 第四冊・三〇八

鼎鐫施會元評註選輯唐駱賓王狐白三卷

　　　　　　　　　　　　—— 第五冊・六四

鼎鐫洪武元韻勘正補訂經書切字海篇玉

　鑒二十卷 ————————— 第四冊・二六〇

鼎鐫校增評註五倫日記故事大全四卷

　　　　　　　　　　　　—— 第四冊・二九五

鼎鐫欽頒辨疑律例昭代王章五卷首一卷
　　　　　　　　　　　第二册・三五七

鼎鐫諸方家彙編皇明名公文雋八卷
　　　　　　　　　　　第六册・二九二

閒情偶寄十六卷 ————— 第四册・一一七

閒窗論畫一卷 ————— 第三册・三三八

閑閑老人滏水文集二十卷附録一卷
　　　　　　　　　　　第五册・二二七

十二畫

遇龍封官一卷喜崇臺一卷三家店一卷財
　　源輯輬一卷醉寫一卷 — 第七册・四六〇

蛟峰集七卷 ————— 第五册・二二三

單刀法選一卷 ————— 第三册・六一

喻林八十卷 ————— 第四册・二五五

喻林輯要□卷 ————— 第四册・二五七

喻林髓二十四卷 ————— 第四册・二五六

喀噦集一卷 ————— 第五册・二四一

喙鳴文集二十一卷 ————— 第五册・三七〇

無如四卷 ————— 第四册・一三〇

無聲詩史七卷 ————— 第三册・二八一
　　　　　　　　　　　第三册・二八三

智囊全集二十八卷 ————— 第四册・一六三

程士集四卷 ————— 第五册・三三八

程氏竹譜二卷 ————— 第三册・三一一

程氏墨苑十二卷 ————— 第三册・四五六
　　　　　　　　　　　第三册・四六一

程氏墨苑十四卷人文爵里九卷 — 第三册・四五四
　　　　　　　　　　　第三册・四五九
　　　　　　　　　　　第三册・四六〇

程氏叢書二十三種三十六卷 — 第四册・五六五

程刺史栖霞集一卷 ————— 第五册・三三七

程典三十二卷 ————— 第二册・二三三

筆叢正集三十二卷續集十六卷 — 第四册・二七

筆叢正集三十二卷續集十六卷附甲乙剩
　　言一卷 ————— 第四册・二八

順治四年丁亥科春秋房會試硃卷一卷
　　　　　　　　　　　第五册・五一〇

集千家註分類杜工部詩二十五卷文集二
　卷年譜一卷 ————— 第五册・九〇

集千家註杜工部詩集二十卷文集二卷
　　　　　　　　　　　第五册・九一

集古印譜五卷印正附說一卷 — 第二册・四〇八

集刻五經序不分卷 ————— 第一册・一五四

集雅牌規不分卷 ————— 第三册・四四四

焦氏筆乘六卷續集八卷 ————— 第四册・三八

焦氏澹園集四十九卷 ————— 第五册・三九八

焦氏澹園續集二十七卷 ————— 第五册・三九九

御定歷代題畫詩類一百二十卷 — 第三册・二八七

御製文集二十卷 ————— 第五册・二五五

御製文集三十卷 ————— 第五册・二五六

御製百家姓一卷附孔聖天經地義正道教
　人修心八卦大學考經一卷 — 第四册・三三二

御製耕織圖詩一卷 ————— 第三册・三二七
　　　　　　　　　　　第三册・三二九

御製圓明園詩二卷 ————— 第五册・五七六

御爐香二卷 ————— 第七册・四二二

鈍吟全集二十三卷 ————— 第五册・四七九

鈍硯厄言不分卷 ————— 第四册・六四

飲水詩集二卷詞集三卷 ————— 第五册・五一一

飲膳正要三卷 ————— 第三册・四八九

評花小史不分卷 ————— 第五册・六三〇

詠物詩六卷 ————— 第五册・三八九

詠懷堂新編十錯認春燈謎記二卷 — 第七册・三八三

詞苑叢談十二卷 ————— 第七册・二〇八

詞林逸響四卷 ————— 第七册・五〇九

詞林摘豔十卷 ————— 第七册・五〇四

詞海遺珠四卷 ————— 第六册・一三六

詞潔六卷前集一卷 ————— 第七册・一九八

馮元成寶善編選刻二卷 ————— 第五册・三七一

遊仙夢不分卷 ————— 第七册・四四〇

普陀山志六卷―――――――第二冊・二九六

普靜如來鑰匙寶卷六卷―――第七冊・五五八

尊前集二卷―――――――第七冊・一八二

道元一焺五卷――――――第四冊・四九六

道光二十六年日月刻度通書不分卷

　　　　　　　　　　　第三冊・一七二

道書十八種十八卷――――第四冊・四九八

［道場文意］不分卷―――第四冊・四六二

道貴堂類稿二十一卷耄餘殘瀋二卷修吉

　　堂遺稿二卷――――――第五冊・五五四

道園學古録五十卷――――第五冊・二三九

道藏目録詳註四卷――――第四冊・五〇五

道藏闕經目録二卷――――第四冊・五〇六

遂初堂書目一卷―――――第二冊・四一七

曾丽天詩一卷――――――第六冊・三三一

曾青藜詩八卷――――――第六冊・三三一

湖海搜奇二卷―――――――第四冊・九五

湯海若問棘郵草二卷―――第五冊・三九四

湯液本草三卷――――――第三冊・一三〇

湯義仍先生邯鄲夢記二卷―第七冊・三五〇

湯義仍先生南柯夢記二卷―第七冊・三五一

温庭筠詩集七卷別集一卷―第五冊・一三六

渭南文集五十卷劍南詩稿八十五卷

　　　　　　　　　　　第五冊・二〇八

淵鑒齋御纂朱子全書六十六卷――第三冊・二六

湧幢小品三十二卷―――――第四冊・三七

惺齋新曲六種十三卷―――第七冊・四三〇

寒山子詩集一卷―――――――第五冊・七二

寒山蔓草十卷――――――第六冊・二五三

寒中詩四卷―――――――第五冊・五一四

寒瘦集一卷―――――――第六冊・二三八

補石倉詩選十四卷――――第六冊・一四一

補閑三卷――――――――第六冊・四四七

補選捷用尺牘雙魚四卷――第六冊・三一五

畫石軒臥遊隨録四卷―――第三冊・二九五

畫史一卷――――――――第三冊・二五七

畫史通考不分卷―――――第三冊・三〇〇

畫史會要五卷――――――第三冊・二六二

畫法大成八卷――――――第三冊・二六三

畫筌析覽二卷――――――第三冊・二九七

畫評會海二卷天形道貌一卷―第三冊・二七六

畫禪室隨筆四卷―――――第三冊・二六五

畫繼十卷――――――――第三冊・二五六

　　　　　　　　　　　第三冊・二五八

畫繼十卷畫史一卷後畫録一卷續畫品録

　　一卷――――――――第三冊・二五七

畫繼補遺二卷英石硯山圖記一卷―第三冊・二五九

巽隱程先生詩集二卷文集二卷―第五冊・二六三

疎影樓詞續鈔一卷――――第七冊・一七〇

疏寮小集一卷――――――第五冊・二一一

違礙書籍目録不分卷―――第二冊・四八二

　　　　　　　　　　　第二冊・四八五

　　　　　　　　　　　第二冊・四八八

絡緯吟十二卷――――――第五冊・四三七

絶句辨體八卷――――――第六冊・一三〇

絲絹全書八卷――――――第二冊・三四四

幾社文選二十卷―――――第六冊・二九九

幾亭全書六十二卷――――第五冊・四五二

十三畫

瑟榭叢談二卷――――――第四冊・一〇〇

瑞世良英五卷――――――第二冊・一一七

瑜伽施食儀觀不分卷―――第四冊・四五八

載雲舫集十卷――――――第五冊・五〇九

遠西奇器圖說録最三卷新製諸器圖說一

　　卷――――――――第二冊・三五九

　　　　　　　　　　　第二冊・三六〇

鼓枻稿一卷―――――――第五冊・二六〇

鼓枻稿六卷補遺一卷―――第五冊・二五九

聖宋名賢五百家播芳大全文粹一百五卷

　　　　　　　　　　第六冊・二四三

聖宋名賢四六叢珠一百卷───第六冊・二四二

聖門人物志十三卷───────第二冊・八二

聖諭像解二十卷──────第二冊・九三

聖蹟圖一卷──────第二冊・一六五

　　　　　　　　　第二冊・一六八

　　　　　　　　　第二冊・一七〇

　　　　　　　　　第二冊・一七二

　　　　　　　　　第二冊・一七四

聖蹟圖志十四卷──────第二冊・一七七

聖觀自在求修六字禪定經一卷─第四冊・四五四

蓮坡詩話三卷──────第六冊・四四四

夢幻居畫學簡明五卷首一卷───第三冊・二九八

夢白先生集三卷──────第五冊・三八〇

夢林玄解三十四卷首一卷───第三冊・一九七

蒼峴山人集五卷微雲集一卷───第五冊・五五五

蓑笠軒僅存稿十卷──────第五冊・五六六

蒲東詩一卷──────第七冊・二三二

　　　　　　　　　第七冊・二三五

蒲庵詩三卷──────第五冊・二六一

蓉渡詞三卷──────第五冊・五五八

蒙求續編二卷──────第四冊・二四七

禁書總目不分卷──────第四冊・五四六

禁燬書目一卷各省咨查銷燬書目一卷摘

　　燬書目一卷──────第二冊・四九〇

楚江蠡史不分卷──────第三冊・三二一

楚騷綺語六卷──────第四冊・二五八

楚辭十卷──────第五冊・六

楚辭述註五卷九歌圖一卷───第五冊・八

楚辭章句十七卷疑字直言補一卷──第五冊・五

楚辭燈四卷楚懷襄二王在位事蹟考一卷

　　屈原列傳一卷──────第五冊・一六

楚懷襄二王在位事蹟考一卷───第五冊・一六

楚譯二卷參疑一卷──────第五冊・三

棟亭書目不分卷──────第二冊・四二二

　　　　　　　　　第二冊・四二四

楊升庵先生夫人樂府詞餘五卷─第七冊・一四八

楊升庵先生長短句四卷楊升庵先生夫人

　　樂府詞餘五卷──────第七冊・一四八

楊升庵詩五卷──────第五冊・三一三

　　　　　　　　　第五冊・三一四

楊文懿公文集三十卷──────第五冊・三八五

楊炯集二卷──────第六冊・三四

榆溪集選不分卷補一卷───第五冊・四七四

槎上老舌一卷──────第四冊・三一

槎翁文集十八卷──────第五冊・二五八

槎庵詩集八卷──────第五冊・四二一

較正北西廂譜二卷──────第七冊・五三二

賈浪仙長江集十卷──────第五冊・一二二

賈誼新書十卷洛陽賈生傳一卷─第三冊・一五

碎金不分卷──────第四冊・三二六

碑帖目錄不分卷──────第二冊・三九〇

雷江脞錄四卷──────第四冊・二一五

督撫兩浙定變輿頌錄□卷───第六冊・二六三

督撫約□卷──────第六冊・二六四

督蘆疏草一卷──────第二冊・七三

歲時節氣集解一卷附錄一卷─第二冊・四九九

虞初志七卷──────第四冊・二〇六

虞初新志二十卷──────第四冊・二一三

虞書箋二卷──────第一冊・二七

睡庵文稿初刻四卷二刻六卷三刻二卷

　　　　　　　　　第五冊・四一五

睡庵詩稿一卷文稿二卷───第五冊・四一六

睡庵詩稿四卷文稿十一卷───第五冊・四一四

愚谷集十卷──────第五冊・三二二

盟鷗草一卷──────第五冊・五四四

園冶三卷──────第二冊・三六六

園林午夢一卷──────第七冊・二三八

園林午夢記一卷──────第七冊・二三二

遣愁集十四卷 ————— 第四冊・一六九
農丈人詩集八卷 ————— 第五冊・三八六
農政全書六十卷 ————— 第三冊・九二
農書三十六卷 ————— 第三冊・八九
蜀檮杌不分卷補遺一卷校記一卷 — 第二冊・三三
蜀藻幽勝錄四卷 ————— 第六冊・四〇四
稗海四十六種二百八十五卷續稗海
　　二十四種一百四十一卷 ————— 第四冊・五一六
筠廊偶筆二卷 ————— 第四冊・九八
節物出典五卷 ————— 第二冊・五〇六
傳奇十一種十九卷 ————— 第七冊・四〇七
傳奇漫錄四卷 ————— 第七冊・二〇
傷寒舌鑒不分卷 ————— 第三冊・一四九
傷寒兼證析義不分卷傷寒舌鑒不分卷
　　————— 第三冊・一四九
像贊評林贈言二卷 ————— 第三冊・二七一
魁本袖珍方大全四卷 ————— 第三冊・一四三
粵西詩載二十五卷 ————— 第六冊・四〇九
微雲集一卷 ————— 第五冊・五五五
愈愚錄六卷又一卷 ————— 第四冊・七五
會真記一卷 ————— 第七冊・二二三
　　　　————— 第七冊・二二七
　　　　————— 第七冊・二三〇
　　　　————— 第七冊・二三二
　　　　————— 第七冊・二三五
　　　　————— 第七冊・二四四
　　　　————— 第七冊・二四五
　　　　————— 第七冊・二四八
　　　　————— 第七冊・二四九
　　　　————— 第七冊・二五〇
會真記詩詞跋序辯證年譜碑文附後一卷
　　————— 第七冊・三
會稽三賦一卷 ————— 第五冊・二〇五
會稽掇英總集二十卷校正會稽掇英總集
　　札記一卷 ————— 第六冊・三九一

遙擲稿二十卷 ————— 第五冊・五三七
獅山掌錄二十八卷 ————— 第四冊・二七八
詩外傳十卷 ————— 第一冊・三五
詩删二十三卷 ————— 第六冊・一二八
詩岑二十二卷 ————— 第六冊・一四五
詩法火傳十六卷 ————— 第六冊・四三七
詩持一集四卷二集十卷三集十卷 — 第六冊・三三五
詩紀一百五十六卷目錄三十六卷 — 第六冊・一二一
　　　　————— 第六冊・一二三
詩原五卷詩說略一卷 ————— 第一冊・四九
詩問四卷附詩問續一卷 ————— 第六冊・四三九
詩傳闡二十三卷餘二卷 ————— 第一冊・四八
詩話十卷 ————— 第六冊・四二七
詩話類編三十二卷 ————— 第六冊・四三一
詩準四卷詩翼四卷 ————— 第六冊・四四六
詩經二十卷詩譜一卷 ————— 第一冊・三九
詩經人物考三十四卷 ————— 第一冊・五〇
詩經主意默雷八卷 ————— 第一冊・五六
詩經考十八卷 ————— 第一冊・五一
詩經圖史合考二十卷 ————— 第一冊・四五
　　　　————— 第一冊・四六
詩經類考三十卷 ————— 第一冊・四四
詩說紀事三卷 ————— 第六冊・四三六
詩稿柳邨雜詠二卷 ————— 第五冊・五三九
詩餘花鈿集四卷首一卷末一卷 — 第七冊・二〇三
詩餘神髓不分卷 ————— 第七冊・一九五
詩餘偶存一卷 ————— 第五冊・五七一
詩餘畫譜不分卷 ————— 第三冊・三五〇
　　　　————— 第三冊・三五二
詩餘圖譜二卷 ————— 第七冊・二一二
詩餘廣選十六卷雜說一卷徐卓晤歌一卷
　　————— 第七冊・一九〇
詩論一卷 ————— 第六冊・三四〇
詩慰初集二十家二十四卷 ————— 第六冊・七二
　　　　————— 第六冊・七四

詩學正宗十六卷 ————— 第六冊・一三二

詩翼四卷 ——————— 第六冊・四四六

詩譜一卷 ——————— 第一冊・三九

詩觀初集十二卷二集十四卷閨秀別卷一

　　卷三集十三卷閨秀別卷一卷 — 第六冊・三二六

誠齋先生易傳二十卷 ——— 第一冊・六

話墮集三卷 ————— 第五冊・五九一

詳校元本西廂記二卷會真記一卷 — 第七冊・二四九

鴈青山人集杜一卷 —— 第五冊・五八四

新刊大字分類校正日記大全九卷 — 第四冊・二五〇

新刊大宋中興通俗演義十卷 ——— 第七冊・五四

新刊小兒雜瘡秘傳便蒙捷法一卷

　　—————————— 第三冊・一五四

新刊文選考註前集十五卷後集十五卷

　　—————————— 第六冊・九二

新刊外科微義四卷 ——— 第三冊・一五一

新刊出像補訂參采史鑒唐書志傳通俗演

　　義題評八卷 ——————— 第七冊・四一

新刊地理統會大成二十七卷 — 第三冊・一九二

新刊奇見異聞筆坡叢脞一卷 — 第四冊・一九九

新刊京本春秋五霸七雄全像列國志傳八

　　卷 ———————— 第七冊・二一

新刊姓源珠璣六卷 —— 第四冊・二四六

新刊重訂出相附釋標註拜月亭記二卷

　　—————————— 第七冊・三一一

新刊音點性理群書句解後集二十三卷

　　—————————— 第三冊・三一

新刊徐文長先生批評隋唐演義十卷

　　一百十四節 ——————— 第七冊・三八

新刊唐宋名賢歷代確論十卷 — 第二冊・五一一

　　　　　　　　　　　　　　第二冊・五一二

新刊家塾四書會編□卷 —— 第六冊・三〇〇

新刊啓蒙分章句解四書寶鑒十六卷

　　—————————— 第一冊・一一八

新刊張小山北曲聯樂府三卷外集一卷

　　—————————— 第七冊・四七九

新刊補遺秘傳痘疹全嬰金鏡錄三卷新刊

　　小兒雜瘡秘傳便蒙捷法一卷 — 第三冊・一五四

新刊詳註縉紳便覽不分卷 ——— 第二冊・二二四

新刊箋註唐賢絶句三體詩法二十卷

　　—————————— 第六冊・二一一

新刊駱子集註四卷 ——— 第五冊・六三

新刊舉業明儒論宗八卷 —— 第六冊・二八二

新刊憲臺考正少微通鑑全編二十卷外

　　紀二卷新刊憲臺考正宋元通鑑全編

　　二十一卷 ——————— 第二冊・一七

新刊憲臺考正宋元通鑑全編二十一卷

　　—————————— 第二冊・一七

新刊徽郡原板校正繪像註釋魁字登雲三

　　註故事四卷 ——————— 第四冊・三〇二

新刊徽郡原板校正繪像註釋魁字登雲日

　　記故事四卷 ——————— 第四冊・三〇三

新刊韻略五卷 ———— 第一冊・一八一

新西廂二卷 ————— 第七冊・四三五

新安文獻志一百卷 ——— 第六冊・三八三

新安休寧汪溪金氏族譜五卷附錄一卷

　　—————————— 第二冊・二三一

新板增補天下便用文林妙錦萬寶全書□

　　卷 ———————— 第四冊・三〇七

新刻一札三奇四卷 ——— 第四冊・二七二

新刻大字傍音註釋全備標題古文大成

　　□□卷 ——————— 第六冊・一九一

新刻山海經圖二卷 ——— 第四冊・一九〇

新刻太倉藏板全補合像註釋大字日記故

　　事□□卷 ——————— 第四冊・三〇一

新刻文會堂琴譜六卷 ——— 第三冊・四三二

新刻孔門儒教列傳四卷 —— 第二冊・八五

新刻石渠閣彙纂諸書法海三十四卷

　　—————————— 第四冊・二八六

新刻四書圖要二卷 —————— 第一冊・一二二
新刻出相點板宵光記二卷 —————— 第七冊・三七〇
新刻出像音註何文秀玉釵記四卷 — 第七冊・三八七
新刻出像音註張許雙忠記二卷 — 第七冊・三三三
新刻出像音註蘇英皇后鸚鵡記二卷
　　———————— 第七冊・三九一
新刻出像增補搜神記六卷 —————— 第四冊・一九三
新刻出像點板音註李十郎紫簫記四卷
　　———————— 第七冊・三四八
新刻出像點板時尚崑腔雜曲醉怡情八卷
　　———————— 第七冊・五一三
新刻出像點板增訂樂府珊珊集四卷
　　———————— 第七冊・五〇七
新刻呂新吾先生文集十卷 —————— 第五冊・三八二
新刻全像古城記二卷 —————— 第七冊・三八九
新刻全像易鞋記二卷 —————— 第七冊・三六一
新刻吳越春秋樂府二卷 —————— 第七冊・三三四
新刻牡丹亭還魂記四卷 —————— 第七冊・三三九
新刻宋璟鶼釵記二卷 —————— 第七冊・三七二
新刻金陵原板易經開心正解六卷 —— 第一冊・八
新刻法師選擇紀一卷 —————— 第二冊・三六一
新刻草字千家詩二卷 —————— 第六冊・一一五
新刻皇明開運輯略武功名世英烈傳六卷
　首一卷 —————— 第七冊・六〇
新刻訂補註釋會海對類十九卷首一卷
　　———————— 第四冊・三一四
新刻華筵趣樂談笑奇語酒令四卷 — 第四冊・一三七
新刻校正刪補明心寶鑒二卷 — 第四冊・一六八
新刻原本王狀元荊釵記二卷 — 第七冊・三二五
新刻徐文長公參訂西廂記二卷會真記一
　卷蒲東詩一卷新刻錢塘夢一卷園林午
　夢記一卷 —————— 第七冊・二三二
新刻張天如先生增補註釋啟蒙會海玉堂
　對類四卷首一卷 —————— 第四冊・三一八

新刻張侗初先生彙編四民便用註釋札柬
　五朵雲四卷 —————— 第四冊・三一〇
新刻萬法歸宗五卷 —————— 第三冊・二一四
新刻開基翰林評選歷朝捷録總要四卷
　　———————— 第二冊・五一六
　　———————— 第二冊・五一九
新刻遊覽粹編六卷 —————— 第四冊・一三五
新刻楊救貧秘傳陰陽二宅便用統宗二卷
　　———————— 第三冊・一九〇
新刻趙狀元三錯認紅梨記二卷 — 第七冊・三六八
新刻爾雅翼三十二卷 —————— 第一冊・一六一
新刻增訂釋義經書便用通考雜字二卷外
　卷一卷 —————— 第四冊・三三〇
新刻增補藝苑卮言十六卷 —————— 第四冊・二三
新刻墨娥小録十四卷 —————— 第四冊・一〇四
新刻劍嘯閣批評西漢演義八卷新刻劍嘯
　閣批評東漢演義十卷 —————— 第七冊・二七
新刻劍嘯閣批評東漢演義十卷 —— 第七冊・二七
新刻翰林批選東萊呂先生左氏博議句解
　十二卷 —————— 第一冊・九一
新刻歷代聖賢像贊二卷 —————— 第二冊・八七
新刻曆考綱目訓解通鑑全編正集二十卷
　續集□□卷 —————— 第二冊・一五
新刻錢太史評註李于鱗唐詩選玉七卷首
　一卷 —————— 第六冊・二二二
新刻錢塘夢一卷 —————— 第七冊・二三二
新刻闇然堂類纂皇明新故事六卷 — 第四冊・二九七
新刻魏仲雪先生批點琵琶記二卷 — 第七冊・三二〇
新刻鍾伯敬先生批評封神演義二十卷
　一百回 —————— 第七冊・九四
新刻鍾伯敬先生批評封神演義十九卷
　一百回 —————— 第七冊・九〇
　　———————— 第七冊・九二
　　———————— 第七冊・九三
新刻譚友夏合集二十三卷 —————— 第五冊・四四一

十三畫

新刻臞仙神隱四卷 ——————— 第四冊・四九一

第四冊・四九二

新定十二律京腔譜十六卷 ——— 第七冊・五二四

新定宗北歸音六卷 ————— 第七冊・五一七

第七冊・五一八

新訂徐文長先生批點音釋北西廂二卷會

真記一卷附録蒲東詩一卷 ——— 第七冊・二三五

新校註古本西廂記五卷彙考一卷 — 第七冊・二四一

新製諸器圖説一卷 ————— 第二冊・三五九

第二冊・三六〇

新增補遺陰陽備要曆法通書大全二卷

——————— 第三冊・二〇七

新鍥李先生類纂音釋捷用雲箋六卷

——————— 第四冊・三一三

新鍥訂正評註便讀草堂詩餘七卷 — 第七冊・一八七

新調思春一卷 ————— 第五冊・五九九

新編分類夷堅志甲集五卷乙集五卷丙集五

卷丁集五卷戊集五卷己集六卷庚集五卷

辛集五卷壬集五卷癸集五卷 — 第四冊・一九七

新編古今事文類聚前集六十卷 — 第四冊・二三一

新編古今事文類聚前集六十卷後集五十

卷續集二十八卷別集三十二卷新集

三十六卷外集十五卷 ——— 第四冊・二三〇

第四冊・二三二

新編四元玉鑒三卷 ——————— 第三冊・一七六

新編白蛇傳雷峰塔十卷 ——— 第七冊・五四七

新編名賢詩法三卷 ——————— 第六冊・四二五

新編宋文忠公蘇學士東坡詩話二卷 — 第七冊・六

新編直指筭法統宗十七卷首一卷 — 第三冊・一七九

新編直指筭法纂要四卷 ——— 第三冊・一七八

新編事文類聚翰墨全書甲集十二卷乙集九

卷丙集五卷丁集五卷戊集五卷己集七卷

庚集二十四卷辛集十卷壬集十二卷癸集

十一卷後甲集八卷後乙集三卷後丙集六

卷後丁集八卷後戊集九卷 —— 第四冊・二四一

新編南詞定律十三卷首一卷 —— 第七冊・五二二

新編皇明通俗演義七曜平妖全傳六卷

七十二回 ——————— 第七冊・六六

新編連相搜神廣記前集一卷後集一卷

——————— 第四冊・一九五

新編經史正音切韻指南一卷 —— 第一冊・一七四

新鍥孔聖宗師出身全傳四卷 —— 第二冊・一六三

新鍥考正繪像圈點古文大全八卷 — 第六冊・一七三

新鍥兩京官板校正錦堂春曉翰林查對天

下萬民便覽四卷 ——— 第四冊・三一一

新鍥袁中郎校訂旁訓古事鏡十二卷

——————— 第二冊・五二一

新鍥商賈醒迷二卷附悲商歌一卷警世歌

一卷 ——————— 第四冊・八四

新鍥焦太史彙選百家評林名文珠璣

十三卷 ——————— 第六冊・一六二

新鍥會元湯先生批評空同文選五卷

——————— 第五冊・二九一

新鍥臺閣清訛補註孔子家語五卷首一卷

——————— 第三冊・一二

新鍥鄭孩如先生精選戰國策旁訓便讀四

卷 ——————— 第二冊・二九

新鍥徽本圖像音釋崔探花合襟桃花記二

卷 ——————— 第七冊・三六六

新鍥徽郡原板校正繪像註釋魁字便蒙日

記故事四卷 ——— 第四冊・二九二

新鐫工師雕斲正式魯班木經匠家鏡三卷

——————— 第二冊・三六三

第二冊・三六四

新鐫才美巧相逢宛如約四卷十六回

——————— 第七冊・一〇一

新鐫女貞觀重會玉簪記二卷 —— 第七冊・三六二

新鐫五福萬壽丹書六卷 ——— 第四冊・一四四

新鐫六言唐詩畫譜一卷 ——— 第三冊・三〇四

第三冊・三〇六

新鐫玉茗堂批評按鑒參補出像南宋志傳十
　　卷五十回北宋志傳十卷五十回 ── 第七冊・四六
新鐫古今大雅北宮詞紀六卷 ── 第七冊・四六七
　　　　　　　　　　　　　　第七冊・四七三
新鐫古今大雅南宮詞紀六卷 ── 第七冊・四六六
　　　　　　　　　　　　　　第七冊・四七一
　　　　　　　　　　　　　　第七冊・四七二
新鐫古今事物原始全書三十卷 ── 第四冊・二六七
新鐫仙媛紀事九卷補遺一卷 ── 第四冊・二〇五
新鐫出像點板怡春錦曲六卷 ── 第七冊・五一一
新鐫全像武穆精忠傳八卷 ──── 第七冊・五六
新鐫全像通俗演義隋煬帝艷史八卷四十
　　回 ─────────── 第七冊・三三
新鐫批評出像通俗演義禪真後史十集
　　六十回 ──────── 第七冊・九六
新鐫赤心子彙編四民利觀翰府錦囊八卷
　　　　　　　　　　　────第四冊・二六二
　　　　　　　　　　　────第四冊・二六三
新鐫武經標題正義七卷附鐫武經節要一
　　卷陣法馬步射法棍法一卷 ── 第三冊・四七
新鐫東西晉演義十二卷五十回 ── 第七冊・三二
新鐫京板工師雕斲正式魯班木經匠家鏡三
　　卷附秘訣仙機一卷靈驅解法洞明真言秘
　　書一卷新刻法師選擇紀一卷 ── 第二冊・三六一
新鐫草本花詩譜一卷 ───── 第三冊・三〇八
新鐫紅拂記二卷 ─────── 第七冊・三五五
新鐫海內奇觀十卷 ────── 第二冊・二九三
新鐫陳眉公先生批評春秋列國志傳十二
　　卷 ─────────── 第七冊・二四
新鐫國朝名儒文選百家評林十二卷
　　　　　　　　　　　────第六冊・二八九
新鐫焦太史彙選中原文獻經集六卷史集六
　　卷子集七卷文集四卷通考一卷 ── 第六冊・一六五
新鐫註釋歷代尺牘綺縠四卷 ── 第六冊・一九九

新鐫增補全像評林古今列女傳八卷
　　　　　　　　　　　────第二冊・九八
新鐫翰林考正歷朝故事統宗十卷
　　　　　　　　　　　────第四冊・三〇四
新鐫翰府素翁雲翰精華六卷 ── 第四冊・二八八
新鐫繡像小説吳江雪四卷二十四回
　　　　　　　　　　　────第七冊・八六
新鐫繡像旁批詳註總斷廣百將傳二十卷
　　　　　　　　　　　────第三冊・七六
新鐫繡像濟顛大師全傳三十六則
　　　　　　　　　　　────第七冊・一〇五
意中緣傳奇二卷 ────── 第七冊・四〇四
雍熙樂府二十卷 ────── 第七冊・五〇五
義門鄭氏奕葉吟集三卷 ─── 第六冊・一一九
義莊規矩一卷 ─────── 第五冊・一五六
煙花債傳奇一卷 ────── 第五冊・五七四
滇南福清洞天二十四詠一卷 ── 第七冊・一六一
滇略十卷 ──────── 第二冊・二八七
滄江詩選三卷 ─────── 第六冊・八三
滄溟先生集三十卷附錄一卷 ── 第五冊・三四四
溯洄集十卷詩論一卷詩話一卷 ── 第六冊・三四〇
群芳清玩十二種十六卷 ─── 第四冊・五五八
群書集本淵海十一卷群書集事淵海
　　四十七卷 ─────── 第四冊・二四四
群書集事淵海四十七卷 ─── 第四冊・二四四
群書題識雜抄不分卷 ──── 第二冊・四六八
群雅集四卷 ─────── 第六冊・三五二
群賢小集六十八種一百二十二卷 ── 第六冊・五九
殿閣詞林記二十二卷 ──── 第二冊・一四五
　　　　　　　　　　　────第二冊・一四六
遜志齋集唐落花百詠一卷 ── 第五冊・五八六
彙古菁華二十四卷 ───── 第六冊・一九二
彙雅前集二十卷 ────── 第一冊・一六五
經國雄略四十九卷 ───── 第二冊・三四〇
經絡全書前編一卷後編一卷 ── 第三冊・一〇八

經鉏堂雜誌八卷 ——————— 第四冊·一二

經濟類編一百卷 ——————— 第四冊·二六一

經韻樓集校勘記一卷 ————— 第五冊·六〇五

經籍考七十六卷 ——————— 第二冊·三三三

十四畫

碧山樂府二卷 ——————— 第七冊·四八三

碧山樂府四卷 ——————— 第七冊·四八四

瑤華集二十二卷附二卷詞人姓氏爵里表

　一卷 ——————— 第七冊·二〇二

瑤蕊編一卷針餘小草一卷 ——— 第六冊·三三九

趙忠毅公三種

　——————— 第四冊·五六〇

嘉慶道光魏塘人物記六卷 ——— 第二冊·一五五

臺海見聞錄四卷 ——————— 第二冊·二八三

摘星樓傳奇二卷 ——————— 第七冊·四五八

摘燼書目一卷 ——————— 第二冊·四九〇

壽壙碑辭一卷 ——————— 第五冊·五四〇

蔡中郎文集十卷外傳一卷 ——— 第五冊·二二

蔡中郎集二卷 ——————— 第五冊·二一

蔡君謨文抄不分卷 ————— 第五冊·一五九

蔡聲一卷 ——————— 第五冊·四四八

蔗塘未定稿九卷 ——————— 第五冊·五八〇

　——————— 第五冊·五八一

蓼花詞一卷 ——————— 第七冊·一六〇

榕村藏稿四卷 ——————— 第五冊·五六四

榕海舊聞不分卷 ——————— 第二冊·二八〇

爾雅三卷音釋三卷 ————— 第一冊·一五九

爾雅翼三十二卷 ——————— 第一冊·一六〇

翡翠軒一卷梅杏爭春一卷 ——— 第七冊·五

墅談六卷 ——————— 第四冊·二〇

閨秀別卷一卷 ——————— 第六冊·三二六

閨範四卷 ——————— 第二冊·一二一

聞妙香室詩十二卷文十九卷 —— 第五冊·六二五

閩小紀四卷 ——————— 第二冊·二七八

閩中十子詩十種三十卷 ——— 第六冊·四〇五

閩海關常稅則例二卷 ————— 第二冊·三四九

閩頌彙編四十卷 ——————— 第二冊·一九二

　——————— 第二冊·一九五

閩溪紀略一卷 ——————— 第二冊·五二三

閩賢遺墨不分卷 ——————— 第六冊·四〇七

鳴玉錄□卷 ——————— 第六冊·二五四

幔亭集十五卷 ——————— 第五冊·三九五

圖書編一百二十七卷 ————— 第四冊·二六八

圖畫見聞誌六卷 ——————— 第三冊·二六〇

圖像本草蒙筌十二卷首一卷總論一卷

　——————— 第三冊·一一六

圖繪宗彝八卷 ——————— 第三冊·三四八

圖繪寶鑑六卷補遺一卷 ——— 第三冊·二六一

骷髏格一卷辯音連聲歸母捷法一卷

　——————— 第七冊·五二三

箋註陶淵明集十卷總論一卷 —— 第五冊·四二

算沙室全藏目錄不分卷 ——— 第四冊·四七一

管韓合纂四卷 ——————— 第三冊·八三

銅鼓書堂遺稿三十二卷 ——— 第五冊·五九五

銀河織女傳不分卷 ————— 第四冊·二一一

銀瓶牡丹三卷三十九齣 ——— 第七冊·四五二

鄱陽遺事錄一卷 ——————— 第五冊·一五六

鳳仙花譜一卷 ——————— 第三冊·五一九

鳳墅殘帖釋文二卷 ————— 第三冊·二四六

疑耀七卷 ——————— 第四冊·七〇

說文字原一卷六書正譌五卷 — 第一冊·一六九

說文長箋一百卷首二卷解題一卷六書長

　箋七卷 ——————— 第一冊·一七一

說文解字繫傳四十卷 ————— 第一冊·一六八

說苑二十卷 ——————— 第三冊·二〇

說鈴前集三十七種四十四卷後集十六種

　二十二卷 ——————— 第四冊·五四二

說儲八卷二集八卷 ————— 第四冊·五二

說儲八卷 ——————— 第四冊·五三

廣信先賢事實録六卷 ————— 第二冊・一五七

廣陵集一卷 ————————— 第四冊・五五五

廣博物志五十卷 —————— 第四冊・二八二

廣筆記十四卷炮炙大法一卷用藥凡例一

　　卷 ————————————— 第三冊・一四六

廣腋四集不分卷 —————— 第二冊・五〇八

廣寒香傳奇二卷 —————— 第七冊・四四九

齊魯韓三家詩釋十六卷 ——— 第一冊・三七

旗亭記二卷 ———————— 第七冊・四二八

旗亭記二卷玉尺樓傳奇二卷 — 第七冊・四二九

養正圖解二卷 —————— 第二冊・一〇九

養正圖解不分卷 ————— 第二冊・一〇六

　　　　　　　　　　　　　第二冊・一〇八

養生月覽二卷 —————— 第四冊・一二一

養生類要前集一卷 ———— 第四冊・四九三

養菊法一卷 ——————— 第三冊・五一四

養餘月令三十卷 ————— 第二冊・五〇一

精選名賢詞話草堂詩餘二卷 — 第七冊・一八五

精選東萊先生左氏博議八卷 — 第一冊・九〇

精選故事黃眉十卷 ———— 第四冊・二七一

精選點板崑調十部集樂府先春二卷首一

　　卷 ——————————— 第七冊・四七四

鄰蘇園藏書目一卷 ———— 第二冊・四四五

鄭少白詩集□卷 ————— 第五冊・三五九

鄭敷文景望書説一卷 ——— 第一冊・一五

榮祭酒遺文一卷 ————— 第五冊・二三一

漢蔡中郎集十一卷 ———— 第五冊・一九

漢魏六朝二十一名家集一百二十三卷

　　　　　　　　　　　　　第六冊・九

漢魏六朝百三名家集一百十八卷 — 第六冊・一一

漢魏六朝詩選八卷 ———— 第六冊・一〇六

漸江先生江公傳行狀墓誌銘一卷

　　　　　　　　　　　　　第二冊・一八三

漫塘文集三十六卷附録一卷 — 第五冊・二一二

漁洋山人乙亥文稿一卷 ——— 第五冊・五五〇

漁洋山人文略十四卷 ——— 第五冊・五五一

漁洋詩話二卷 —————— 第六冊・四三八

漪游草三卷 ——————— 第五冊・四三四

滴露軒雜著一卷 ————— 第四冊・四一

察院試録不分卷 ————— 第六冊・三〇二

盡言集十三卷 —————— 第二冊・六五

翠娛閣評選行笈必攜二十一卷 — 第六冊・六九

翠娛閣評選行笈必攜小札簡二卷 — 第六冊・六八

翠寒集一卷唫噫集一卷 ——— 第五冊・二四一

熊士選集一卷附録一卷 ——— 第五冊・二九二

綺樹閣賦稿一卷詩稿一卷

　　　　　　　　　　　　　第五冊・五四〇

維風詩集三十二卷 ———— 第六冊・一四二

緑窗女史十四卷 ————— 第四冊・五三四

十五畫

撫雲集九卷 ——————— 第五冊・五二六

撫畿奏疏十卷計部奏疏四卷 — 第二冊・六九

增正詩餘圖譜三卷 ———— 第七冊・二一〇

　　　　　　　　　　　　　第七冊・二一一

增定古今逸史五十五種二百二十三卷

　　　　　　　　　　　　　第四冊・五二九

　　　　　　　　　　　　　第四冊・五三〇

增定國朝館課經世宏辭十五卷 — 第六冊・二九〇

增修埤雅廣要四十二卷 ——— 第四冊・二四五

增訂二三場群書備考四卷 —— 第四冊・三二三

增註唐賢絕句三體詩法三卷 — 第六冊・二四〇

增註類證活人書二十二卷 —— 第三冊・一四八

增補秘傳地理尋龍經訣法一卷 — 第三冊・一九五

增廣註釋音辯唐柳先生集四十三卷別集

　　二卷外集二卷朱文公校昌黎先生文集

　　四十卷外集十卷 ——— 第五冊・一〇七

縠原詩集八卷 —————— 第五冊・三二五

縠詒彙十四卷首二卷 ——— 第四冊・一五九

蕉林揮麈圖題詠一卷 ——— 第六冊・三四六

十五畫

蔬果爭奇三卷 ——————— 第四冊・一五五

蔬食譜不分卷 ——————— 第三冊・四九一

橫山詩文鈔二十二卷 ——————— 第五冊・五七二

樗齋漫錄十二卷 ——————— 第四冊・二九

樊川文集二十卷外集一卷別集一卷

　　——————— 第五冊・一三〇

樟亭集不分卷葆光堂詩不分卷授研齋詩

　　不分卷 ——————— 第五冊・五三三

輞川樂事一卷 ——————— 第五冊・五九九

輟耕錄三十卷 ——————— 第四冊・一六

歐陽文忠公集一百五十三卷年譜一卷附

　　錄五卷 ——————— 第五冊・一六五

歐陽文忠公集一百五十三卷年譜一卷附

　　錄六卷 ——————— 第五冊・一六四

歐陽先生文粹二十卷遺粹十卷 —— 第五冊・一六六

歐陽先生飄然集七卷 ——————— 第五冊・一八三

醉高歌傳奇三卷 ——————— 第七冊・二九九

醉愛居印賞二卷又一卷 ——————— 第三冊・四三六

醉寫一卷 ——————— 第七冊・四六〇

醉醒石十五回 ——————— 第七冊・一六

震澤長語二卷 ——————— 第四冊・五三七

劇本叢鈔十五種十五卷 ——————— 第七冊・五〇三

賞奇軒四種合編四卷 ——————— 第四冊・五四四

賦略三十四卷緒言一卷列傳一卷外篇

　　二十卷 ——————— 第六冊・一九七

賜書樓九世詩文錄四十卷 —— 第六冊・一一〇

閱藏知津四十四卷總目四卷 —— 第四冊・四七四

遺真記六卷題詞一卷詩話一卷 —— 第七冊・四五五

遺蹟一卷 ——————— 第五冊・一五六

墨井畫跋外卷一卷 ——————— 第五冊・五六二

墨井詩鈔二卷墨井畫跋外卷一卷三巴集

　　一卷 ——————— 第五冊・五六二

墨莊詩鈔二卷文鈔一卷詞餘一卷

　　——————— 第五冊・五二七

墨海十二卷 ——————— 第三冊・四八六

墨憨齋新曲十種二十卷 ——————— 第七冊・三〇五

墨譜三卷如韋館墨評一卷 —— 第三冊・四五二

稼軒長短句十二卷 ——————— 第七冊・一三八

　　——————— 第七冊・一三九

篆林肆考十五卷 ——————— 第一冊・一七八

樂府群珠不分卷 ——————— 第七冊・四六三

樂府遺音一卷 ——————— 第七冊・一四二

樂府餘音一卷 ——————— 第七冊・四八一

樂律全書三十九卷 ——————— 第一冊・一三一

　　——————— 第一冊・一三二

樂律全書四十九卷 ——————— 第一冊・一二七

樂章集一卷 ——————— 第七冊・一三二

徵彙詩文不分卷 ——————— 第六冊・三二〇

銷夏錄六卷 ——————— 第三冊・二三八

銷釋孟姜忠烈貞節賢良寶卷二卷

　　——————— 第七冊・五五九

劍南詩稿八十五卷

　　——————— 第五冊・二〇八

貓苑二卷 ——————— 第三冊・五二五

餘冬序錄六十五卷 ——————— 第四冊・一七

滕王閣全集十三卷徵彙詩文不分卷

　　——————— 第六冊・三二〇

魯公文集十五卷 ——————— 第五冊・八七

魯春秋一卷敬修堂釣業一卷附錄一卷

　　——————— 第二冊・四七

劉子文心雕龍二卷註二卷 —— 第六冊・四一四

劉子威集五十二卷 ——————— 第五冊・三四一

劉向古列女傳七卷續一卷 —— 第二冊・九六

劉向新序十卷 ——————— 第三冊・一八

劉雪湖梅譜二卷像贊評林贈言二卷

　　——————— 第三冊・二七一

諸夷考三卷 ——————— 第二冊・五七

諸家筆籌四卷 ——————— 第四冊・三〇六

諸儒議論一卷 ——————— 第六冊・八九

　　——————— 第六冊・九〇

　　——————— 第六冊・九一

諸體評論一卷 ——————— 第六冊·三三一
論陶一卷 ————————— 第五冊·四六
論衡三十卷 ———————— 第四冊·六
談藪一卷 ————————— 第六冊·一八一
摩訶般若波羅蜜多心經一卷 —— 第四冊·三九一
　　　　　　　　　　　　　第四冊·三九二
　　　　　　　　　　　　　第四冊·三九六
慶安瀾傳奇二卷 ————— 第七冊·四五七
［潛廬藏書志］不分卷 —— 第二冊·四五二
澂景堂史測十四卷閩溪紀略一卷 — 第二冊·五二三
潘黃門集一卷 —————— 第五冊·三一
潘黃門集六卷 —————— 第五冊·二七
潘笠江先生集十二卷 ——— 第五冊·三七六
潯陽詩稿一卷詞稿一卷輞川樂事一卷新
　　調思春一卷 ————— 第五冊·五九九
寫情集二卷 ———————— 第七冊·一四一
選古今南北劇十卷 ———— 第七冊·五〇六
選刻釣臺集五卷 ————— 第六冊·三八六
選詩七卷詩人世次爵里一卷 — 第六冊·九八
選詩三卷 ————————— 第六冊·一〇〇
選詩三卷外編三卷拾遺二卷 — 第六冊·九九
選詩續編四卷 —————— 第六冊·一一八
選賦六卷名人世次爵里一卷 — 第六冊·一〇一
豫章羅先生文集十七卷年譜一卷 — 第五冊·一九八
　　　　　　　　　　　　　第五冊·一九九
緱山先生集二十七卷 ——— 第五冊·四二〇
畿輔明詩十二卷 ————— 第六冊·三六九

擁雙豔三種六卷 ————— 第七冊·四一三
燕友樓集一卷百花凡譜一卷 — 第七冊·一五八
燕日堂錄七種十四卷 ——— 第四冊·五六四
燕臺文選初集八卷 ———— 第六冊·三六七
燕聲一卷 ————————— 第五冊·四四八
薙籬吟十卷 ———————— 第五冊·四八八
薛文清公全集四十卷附錄一卷
　　　　　　　　　　　—— 第五冊·二六八
翰林珠玉六卷 —————— 第五冊·二四〇
翰海十二卷 ———————— 第六冊·二〇一
薛荔山房藏稿十卷 ———— 第五冊·三八三
樸學齋詩稿十卷 ————— 第五冊·五七〇
橘中秘四卷 ———————— 第三冊·四四一
橘譜一卷 ————————— 第三冊·五二一
輯刻琵琶亭詩不分卷 ——— 第六冊·四〇〇
輯庵集二卷 ———————— 第五冊·五三五
整庵先生存稿二十卷 ——— 第五冊·二八七
賴古堂文選二十卷 ———— 第六冊·一九五
賴古堂尺牘新鈔二選藏弄集十六卷
　　　　　　　　　　　—— 第六冊·三五六
賴古堂尺牘新鈔三選結鄰集十六卷
　　　　　　　　　　　—— 第六冊·三五八
賴古堂名賢尺牘新鈔十二卷 — 第六冊·三五五
賴古堂別集印人傳三卷 —— 第三冊·二八〇
賴古堂集二十四卷附錄一卷 — 第五冊·四九六
賴古堂藏書甲集十種十四卷 — 第四冊·五三九
歷代小史一百六種一百六卷 — 第四冊·一四一
歷代文選十四卷 ————— 第六冊·一六三
歷代正閏考十二卷 ———— 第二冊·一九
歷代古人像贊不分卷 ——— 第二冊·七九
歷代名公畫譜四卷 ———— 第三冊·三四四
　　　　　　　　　　　　　第三冊·三四六
歷代名醫考一卷 ————— 第三冊·一一四
歷代聖賢圖像不分卷 ——— 第二冊·八九
歷科大易文遠前集四卷 —— 第六冊·一九六

十六畫

靜修先生丁亥集六卷遺文六卷遺詩六卷
　　拾遺七卷續集三卷附錄二卷 — 第五冊·二三五
駱賓王集二卷 —————— 第五冊·六二
駢志二十卷 ———————— 第四冊·二八一
駢語雕龍四卷 —————— 第四冊·二五二
據梧軒玉環緣二卷 ———— 第七冊·四三三

歷朝詩林廣記四卷 —— 第六冊·四二四

歷朝閨雅十二卷 —— 第六冊·一四七

歷朝賦格十五卷 —— 第六冊·一九八

歷朝諸家評王右丞詩畫鈔一卷 —— 第五冊·七九

盧齋三子口義二十一卷 —— 第四冊·四七七

曇花記二卷 —— 第七冊·三〇四

第七冊·三五九

曇花記四卷 —— 第七冊·三六〇

戰國策十卷 —— 第二冊·二七

第二冊·二八

嘯閣集古五卷 —— 第五冊·四九七

嘯餘譜十卷 —— 第七冊·五二七

黔牘偶存四種五卷 —— 第二冊·四一

積學齋藏書記四卷 —— 第二冊·四六六

篷底浮談十五卷 —— 第四冊·二五

學言一卷 —— 第五冊·四二八

學易枝言四卷 —— 第一冊·一一

學易堂三筆一卷滴露軒雜著一卷

第四冊·四一

學圃憲蘇六卷 —— 第四冊·一三一

第四冊·一三二

學福齋筆記不分卷 —— 第四冊·七四

學範輯覽八卷 —— 第四冊·一二六

衡曲塵譚一卷 —— 第七冊·四七八

衡齋算學七卷 —— 第三冊·一八二

錢考功集十卷 —— 第五冊·九八

錢牧齋先生列朝詩集小傳十卷 —— 第六冊·二七一

錢塘夢一卷 —— 第七冊·二三八

錦香亭三卷 —— 第七冊·四三二

錦瑟詞三卷詞話一卷 —— 第七冊·一六五

錄鬼簿二卷續編一卷 —— 第七冊·五三七

鮑氏國策十卷 —— 第二冊·二六

鮑氏集八卷 —— 第五冊·四七

鴛湖倡和二卷 —— 第六冊·三九六

鴛鴦棒二卷 —— 第七冊·三八五

憑山閣新輯尺牘寫心集四卷 —— 第六冊·三六〇

憑山閣彙輯四六留青采珍前集十二卷後

集十二卷 —— 第四冊·三二七

憑山閣纂輯詩林切玉八卷 —— 第四冊·三二九

辯音連聲歸母捷法一卷 —— 第七冊·五二三

龍江夢餘錄四卷 —— 第四冊·一八

龍城錄二卷 —— 第五冊·一一九

龍塢集五十五卷 —— 第五冊·三九〇

澹生堂藏書訓約四卷曠亭集二卷

第二冊·四九一

澹然居士文集十卷 —— 第五冊·二六五

憶雲詞甲稿一卷乙稿一卷丙稿一卷丁稿

一卷 —— 第七冊·一七七

隱秀軒集五十一卷 —— 第五冊·四二四

隱湖倡和詩三卷 —— 第六冊·二七〇

十七畫

擬詠鐘款茶花詩一卷 —— 第三冊·五一八

擬嘉定縣藝文志稿三卷 —— 第二冊·四七一

聯句私抄四卷 —— 第六冊·二五〇

舊業堂集十卷 —— 第五冊·三〇六

韓子二十卷附錄一卷 —— 第三冊·八四

韓文四十卷外集十卷遺集一卷集傳一卷

柳文四十三卷別集二卷外集二卷附錄

一卷 —— 第五冊·一一八

韓芹城先生鄉墨一卷傳略一卷 —— 第五冊·四五〇

韓柳文一百卷 —— 第六冊·五二

韓香譜一卷 —— 第三冊·五二七

韓詩外傳十卷 —— 第一冊·三六

韓襄毅公家藏文集十五卷 —— 第五冊·二七〇

檜門府君行狀一卷 —— 第二冊·一九七

檜景齋詩一卷 —— 第五冊·四六九

檀弓一卷 —— 第一冊·七二

檀雪齋集二百卷 —— 第五冊·四六一

臨川王先生荊公文集一百卷 —— 第五冊·一七二

臨川文獻二十五卷 ——————— 第六冊·四〇二

臨川先生文集一百卷目録二卷 — 第五冊·一六九

　　　　　　　　　　　　　　　第五冊·一七〇

臨春閣一卷 ————————— 第七冊·二七七

臨野堂文集十卷詩集十三卷詩餘二卷尺

　　牘四卷 ——————————— 第五冊·五三一

壓綫集不分卷 ———————— 第五冊·六一六

磵園詩稿二卷 ———————— 第五冊·四三八

闇然堂類纂六卷 —————— 第四冊·九六

嶺海異聞一卷嶺海續聞一卷 —— 第二冊·五八

嶽江草一卷 ————————— 第五冊·五三九

嶽歸堂合集十卷 —————— 第五冊·四四二

龜山先生集四十二卷 ———— 第五冊·一八七

龜巢詞一卷補遺一卷 ———— 第七冊·一四〇

鍥便蒙二十四孝日記故事一卷新鍥徽郡

　　原板校正繪像註釋魁字便蒙日記故事

　　四卷 ——————————— 第四冊·二九二

鍥音註藝林晉故事白眉十二卷

　　　　　　　　　　　　　　　第四冊·二七〇

鮎埼亭集三十八卷外編五十卷 — 第五冊·五八五

謝氏正吾孝義規約一卷 ———— 第二冊·二四七

謝光禄集一卷顔光禄集一卷 —— 第六冊·一三

謝法曹集一卷 ———————— 第六冊·一四

謝禹銘五刻□□卷 —————— 第三冊·七

謝海門窗稿一卷 —————— 第五冊·三四三

謝海門窗稿一卷謝進士墨卷一卷

　　　　　　　　　　　　　——— 第五冊·三四二

謝進士墨卷一卷 —————— 第五冊·三四二

齋中十六友圖説一卷 ———— 第三冊·四七七

鴻慶居士文集十四卷 ———— 第五冊·一九三

鴻寶應本十七卷 —————— 第五冊·四四〇

濟陰綱目五卷 ———————— 第三冊·一五〇

濟顛語録不分卷 —————— 第七冊·一〇七

鵁鶄譜全集四卷 —————— 第三冊·五二二

禮拜觀想偈略釋一卷 ———— 第四冊·四五九

禮記投壺篇一卷 —————— 第三冊·四四二

禮記訓纂四十九卷 ————— 第一冊·七九

禮記集註十卷 ———————— 第一冊·七三

禮記纂註三十卷 —————— 第一冊·七八

十八畫

職方外紀六卷首一卷 ———— 第二冊·三一九

藝文類聚一百卷 —————— 第四冊·二二〇

藝林尋到源頭八卷 ————— 第四冊·二七九

　　　　　　　　　　　　　　　第四冊·二八〇

藝林粹言四十一卷 ————— 第六冊·一八〇

藝香詞六卷 ————————— 第七冊·一五三

藝菊十三則一卷菊名詩一卷 —— 第三冊·五一二

藝菊志八卷 ————————— 第三冊·五〇九

藝蘭一卷蘭譜一卷 ————— 第三冊·三四二

藜閣傳燈十三卷 —————— 第六冊·一八九

藥師本願功德寶卷一卷佛説三十五佛佛

　　名經一卷 —————————— 第七冊·五六〇

藥師瑠璃光如來本願功德經不分卷

　　　　　　　　　　　　　　　第四冊·三八九

轉情集二卷 ————————— 第五冊·三七五

霧市選言四卷 ———————— 第四冊·一五八

豐草亭詩一卷 ———————— 第六冊·三二九

豐對樓詩選四十三卷 ———— 第五冊·三六一

叢睦汪氏遺書八種四十五卷 —— 第四冊·五六七

題跋一卷 —————————— 第二冊·四六〇

題畫詩一卷 ————————— 第二冊·一八一

闕里志十二卷 ———————— 第二冊·三一一

曠亭集二卷 ————————— 第二冊·四九一

蟫蜻集十卷附録一卷 ———— 第五冊·四六七

簡松草堂全集九種七十七卷 —— 第四冊·五六八

雙井書屋集三卷 —————— 第五冊·五六八

雙溪倡和詩六卷 —————— 第六冊·三四二

雙溪集十二卷 ———————— 第五冊·二〇六

邊華泉集二卷 ———————— 第五冊·二九三

歸石軒畫談十卷息柯白箋八卷浯溪考二

　　卷　———————— 第四册・五七〇

歸桃花嶺詩集六卷 ———— 第六册・二五六

歸養録九卷 —————— 第二册・一八四

歸震川先生尺牘二卷 ——— 第五册・三五七

歸震川先生全稿不分卷 ——— 第五册・三五六

歸潛志十四卷 ————— 第四册・八二

餫飢亭詩文稿一卷 ———— 第六册・三六四

雞肋集一卷 —————— 第五册・二六六

顔光禄集一卷 ————— 第六册・一三

雜著十種十卷 ————— 第四册・五六三

離騷圖不分卷 ————— 第五册・一〇

　　　　　　　　　　　　第五册・一三

濼函十卷 —————— 第五册・四八七

十九畫

鵠亭樂府四卷 ————— 第七册・四九九

蘋花閣藏書目録八卷 ——— 第二册・四四八

蘧編二十卷 —————— 第二册・二〇三

蘆浦筆記十卷 ————— 第四册・一四

勸念佛誦經西方淨土公據一卷

　　　　　　　　　　　　第四册・四五六

勸懲録二卷 —————— 第四册・一五四

蘇文忠公集一百十一卷年譜一卷

　　　　　　　　　　　　第五册・一七三

蘇米譚史廣六卷 ———— 第四册・一一九

蘇東坡詩集二十五卷 ——— 第五册・一七四

蘇東坡詩集註三十二卷年譜一卷

　　　　　　　　　　　　第五册・一七八

蘇門集八卷 —————— 第五册・三二〇

蘇黄風流小品十六卷 ——— 第六册・五六

警世怡情集四卷 ———— 第四册・一八五

贈題集一卷 —————— 第五册・七九

曝書亭藏書目不分卷 ——— 第二册・四二一

關右經籍考十一卷 ———— 第二册・四七〇

蟻術詩選八卷 ————— 第五册・二四五

蟻術詩選八卷詞選四卷 ——— 第五册・二四四

羅昭諫江東集五卷 ———— 第五册・一四〇

羅浮志略二卷 ————— 第二册・三〇二

羅鄂州小集五卷附録一卷 —— 第五册・二〇〇

譚子化書六卷 —————— 第四册・九

譚曲雜劄一卷 ————— 第七册・五一二

譜雙五卷 —————— 第四册・五一三

證山堂集八卷 ————— 第五册・五〇八

證道堂訂定王遂東先生傳稿不分卷

　　　　　　　　　　　　第五册・四一八

韻石齋筆談二卷 ———— 第四册・一一二

　　　　　　　　　　　　第四册・一一五

韻語陽秋二十卷 ———— 第六册・四一八

韻譜本義十卷 ————— 第一册・一八五

類抄不分卷 —————— 第四册・七七

類集今古閑評客座清談陶情集二卷

　　　　　　　　　　　　第四册・一六六

類雋三十卷 —————— 第四册・二五九

類經圖翼十一卷 ———— 第三册・一〇七

類箋唐王右丞詩集十卷文集四卷集外編

　　一卷年譜一卷唐諸家同詠集一卷贈題

　　集一卷歷朝諸家評王右丞詩畫鈔一卷

　　　　　　　　　　　　第五册・七九

類選箋釋草堂詩餘六卷續選草堂詩餘二

　　卷類編箋釋國朝詩餘五卷 — 第七册・一八四

類編古今名賢彙語二十二種二十二卷

　　　　　　　　　　　　第四册・五一五

類編箋釋國朝詩餘五卷 ——— 第七册・一八四

類編曆法通書大全三十卷新增補遺陰陽

　　備要曆法通書大全二卷 —— 第三册・二〇七

瀕湖脉學一卷 ————— 第三册・一一〇

　　　　　　　　　　　　第三册・一一三

瀛洲社十老小傳一卷 ——— 第六册・二六二

懷遠堂批點燕子箋記二卷 —— 第七册・三八〇

懷嵩堂贈言四卷──────第六冊・三二七

繹史一百六十卷──────第二冊・二五

繪心集二卷──────第五冊・五四四

繪事發微一卷──────第三冊・二八四

繪事微言四卷──────第三冊・二七五

繪事瑣言八卷──────第三冊・二九三

繪風亭評第七才子書琵琶記六卷釋義一
　卷──────第七冊・三二三

繡刻演劇六十種一百二十卷──第七冊・三〇二

繡梓尺牘雙魚十一卷又四卷補選捷用尺
　牘雙魚四卷──────第六冊・三一五

繡像文昌化書四卷──────第四冊・五〇三

繡縟記彈詞十三回──────第七冊・五五〇

繡襦記二卷──────第七冊・三三七

二十畫

蘭言集二十四卷──────第六冊・三二二

蘭思詞鈔二卷蘭思詞鈔二集二卷
　──────第七冊・一九一

蘭桂仙傳奇二卷曲譜二卷──第七冊・四三六

蘭絮話腴四卷──────第二冊・一九一

蘭蕙鏡一卷──────第三冊・五〇八

蘭譜一卷──────第三冊・三四二

蘗弦齋詞箋一卷雜箋一卷──第七冊・一五〇

懸榻編六卷──────第五冊・四五八

籌海圖編十三卷──────第二冊・二八八

纂圖互註五子五十卷──────第三冊・三

鐫于少保萃忠傳十卷七十回──第七冊・六二

鐫出像楊家府世代忠勇演義志傳八卷
　──────第七冊・四八
　──────第七冊・五一

鐫地理參補評林圖訣全備平沙玉尺經二
　卷附錄一卷──────第三冊・一九六

鐫竹浪軒珠淵十卷──────第四冊・一四八

鐫武經節要一卷──────第三冊・四七

鐫長安客話八卷──────第二冊・二七三

鐫海内名家手柬鱗鴻新札八卷
　──────第四冊・二九一

鐫彭會魁類編古今文髓六卷──第四冊・三二五

鐫像古本西遊證道書一百回──第七冊・八七

鐫翰林考正國朝七子詩集註解七卷
　──────第六冊・二五七
　──────第六冊・二五八

鐫歷朝列女詩選名媛璣囊四卷女論語一
　卷──────第六冊・一三七
　──────第六冊・一三八

鐫鍾伯敬先生秘集十五種十五卷
　──────第六冊・一〇七

鐙月閒情十七種二十卷──────第七冊・二九六

釋義雁字詩二卷──────第五冊・四四五

釋繒一卷──────第一冊・一六七

寶研齋吟草一卷──────第五冊・六二六

寶章待訪録一卷──────第二冊・一八〇

寶硯堂硯辨一卷──────第三冊・四五〇

寶山公家議七卷附録一卷──第二冊・二四六

繼志齋集十二卷──────第五冊・二六四

二十一畫

露香閣摘稿五卷二刻一卷──第五冊・五一二

纍瓦二編十二卷──────第四冊・三五

纍瓦初編十卷纍瓦二編十二卷──第四冊・三五

儼山外集四十卷──────第五冊・三〇〇

顧氏文房明朝四十家小説四十種四十三
　卷──────第四冊・五一〇

鶴嘯集二卷──────第五冊・四六五

續文選三十二卷──────第六冊・一〇四

續文獻通考二百五十四卷──第二冊・三三五

續四聲猿四卷──────第七冊・二八七

續刻温陵四太史評選古今名文珠璣八
　卷新鍥焦太史彙選百家評林名文珠璣
　十三卷──────第六冊・一六二

續草堂詩餘二卷 ——————— 第七册・一八八

續畫品録一卷 ——————— 第三册・二五七

續閲古隨筆二卷 ——————— 第四册・三四

續選草堂詩餘二卷 ——————— 第七册・一八四

續編球琳瀚海表學啓蒙三卷 ——— 第六册・二八一

續藏書二十七卷 ——————— 第二册・三八

續離騷四卷 ——————— 第七册・二八五

二十二畫

鷗園新曲一卷 ——————— 第七册・一四五

鑒古韻語不分卷 ——————— 第二册・五一三

臞仙肘後神樞二卷 ——————— 第三册・二〇八

讀七柳軒談薈輯四卷 ——————— 第四册・一五二

讀史漫録十四卷 ——————— 第二册・五一四

讀杜詩愚得十八卷 ——————— 第五册・九四

讀律瑣言三十卷附録一卷 ——— 第二册・三五五

讀書志十三卷 ——————— 第四册・一四三

讀書敏求記四卷 ——————— 第二册・四六二

讀畫記五卷 ——————— 第三册・二八九

讀畫録四卷 ——————— 第三册・二七九

讀畫齋偶輯十一卷 ——————— 第三册・二九〇

讀畫齋題畫詩十九卷 ——————— 第三册・二九二

二十三畫

變雅堂詩集不分卷 ——————— 第五册・四七〇

二十四畫

觀世音菩薩救諸難咒一卷 ——— 第四册・四四九

觀世音菩薩普門品經一卷 ——— 第四册・三七四

觀音靈感真言一卷 ——————— 第四册・四五五

鹽邑志林四十種六十六卷附一種一卷

——————— 第四册・五三一

鹽鐵論十二卷 ——————— 第三册・一七

靈驅解法洞明真言秘書一卷 ——— 第二册・三六一

二十七畫

戲音一卷 ——————— 第五册・五四〇

二十八畫

豓異編十二卷 ——————— 第四册・二〇四

鸚鵡媒二卷 ——————— 第七册・四三一

鸚鵡夢記二卷 ——————— 第七册・四三四

二十九畫

鬱岡齋筆麈四卷 ——————— 第四册・四〇

鬱輪袍一卷 ——————— 第七册・二八三

第七册・二八四

鬱儀樓集五十四卷 ——————— 第五册・三七九

A

安得長者言一卷 ——————— 第三册·二三五

安序堂文鈔三十卷 ——————— 第五册·五四七

安陽集五十卷別録三卷遺事一卷忠獻韓

　　魏王家傳十卷 ——————— 第五册·一五四

厂樓詞一卷 ——————————— 第五册·五二一

唫囈集一卷 ——————————— 第五册·二四一

闇然堂類纂六卷 ——————— 第四册·九六

按史校正唐秦王傳八卷六十四回 — 第七册·四四

B

八函二十四卷 ——————————— 第四册·五三三

白虎通德論二卷 ——————— 第四册·四

白山氓鑄陶一卷鷹青山人集杜一卷

　　————————————————— 第五册·五八四

白石樵真稿二十四卷尺牘四卷 — 第五册·四六三

白氏諷諫一卷 ——————————— 第五册·一一七

白氏文集七十一卷 ——————— 第五册·一一四

白蘇齋類集二十二卷 ————— 第五册·四一〇

白雪樓二種四卷 ——————— 第七册·三七三

白雪樓詩集十二卷 ——————— 第五册·三四五

白雪遺音四卷 ——————————— 第七册·五〇二

白雪齋選訂樂府吳騷合編四卷衡曲麈譚

　　一卷曲律一卷 ——————— 第七册·四七八

白衣大悲五印心陀羅尼經一卷 — 第四册·四三三

　　　　　　　　　　　　　　　　　第四册·四三四

　　　　　　　　　　　　　　　　　第四册·四三五

　　　　　　　　　　　　　　　　　第四册·四三六

白衣觀音五印心陀羅尼經一卷 — 第四册·四三七

　　　　　　　　　　　　　　　　　第四册·四三八

白榆集二十八卷 ——————— 第五册·三八四

白樂天先生文抄二卷 ————— 第五册·一一六

白嶽凝煙一卷 ——————————— 第三册·四一七

白雲集三卷題贈附録一卷 ——— 第五册·二三二

白醉璅言二卷 ——————————— 第四册·九二

百川學海一百種一百七十九卷 —— 第四冊·五〇九

百果詩一卷 —————————— 第五冊·五四九

百花凡譜一卷 —————————— 第七冊·一五八

百花詩一卷百果詩一卷花王韻事一卷

　　　　　　　　　　—————— 第五冊·五四九

百僚金鑒十二卷 ———————— 第二冊·一三三

百名家詞鈔初集六十卷 ———— 第七冊·一二七

百名家詞鈔一百卷 —————— 第七冊·一二三

　　　　　　　　　　—————— 第七冊·一二五

B

百名家詩選八十九卷 ———— 第六冊·三三三

百夷傳一卷 —————————— 第二冊·五五

　　　　　　　　　　—————— 第二冊·五六

拜經樓書目不分卷 —————— 第二冊·四二六

拜針樓一卷 —————————— 第七冊·四二一

拜竹詩堪集外稿五卷 ———— 第五冊·六一七

稗海四十六種二百八十五卷續稗海二十四

　　種一百四十一卷 ————— 第四冊·五一六

般若波羅蜜多心經一卷 ———— 第四冊·三九四

　　　　　　　　　　—————— 第四冊·三九五

般若多心經一卷 ———————— 第四冊·三九七

板橋集六編七卷 ———————— 第七冊·一六七

保定名勝圖詠不分卷 ———— 第三冊·四一五

葆光堂詩不分卷 ———————— 第五冊·五三三

寶研齋吟草一卷 ———————— 第五冊·六二六

寶硯堂硯辨一卷 ———————— 第三冊·四五〇

寶章待訪錄一卷 ———————— 第二冊·一八〇

抱經樓盧氏書目四卷 ———— 第二冊·四二八

抱經樓書目四卷 ———————— 第二冊·四三〇

鮑氏國策十卷 —————————— 第二冊·二六

鮑氏集八卷 —————————— 第五冊·四七

碑帖目錄不分卷 ———————— 第二冊·三九〇

北詞譜十四卷臆論一卷附一卷 —— 第七冊·五一六

北戶錄三卷 —————————— 第二冊·二八五

北涇草堂集五卷外集三卷 —— 第五冊·六〇一

北曲譜十二卷 —————————— 第七冊·五一五

北狩見聞錄一卷 ———————— 第二冊·三五

北墅抱甕錄不分卷 —————— 第三冊·五〇五

　　　　　　　　　　—————— 第三冊·五〇六

北西廂五卷會真記一卷 ———— 第七冊·二四五

　　　　　　　　　　—————— 第七冊·二四八

北新關商稅則例不分卷 ———— 第二冊·三四五

本草發明蒙筌十二卷總論一卷歷代名醫

　　考一卷 —————————— 第三冊·一一四

本草綱目五十二卷附圖二卷瀕湖脉學一卷

　　脉訣考證一卷奇經八脉考一卷 - 第三冊·一一〇

本草綱目五十二卷首一卷圖三卷 - 第三冊·一一一

本草綱目五十二卷圖三卷瀕湖脉學一卷

　　脉訣考證一卷奇經八脉考一卷本草萬

　　方針綫八卷 ————————— 第三冊·一一三

本草彙箋十卷總略一卷圖一卷 - 第三冊·一二八

本草彙言二十卷 ———————— 第三冊·一一八

本草圖譜□卷 —————————— 第三冊·一二六

本草萬方針綫八卷 —————— 第三冊·一一三

本草選五卷 —————————— 第三冊·一二五

本草原始合雷公炮製十二卷 —— 第三冊·一二二

本草原始十二卷 ———————— 第三冊·一二一

本朝京省人物考一百十五卷 —— 第二冊·一四七

筆叢正集三十二卷續集十六卷 —— 第四冊·二七

筆叢正集三十二卷續集十六卷附甲乙剩

　　言一卷 —————————— 第四冊·二八

畢自嚴家敕命誥命不分卷 —— 第二冊·一八五

碧山樂府二卷 —————————— 第七冊·四八三

碧山樂府四卷 —————————— 第七冊·四八四

薜荔山房藏稿十卷 —————— 第五冊·三八三

邊華泉集二卷 —————————— 第五冊·二九三

便民圖纂十五卷 ———————— 第三冊·一〇二

辯音連聲歸母捷法一卷 ———— 第七冊·五二三

變雅堂詩集不分卷 —————— 第五冊·四七〇

瀕湖脉學一卷 —————————— 第三冊·一一〇

　　　　　　　　　　—————— 第三冊·一一三

冰川詩式十卷 ——————————— 第六冊‧四二八

　　　　　　　　　　　　　　　　第六冊‧四二九

兵機纂八卷 ————————————— 第三冊‧六八

泊如齋重修宣和博古圖録三十卷 - 第二冊‧三七八

博古圖録考正三十卷 ——————— 第二冊‧三八〇

　　　　　　　　　　　　　　　　第二冊‧三八一

博物志十卷 ————————————— 第四冊‧一八二

博雅音十卷 ————————————— 第一冊‧一六四

蘗弦齋詞箋一卷雜箋一卷 ———— 第七冊‧一五〇

卜居秘髓二卷 ———————————— 第三冊‧一八九

補石倉詩選十四卷 ——————— 第六冊‧一四一

補閑三卷 ————————————— 第六冊‧四四七

補選捷用尺牘雙魚四卷 ———— 第六冊‧三一五

不伏老一卷 ————————————— 第七冊‧二七〇

C

才調集十卷 ————————————— 第六冊‧二〇八

財源輻輳一卷 ———————————— 第七冊‧四六〇

采衣堂集八卷 ———————————— 第五冊‧五五九

彩筆情辭十二卷 ——————————— 第七冊‧四七六

菜根譚前集一卷後集一卷 ———— 第四冊‧一四七

蔡君謨文抄不分卷 ——————— 第五冊‧一五九

蔡聲一卷 ————————————— 第五冊‧四四八

蔡中郎集二卷 ———————————— 第五冊‧二一

蔡中郎文集十卷外傳一卷 ———— 第五冊‧二二

蒼峴山人集五卷微雲集一卷 ——— 第五冊‧五五五

滄江詩選三卷 ———————————— 第六冊‧八三

滄溟先生集三十卷附録一卷 ——— 第五冊‧三四四

曹江集五卷 ————————————— 第五冊‧五〇三

曹門學則四卷 ———————————— 第五冊‧四一一

曹氏墨林二卷 ———————————— 第三冊‧四六八

曹子建集十卷 ———————————— 第五冊‧二三

曹子建文集十卷 ——————————— 第五冊‧二五

草窗梅花集句四卷竹浪亭集補梅花集句

　　一卷 ————————————— 第五冊‧二八五

草木疏校正二卷 ——————— 第一冊‧六〇

草書韻會五卷 ———————— 第一冊‧一七二

草堂詩餘五卷 ———————— 第七冊‧一八六

草堂雅集十三卷 ——————— 第六冊‧二四五

　　　　　　　　　　　　　　第六冊‧二四七

草堂雅集十三卷後四卷 ——— 第六冊‧二四六

草賢堂詞箋十卷蘗弦齋詞箋一卷雜箋一卷

　　雪堂詞箋一卷非水居詞箋三卷 - 第七冊‧一五〇

草韻辨體五卷 ———————— 第一冊‧一七六

岑嘉州集二卷 ———————— 第五冊‧九七

茶花別名詠一卷 ——————— 第三冊‧五一八

茶花譜一卷茶花詠一卷茶花別名詠一卷擬

　　詠鐘款茶花詩一卷總説一卷 —— 第三冊‧五一八

茶花詠一卷 ————————— 第三冊‧五一八

茶集二卷烹茶圖集一卷 ——— 第六冊‧一三四

茶經三卷茶具圖贊一卷 ——— 第三冊‧四九四

茶具圖贊一卷 ———————— 第三冊‧四九四

查吟集四卷 ————————— 第五冊‧五五三

槎庵詩集八卷 ———————— 第五冊‧四二一

槎上老舌一卷 ———————— 第四冊‧三一

槎翁文集十八卷 ——————— 第五冊‧二五八

察院試録不分卷 ——————— 第六冊‧三〇二

柴氏四隱集六卷目録二卷 —— 第六冊‧二四四

昌谷集四卷 ————————— 第五冊‧一二五

昌黎先生集四十卷外集十卷遺文一卷朱

　　子校昌黎先生集傳一卷 —— 第五冊‧一〇八

昌黎先生詩集十卷外集一卷遺詩一卷

　　　　　　　　　　　　　　第五冊‧一一〇

昌黎先生詩集註十一卷年譜一卷 - 第五冊‧一一二

昌志編二卷續編二卷附一卷三編二卷附

　　一卷吳越遊草一卷 ———— 第五冊‧五四六

長慶集不分卷 ———————— 第五冊‧一一五

長生殿傳奇二卷 ——————— 第七冊‧四一七

長物志十二卷 ———————— 第四冊‧一一一

B
—
C

朝野新聲太平樂府九卷 ——— 第七冊・四六一

陳白陽集十卷附録四卷 ——— 第五冊・三六二

陳定宇先生文集十六卷別集一卷 - 第五冊・二三八

陳檢討集二十卷 ——— 第五冊・五〇五

陳建安詩餘一卷 ——— 第七冊・一四六

陳眉公訂正文則二卷 ——— 第六冊・四二一

陳眉公先生訂正畫譜八卷 ——— 第三冊・二六九

陳眉公正廿一史彈詞二卷 ——— 第七冊・五四五

陳思王集十卷 ——— 第五冊・二四

陳學士吟窗雜録五十卷 ——— 第六冊・四一五

成弘正嘉啟禎大小題文讀本 ——— 第六冊・三一〇

程刺史栖霞集一卷 ——— 第五冊・三三七

程典三十二卷 ——— 第二冊・二三三

程士集四卷 ——— 第五冊・三三八

程氏叢書二十三種三十六卷 ——— 第四冊・五六五

程氏墨苑十二卷 ——— 第三冊・四五六

　　　　　　　　　　　　　第三冊・四六一

程氏墨苑十四卷人文爵里九卷 - 第三冊・四五四

　　　　　　　　　　　　　第三冊・四五九

　　　　　　　　　　　　　第三冊・四六〇

程氏竹譜二卷 ——— 第三冊・三一一

誠齋先生易傳二十卷 ——— 第一冊・六

澂景堂史測十四卷閩溪紀略一卷 - 第二冊・五二三

郊庵訂正詩韻輯要五卷 ——— 第六冊・二二一

郊庵增訂唐詩評一卷 ——— 第六冊・二二一

郊庵重訂李于鱗唐詩選七卷郊庵訂正詩韻

　　輯要五卷郊庵增訂唐詩評一卷 - 第六冊・二二一

赤城詞一卷 ——— 第七冊・一三六

赤城詩集六卷 ——— 第六冊・三九八

赤谷詩鈔十五卷 ——— 第五冊・五六〇

赤雅不分卷 ——— 第二冊・二八六

崇正文選十二卷 ——— 第六冊・一六九

重訂校正魁板句解消砂經節圖地理訣要

　　雪心賦四卷增補秘傳地理尋龍經訣法

　　一卷 ——— 第三冊・一九五

重校金印記四卷 ——— 第七冊・三三一

重校琵琶記四卷釋義大全一卷 - 第七冊・三一五

重校四美記二卷 ——— 第七冊・三九二

重校蘇季子金印記二卷 ——— 第七冊・三二九

重校正唐文粹一百卷 ——— 第六冊・二一七

重鐫心齋王先生全集六卷 ——— 第五冊・三一九

重刊補訂四書淺説十三卷 ——— 第一冊・一一九

重刊巢氏諸病源候總論五十卷 - 第三冊・一四一

　　　　　　　　　　　　　第三冊・一四二

重刊校正笠澤叢書四卷補遺詩一卷

　　　　　　　　　　　　　第五冊・一三八

重刊校正唐荊川先生文集十二卷續集六

　　卷奉使集二卷 ——— 第五冊・三二七

重刊增廣分門類林雜説十五卷 - 第四冊・二四〇

重刻丁卯集二卷 ——— 第五冊・一二九

重刻訂正元本批點畫意北西廂五卷會真

　　記一卷 ——— 第七冊・二二七

　　　　　　　　　　　　　第七冊・二三〇

重刻痘疹仙傳妙訣二卷 ——— 第三冊・一五五

重修古歙城東許氏世譜八卷 ——— 第二冊・二三九

重修正文對音捷要真傳琴譜大全十卷

　　　　　　　　　　　　　第三冊・四三一

重修政和經史證類備用本草三十卷

　　　　　　　　　　　　　第三冊・一〇九

抽熁書目一卷 ——— 第二冊・四七八

抽熁書目一卷全熁書目一卷 ——— 第二冊・四八〇

籌海圖編十三卷 ——— 第二冊・二八八

出師表二卷 ——— 第七冊・四五六

初潭集三十卷 ——— 第四冊・一三九

初唐彙詩七十卷詩人氏系履歷一卷目録

　　十卷 ——— 第六冊・二二九

初學記三十卷 ——— 第四冊・二二一

初月樓聞見録十卷 ——— 第四冊・九九

樗齋漫録十二卷 ——— 第四冊・二九

芻蕘集六卷 ——— 第五冊・二六二

C

楚辭燈四卷楚懷襄二王在位事蹟考一卷

　　屈原列傳一卷 ————— 第五冊·一六

楚辭十卷 ————————— 第五冊·六

楚辭述註五卷九歌圖一卷 —— 第五冊·八

楚辭章句十七卷疑字直言補一卷 — 第五冊·五

楚懷襄二王在位事蹟考一卷 —— 第五冊·一六

楚江蠡史不分卷 ————— 第三冊·三二一

楚騷綺語六卷 ————— 第四冊·二五八

楚譯二卷參疑一卷 ——— 第五冊·三

處實堂集八卷續集十卷 — 第五冊·三五三

傳奇漫録四卷 ————— 第七冊·二〇

傳奇十一種十九卷 ——— 第七冊·四〇七

炊香詞三卷 ————— 第五冊·五四四

春草堂黄河遠二卷 ——— 第七冊·四四五

春秋貫玉四卷 ————— 第一冊·九四

春秋衡庫三十卷附録三卷備録一卷 - 第一冊·九七

春秋會異六卷 ————— 第一冊·九五

春秋世族譜不分卷 ——— 第一冊·一〇一

春秋疑問十二卷 ————— 第一冊·九六

春秋戰國文選十三卷 —— 第六冊·二〇三

春秋左傳補註六卷 ——— 第一冊·九八

春秋左傳集解三十卷 —— 第一冊·八七

春秋左傳詳節句解三十五卷 — 第一冊·九三

春雪箋八卷 ————— 第六冊·三一六

春雨樓集十四卷題詞一卷 — 第五冊·五九三

輟耕録三十卷 ————— 第四冊·一六

詞海遺珠四卷 ————— 第六冊·一三六

詞潔六卷前集一卷 ——— 第七冊·一九八

詞林逸響四卷 ————— 第七冊·五〇九

詞林摘豔十卷 ————— 第七冊·五〇四

詞苑叢談十二卷 ————— 第七冊·二〇八

賜書樓九世詩文録四十卷 —— 第六冊·一一〇

從征隙駒集不分卷附巡湖營奉憲酌定支

　　領薪糧章程 ————— 第二冊·五二

叢睦汪氏遺書八種四十五卷 —— 第四冊·五六七

翠寒集一卷唫嘯集一卷 ——— 第五冊·二四一

翠娛閣評選行笈必攜二十一卷 —— 第六冊·六九

翠娛閣評選行笈必攜小札簡二卷 - 第六冊·六八

存素堂文集四卷續集二卷 —— 第五冊·六〇六

D

大般涅槃經四十卷 ——— 第四冊·三七九

大悲心陀羅尼經一卷 —— 第四冊·四三二

大悲心陀羅尼經一卷白衣大悲五印心陀

　　羅尼經一卷 ————— 第四冊·四三五

大方廣佛華嚴經八十卷 —— 第四冊·三九九

　　　　　　　　　　　　　第四冊·四〇二

大明清類天文分野之書二十四卷 - 第二冊·二五三

大明仁孝皇后内訓一卷 —— 第三冊·三三

大明仁孝皇后勸善書二十卷 — 第四冊·一二二

大明萬曆四十七年歲次己未大統曆一卷

　　　　　　　　　　　　　第三冊·一六九

大明一統名勝志二百八卷 —— 第二冊·二五四

大明正德乙亥重刊改併五音類聚四聲篇

　　十五卷五音集韻十五卷新編經史正音

　　切韻指南一卷新編篇韻貫珠集八卷直

　　指玉鑰匙門法一卷 ——— 第一冊·一七四

大清康熙六十一年歲次壬寅時憲曆一卷

　　　　　　　　　　　　　第三冊·一七〇

大清咸豐八年歲次戊午時憲書一卷

　　　　　　　　　　　　　第三冊·一七四

大清一統志三百五十六卷 —— 第二冊·二五八

大唐類要一百六十卷 —— 第四冊·二一九

大威德陀羅尼經二十卷 —— 第四冊·三八七

大崖李先生文集二十卷年譜一卷附録一

　　卷 ————————— 第五冊·三〇二

大雅堂雜劇四卷 ————— 第七冊·二六八

代言選五卷 ————— 第二冊·六三

丹鉛摘録十三卷 ————— 第四冊·六七

單刀法選一卷 ————— 第三冊·六一

澹然居士文集十卷 ————— 第五冊・二六五

澹生堂藏書訓約四卷曠亭集二卷 — 第二冊・四九一

道藏目録詳註四卷 ————— 第四冊・五〇五

道藏闕經目録二卷 ————— 第四冊・五〇六

［道場文意］不分卷 ————— 第四冊・四六二

道光二十六年日月刻度通書不分卷

　　　　　　　　　————— 第三冊・一七二

道貴堂類稿二十一卷耄餘殘瀋二卷修吉

　　堂遺稿二卷 ————— 第五冊・五五四

D

道書十八種十八卷 ————— 第四冊・四九八

道元一炁五卷 ————— 第四冊・四九六

道園學古録五十卷 ————— 第五冊・二三九

鐙月聞情十七種二十卷 ————— 第七冊・二九六

滴露軒雜著一卷 ————— 第四冊・四一

帝鑒圖説不分卷 ————— 第二冊・一〇二

帝鑒圖説六卷 ————— 第二冊・一〇四

帝鄉戚氏家傳葩經大成心印□卷

　　　　　　　　　————— 第一冊・五四

滇略十卷 ————— 第二冊・二八七

滇南福清洞天二十四詠一卷 — 第七冊・一六一

殿閣詞林記二十二卷 ————— 第二冊・一四五

　　　　　　　　　　　　　第二冊・一四六

弔譜補遺八卷 ————— 第三冊・四四六

釣臺集二卷 ————— 第六冊・三八四

鼎湖山慶雲寺志八卷 ————— 第二冊・三一五

鼎鐫洪武元韻勘正補訂經書切字海篇玉

　　鑒二十卷 ————— 第四冊・二六〇

鼎鐫校增評註五倫日記故事大全四卷

　　　　　　　　　————— 第四冊・二九五

鼎鐫欽頒辨疑律例昭代王章五卷首一卷

　　　　　　　　　————— 第二冊・三五七

鼎鐫施會元評註選輯唐駱賓王狐白三卷

　　　　　　　　　————— 第五冊・六四

鼎鐫十二方家參訂萬事不求人博考全編

　　六卷 ————— 第四冊・三〇九

鼎鐫吳寧野彙選四民切要時製尺牘芳規

　　四卷 ————— 第四冊・三〇八

鼎鐫諸方家彙編皇明名公文雋八卷

　　　　　　　　　————— 第六冊・二九二

鼎刻京板太醫院校正分類青囊藥性賦三

　　卷 ————— 第三冊・一三九

鼎鍥卜筮啓蒙便讀通玄斷易大全三卷首

　　一卷 ————— 第三冊・二〇二

鼎鍥四民便覽柬學珠璣四卷首一卷

　　　　　　　　　————— 第四冊・二七五

定盦詞五卷 ————— 第七冊・一七五

定盦龔先生集外文不分卷 ——— 第五冊・六二二

定盦文集破戒草一卷破戒草之餘一卷

　　　　　　　　　————— 第五冊・六二〇

定盦文集三卷餘集一卷 ——— 第五冊・六一八

定盦文集一卷餘集一卷 ——— 第五冊・六二一

冬心先生集四卷冬心齋研銘一卷

　　　　　　　　　————— 第五冊・五八七

冬心先生三體詩一卷 ————— 第五冊・五八九

冬心先生自度曲一卷 ————— 第七冊・一六八

冬心齋研銘一卷 ————— 第五冊・五八七

冬至承應玉女獻盆一卷 ——— 第七冊・四五三

東池詩集五卷 ————— 第六冊・三二一

東觀餘論不分卷 ————— 第四冊・六五

東觀餘論二卷 ————— 第四冊・六六

東郭記二卷 ————— 第七冊・三七七

東江集鈔九卷附録一卷 ——— 第五冊・四七一

東萊先生古文關鍵二卷 ——— 第六冊・一五五

東萊先生詩律武庫十五卷東萊先生詩律

　　武庫後集十五卷 ————— 第四冊・二二八

東林十八高賢傳一卷 ————— 第二冊・一三五

東坡集選五十卷集餘一卷年譜一卷外紀

　　二卷外紀逸編一卷 — 第五冊・一七五

東坡詩選十二卷 ————— 第五冊・一七六

東坡題跋六卷 ——————— 第六冊・五七

東坡養生集十二卷 ——————— 第五冊・一七七

東祀録三卷 ——————— 第五冊・二七九

東夷圖總說一卷嶺海異聞一卷嶺海續聞
　　一卷 ——————— 第二冊・五八

東嶽獨體關元帥大法一卷 ——— 第四冊・五〇一

董解元西廂記二卷 ——————— 第七冊・二一七

董文敏公畫禪室隨筆四卷 ——— 第三冊・二六七

洞庭集五十三卷 ——————— 第五冊・三二六

竇山公家議七卷附録一卷 ——— 第二冊・二四六

督撫兩浙定變輿頌録□卷 ——— 第六冊・二六三

督撫約□卷 ——————— 第六冊・二六四

督蘆疏草一卷 ——————— 第二冊・七三

讀杜詩愚得十八卷 ——————— 第五冊・九四

讀畫記五卷 ——————— 第三冊・二八九

讀畫録四卷 ——————— 第三冊・二七九

讀畫齋偶輯十一卷 ——————— 第三冊・二九〇

讀畫齋題畫詩十九卷 ——— 第三冊・二九二

讀律瑣言三十卷附録一卷 ——— 第二冊・三五五

讀七柳軒談薈輯四卷 ——— 第四冊・一五二

讀史漫録十四卷 ——————— 第二冊・五一四

讀書敏求記四卷 ——————— 第二冊・四六二

讀書志十三卷 ——————— 第四冊・一四三

杜樊川集十七卷 ——————— 第五冊・一三一

杜工部七言律詩二卷 ——— 第五冊・九三

杜審言集二卷 ——————— 第五冊・六五
　　　　　　　　　　　　　　　第五冊・六六

杜詩論文五十六卷 ——————— 第五冊・九五

杜詩瑣證二卷 ——————— 第五冊・九六

杜子美詩集二十卷 ——————— 第五冊・九二

度曲須知二卷絃索辨訛三卷 — 第七冊・五二九

佀真陀羅所問寶如來三昧經三卷 第四冊・三三七

鈍硯卮言不分卷 ——————— 第四冊・六四

鈍吟全集二十三卷 ——————— 第五冊・四七九

E

爾雅三卷音釋三卷 ——————— 第一冊・一五九

爾雅翼三十二卷 ——————— 第一冊・一六〇

二程子全書五十一卷 ——— 第三冊・二四

二刻拍案驚奇四十卷 ——————— 第七冊・八

二如亭群芳譜二十八卷 ——— 第三冊・五〇三

二如亭群芳譜三十卷 ——— 第三冊・五〇二

二十家子書二十九卷 ——————— 第三冊・六

二十一史論贊輯要三十六卷 ——— 第二冊・一〇

二雅十三卷 ——————— 第一冊・一六二

二酉園文集十四卷詩集十二卷續集
　　二十三卷 ——————— 第五冊・三五四
　　　　　　　　　　　　　　　第五冊・三五五

二張詩集四卷 ——————— 第六冊・二六

二張先生書院録一卷竹房先生文集補一
　　卷 ——————— 第二冊・一四四

二仲詩二卷 ——————— 第六冊・二七八

F

樊川文集二十卷外集一卷別集一卷
　　——————— 第五冊・一三〇

泛舟詩一卷 ——————— 第六冊・二六一

范蒙齋先生遺文一卷 ——— 第五冊・一九五

范石湖詩集二十卷 ——————— 第五冊・二〇七

范氏博山堂三種曲六卷北曲譜十二卷
　　——————— 第七冊・五一五

范文正公集二十卷別集四卷政府奏議二卷
　　尺牘三卷遺文一卷年譜一卷年譜補遺一
　　卷祭文一卷褒賢集一卷褒賢祠記二卷諸
　　賢贊頌論疏一卷論頌一卷詩頌一卷祭文
　　一卷鄱陽遺事録一卷言行拾遺録四卷遺
　　蹟一卷義莊規矩一卷 ——— 第五冊・一五六

范文正公集二十四卷年譜一卷年譜補遺
　　一卷附録一卷 ——————— 第五冊・一五五

范香溪先生文集二十二卷范蒙齋先生遺

　　文一卷范楊溪先生遺文一卷 —— 第五冊·一九五

范楊溪先生遺文一卷 —————— 第五冊·一九五

范忠宣公文集二十卷 —————— 第五冊·一六八

方壺存稿九卷附錄一卷 ————— 第五冊·二一七

方氏墨譜六卷 ————————— 第三冊·四六三

　　　　　　　　　　　　　　　　 第三冊·四六五

　　　　　　　　　　　　　　　　 第三冊·四六七

方輿勝略十八卷外夷六卷又一卷

　　　　　　　　　　　 ————— 第二冊·二五五

F

方洲張先生文集四十卷 ————— 第五冊·二七二

芳堅館書髓一卷 ——————— 第二冊·三八四

紡授堂集八卷二集十卷文集八卷 - 第五冊·四五三

訪求中州先賢詩文集目一卷 —— 第二冊·四六九

非水居詞箋三卷 ——————— 第七冊·一五〇

匪庵四書明文選十卷補格一卷 — 第六冊·三〇五

翡翠軒一卷梅杏爭春一卷 ——— 第七冊·五

分類編次李太白文五卷 ———— 第五冊·七三

分類補註李太白詩二十五卷分類編次李

　　太白文五卷 ——————— 第五冊·七三

分類尺牘新語二編二十四卷 —— 第六冊·三六一

分類尺牘新語廣編二十四卷補編一卷

　　　　　　　　　　　 ————— 第六冊·三六二

風教雲箋續集四卷 —————— 第六冊·三一七

豐草亭詩一卷 ————————— 第六冊·三二九

豐對樓詩選四十三卷 ————— 第五冊·三六一

馮元成寶善編選刻二卷 ———— 第五冊·三七一

奉使集二卷 —————————— 第五冊·三二七

奉天錄四卷 —————————— 第二冊·三二

鳳墅殘帖釋文二卷 —————— 第三冊·二四六

鳳仙花譜一卷 ————————— 第三冊·五一九

佛頂心大陀羅尼經三卷 ———— 第四冊·四一五

　　　　　　　　　　　　　　　　 第四冊·四一六

　　　　　　　　　　　　　　　　 第四冊·四一七

　　　　　　　　　　　　　　　　 第四冊·四一八

　　　　　　　　　　　　　　　　 第四冊·四一九

　　　　　　　　　　　　　　　　 第四冊·四二〇

　　　　　　　　　　　　　　　　 第四冊·四二二

　　　　　　　　　　　　　　　　 第四冊·四二三

佛頂心觀世音大陀羅尼經一卷 - 第四冊·四一一

佛頂心觀世音菩薩大陀羅尼經三卷

　　　　　　　　　　　 ————— 第四冊·四一二

　　　　　　　　　　　　　　　　 第四冊·四一四

佛頂心陀羅尼經三卷 ————— 第四冊·四二四

　　　　　　　　　　　　　　　　 第四冊·四二六

　　　　　　　　　　　　　　　　 第四冊·四二七

　　　　　　　　　　　　　　　　 第四冊·四二八

　　　　　　　　　　　　　　　　 第四冊·四二九

　　　　　　　　　　　　　　　　 第四冊·四三〇

佛頂尊勝神咒一卷 —————— 第四冊·四五二

佛頂尊勝總持經咒一卷 ———— 第四冊·四五〇

佛母大孔雀明王經三卷 ———— 第四冊·四〇四

　　　　　　　　　　　　　　　　 第四冊·四〇八

佛母大准提神咒一卷 ————— 第四冊·四五三

佛說阿彌陀經一卷 —————— 第四冊·三七七

佛說不增不減經一卷 ————— 第四冊·三八五

佛說大報父母恩重經一卷 ——— 第四冊·三七八

佛說大方廣圓覺修多羅了意寶卷一卷

　　　　　　　　　　　 ————— 第七冊·五五七

佛說地獄還報經一卷 ————— 第四冊·四四六

佛說高王觀世音經一卷 ———— 第四冊·四四二

佛說觀世音菩薩救苦經一卷佛頂尊勝總

　　持經咒一卷 ——————— 第四冊·四五〇

佛說觀世音菩薩救苦經一卷佛說金剛神

　　咒一卷 ————————— 第四冊·四四七

佛說觀無量壽佛經一卷 ———— 第四冊·三八一

佛說堅固女經一卷 —————— 第四冊·三八五

佛說金剛神咒一卷 —————— 第四冊·四四七

佛說摩利支天菩薩經一卷 ——— 第四冊·四〇九

佛說三十五佛佛名經一卷 ——— 第七冊·五六〇

佛說壽生經一卷 —————— 第四冊·四四五

佛說閻羅王經一卷 —————— 第四冊·四四三

佛說一切如來真實攝大乘現證三昧大教

　　王經三十卷 —————— 第四冊·四三九

佛說造塔功德經一卷佛說不增不減經一

　　卷佛說堅固女經一卷 —————— 第四冊·三八五

佛像一卷 —————— 第四冊·三六八

扶荔詞三卷別錄一卷 —————— 第七冊·一五四

扶輪廣集十四卷 —————— 第六冊·二七四

扶輪集十四卷 —————— 第六冊·二七二

扶輪新集十四卷 —————— 第六冊·二七五

芙航詩襭十二卷 —————— 第五冊·五六七

芙蓉花史詩詞抄一卷 —————— 第五冊·六三六

浮山文集前編十卷 —————— 第五冊·四六六

浮溪遺集十五卷附錄一卷 —————— 第五冊·一八八

浮玉山人集九卷 —————— 第一冊·一四九

甫里逸詩二卷 —————— 第六冊·三七四

甫里逸詩二卷逸文一卷聞見集一卷詩文

　　選一卷竹素園詩選二卷易安詩稿一卷

　　　—————— 第六冊·三七五

撫畿奏疏十卷計部奏疏四卷 —————— 第二冊·六九

撫雲集九卷 —————— 第五冊·五二六

赴滇紀程一卷 —————— 第二冊·三一六

負苞堂詩選五卷文選四卷 —————— 第五冊·三八八

賦略三十四卷緒言一卷列傳一卷外篇

　　二十卷 —————— 第六冊·一九七

G

改本白仙傳四卷 —————— 第七冊·五四六

甘泉先生兩都風詠四卷 —————— 第五冊·二九九

高常侍集十卷 —————— 第五冊·八三

高僧詩二卷 —————— 第六冊·三八七

高唐照乘堂輿識隨筆十六卷 —————— 第四冊·七三

杲堂文鈔六卷詩鈔七卷 —————— 第五冊·五〇一

革象新書二卷 —————— 第三冊·一六三

格致叢書□□種□□卷 —————— 第四冊·五二二

　　—————— 第四冊·五二三

　　—————— 第四冊·五二四

　　—————— 第四冊·五二五

　　—————— 第四冊·五二六

　　—————— 第四冊·五二七

葛端肅公文集十八卷 —————— 第五冊·三三一

各省咨查銷燬書目一卷 —————— 第二冊·四九〇

根本說一切有部毗奈耶破僧事二十卷

　　—————— 第四冊·四一〇

亙史鈔□□卷 —————— 第二冊·一五〇

庚子銷夏記八卷 —————— 第三冊·二三六

耕餘剩技六卷 —————— 第三冊·五七

耕織圖一卷 —————— 第三冊·三二三

　　—————— 第三冊·三二五

宮閨組韻二卷 —————— 第五冊·五九八

緱山先生集二十七卷 —————— 第五冊·四二〇

孤竹賓談四卷 —————— 第四冊·二一

姑蘇楊柳枝詞一卷 —————— 第六冊·三四四

古本荊釵記二卷 —————— 第七冊·三二六

古今詞彙三編八卷 —————— 第七冊·一九二

古今詞選七卷蘭思詞鈔二卷蘭思詞鈔二

　　集二卷 —————— 第七冊·一九一

古今詞選十二卷 —————— 第七冊·一九三

古今辭命達八卷 —————— 第六冊·一八八

古今法書苑七十六卷 —————— 第三冊·二四九

古今官制沿革圖一卷 —————— 第二冊·三二九

古今合璧事類備要後集八十一卷 —————— 第四冊·二二四

古今將略四卷 —————— 第三冊·七九

古今經世格要二十八卷 —————— 第四冊·二五三

古今類書纂要增刪十二卷 —————— 第四冊·三二四

古今廉鑒八卷 —————— 第二冊·一一五

古今名扇錄不分卷 —————— 第三冊·二四二

古今名喻八卷 —————— 第四冊·一二九

古今名媛彙詩二十卷 —————— 第六冊·一四三

古今詩韻二百六十一卷 —— 第一冊·一八〇

古今詩韻釋義五卷 —— 第一冊·一八三

古今說海一百三十五種一百四十二卷

　　　　　　　　　—— 第四冊·五一一

古今圖書集成圖不分卷 —— 第四冊·三三一

古今寓言十二卷 —— 第六冊·一六六

古今振雅雲箋十卷 —— 第五冊·三〇九

古名儒毛詩解十六種二十四卷 —— 第一冊·五五

古穰文集三十卷 —— 第五冊·二六九

G

古詩類苑一百三十卷 —— 第六冊·一二五

古唐詩選全部四卷 —— 第六冊·二三二

古文會編八卷 —— 第六冊·一五九

古文類選十八卷 —— 第六冊·一六一

古文小品冰雪攜六卷 —— 第六冊·三一八

古文苑二十一卷 —— 第六冊·一〇五

古歙山川圖一卷 —— 第三冊·四一三

古香齋鑒賞袖珍五經八卷 —— 第一冊·一五二

古寫本手鑒不分卷 —— 第四冊·一七七

古心傳一卷芙蓉花史詩詞抄一卷栀禪録

　　題辭一卷 —— 第五冊·六三六

古逸書三十卷首一卷末一卷 —— 第六冊·一七〇

古樂府十卷 —— 第六冊·一一七

古直先生文集十六卷附録一卷 —— 第五冊·二七一

鼓枻稿六卷補遺一卷 —— 第五冊·二五九

鼓枻稿一卷 —— 第五冊·二六〇

穀詒彙十四卷首二卷 —— 第四冊·一五九

穀原詩集八卷 —— 第五冊·三二五

顧氏文房明朝四十家小說四十種四十三

　　卷 —— 第四冊·五一〇

關右經籍考十一卷 —— 第二冊·四七〇

觀世音菩薩救諸難咒一卷 —— 第四冊·四四九

觀世音菩薩普門品經一卷 —— 第四冊·三七四

觀音靈感真言一卷 —— 第四冊·四五五

管韓合纂四卷 —— 第三冊·八三

貫華堂第六才子書西廂記八卷 — 第七冊·二五四

貫華堂繪像第六才子西廂八卷醉心編一

　　卷 —— 第七冊·二五一

貫華堂評論金雲翹傳四卷二十回

　　　　　　　　　—— 第七冊·一〇三

貫經一卷禮記投壺篇一卷投壺譜一卷

　　　　　　　　　—— 第三冊·四四二

貫虱篇一卷 —— 第三冊·七四

光福許氏貯書樓收藏碑版目四卷附録宋

　　金元石刻一卷 —— 第二冊·三九四

廣筆記十四卷炮炙大法一卷用藥凡例一

　　卷 —— 第三冊·一四六

廣博物志五十卷 —— 第四冊·二八二

廣寒香傳奇二卷 —— 第七冊·四四九

廣陵集一卷 —— 第四冊·五五五

廣信先賢事實録六卷 —— 第二冊·一五七

廣腴四集不分卷 —— 第二冊·五〇八

圭齋漫載八卷 —— 第四冊·一七六

閨範四卷 —— 第二冊·一二一

閨秀別卷一卷 —— 第六冊·三二六

龜巢詞一卷補遺一卷 —— 第七冊·一四〇

龜山先生集四十二卷 —— 第五冊·一八七

歸潛志十四卷 —— 第四冊·八二

歸石軒畫談十卷息柯白箋八卷浯溪考二

　　卷 —— 第四冊·五七〇

歸桃花嶺詩集六卷 —— 第六冊·二五六

歸養録九卷 —— 第二冊·一八四

歸震川先生尺牘二卷 —— 第五冊·三五七

歸震川先生全稿不分卷 —— 第五冊·三五六

鬼谷子前定書一卷 —— 第三冊·二〇五

桂花塔二卷 —— 第七冊·四三八

桂翁詞六卷鷗園新曲一卷 —— 第七冊·一四五

桂隱文集四卷附録一卷 —— 第五冊·二四三

桂洲詞一卷 —— 第七冊·一四四

桂洲詩集二十四卷 —— 第五冊·三一五

郭孟履集五卷 —— 第五冊·四五五

郭汝承集□卷 ─────────── 第五冊・四三五

國朝碑版考不分卷碑帖目録不分卷

　　　 ─────────── 第二冊・三九○

國朝大家制義四十二卷 ───── 第六冊・七○

國朝畫後續集一卷 ─────── 第三冊・二八八

國朝名公經濟文鈔十卷第一續不分卷

　　　 ─────────── 第六冊・二九一

國朝名家詩餘四十卷 ───── 第七冊・一二二

國朝七名公尺牘八卷 ───── 第六冊・三一二

　　　 ─────────── 第六冊・三一三

　　　 ─────────── 第六冊・三一四

國史經籍志六卷 ─────── 第二冊・四七六

國秀集三卷 ───────── 第六冊・二○六

國雅初集不分卷 ─────── 第六冊・三三○

國雅二十卷續四卷國雅品一卷 ─ 第六冊・二五二

國雅品一卷 ───────── 第六冊・二五二

過去莊嚴劫千佛名經一卷 ─── 第四冊・三八三

過日集二十卷名媛詩一卷諸體評論一卷

　　曾青藜詩八卷曾朋天詩一卷 ─ 第六冊・三三一

H

海昌經籍志略四卷 ─────── 第二冊・四七三

海昌著録續考六卷 ─────── 第二冊・四七五

海島逸志六卷 ──────── 第二冊・三二一

海東逸史十八卷 ──────── 第二冊・四八

海防圖論□□卷 ─────── 第二冊・二九一

海瓊玉蟾先生文集六卷續集二卷 ─ 第五冊・二一六

海日樓書目不分卷 ─────── 第二冊・四四六

海天秋色譜九卷養菊法一卷 ── 第三冊・五一四

海嶽名言一卷 ──────── 第二冊・一八○

醋醋齋酒牌不分卷 ────── 第三冊・三八三

含英閣詩餘三卷 ─────── 第七冊・一六二

函史上編八十二卷下編二十一卷 ── 第二冊・三

寒山蔓草十卷 ──────── 第六冊・二五三

寒山子詩集一卷 ─────── 第五冊・七二

寒瘦集一卷 ───────── 第六冊・二三八

寒中詩四卷 ───────── 第五冊・五一四

韓柳文一百卷 ──────── 第六冊・五二

韓芹城先生鄉墨一卷傳略一卷 ─ 第五冊・四五○

韓詩外傳十卷 ──────── 第一冊・三六

韓文四十卷外集十卷遺集一卷集傳一卷

　　柳文四十三卷別集二卷外集二卷附録

　　一卷 ─────────── 第五冊・一一八

韓香譜一卷 ───────── 第三冊・五二七

韓襄毅公家藏文集十五卷 ─── 第五冊・二七○

韓子二十卷附録一卷 ───── 第三冊・八四

漢蔡中郎集十一卷 ─────── 第五冊・一九

漢魏六朝百三名家集一百十八卷 ─ 第六冊・一一

漢魏六朝二十一名家集一百二十三卷

　　　 ───────────── 第六冊・九

漢魏六朝詩選八卷 ────── 第六冊・一○六

翰海十二卷 ───────── 第六冊・二○一

翰林珠玉六卷 ──────── 第五冊・二四○

杭雙溪先生詩集八卷 ───── 第五冊・二九六

合古今名公全補標題評註歷朝捷録定本

　　八卷 ─────────── 第二冊・五一五

合刻楊南峰先生全集十種二十二卷

　　　 ─────────── 第四冊・五四八

合刻忠武靖節二編二十一卷 ─── 第六冊・六

合刻周張兩先生全書二十二卷 ── 第三冊・二二

合浦珠傳奇二卷 ─────── 第七冊・四四七

何大復先生學約古文十二卷 ── 第六冊・一五八

何禮部集十卷 ──────── 第五冊・三三九

何氏集二十六卷 ─────── 第五冊・二九七

河東先生集四十五卷外集二卷龍城録二

　　卷附録二卷傳一卷 ───── 第五冊・一一九

河防一覽榷十二卷 ─────── 第二冊・三一○

河汾詩集八集 ──────── 第五冊・二六七

鶴嘯集二卷 ───────── 第五冊・四六五

橫山詩文鈔二十二卷 ───── 第五冊・五七二

衡曲塵譚一卷 ——————— 第七冊・四七八

衡齋算學七卷 ——————— 第三冊・一八二

弘陽苦功悟道經二卷 ———— 第七冊・五五三

洪武正韻十六卷 ————— 第一冊・一八二

紅蕚詞二卷 ——————— 第五冊・五四四

紅拂記四卷 ——————— 第七冊・三五七

紅樓夢八十回 —————— 第七冊・一一六

紅樓夢一百二十回 ———— 第七冊・一〇八

　　　　　　　　　　　　第七冊・一一三

H　紅橋書屋詩集九卷 ——— 第五冊・五九七

紅牙集一卷 ——————— 第七冊・一五一

鴻寶應本十七卷 ————— 第五冊・四四〇

鴻慶居士文集十四卷 ——— 第五冊・一九三

厚銘日記四卷 —————— 第二冊・二三七

後村居士集五十卷 ———— 第五冊・二一八

後村詩話二卷 —————— 第六冊・四二二

後村題跋四卷 —————— 第五冊・二〇九

後村雜著三卷 —————— 第五冊・五四五

後漢書餘論一卷 ————— 第二冊・四

後畫録一卷 ——————— 第三冊・二五七

後甲集二卷 ——————— 第五冊・五六一

後一捧雪二卷 —————— 第七冊・四一六

胡氏粹編五種二十卷 ——— 第四冊・五二一

胡思泉稿一卷 —————— 第六冊・七〇

壺中日記不分卷 ————— 第二冊・二〇六

湖海搜奇二卷 —————— 第四冊・九五

花草粹編十二卷 ————— 第七冊・一八九

花間集十卷 ——————— 第七冊・一八一

花間集十卷補二卷音釋二卷 — 第七冊・一八〇

花間九奏九卷 —————— 第七冊・二九四

花鏡雋聲元集三卷亨集五卷利集四卷貞

　　集四卷花鏡韻語一卷 —— 第六冊・一三九

花鏡韻語一卷 —————— 第六冊・一三九

花史四卷 ——————— 第三冊・五〇〇

花史左編二十七卷 ———— 第三冊・四九六

花史左編二十四卷花塵一卷 — 第三冊・四九八

　　　　　　　　　　　　第三冊・四九九

花王韻事一卷 —————— 第五冊・五四九

花韻軒詠物詩存一卷 ——— 第五冊・六〇八

花塵一卷 ——————— 第三冊・四九八

　　　　　　　　　　　　第三冊・四九九

華氏傳芳集八卷 ————— 第二冊・二二九

華陽集四十卷 —————— 第五冊・一九〇

畫禪室隨筆四卷 ————— 第三冊・二六五

畫法大成八卷 —————— 第三冊・二六三

畫繼補遺二卷英石硯山圖記一卷 - 第三冊・二五九

畫繼十卷 ——————— 第三冊・二五六

　　　　　　　　　　　　第三冊・二五八

畫繼十卷畫史一卷後畫録一卷續畫品録

　　一卷 —————————— 第三冊・二五七

畫評會海二卷天形道貌一卷 — 第三冊・二七六

畫筌析覽二卷 —————— 第三冊・二九七

畫石軒卧遊隨録四卷 ——— 第三冊・二九五

畫史會要五卷 —————— 第三冊・二六二

畫史通考不分卷 ————— 第三冊・三〇〇

畫史一卷 ——————— 第三冊・二五七

話墮集三卷 ——————— 第五冊・五九一

淮鹺分類新編六卷 ———— 第二冊・三五一

淮關統志十四卷 ————— 第二冊・三四七

淮海後集六卷 —————— 第五冊・一八二

懷嵩堂贈言四卷 ————— 第六冊・三二七

懷遠堂批點燕子箋記二卷 — 第七冊・三八〇

幻影八卷三十回 ————— 第七冊・一〇

浣雪詞鈔二卷 —————— 第七冊・一五六

皇朝道學名臣言行外録十七卷 - 第二冊・一三九

皇朝經解十六卷 ————— 第一冊・一五六

皇朝名臣言行續録八卷別集三卷 - 第二冊・一四〇

皇甫司勳集六十卷 ———— 第五冊・三三二

皇明百家小説一百八種 ——— 第四冊・五三六

皇明寶訓四十卷 ————— 第二冊・三三六

　　　　　　　　　　　　　第二册・三三七
皇明大政纂要六十三卷————第二册・二二
皇明嘉隆兩朝聞見紀十二卷———第二册・三九
皇明近代文範六卷————第六册・二八六
皇明詩統四十二卷————第六册・二六八
皇明十六名家小品三十二卷———第六册・六六
皇明文範六十八卷目録二卷———第六册・二八四
　　　　　　　　　　　　　第六册・二八五
皇明文選二十卷————第六册・二八〇
皇明文苑九十六卷————第六册・二八七
皇明象胥録八卷————第二册・三一八
皇明英烈志傳四卷六十回———第七册・六一
皇明泳化類編一百三十六卷續編十七卷
　　　　————第二册・三三九
皇清詩選三十卷首一卷———第六册・三三七
黄梨洲先生明夷待訪録一卷———第二册・三四二
黄湄詩選十卷————第五册・五一六
黄山紀遊草一卷西山絶句一卷柳洲詩存一
　　卷借題集句一卷柘湖小稿一卷—第五册・五五六
黄氏畫譜八種八卷————第三册・三〇一
黄氏集千家註杜工部詩史補遺十卷外集
　　一卷————第五册・八八
揮塵新譚二卷————第四册・二〇七
晦庵先生朱文公文集一百卷續集五卷別
　　集七卷目録二卷———第五册・二〇一
惠山聽松庵竹鑪圖詠四卷———第六册・一四九
喙鳴文集二十一卷————第五册・三七〇
會真記詩詞跋序辯證年譜碑文附後一卷
　　————第七册・三
會真記一卷————第七册・二二三
　　　　　　　　　　　　　第七册・二二七
　　　　　　　　　　　　　第七册・二三〇
　　　　　　　　　　　　　第七册・二三二
　　　　　　　　　　　　　第七册・二三五
　　　　　　　　　　　　　第七册・二四四

　　　　　　　　　　　　　第七册・二四五
　　　　　　　　　　　　　第七册・二四八
　　　　　　　　　　　　　第七册・二四九
　　　　　　　　　　　　　第七册・二五〇
彙古菁華二十四卷————第六册・一九二
彙雅前集二十卷————第一册・一六五
檜門府君行狀一卷————第二册・一九七
繪風亭評第七才子書琵琶記六卷釋義一
　　卷————第七册・三二三
繪事發微一卷————第三册・二八四
繪事瑣言八卷————第三册・二九三
繪事微言四卷————第三册・二七五
繪心集二卷————第五册・五四四

J

幾輔明詩十二卷————第六册・三六九
積學齋藏書記四卷————第二册・四六六
雞肋集一卷————第五册・二六六
棘闈倡和詩三卷————第五册・五六五
集古印譜五卷印正附說一卷———第二册・四〇八
集刻五經序不分卷————第一册・一五四
集千家註杜工部詩集二十卷文集二卷
　　————第五册・九一
集千家註分類杜工部詩二十五卷文集二
　　卷年譜一卷————第五册・九〇
集雅牌規不分卷————第三册・四四四
輯庵集二卷————第五册・五三五
輯刻琵琶亭詩不分卷———第六册・四〇〇
己吾集十四卷附録一卷———第五册・四六四
幾社文選二十卷————第六册・二九九
幾亭全書六十二卷————第五册・四五二
季漢書六十卷正論一卷答問一卷—第二册・七
計部奏疏四卷————第二册・六九
紀城文稿四卷詩稿柳邨雜詠二卷倦遊草
　　一卷嶽江草一卷———第五册・五三九

紀効新書十八卷首一卷 ——————— 第三冊・四九

紀効新書十四卷 ——————————— 第三冊・五一

記方二卷 —————————————— 第三冊・一四五

記紅集三卷詞韻簡一卷 ————— 第七冊・二一四

祭皋陶一卷 ——————————— 第七冊・二七八

寄園七夕集字詩一卷補遺一卷附七夕別

　韵倡和一卷四景絶句一卷寄園詩一卷

　——————————————— 第六冊・三四五

寄園詩一卷 ——————————— 第六冊・三四五

濟顛語録不分卷 ———————— 第七冊・一〇七

濟陰綱目五卷 —————————— 第三冊・一五〇

繼志齋集十二卷 ———————— 第五冊・二六四

嘉慶道光魏塘人物記六卷 ——— 第二冊・一五五

甲乙剩言一卷 —————————— 第四冊・二八

甲子會紀五卷 —————————— 第二冊・一八

賈浪仙長江集十卷 ——————— 第五冊・一二二

賈誼新書十卷洛陽賈生傳一卷 —— 第三冊・一五

稼軒長短句十二卷 ——————— 第七冊・一三八

　　　　　　　　　　　　　　 第七冊・一三九

箋註陶淵明集十卷總論一卷 —— 第五冊・四二

剪燈新話句解二卷 ——————— 第七冊・四

簡松草堂全集九種七十七卷 —— 第四冊・五六八

見聞廣記一卷 —————————— 第四冊・八五

見聞搜玉八卷 —————————— 第四冊・一二八

建安七子集二十八卷 —————— 第六冊・二三

漸江先生江公傳行狀墓誌銘一卷

　——————————————— 第二冊・一八三

劍南詩稿八十五卷 ——————— 第五冊・二〇八

鑒古韻語不分卷 ———————— 第二冊・五一三

江邨銷夏録三卷 ———————— 第三冊・二四〇

江村遺稿一卷 —————————— 第五冊・二一一

江東白苧二卷續二卷 —————— 第七冊・四九三

　　　　　　　　　　　　　　 第七冊・四九四

江寧金石記八卷待訪目二卷 —— 第二冊・三九二

江文通集四卷 —————————— 第五冊・五二

江西奏議二卷附録一卷 ————— 第二冊・六八

交聲一卷晉聲一卷蔡聲一卷燕聲一卷

　——————————————— 第五冊・四四八

交食通軌一卷月食通軌一卷日食通軌一

　卷四餘通軌一卷 ——————— 第三冊・一六五

椒丘先生文集三十四卷外集一卷 — 第五冊・二八二

蛟峰集七卷 ——————————— 第五冊・二二三

焦氏筆乘六卷續集八卷 ————— 第四冊・三八

焦氏澹園集四十九卷 —————— 第五冊・三九八

焦氏澹園續集二十七卷 ————— 第五冊・三九九

蕉林揮麈圖題詠一卷 —————— 第六冊・三四六

校定新安十七帖釋文音義一卷 — 第三冊・二四八

校正會稽掇英總集札記一卷 —— 第六冊・三九一

較正北西廂譜二卷 ——————— 第七冊・五三二

節物出典五卷 —————————— 第二冊・五〇六

鮚埼亭集三十八卷外編五十卷 — 第五冊・五八五

蠽音一卷 ———————————— 第五冊・五四〇

介庵琴趣外篇六卷 ——————— 第七冊・一三七

芥舟書舍全集曲譜八卷 ————— 第七冊・五三四

芥子園畫傳二集八卷 —————— 第三冊・三九五

　　　　　　　　　　　　　　 第三冊・三九一

　　　　　　　　　　　　　　 第三冊・四〇二

　　　　　　　　　　　　　　 第三冊・四〇五

芥子園畫傳三集四卷 —————— 第三冊・四〇七

芥子園畫傳五卷 ———————— 第三冊・三九〇

　　　　　　　　　　　　　　 第三冊・三九一

　　　　　　　　　　　　　　 第三冊・三九三

芥子園畫譜三集四卷 —————— 第三冊・四一〇

借題集句一卷 —————————— 第五冊・五二五

　　　　　　　　　　　　　　 第五冊・五五六

今文韻品二卷 —————————— 第六冊・二八八

今吾集一卷筆雲集一卷 ————— 第五冊・五三八

金剛般若波羅蜜經一卷 ————— 第四冊・三七六

金華文統十三卷 ———————— 第六冊・三九九

金陵梵刹志五十三卷 —————— 第四冊・四七〇

J

金陵瑣事四卷續二卷 —————— 第四冊・八八

金陵新鐫皇明史館名公經世宏辭十四卷

　　　　　　　　　　　　第六冊・三〇一

金瓶梅二卷 —————— 第七冊・四一〇

金瓶梅圖不分卷 —————— 第七冊・四〇九

金石古文十四卷 —————— 第二冊・三七四

金石録三十卷 —————— 第二冊・三七三

金湯借箸十二籌十二卷 —————— 第三冊・五四

金先生講學紀録二卷 —————— 第三冊・三九

金屑一撮一卷 —————— 第四冊・四六五

金薤琳琅二十卷 —————— 第二冊・三八三

金魚圖譜不分卷 —————— 第三冊・五二九

金正希先生文集輯略九卷 —————— 第五冊・四七五

金珠寶石細毛綢緞紗等譜不分卷

　　　　　　　　　　　　第三冊・四八三

錦瑟詞三卷詞話一卷 —————— 第七冊・一六五

錦香亭三卷 —————— 第七冊・四三二

晉二俊文集二十卷 —————— 第六冊・二五

晉聲一卷 —————— 第五冊・四四八

晉書纂十六卷 —————— 第二冊・八

晉文春秋一卷異同附載一卷 —————— 第二冊・三〇

禁燬書目一卷各省咨查銷燬書目一卷摘

　　燬書目一卷 —————— 第二冊・四九〇

禁書總目不分卷 —————— 第四冊・五四六

盡言集十三卷 —————— 第二冊・六五

京本校正音釋唐柳先生集四十三卷別集

　　一卷外集一卷附録一卷 —————— 第五冊・一二〇

京本音釋註解書言故事大全十二卷

　　　　　　　　　　　　第四冊・二三六

京鐫皇明通俗演義全像戚南塘勦平倭寇

　　志傳□卷 —————— 第七冊・六四

荊門耆舊紀略三卷烈女紀略一卷 - 第二冊・一五九

經國雄略四十九卷 —————— 第二冊・三四〇

經籍考七十六卷 —————— 第二冊・三三三

經濟類編一百卷 —————— 第四冊・二六一

經絡全書前編一卷後編一卷 —— 第三冊・一〇八

經韻樓集校勘記一卷 —————— 第五冊・六〇五

經鉏堂雜誌八卷 —————— 第四冊・一二

精選點板崑調十部集樂府先春二卷首一

　　卷 —————— 第七冊・四七四

精選東萊先生左氏博議八卷 —— 第一冊・九〇

精選故事黃眉十卷 —————— 第四冊・二七一

精選名賢詞話草堂詩餘二卷 —— 第七冊・一八五

警世怡情集四卷 —————— 第四冊・一八五

敬修堂釣業一卷 —————— 第二冊・四七

靜修先生丁亥集六卷遺文六卷遺詩六卷

　　拾遺七卷續集三卷附録二卷

　　　　　　　　　　　　第五冊・二三五

絅齋先生文集□□卷 —————— 第五冊・三五〇

九大家詩選十二卷 —————— 第六冊・二七九

九歌圖一卷 —————— 第五冊・八

九宮譜定十二卷總論一卷 —————— 第七冊・五二一

九華山志六卷圖一卷 —————— 第二冊・二九五

九蓮燈一卷 —————— 第七冊・三〇一

九靈山房集三十卷 —————— 第五冊・二四九

九夷古事一卷 —————— 第二冊・五四

九雲夢六卷 —————— 第四冊・二一六

酒顛補三卷 —————— 第四冊・一三六

酒顛二卷酒顛補三卷 —————— 第四冊・一三六

酒牌不分卷 —————— 第三冊・三八六

酒史續編六卷 —————— 第四冊・一七四

救荒本草二卷 —————— 第三冊・九四

　　　　　　　　　　　　第三冊・九六

救荒野譜一卷 —————— 第三冊・一三一

舊業堂集十卷 —————— 第五冊・三〇六

居家必用事類全集十卷 —————— 第四冊・一〇三

居易子鏗鏗齋外稿續集一卷雜一卷

　　　　　　　　　　　　第五冊・四三一

菊名詩一卷 —————— 第三冊・五一二

橘譜一卷 —————— 第三冊・五二一

J

橘中秘四卷 ——————— 第三冊·四四一

具茨晁先生詩集一卷 ——————— 第五冊·一八四

劇本叢鈔十五種十五卷 ——————— 第七冊·五〇三

據梧軒玉環緣二卷 ——————— 第七冊·四三三

鐫長安客話八卷 ——————— 第二冊·二七三

鐫出像楊家府世代忠勇演義志傳八卷

——————— 第七冊·四八

——————— 第七冊·五一

鐫地理參補評林圖訣全備平沙玉尺經二

卷附錄一卷 ——————— 第三冊·一九六

鐫海內名家手束鱗鴻新札八卷 ——— 第四冊·二九一

鐫翰林考正國朝七子詩集註解七卷

——————— 第六冊·二五七

——————— 第六冊·二五八

鐫歷朝列女詩選名媛璣囊四卷女論語一

卷 ——————— 第六冊·一三七

——————— 第六冊·一三八

鐫彭會魁類編古今文髓六卷 ——— 第四冊·三二五

鐫武經節要一卷 ——————— 第三冊·四七

鐫像古本西遊證道書一百回 ——— 第七冊·八七

鐫于少保萃忠傳十卷七十回 ——— 第七冊·六二

鐫鍾伯敬先生秘集十五種十五卷 — 第六冊·一〇七

鐫竹浪軒珠淵十卷 ——————— 第四冊·一四八

倦遊草一卷 ——————— 第五冊·五三九

絕句辨體八卷 ——————— 第六冊·一三〇

筠廊偶筆二卷 ——————— 第四冊·九八

K

考工記一卷 ——————— 第一冊·六九

珂雪集二卷 ——————— 第五冊·五〇二

柯庭文藪不分卷 ——————— 第五冊·五四二

柯庭餘習十二卷 ——————— 第五冊·五四一

刻精選百家錦繡聯六卷 ——————— 第四冊·三二一

刻李九我先生批評破窰記二卷 — 第七冊·三八八

刻孫齊之先生松韻堂集十二卷 — 第五冊·三六七

刻續名世文宗評林十卷 ——————— 第六冊·四三五

刻迎暉堂彙附人物事文概四書翼註講意

六卷 ——————— 第一冊·一二三

刻註釋李滄溟先生文選狐白四卷

——————— 第五冊·三四六

客乘二十八卷 ——————— 第五冊·四〇八

客座贅語十卷 ——————— 第四冊·九〇

空明子全集六十六卷 ——————— 第五冊·五七九

空同集六十三卷 ——————— 第五冊·二八八

空同詩選一卷 ——————— 第五冊·二八九

孔聖全書三十五卷 ——————— 第二冊·一六一

孔子家語十卷 ——————— 第三冊·一一

口筆刀圭九卷 ——————— 第四冊·八三

骷髏格一卷辯音連聲歸母捷法一卷

——————— 第七冊·五二三

苦海航一卷 ——————— 第五冊·六二八

快士傳十六卷 ——————— 第七冊·九九

會稽掇英總集二十卷校正會稽掇英總集

札記一卷 ——————— 第六冊·三九一

會稽三賦一卷 ——————— 第五冊·二〇五

曠亭集二卷 ——————— 第二冊·四九一

葵軒詞一卷 ——————— 第七冊·一四七

魁本袖珍方大全四卷 ——————— 第三冊·一四三

崑山雜詠二十八卷 ——————— 第六冊·三七六

L

來青閣遺稿二卷 ——————— 第五冊·六二四

賴古堂別集印人傳三卷 ——————— 第三冊·二八〇

賴古堂藏書甲集十種十四卷 —— 第四冊·五三九

賴古堂尺牘新鈔二選藏弆集十六卷

——————— 第六冊·三五六

賴古堂尺牘新鈔三選結鄰集十六卷

——————— 第六冊·三五八

賴古堂集二十四卷附錄一卷 —— 第五冊·四九六

賴古堂名賢尺牘新鈔十二卷 —— 第六冊・三五五

賴古堂文選二十卷 —— 第六冊・一九五

蘭桂仙傳奇二卷曲譜二卷 —— 第七冊・四三六

蘭蕙鏡一卷 —— 第三冊・五〇八

蘭譜一卷 —— 第三冊・三四二

蘭思詞鈔二卷蘭思詞鈔二集二卷

　　　　　　　　　—— 第七冊・一九一

蘭絮話腴四卷 —— 第二冊・一九一

蘭言集二十四卷 —— 第六冊・三二二

琅邪代醉編四十卷 —— 第四冊・一四六

瑯嬛文集二卷 —— 第五冊・四七六

老解二卷 —— 第四冊・四七八

雷江脞錄四卷 —— 第四冊・二一五

礨瓦初編十卷礨瓦二編十二卷 —— 第四冊・三五

礨瓦二編十二卷 —— 第四冊・三五

類編古今名賢彙語二十二種二十二卷

　　　　　　　　　—— 第四冊・五一五

類編箋釋國朝詩餘五卷 —— 第七冊・一八四

類編曆法通書大全三十卷新增補遺陰陽

　　備要曆法通書大全二卷 —— 第三冊・二〇七

類抄不分卷 —— 第四冊・七七

類集今古閑評客座清談陶情集二卷

　　　　　　　　　—— 第四冊・一六六

類箋唐王右丞詩集十卷文集四卷集外編

　　一卷年譜一卷唐諸家同詠集一卷贈題

　　集一卷歷朝諸家評王右丞詩畫鈔一卷

　　　　　　　　　—— 第五冊・七九

類經圖翼十一卷 —— 第三冊・一〇七

類雋三十卷 —— 第四冊・二五九

類選箋釋草堂詩餘六卷續選草堂詩餘二

　　卷類編箋釋國朝詩餘五卷 —— 第七冊・一八四

梨園按試樂府新聲三卷 —— 第七冊・四六二

梨雲館廣清紀四卷 —— 第五冊・四〇三

梨雲館竹譜一卷 —— 第三冊・三七八

藜閣傳燈十三卷 —— 第六冊・一八九

離騷圖不分卷 —— 第五冊・一〇

　　　　　　　　　—— 第五冊・一三

李長吉昌谷集句解定本四卷 —— 第五冊・一二七

李長吉歌詩四卷外詩集一卷 —— 第五冊・一二四

李長卿集二十八卷 —— 第五冊・三九七

李翰林分類詩八卷賦一卷 —— 第五冊・七五

李何近體詩選七卷 —— 第六冊・六四

李潛夫先生遺文一卷 —— 第五冊・四五一

李氏弘德集三十二卷 —— 第五冊・二九〇

李溫陵集二十卷 —— 第五冊・三五一

李義山詩集三卷 —— 第五冊・一三三

李義山詩一卷 —— 第五冊・一三五

李義山文集十卷 —— 第五冊・一三二

李元賓文編三卷 —— 第五冊・一〇六

李卓吾評選陶淵明集二卷 —— 第五冊・四五

李卓吾先生批點西廂記真本二卷 —— 第七冊・二三九

李卓吾先生批點西廂記真本二卷錢塘夢

　　一卷園林午夢一卷 —— 第七冊・二三八

李卓吾先生批評古本荊釵記二卷 —— 第七冊・三二八

李卓吾先生批評琵琶記二卷 —— 第七冊・三二一

李卓吾先生批評三國志一百二十回

　　　　　　　　　—— 第七冊・二九

李卓吾先生批評幽閨記二卷 —— 第七冊・三〇九

李卓吾先生批選晁賈奏疏二卷 —— 第六冊・二〇四

禮拜觀想偈略釋一卷 —— 第四冊・四五九

禮記集註十卷 —— 第一冊・七三

禮記投壺篇一卷 —— 第三冊・四四二

禮記訓纂四十九卷 —— 第一冊・七九

禮記纂註三十卷 —— 第一冊・七八

笠翁傳奇十種二十卷 —— 第七冊・四〇三

笠翁詞韻四卷 —— 第七冊・一五九

笠翁一家言初集十二卷二集十二卷別集

　　四卷 —— 第四冊・五六二

笠澤叢書九卷附考一卷 —— 第五冊・一三九

L

笠澤遊記不分卷 ——————— 第二冊・二七五

歷朝賦格十五卷 ——————— 第六冊・一九八

歷朝闈雅十二卷 ——————— 第六冊・一四七

歷朝詩林廣記四卷 ————— 第六冊・四二四

歷朝諸家評王右丞詩畫鈔一卷 —— 第五冊・七九

歷代古人像贊不分卷 ———— 第二冊・七九

歷代名公畫譜四卷 ————— 第三冊・三四四

　　　　　　　　　　　　　第三冊・三四六

歷代名醫考一卷 ————— 第三冊・一一四

歷代聖賢圖像不分卷 ————— 第二冊・八九

L

歷代文選十四卷 ————— 第六冊・一六三

歷代小史一百六種一百六卷 —— 第四冊・一四一

歷代正閏考十二卷 ————— 第二冊・一九

歷科大易文遠前集四卷 ——— 第六冊・一九六

蓮坡詩話三卷 ————— 第六冊・四四四

聯句私抄四卷 ————— 第六冊・二五〇

棟亭書目不分卷 ————— 第二冊・四二二

　　　　　　　　　　　　　第二冊・四二四

梁江文通文集十卷 ———— 第五冊・五〇

　　　　　　　　　　　　　第五冊・五一

梁劉孝綽集一卷梁劉孝威集一卷 — 第五冊・五三

梁劉孝威集一卷 ————— 第五冊・五三

梁陶貞白先生文集二卷 ——— 第五冊・五四

梁溪書畫徵一卷 ————— 第三冊・二二八

梁昭明太子集五卷 ———— 第五冊・五六

梁昭明文選十二卷 ———— 第六冊・九五

兩度梅三卷 ————— 第七冊・四五九

兩漢萃寶評林三卷 ———— 第二冊・五

兩晉南北合纂四十卷 ———— 第二冊・八

兩紗二卷附一卷 ————— 第七冊・二七一

兩山墨談十八卷 ————— 第四冊・一九

兩厓集八卷 ————— 第五冊・三二一

兩浙地志録一卷 ————— 第二冊・四六五

蓼花詞一卷 ————— 第七冊・一六〇

列女傳十六卷 ————— 第二冊・一〇〇

列仙酒牌一卷 ————— 第三冊・四一九

林初文詩文全集十五卷 ——— 第五冊・三七七

林和靖先生詩集四卷省心録一卷詩話一
卷 ————— 第五冊・一五二

林湖遺稿一卷 ————— 第五冊・二一一

林外野言二卷 ————— 第五冊・二四六

林屋民風十二卷見聞録一卷 —— 第二冊・三〇四

林下詞選十四卷 ————— 第七冊・一九六

　　　　　　　　　　　　　第七冊・一九七

鄰蘇園藏書目一卷 ———— 第二冊・四四五

臨川王先生荊公文集一百卷 —— 第五冊・一七二

臨川文獻二十五卷 ———— 第六冊・四〇二

臨川先生文集一百卷目録二卷 — 第五冊・一六九

　　　　　　　　　　　　　第五冊・一七〇

臨春閣一卷 ————— 第七冊・二七七

臨野堂文集十卷詩集十三卷詩餘二卷尺
牘四卷 ————— 第五冊・五三一

凌煙閣圖功臣一卷 ———— 第三冊・三一七

靈驅解法洞明真言秘書一卷 —— 第二冊・三六一

嶺海異聞一卷嶺海續聞一卷 —— 第二冊・五八

留計東歸贈言八卷 ———— 第六冊・二六七

留青日札三十九卷 ———— 第四冊・二六

流楚集不分卷 ————— 第七冊・五〇〇

劉向古列女傳七卷續一卷 ——— 第二冊・九六

劉向新序十卷 ————— 第三冊・一八

劉雪湖梅譜二卷像贊評林贈言二卷

　————— 第三冊・二七一

劉子威集五十二卷 ———— 第五冊・三四一

劉子文心雕龍二卷註二卷 —— 第六冊・四一四

柳庭輿地隅説四卷圖説一卷 —— 第二冊・二七〇

柳洲詩存一卷 ————— 第五冊・五五六

　　　　　　　　　　　　　第五冊・五七八

六朝詩彙一百一十四卷目録九卷詩評一
卷 ————— 第六冊・一二九

六朝詩集二十四種五十五卷 —— 第六冊・一五

六臣註文選六十卷諸儒議論一卷 — 第六冊·八九

　　　　　　　　　　　　　　第六冊·九〇

　　　　　　　　　　　　　　第六冊·九一

六法管見一卷 —————————— 第三冊·三三六

六合叢談十三卷 ———————— 第四冊·八六

六經始末原流不分卷 ———— 第一冊·一四八

六經圖六卷 —————————— 第一冊·一三九

　　　　　　　　　　　　　　第一冊·一五一

六書長箋七卷 ————————— 第一冊·一七一

六書正訛五卷 ————————— 第一冊·一六九

隆武紀不分卷 ————————— 第二冊·四九

龍城録二卷 —————————— 第五冊·一一九

龍江夢餘録四卷 ———————— 第四冊·一八

龍塢集五十五卷 ———————— 第五冊·三九〇

陌巷志八卷 —————————— 第二冊·三一二

蘆浦筆記十卷 ————————— 第四冊·一四

魯春秋一卷敬修堂釣業一卷附録一卷

　　　　————————————— 第二冊·四七

魯公文集十五卷 ———————— 第五冊·八七

陸密庵文集二十卷録餘二卷 —— 第五冊·四九九

陸士龍集四卷 ————————— 第五冊·二九

陸士龍文集十卷 ———————— 第五冊·二八

　　　　　　　　　　　　　　第五冊·三〇

陸狀元增節音註精議資治通鑑一百二十

　卷目録三卷首一卷 ————— 第二冊·一三

陸子餘集八卷 ————————— 第五冊·三二四

録鬼簿二卷續編一卷 ———— 第七冊·五三七

露香閣摘稿五卷二刻一卷 —— 第五冊·五一二

論衡三十卷 —————————— 第四冊·六

論陶一卷 ——————————— 第五冊·四六

羅鄂州小集五卷附録一卷 —— 第五冊·二〇〇

羅浮志略二卷 ————————— 第二冊·三〇二

羅昭諫江東集五卷 —————— 第五冊·一四〇

洛陽賈生傳一卷 ———————— 第三冊·一五

絡緯吟十二卷 ————————— 第五冊·四三七

駱賓王集二卷 ————————— 第五冊·六二

灤函十卷 ——————————— 第五冊·四八七

呂氏春秋二十六卷 —————— 第四冊·三

呂氏家塾讀詩記三十二卷 —— 第一冊·四二

呂晚邨先生論文彙鈔不分卷 — 第六冊·四四〇

邸亭日記不分卷 ———————— 第二冊·二〇九

邸亭詩鈔一卷 ————————— 第五冊·六二九

邸亭校碑記一卷 ———————— 第二冊·三八六

律話三卷 ——————————— 第一冊·一三六

緑窗女史十四卷 ———————— 第四冊·五三四

M

馬東田漫稿六卷 ———————— 第五冊·二八一

脉訣考證一卷 ————————— 第三冊·一一〇

　　　　　　　　　　　　　　第三冊·一一三

襪飢亭詩文稿一卷 —————— 第六冊·三六四

幔亭集十五卷 ————————— 第五冊·三九五

漫塘文集三十六卷附録一卷 — 第五冊·二一二

貓苑二卷 ——————————— 第三冊·五二五

毛詩二十卷 —————————— 第一冊·四一

毛詩日箋六卷 ————————— 第一冊·五七

毛詩説二卷首一卷 —————— 第一冊·五八

毛詩振雅六卷 ————————— 第一冊·五二

茅鹿門稿一卷 ————————— 第六冊·七〇

氂餘殘瀋二卷 ————————— 第五冊·五五四

眉公書畫史一卷安得長者言一卷 – 第三冊·二三五

梅村集四十卷 ————————— 第五冊·四九三

梅花書屋詠梅六疊不分卷 —— 第五冊·四八五

梅谿譚士遠掘得書二卷附一卷 – 第五冊·五一八

梅溪先生廷試策一卷奏議四卷文集二十

　卷後集二十九卷附録一卷 —— 第五冊·二〇四

梅杏爭春一卷 ————————— 第七冊·五

押虱璅譚二卷 ————————— 第四冊·六三

蒙求續編二卷 ————————— 第四冊·二四七

盟鷗草一卷 —————————— 第五冊·五四四

孟東野詩集十卷 ——————— 第五冊·一〇四

孟我彊先生集八卷 ——————— 第五冊·三七四

孟子外書附訂四卷 ——————— 第一冊·一一六

孟子外書四篇四卷孟子外書附訂四卷

　　　　　————————— 第一冊·一一六

夢白先生集三卷 ——————— 第五冊·三八〇

夢幻居畫學簡明五卷首一卷 —— 第三冊·二九八

夢林玄解三十四卷首一卷 ——— 第三冊·一九七

米襄陽志林十三卷米襄陽遺集一卷海嶽

　　名言一卷寶章待訪録一卷研史一卷

　　　　　————————— 第二冊·一八〇

米襄陽遺集一卷 ——————— 第二冊·一八〇

秘傳花鏡六卷 ———————— 第三冊·五〇四

秘傳天禄閣寓言外史八卷 ———— 第四冊·八

秘訣仙機一卷 ———————— 第二冊·三六一

妙法蓮華經觀世音菩薩普門品一卷

　　　　　————————— 第四冊·三三九

　　　　　　　　　　　　　　第四冊·三四〇

　　　　　　　　　　　　　　第四冊·三四二

　　　　　　　　　　　　　　第四冊·三四四

　　　　　　　　　　　　　　第四冊·三四六

　　　　　　　　　　　　　　第四冊·三四七

　　　　　　　　　　　　　　第四冊·三四八

　　　　　　　　　　　　　　第四冊·三四九

　　　　　　　　　　　　　　第四冊·三五〇

　　　　　　　　　　　　　　第四冊·三五二

　　　　　　　　　　　　　　第四冊·三五三

　　　　　　　　　　　　　　第四冊·三五四

　　　　　　　　　　　　　　第四冊·三五五

　　　　　　　　　　　　　　第四冊·三五六

　　　　　　　　　　　　　　第四冊·三五七

　　　　　　　　　　　　　　第四冊·三五八

　　　　　　　　　　　　　　第四冊·三六〇

　　　　　　　　　　　　　　第四冊·三六二

　　　　　　　　　　　　　　第四冊·三六四

　　　　　　　　　　　　　　第四冊·三六六

　　　　　　　　　　　　　　第四冊·三七〇

　　　　　　　　　　　　　　第四冊·三七二

　　　　　　　　　　　　　　第四冊·三七三

　　　　　　　　　　　　　　第四冊·三七五

閩海關常稅則例二卷 ————— 第二冊·三四九

閩頌彙編四十卷 ——————— 第二冊·一九二

　　　　　　　　　　　　　　第二冊·一九五

閩溪紀略一卷 ———————— 第二冊·五二三

閩賢遺墨不分卷 ——————— 第六冊·四〇七

閩小紀四卷 ————————— 第二冊·二七八

閩中十子詩十種三十卷 ———— 第六冊·四〇五

名家詞鈔六十種六十卷 ———— 第七冊·一二九

名家詩詞叢抄二十八卷 ———— 第六冊·三六五

名家詩選□□卷 ——————— 第六冊·八二

名人世次爵里一卷 —————— 第六冊·一〇一

名山勝概記四十八卷圖一卷附録一卷

　　　　　————————— 第三冊·三八八

名山巖洞泉石古蹟十六卷 ——— 第二冊·三一四

名世文宗三十卷談藪一卷 ——— 第六冊·一八一

名物考二十卷 ———————— 第一冊·一二一

名媛詩一卷 ————————— 第六冊·三三一

明翠湖亭四韻事四卷 ————— 第七冊·二八〇

明洪武十九年拾都陸保罪字保簿不分卷

　　　　　————————— 第二冊·三六八

明季稗乘三種七卷 —————— 第二冊·五一

［明季殉節官民姓名事略清册］七卷

　　　　　————————— 第二冊·一五一

明季遺聞四卷 ———————— 第二冊·四五

　　　　　　　　　　　　　　第二冊·四六

明農軒樂府一卷 ——————— 第七冊·四九〇

明人尺牘不分卷 ——————— 第六冊·三一九

明人手簡序録三卷 —————— 第二冊·一四八

明山遊籍臺宕遊於草潞草再來草悟香集

M

零葉 ———————————— 第五冊・四四三

明詩選十二卷 ———————— 第六冊・二五一

明詩綜一百卷 ———————— 第六冊・二七六

明十一大家集一百十四卷 —— 第六冊・七七

　　　　　　　　　　　　第六冊・七八

明文鈔不分卷詩鈔不分卷 —— 第六冊・三〇三

明文英華十卷 ———————— 第六冊・三〇六

明丈量魚鱗冊不分卷 ———— 第二冊・三六九

明狀元圖考五卷 —————— 第二冊・二一三

　　　　　　　　　　　　第二冊・二一六

鳴玉録□卷 ————————— 第六冊・二五四

摩訶般若波羅蜜多心經一卷 — 第四冊・三九一

　　　　　　　　　　　　第四冊・三九二

　　　　　　　　　　　　第四冊・三九六

秣陵春傳奇二卷 —————— 第七冊・三九八

墨海十二卷 ————————— 第三冊・四八六

墨憨齋新曲十種二十卷 ——— 第七冊・三〇五

墨井畫跋外卷一卷 ————— 第五冊・五六二

墨井詩鈔二卷墨井畫跋外卷一卷三巴集

　一卷 ——————————— 第五冊・五六二

墨譜三卷如韋館墨評一卷 —— 第三冊・四五二

墨莊詩鈔二卷文鈔一卷詞餘一卷

　　　————————————— 第五冊・五二七

牡丹亭還魂記二卷 ————— 第七冊・三四一

　　　　　　　　　　　　第七冊・三四二

　　　　　　　　　　　　第七冊・三四四

木石居精校八朝偶儁七卷 —— 第六冊・四三二

目連救母出離地獄生天寶卷一卷 - 第七冊・五五五

目治偶抄四卷 ———————— 第二冊・四六四

牧牛圖頌一卷 ———————— 第四冊・四六六

牧牛圖頌一卷又十頌一卷

　　　————————————— 第四冊・四六七

牧雲和尚病遊初草一卷後草一卷 - 第五冊・四八四

〔牧齋文集〕不分卷 ———— 第五冊・四八三

N

納蘭詞五卷補遺一卷 ———— 第七冊・一五七

耐歌詞四卷首一卷笠翁詞韻四卷 - 第七冊・一五九

南詞便覽不分卷 —————— 第七冊・五二六

南方草木狀三卷 —————— 第四冊・五二八

南豐先生元豐類稿五十卷續附一卷

　　　————————————— 第五冊・一六二

南豐先生元豐類稿五十一卷 — 第五冊・一六一

南行載筆六卷 ———————— 第五冊・四六〇

南華經内篇集註七卷 ———— 第四冊・四八一

南華經内篇一卷 —————— 第四冊・四七九

南華真經標解十卷 ————— 第四冊・四八三

南華真經評註十卷 ————— 第四冊・四八〇

南柯夢二卷 ————————— 第七冊・三四九

南雷文定十一卷後集四卷附録一卷

　　　————————————— 第五冊・四七三

南陵無雙譜一卷 —————— 第二冊・一二四

　　　　　　　　　　　　第二冊・一二八

　　　　　　　　　　　　第二冊・一三〇

南樓吟香集六卷 —————— 第五冊・五一五

南宋群賢小集四十八種五十七卷 - 第六冊・五八

南無大慈悲靈感觀世音菩薩三十二課一

　卷 ———————————— 第三冊・二〇一

南西廂記二卷 ———————— 第七冊・三五二

南漪先生遺集四卷 ————— 第五冊・五八二

南音三籟四卷譚曲雜劄一卷曲律一卷

　　　————————————— 第七冊・五一二

南原家藏集□卷 —————— 第五冊・三〇一

倪小野先生全集八卷 ———— 第五冊・二九八

倪雲林一卷題畫詩一卷 ——— 第二冊・一八一

擬嘉定縣藝文志稿三卷 ——— 第二冊・四七一

擬詠鐘款茶花詩一卷 ———— 第三冊・五一八

念佛往生西方公據一卷 ——— 第四冊・四五七

農書三十六卷 ———————— 第三冊・八九

農丈人詩集八卷 ——————— 第五冊·三八六

農政全書六十卷 ——————— 第三冊·九二

女才子十二卷首一卷 ————— 第七冊·一八

女範編四卷 ——————————— 第二冊·一二〇

女鏡八卷 ——————————— 第二冊·一二三

女論語一卷 ——————————— 第六冊·一三七

　　　　　　　　　　　　　　第六冊·一三八

女訓一卷 ——————————— 第三冊·三四

O

歐陽文忠公集一百五十三卷年譜一卷附

　　錄六卷 ————————— 第五冊·一六四

歐陽文忠公集一百五十三卷年譜一卷附

　　錄五卷 ————————— 第五冊·一六五

歐陽先生飄然集七卷 ————— 第五冊·一八三

歐陽先生文粹二十卷遺粹十卷 — 第五冊·一六六

鷗園新曲一卷 ———————— 第七冊·一四五

P

潘黃門集六卷 ———————— 第五冊·二七

潘黃門集一卷 ———————— 第五冊·三一

潘笠江先生集十二卷 ————— 第五冊·三七六

汸東樂府二卷 ———————— 第七冊·四八五

盼雲軒畫傳四卷聞窗論畫一卷 — 第三冊·三三八

炮炙大法一卷 ———————— 第三冊·一四六

佩文齋書畫譜一百卷 ————— 第三冊·二八六

烹茶圖集一卷 ———————— 第六冊·一三四

篷底浮談十五卷 ——————— 第四冊·二五

蟛蜞集十卷附錄一卷 ————— 第五冊·四六七

毗俱胝菩薩一百八名經 ———— 第四冊·四四一

毗陵六逸詩鈔二十四卷 ———— 第六冊·三七八

琵琶記三卷釋義一卷 ————— 第七冊·三一三

琵琶記四卷附錄一卷 ————— 第七冊·三一八

駢語雕龍四卷 ———————— 第四冊·二五二

駢志二十卷 ————————— 第四冊·二八一

平播全書十五卷 ——————— 第二冊·四〇

平妖傳八卷四十回 —————— 第七冊·八五

屏山集二十卷 ———————— 第五冊·一九二

評花小史不分卷 ——————— 第五冊·六三〇

憑山閣彙輯四六留青采珍前集十二卷後

　　集十二卷 ————————— 第四冊·三二七

憑山閣新輯尺牘寫心集四卷 —— 第六冊·三六〇

憑山閣纂輯詩林切玉八卷 ———— 第四冊·三二九

蘋花閣藏書目錄八卷 ————— 第二冊·四四八

鄱陽遺事錄一卷 ——————— 第五冊·一五六

破愁一夕話十種十卷 ————— 第四冊·五三八

破戒草之餘一卷 ——————— 第五冊·六二〇

破研齋集三卷 ———————— 第四冊·五五五

莆陽文獻十三卷列傳七十四卷 — 第二冊·一六〇

莆輿紀勝九卷 ———————— 第二冊·二八二

蒲庵詩三卷 ————————— 第五冊·二六一

蒲東詩一卷 ————————— 第七冊·二三二

　　　　　　　　　　　　　　第七冊·二三五

普靜如來鑰匙寶卷六卷 ———— 第七冊·五五八

普陀山志六卷 ———————— 第二冊·二九六

樸學齋詩稿十卷 ——————— 第五冊·五七〇

譜雙五卷 ——————————— 第四冊·五一三

曝書亭藏書目不分卷 ————— 第二冊·四二一

Q

七錄齋詩文合集十六卷 ———— 第五冊·四四九

七十二峰足徵集八十八卷文集十六卷

　　　　　　　　　　　———— 第六冊·三七一

七頌堂詩集九卷文集四卷別集一卷附錄

　　一卷尺牘一卷 —————— 第五冊·五一九

七夕別韵倡和一卷 —————— 第六冊·三四五

七修類稿五十一卷續稿七卷 —— 第四冊·三二

祁閶雜詠一卷續一卷 ————— 第五冊·二八〇

祁門金吾謝氏仲宗文集一卷詩集一卷

　　　　　　　　　　———— 第六冊·三〇四

奇經八脉考一卷 —————— 第三册・一一〇

　　　　　　　　　　　　　第三册・一一三

奇姓通十四卷 —————— 第四册・二六五

齊魯韓三家詩釋十六卷 ———— 第一册・三七

旗亭記二卷 —————— 第七册・四二八

旗亭記二卷玉尺樓傳奇二卷 — 第七册・四二九

乞食圖二卷 —————— 第七册・四三一

啓禎兩朝剥復録十卷 ———— 第二册・四三

啓禎兩朝遺詩□□卷 ———— 第六册・七五

啓禎野乘二集八卷 ———— 第二册・四四

綺樹閣賦稿一卷詩稿一卷 —— 第五册・五四〇

峴山集十二卷 —————— 第五册・四一九

千百年眼十二卷 ———— 第二册・五二〇

千家詩不分卷 —————— 第六册・一四四

千秋歲倡和詞一卷 ———— 第七册・二〇五

千手千眼觀世音菩薩廣大圓滿無礙大悲心

　　懺一卷禮拜觀想偈略釋一卷 — 第四册・四五九

前唐十二家詩二十四卷 ——— 第六册・三〇

乾初先生遺集四卷 ———— 第四册・六〇

乾坤嘯二卷 —————— 第七册・四〇二

乾隆二十六年至二十七年續入字畫二卷

　　　　　　　　　　———— 第三册・二四一

乾隆縉紳全書不分卷 ———— 第二册・二二六

黔牘偶存四種五卷 ———— 第二册・四一

錢考功集十卷 —————— 第五册・九八

錢牧齋先生列朝詩集小傳十卷 — 第六册・二七一

錢塘夢一卷 —————— 第七册・二三八

遣愁集十四卷 —————— 第四册・一六九

［潛廬藏書志］不分卷 ———— 第二册・四五二

巧團圓傳奇二卷 ———— 第七册・四〇六

鍥便蒙二十四孝日記故事一卷新鍥徽郡

　　原板校正繪像註釋魁字便蒙日記故事

　　四卷 —————— 第四册・二九二

鍥音註藝林晉故事白眉十二卷 — 第四册・二七〇

秦詞正訛二卷 —————— 第七册・四九一

秦漢瓦當文字二卷續一卷 —— 第二册・三九七

　　　　　　　　　　　　　第二册・三九九

　　　　　　　　　　　　　第二册・四〇一

秦漢文鈔六卷 —————— 第六册・一七二

秦漢文定十二卷 ———— 第六册・一八二

秦漢文歸三十卷 ———— 第六册・一八四

琴川三志補記續八卷 ———— 第二册・二六〇

琴史六卷 —————— 第三册・四二六

青錦園文集選五卷 ———— 第五册・四四六

青來館吟稿十二卷文一卷 —— 第五册・六〇〇

青樓韻語四卷 —————— 第六册・一五三

青雀集二卷 —————— 第五册・三六四

青棠集八卷 —————— 第五册・三八七

青溪詩集六卷 —————— 第六册・一二七

青溪笑二卷 —————— 第七册・四五〇

清河書畫舫十一卷 ———— 第三册・二三一

　　　　　　　　　　　　　第三册・二三二

清懷詞草一卷滇南福清洞天二十四詠一

　　卷 —————— 第七册・一六一

清暉閣批點玉茗堂還魂記二卷 — 第七册・三四五

清内廷承應劇本二十種二十卷 — 第七册・四五四

清濤詞二卷 —————— 第七册・一六三

清逸山房竹譜二卷 ———— 第三册・三三四

晴川蟹録四卷後録四卷 ———— 第三册・五三二

慶安瀾傳奇二卷 ———— 第七册・四五七

秋查集二卷雙井書屋集三卷 —— 第五册・五六八

秋虎丘二卷 —————— 第七册・四一一

秋水庵花影集五卷 ———— 第七册・四九七

秋崖先生小稿四十五卷 ———— 第五册・二二一

求是堂詩集二十二卷詩餘一卷 — 第五册・六一三

屈陶合刻十六卷 ———— 第六册・三

屈原列傳一卷 —————— 第五册・一六

屈子七卷評一卷楚譯二卷參疑一卷 — 第五册・三

渠丘耳夢録四卷 ———— 第四册・二一二

蕖編二十卷 —————— 第二册・二〇三

Q

Q
—
S

矐仙肘後神樞二卷 ————— 第三冊·二〇八

曲江張文獻先生文集十二卷附録一卷

　　　　　　　————— 第五冊·七〇

曲録六卷 ——————— 第七冊·五四〇

曲律四卷 ——————— 第七冊·五二八

曲律一卷 ——————— 第七冊·四七八

　　　　　　　————— 第七冊·五一二

曲譜大成□□卷 ————— 第七冊·五三六

全芳備祖後集三十一卷 —— 第四冊·二三三

全燬書目一卷 ————— 第二冊·四八〇

全燬書目一卷抽燬書目一卷 — 第二冊·四七八

全史吏鑒四卷 ————— 第二冊·一一六

全唐詩話六卷 ————— 第六冊·四一六

全幼心鑒四卷 ————— 第三冊·一五三

泉史十六卷 —————— 第二冊·四〇六

勸懲録二卷 —————— 第四冊·一五四

勸念佛誦經西方淨土公據一卷 — 第四冊·四五六

闕里志十二卷 ————— 第二冊·三一一

鵲亭樂府四卷 ————— 第七冊·四九九

群芳清玩十二種十六卷 —— 第四冊·五五八

群書集本淵海十一卷群書集事淵海

　　四十七卷 ————— 第四冊·二四四

群書集事淵海四十七卷 —— 第四冊·二四四

群書題識雜抄不分卷 —— 第二冊·四六八

群賢小集六十八種一百二十二卷 — 第六冊·五九

群雅集四卷 —————— 第六冊·三五二

R

人鏡陽秋二十二卷 ———— 第二冊·一一一

　　　　　　　————— 第二冊·一一三

人文爵里九卷 ————— 第三冊·四五四

　　　　　　　————— 第三冊·四五九

　　　　　　　————— 第三冊·四六〇

人物概十五卷 ————— 第二冊·八一

壬辰四友二老詩贊不分卷 —— 第六冊·二六五

　　　　　　　————— 第六冊·二六六

仁和龔氏舊藏書目不分卷 —— 第二冊·四三四

任彦升集六卷 ————— 第五冊·二六

任中丞集六卷 ————— 第五冊·四八

紉齋畫賸不分卷 ———— 第三冊·三四〇

訒葊集古印存三十二卷 —— 第二冊·四一一

仍園日出言二卷 ———— 第五冊·四三二

日涉編十二卷 ————— 第二冊·五〇三

　　　　　　　————— 第二冊·五〇五

日涉録不分卷 ————— 第四冊·七八

日食通軌一卷 ————— 第三冊·一六五

日月雲山地震灾詳圖録不分卷 — 第三冊·一八七

戎事類占二十一卷 ———— 第三冊·一八五

容居堂三種曲六卷 ———— 第七冊·四一五

容臺文集九卷 ————— 第五冊·四〇七

容臺文集九卷詩集四卷別集四卷 — 第五冊·四〇五

容齋隨筆十六卷續筆十六卷三筆十六卷

　　四筆十六卷五筆十卷 —— 第四冊·一〇

蓉渡詞三卷 —————— 第五冊·五五八

榕村藏稿四卷 ————— 第五冊·五六四

榕海舊聞不分卷 ———— 第二冊·二八〇

榮祭酒遺文一卷 ———— 第五冊·二三一

如韋館墨評一卷 ———— 第三冊·四五二

汝水巾譜一卷 ————— 第三冊·四七四

入楚稿一卷 —————— 第五冊·三四八

入告初編一卷二編一卷三編一卷 — 第二冊·七六

阮嗣宗集二卷潘黄門集六卷 — 第五冊·二七

阮嗣宗集二卷任彦升集六卷 —— 第五冊·二六

瑞世良英五卷 ————— 第二冊·一一七

S

三巴集一卷 —————— 第五冊·五六二

三百詞譜六卷 ————— 第七冊·一九四

三百篇原聲七卷 ———— 第一冊·六一

三朝遼事實録十七卷總略一卷 — 第二冊·四二

三代遺書六種二十八卷 —— 第四冊·五二〇

三國文二十卷 ——————————— 第六冊‧二〇五

三家店一卷 ——————————— 第七冊‧四六〇

三儂嘯旨五種五卷 ——————— 第五冊‧四八九

三山論學紀一卷 ——————————— 第四冊‧五八

三省備邊圖記不分卷 ——————— 第三冊‧六五

三星圓初集二卷二集二卷三集二卷四集

　　二卷 ——————————— 第七冊‧四四三

三異人文集二十三卷附録四卷 —— 第六冊‧六五

三友詩三卷 ——————————— 第五冊‧五二九

三元正經纂要三卷 ——————— 第三冊‧二一〇

瑟榭叢談二卷 ——————————— 第四冊‧一〇〇

沙痕拾翠二卷 ——————————— 第五冊‧四四七

山東乙酉科鄉試硃卷一卷順治四年丁亥

　　科春秋房會試硃卷一卷 —— 第五冊‧五一〇

山歌十卷 ——————————— 第七冊‧五〇一

山谷尺牘二卷 ——————————— 第三冊‧二二七

山谷詞一卷 ——————————— 第七冊‧一三四

山谷老人刀筆二十卷 ——————— 第五冊‧一八〇

山谷題跋四卷山谷尺牘二卷山谷小詞二

　　卷 ——————————— 第三冊‧二二七

山谷小詞二卷 ——————————— 第三冊‧二二七

山居小玩十種十四卷 ——————— 第三冊‧四四九

山林經濟籍八卷 ——————————— 第四冊‧五三二

山曉閣重訂昭明文選十二卷 —— 第六冊‧三〇九

山曉閣選明文全集二十四卷續集八卷

　　 ——————————— 第六冊‧三〇七

山陽耆舊詩不分卷 ——————— 第六冊‧三八一

删補頤生微論四卷 ——————— 第三冊‧一四七

珊瑚木難不分卷 ——————————— 第三冊‧二二九

陝西右布政使備兵靖邊道畢自嚴生祠記

　　一卷 ——————————— 第二冊‧一八九

傷寒兼證析義不分卷傷寒舌鑒不分卷

　　 ——————————— 第三冊‧一四九

傷寒舌鑒不分卷 ——————————— 第三冊‧一四九

賞奇軒四種合編四卷 ——————— 第四冊‧五四四

尚書葦籥五十八卷 ——————— 第一冊‧二九

少保于公奏議十卷附録一卷 —— 第二冊‧六六

少林棍法闡宗三卷 ——————— 第三冊‧六三

紹聖新儀象法要三卷 ——————— 第三冊‧一六一

申椒集二卷繪心集二卷盟鷗草一卷炊香

　　詞三卷紅蕚詞二卷 —————— 第五冊‧五四四

深雪偶談一卷 ——————————— 第六冊‧四二三

沈南疑先生檇李詩繫四十二卷 — 第六冊‧三九四

沈氏弋説六卷 ——————————— 第四冊‧四九

沈隱侯集四卷 ——————————— 第五冊‧四九

升庵南中集七卷 ——————————— 第五冊‧三一一

升庵南中續集四卷 ——————— 第五冊‧三一二

生緑堂文集六卷隨筆二卷續筆二卷

　　 ——————————— 第五冊‧四六二

省耕詩圖一卷 ——————————— 第三冊‧四一二

省心録一卷 ——————————— 第五冊‧一五一

　　 ——————————— 第五冊‧一五二

盛明百家詩選三十四卷首一卷 — 第六冊‧二六〇

盛唐彙詩一百二十四卷詩人氏系履歷一

　　卷目録二十二卷 —————— 第六冊‧二三〇

聖觀自在求修六字禪定經一卷 — 第四冊‧四五四

聖蹟圖一卷 ——————————— 第二冊‧一六五

　　 ——————————— 第二冊‧一六八

　　 ——————————— 第二冊‧一七〇

　　 ——————————— 第二冊‧一七二

　　 ——————————— 第二冊‧一七四

聖蹟圖志十四卷 ——————————— 第二冊‧一七七

聖門人物志十三卷 ——————— 第二冊‧八二

聖宋名賢四六叢珠一百卷 —— 第六冊‧二四二

聖宋名賢五百家播芳大全文粹一百五卷

　　 ——————————— 第六冊‧二四三

聖諭像解二十卷 ——————————— 第二冊‧九三

師律十六卷 ——————————— 第三冊‧七一

師山先生文集八卷 ——————— 第五冊‧二四七

獅山掌録二十八卷 ——————— 第四冊‧二七八

S

詩岑二十二卷 ──────── 第六冊·一四五

詩持一集四卷二集十卷三集十卷 第六冊·三三五

詩傳闡二十三卷餘二卷 ── 第一冊·四八

詩法火傳十六卷 ──────── 第六冊·四三七

詩稿柳邨雜詠二卷 ────── 第五冊·五三九

詩觀初集十二卷二集十四卷閨秀別卷一

　　卷三集十三卷閨秀別卷一卷 第六冊·三二六

詩話類編三十二卷 ────── 第六冊·四三一

詩話十卷 ──────────── 第六冊·四二七

S

詩紀一百五十六卷目錄三十六卷 第六冊·一二一

　　　　　　　　　　　　　第六冊·一二三

詩經二十卷詩譜一卷 ──── 第一冊·三九

詩經考十八卷 ──────── 第一冊·五一

詩經類考三十卷 ────── 第一冊·四四

詩經人物考三十四卷 ──── 第一冊·五〇

詩經圖史合考二十卷 ──── 第一冊·四五

　　　　　　　　　　　　　第一冊·四六

詩經主意默雷八卷 ────── 第一冊·五六

詩論一卷 ──────────── 第六冊·三四〇

詩譜一卷 ──────────── 第一冊·三九

詩刪二十三卷 ──────── 第六冊·一二八

詩說紀事三卷 ──────── 第六冊·四三六

詩外傳十卷 ────────── 第一冊·三五

詩慰初集二十家二十四卷 ── 第六冊·七二

　　　　　　　　　　　　　第六冊·七四

詩問四卷附詩問續一卷 ── 第六冊·四三九

詩學正宗十六卷 ────── 第六冊·一三二

詩翼四卷 ──────────── 第六冊·四四六

詩餘廣選十六卷雜說一卷徐卓晤歌一卷

　　　　　　　　　　　　　第七冊·一九〇

詩餘花鈿集四卷首一卷末一卷

　　　　　　　　　　　　　第七冊·二〇三

詩餘畫譜不分卷 ────── 第三冊·三五〇

　　　　　　　　　　　　　第三冊·三五二

詩餘偶存一卷 ──────── 第五冊·五七一

詩餘神髓不分卷 ────── 第七冊·一九五

詩餘圖譜二卷 ──────── 第七冊·二一二

詩原五卷詩說略一卷 ──── 第一冊·四九

詩準四卷詩翼四卷 ────── 第六冊·四四六

十八學士告身一卷齋中十六友圖說一卷

　　　　　　　　　　　　　第三冊·四七七

十二代詩吟解集七十四卷 ── 第六冊·二二

十二家唐詩二十四卷 ──── 第五冊·六一

[十二科程墨儁評] 不分卷 ── 第二冊·二二三

十二緣生祥瑞經卷下毗俱胝菩薩一百八

　　名經 ──────────── 第四冊·四四一

十三經九十卷 ──────── 第一冊·一五五

十嶽山人詩集四卷 ────── 第五冊·三一〇

十種傳奇二十二卷 ────── 第七冊·三〇七

十竹齋畫譜八卷 ────── 第三冊·三六〇

十竹齋箋譜初集四卷 ──── 第三冊·三七二

　　　　　　　　　　　　　第三冊·三七四

　　　　　　　　　　　　　第三冊·三七六

十竹齋蘭譜一卷 ────── 第三冊·三五八

十竹齋石譜一卷 ────── 第三冊·三五四

十竹齋書畫譜八卷 ────── 第三冊·三六二

　　　　　　　　　　　　　第三冊·三六六

　　　　　　　　　　　　　第三冊·三六八

石倉歷代文選二十卷 ──── 第六冊·二九三

石倉十二代詩選□□卷 ── 第六冊·一四〇

石點頭十四卷 ──────── 第七冊·一三

石刻鋪叙二卷 ──────── 第三冊·二四三

石譜一卷 ──────────── 第三冊·四八五

石田先生集十一卷 ────── 第五冊·二七六

石田先生詩鈔八卷文鈔一卷事略一卷

　　　　　　　　　　　　　第五冊·二七四

石恂齋傳奇四種十二卷 ── 第七冊·四三二

石研齋七律鈔選三十七家 ── 第六冊·一五二

石隱園藏稿不分卷 ────── 第五冊·四〇九

石盂集十七卷 ──────── 第五冊·三六九

石雲先生淳化閣帖釋文考異十卷校定新
　　安十七帖釋文音義一卷————第三冊・二四八
石柱記箋釋五卷————第二冊・三一三
食物本草二卷————第三冊・一三五
食物本草二十二卷救荒野譜一卷
　　————第三冊・一三一
食物本草會纂十二卷————第三冊・一三六
　　————第三冊・一三七
時賢題詠卞氏牡丹詩一卷首一卷
　　————第六冊・三四七
史懷十七卷————第二冊・五二二
史記抄不分卷————第二冊・五二七
世敬堂集四卷————第五冊・三二九
式古堂書畫彙考六十卷目録二卷
　　————第三冊・二三七
式馨堂詩前集十二卷詩餘偶存一卷後集
　　十四卷————第五冊・五七一
事類賦三十卷————第四冊・二二三
事物紀原集類十卷————第四冊・二二七
釋義雁字詩二卷————第五冊・四四五
釋繒一卷————第一冊・一六七
受祜堂集十二卷————第五冊・五四三
授研齋詩不分卷————第五冊・五三三
壽壙碑辭一卷————第五冊・五四〇
書鈔閣行篋書目不分卷————第二冊・四四〇
書法鈎玄四卷————第三冊・二四七
書畫傳習録四卷續録一卷梁溪書畫徵一
　　卷————第三冊・二二八
書畫題跋記十二卷續記十二卷————第三冊・二三四
書畫題跋五種五卷————第六冊・三七三
書集傳六卷朱子説書綱領一卷——第一冊・一九
書集傳六卷首一卷末一卷————第一冊・二一
書記洞詮一百十六卷目録十卷——第六冊・二〇〇
書經大全十卷綱領一卷圖一卷——第一冊・二四
書經敷言十卷————第一冊・二五

書經集註六卷————第一冊・一七
書經直解十卷————第一冊・二六
書言故事大全十二卷————第四冊・二三四
書義矜式六卷————第一冊・二三
書隱叢説十九卷————第四冊・六二
疎影樓詞續鈔一卷————第七冊・一七〇
疏寮小集一卷————第五冊・二一一
蔬果爭奇三卷————第四冊・一五五
蔬食譜不分卷————第三冊・四九一
蜀檮杌不分卷補遺一卷校記一卷—第二冊・三三
蜀藻幽勝録四卷————第六冊・四〇四
述史樓書目四卷————第二冊・四五〇
庶物異名疏三十卷————第四冊・二八四
墅談六卷————第四冊・二〇
雙井書屋集三卷————第五冊・五六八
雙溪倡和詩六卷————第六冊・三四二
雙溪集十二卷————第五冊・二〇六
水滸傳二十卷一百回————第七冊・六八
水滸傳註略二卷————第七冊・八三
　　————第七冊・八四
水滸葉子不分卷————第三冊・三八一
水陸道場圖像不分卷————第四冊・四六九
水明樓集十四卷————第五冊・四一二
水心題跋一卷益公題跋十二卷後村題跋
　　四卷————第五冊・二〇九
睡庵詩稿四卷文稿十一卷————第五冊・四一四
睡庵詩稿一卷文稿二卷————第五冊・四一六
睡庵文稿初刻四卷二刻六卷三刻二卷
　　————第五冊・四一五
順治四年丁亥科春秋房會試硃卷一卷
　　————第五冊・五一〇
説儲八卷————第四冊・五三
説儲八卷二集八卷————第四冊・五二
説鈴前集三十七種四十四卷後集十六種
　　二十二卷————第四冊・五四二

S

説文長箋一百卷首二卷解題一卷六書長

　　箋七卷 ——————————— 第一册・一七一

説文解字繫傳四十卷 —————— 第一册・一六八

説文字原一卷六書正訛五卷 —— 第一册・一六九

説苑二十卷 ————————————— 第三册・二〇

朔埜山人集 —————————— 第五册・三三四

司空曙集二卷 ——————————— 第五册・一〇二

思復堂集十卷 ——————————— 第五册・五五二

思適齋集十八卷 ————————— 第五册・六一四

S

絲絹全書八卷 ——————————— 第二册・三四四

四朝聞見録甲集一卷乙集一卷丙集一卷

　　丁集一卷戊集一卷 ———— 第四册・八一

四景絶句一卷 ——————————— 第六册・三四五

四六徽音集四卷 ————————— 第六册・二九八

四六菁華二卷 ——————————— 第六册・一九三

四六類編十六卷 ————————— 第六册・二九七

四明四友詩六卷 ————————— 第六册・三八九

　　　　　　　　　　　　　　　第六册・三九〇

四色石四卷 —————————— 第七册・二九〇

四聲猿四卷 —————————— 第七册・二六三

四書集註十九卷 ————————— 第一册・一〇九

四書人物考四十卷 ——————— 第一册・一二〇

四書指月論語六卷孟子七卷 —— 第一册・一二四

四雪草堂重訂通俗隋唐演義二十卷一百

　　回 ——————————————— 第七册・三六

四友記二卷 —————————— 第七册・三九七

四餘通軌一卷 ——————————— 第三册・一六五

四照堂文集五卷詩集二卷 ——— 第五册・四九〇

松陵集十卷 —————————— 第六册・二三四

　　　　　　　　　　　　　　　第六册・二三五

　　　　　　　　　　　　　　　第六册・二三六

松陵文獻十五卷 ————————— 第二册・一五四

宋端明殿學士蔡忠惠公文集四十卷

　　　　　——————————— 第五册・一五七

宋范文正公流寓長山事蹟考一卷

　　　　　——————————— 第二册・一七九

宋季三朝政要六卷 ——————— 第二册・二一

宋金元石刻一卷 ————————— 第二册・三九四

宋林和靖先生詩集四卷補遺一卷省心録

　　一卷附録一卷 ————————— 第五册・一五一

宋人小集十卷 ——————————— 第六册・六〇

宋十五家詩選十六卷 —————— 第六册・二四一

宋氏家要部三卷家儀部四卷家規部四卷

　　燕閒部二卷 ——————————— 第四册・一二四

宋書一百卷 —————————— 第二册・九

宋四六叢珠彙選十卷 —————— 第四册・二四三

宋鎖碎録二十卷 ————————— 第四册・二三九

宋文文山先生全集二十一卷 —— 第五册・二二二

宋五家詞六卷 ——————————— 第七册・一二一

宋賢説部叢鈔五十六種六十二卷

　　　　　——————————— 第四册・五六六

宋遺民録十五卷 ————————— 第二册・一四一

　　　　　　　　　　　　　　　第二册・一四三

［宋元明本書影］不分卷 ——— 第二册・四九三

　　　　　　　　　　　　　　　第二册・四九四

［宋元明刻本零葉］不分卷 —— 第二册・四九五

宋元明三十三家詞五十三卷 —— 第七册・一一九

宋元詩六十一種二百七十三卷 — 第六册・一九

宋之問集二卷 ——————————— 第五册・六七

宋周公謹雲煙過眼録四卷 ——— 第四册・一〇二

蘇東坡詩集二十五卷 —————— 第五册・一七四

蘇東坡詩集註三十二卷年譜一卷 - 第五册・一七八

蘇黄風流小品十六卷 —————— 第六册・五六

蘇門集八卷 —————————— 第五册・三二〇

蘇米譚史廣六卷 ————————— 第四册・一一九

蘇文忠公集一百十一卷年譜一卷 - 第五册・一七三

素園石譜四卷 ——————————— 第三册・四八七

涑水記聞二卷 ——————————— 第四册・八〇

溯洄集十卷詩論一卷詩話一卷 — 第六册・三四〇

算沙室全藏目録不分卷 ———— 第四册·四七一

遂初堂書目一卷 ———————— 第二册·四一七

碎金不分卷 ———————————— 第四册·三二六

歲時節氣集解一卷附録一卷 —— 第二册·四九九

孫可之文集十卷 ——————— 第五册·一四一

孫武子會解四卷 ——————— 第三册·四三

孫淵如先生書劄不分卷 ——— 第五册·六〇九

蓑笠軒僅存稿十卷 —————— 第五册·五六六

T

臺海見聞録四卷 ——————— 第二册·二八三

太函集一百二十卷目録六卷 —— 第五册·三四九

太和正音譜三卷 ——————— 第七册·五一四

太平班雜劇五卷 ——————— 第七册·三〇〇

太平三書十二卷 ——————— 第六册·三八二

太平山水圖畫一卷 —————— 第三册·三一四
　　　　　　　　　　　　　　　第三册·三一五

太平樂府玉勾十三種十四卷 —— 第七册·四二六

太僕奏議四卷續奏議一卷 —— 第二册·七一

太上說天妃救苦靈驗經一卷 —— 第四册·四九九

太師誠意伯劉文成公集十八卷 —— 第五册·二五七

太霞新奏十四卷 ——————— 第七册·四七七

太玄月令經不分卷 —————— 第三册·二〇九

太音大全集五卷 ——————— 第三册·四二八

談藪一卷 —————————— 第六册·一八一

曇花記二卷 ————————— 第七册·三〇四
　　　　　　　　　　　　　　　第七册·三五九

曇花記四卷 ————————— 第七册·三六〇

檀弓一卷 —————————— 第一册·七二

檀雪齋集二百卷 ——————— 第五册·四六一

譚曲雜劄一卷 ———————— 第七册·五一二

譚子化書六卷 ———————— 第四册·九

坦庵詞曲六種九卷 —————— 第七册·二七四
　　　　　　　　　　　　　　　第七册·二七六

湯海若問棘郵草二卷 ———— 第五册·三九四

湯液本草三卷 ———————— 第三册·一三〇

湯義仍先生邯鄲夢記二卷 —— 第七册·三五〇

湯義仍先生南柯夢記二卷 —— 第七册·三五一

唐八家詩二十六卷 —————— 第六册·四三

唐百家詩一百七十一卷唐詩品一卷

　　　　　　　　　　　　　　　第六册·二七

唐伯虎先生集二卷外編五卷續刻十二卷

　　　　　　　　　　　　　　　第五册·二九五

唐才子傳十卷考異一卷 ———— 第二册·一三七

唐儲光羲詩集五卷 —————— 第五册·八六

唐丹元子步天歌一卷 ———— 第三册·一五九

唐段少卿酉陽雜俎前集二十卷續集十卷

　　　　　　　　　　　　　　　第四册·一八三

唐會元精選批點唐宋名賢策論文粹八卷

　　　　　　　　　　　　　　　第六册·一六〇

唐會元精選諸儒文要八卷 —— 第三册·三七

唐荊川先生傳稿不分卷 ——— 第五册·三二八

唐李長吉詩集四卷 —————— 第五册·一二三

唐李杜詩集十六卷 —————— 第六册·二三九

唐劉蛻集六卷 ———————— 第五册·一三七

唐劉乂詩一卷 ———————— 第五册·一一三

唐六如先生畫譜三卷 ———— 第五册·二九四

唐陸宣公集二十二卷 ———— 第五册·一〇五

唐皮從事倡酬詩八卷 ———— 第五册·一四五

唐皮日休文藪十卷 —————— 第五册·一四七

唐皮日休文藪十卷唐皮從事倡酬詩八卷

　　　　　　　　　　　　　　　第五册·一四五

唐錢起詩集十卷 ——————— 第五册·九九

唐人六集四十二卷 —————— 第六册·四一

唐人四集十二卷 ——————— 第六册·三五

唐人選唐詩六種十二卷 ——— 第六册·五四

唐三高僧詩集四十七卷 ——— 第六册·四四

唐僧弘秀集十卷 ——————— 第六册·二一二

唐詩百名家全集三百二十六卷 —— 第六册·四六
　　　　　　　　　　　　　　　第六册·四七
　　　　　　　　　　　　　　　第六册·四八

T

［唐詩抄］三卷 ————— 第六冊・五三

唐詩鼓吹十卷 ————— 第六冊・二一三

唐詩紀事八十一卷 ————— 第六冊・四一九

唐詩紀一百七十卷目録三十四卷 - 第六冊・二二五

唐詩類鈔八卷 ————— 第六冊・二一四

唐詩類選六卷 ————— 第六冊・二二四

唐詩類苑二百卷 ————— 第六冊・二一六

唐詩類苑一百卷 ————— 第六冊・二一五

唐詩品一卷 ————— 第六冊・二七

唐詩選七卷 ————— 第六冊・二二〇

唐詩選七卷彙釋七卷附録一卷 - 第六冊・二一九

唐詩豔逸品四卷 ————— 第六冊・二二七

唐詩指月七卷首一卷 ————— 第六冊・二三三

唐十二家詩十二卷 ————— 第六冊・三三

唐十子詩十四卷 ————— 第六冊・二九

唐四家詩八卷 ————— 第六冊・二八

唐宋八大家文抄一百四十四卷 - 第六冊・一八六

唐宋八大家文懸十卷 ————— 第六冊・一八五

唐宋白孔六帖一百卷目録二卷 - 第四冊・二二二

唐宋諸賢絶妙詞選十卷 ————— 第七冊・一八三

唐孫可之文集十卷 ————— 第五冊・一四四

唐孫樵集十卷 ————— 第五冊・一四二

唐王右丞詩集六卷 ————— 第五冊・八一

唐先生文集二十卷 ————— 第五冊・一八五

唐一庵雜著十二種十三卷 ——— 第四冊・五五〇

唐音統籤一千三十六卷 ————— 第六冊・二二六

唐樂府十八卷 ————— 第六冊・二三一

唐張燕國公詩集二卷 ————— 第五冊・六八

唐摭言十五卷 ————— 第四冊・七九

唐諸家同詠集一卷 ————— 第五冊・七九

弢園藏書目不分卷 ————— 第二冊・四三八

弢園藏書志二卷 ————— 第二冊・四三六

弢園日記不分卷 ————— 第二冊・二一一

洮岷邊備知參政事畢自嚴生祠志一卷

————— 第二冊・一八七

桃花扇傳奇二卷 ————— 第七冊・四一九

————— 第七冊・四二〇

桃花吟一卷四色石四卷 ————— 第七冊・二九〇

陶庵全集二十卷 ————— 第五冊・四七七

陶靖節集八卷總論一卷 ————— 第五冊・四四

陶靖節集十卷 ————— 第五冊・三七

————— 第五冊・四一

陶靖節集十卷總論一卷 ————— 第五冊・三六

————— 第五冊・三八

————— 第五冊・三九

————— 第五冊・四〇

陶靖節先生集十卷年譜一卷 ——— 第五冊・三二

陶情樂府四卷續集一卷拾遺一卷 - 第七冊・四八七

陶人心語稿二卷 ————— 第五冊・五八三

陶詩彙註四卷首一卷末一卷論陶一卷

————— 第五冊・四六

陶淵明集八卷 ————— 第五冊・三三

陶淵明集八卷首一卷末一卷 ——— 第五冊・三四

陶淵明集十卷附録一卷 ————— 第五冊・四三

陶淵明全集四卷 ————— 第五冊・三五

滕王閣全集十三卷徵彙詩文不分卷

————— 第六冊・三二〇

題跋一卷 ————— 第二冊・四六〇

題畫詩一卷 ————— 第二冊・一八一

天花藏批評平山冷燕四才子小傳藏本

二十回 ————— 第七冊・九八

天啓元年于志舒陸文台買賣房契紙

————— 第二冊・三五三

天下有山堂畫藝二卷 ————— 第三冊・三三一

天香別墅漫存一卷 ————— 第五冊・六三一

天香別墅學吟十一卷 ————— 第五冊・六三二

天形道貌一卷 ————— 第三冊・二七六

天一閣書目不分卷 ————— 第二冊・四一九

天遊山人集二十卷 ————— 第五冊・三三三

天元曆理全書十二卷首一卷 ——— 第三冊・一六六

天竺靈籤一卷 ───────── 第三冊・一九八

第三冊・二〇〇

田水月山房北西廂藏本五卷 ── 第七冊・二三三

通天臺一卷臨春閣一卷 ───── 第七冊・二七七

同聲集十四卷 ─────── 第五冊・六三三

銅鼓書堂遺稿三十二卷 ─── 第五冊・五九五

投壺譜一卷 ──────── 第三冊・四四二

投壺儀節一卷 ─────── 第一冊・七六

屠王二先生參補註解書言故事一覽抄六

卷 ────────── 第四冊・二三八

屠緯真先生藿語一卷 ──── 第四冊・五〇

屠先生評釋謀野集四卷 ─── 第五冊・三六五

圖畫見聞誌六卷 ────── 第三冊・二六〇

圖繪寶鑒六卷補遺一卷 ─── 第三冊・二六一

圖繪宗彝八卷 ─────── 第三冊・三四八

圖書編一百二十七卷 ──── 第四冊・二六八

圖像本草蒙筌十二卷首一卷總論一卷

─────────── 第三冊・一一六

推背圖一卷 ──────── 第三冊・二一一

退思軒詩集一卷 ────── 第五冊・四九五

退齋印類十卷 ─────── 第三冊・四三四

W

玩世齋集十二卷 ────── 第五冊・四四四

晚邨先生八家古文精選八卷 ── 第六冊・一九四

萬曆丙辰會試硃卷一卷 ─── 第五冊・四二七

萬曆癸未謝太常公析產圖書不分卷

─────────── 第二冊・二四九

萬曆欣賞編□□卷 ───── 第四冊・九七

萬曆乙卯山東鄉試硃卷一卷 ── 第五冊・四二六

萬僧問答景德傳燈全錄三十卷 ── 第四冊・四六三

萬首唐人絕句一百卷 ──── 第六冊・二〇九

萬壽盛典初集一百二十卷 ── 第二冊・三四三

萬宜樓善本書目一卷 ──── 第二冊・四四四

汪柯庭彙刻賓朋詩十一卷 ── 第六冊・三二四

汪氏鑒古齋墨藪不分卷 ─── 第三冊・四六九

汪氏珊瑚網名畫題跋二十四卷 ─ 第三冊・二七八

汪虞卿梅史一卷 ────── 第三冊・二七三

王百穀集八種十四卷 ──── 第四冊・五五六

王昌齡詩集三卷 ────── 第五冊・七一

王奉常雜著十四種十八卷 ── 第四冊・五五一

王季重先生文集□卷 ──── 第五冊・四一七

王摩詰集六卷 ─────── 第五冊・七八

王摩詰集十卷 ─────── 第五冊・七七

王氏畫苑十卷補益四卷 ─── 第三冊・二一八

王氏畫苑十五種三十七卷 ── 第三冊・二一九

王氏書苑十卷補益十二卷 ── 第三冊・二一七

［王文莊日記］不分卷 ─── 第二冊・二〇四

王西樓先生樂府一卷 ──── 第七冊・四八六

王西樓先生詩集一卷樂府一卷

─────────── 第五冊・三〇三

王遵巖家居集七卷 ───── 第五冊・三二三

輞川樂事一卷 ─────── 第五冊・五九九

望湖亭集四卷 ─────── 第六冊・一〇九

微雲集一卷 ──────── 第五冊・五五五

韋蘇州集五卷 ─────── 第五冊・一〇一

韋蘇州詩集十卷補遺一卷 ── 第五冊・一〇〇

違礙書籍目錄不分卷 ──── 第二冊・四八二

第二冊・四八五

第二冊・四八八

維風詩集三十二卷 ───── 第六冊・一四二

葦間詩集五卷 ─────── 第五冊・五三〇

渭南文集五十卷劍南詩稿八十五卷

─────────── 第五冊・二〇八

溫庭筠詩集七卷別集一卷 ── 第五冊・一三六

文長雜紀二卷 ─────── 第五冊・三六〇

文範□□卷 ──────── 第六冊・二八三

文公家禮儀節八卷 ───── 第一冊・八一

文公先生年譜一卷 ───── 第三冊・二五

W

文公小學六卷小學書綱領一卷文公先生

　年譜一卷 ——————————— 第三冊・二五

文津二卷 ————————————— 第六冊・三五四

文美齋百華詩箋譜不分卷 ———— 第三冊・四二一

　　　　　　　　　　　　　　第三冊・四二三

文始真經言外經旨三卷 ———— 第四冊・四八六

文壇列俎十卷 ————————— 第六冊・一七一

文體明辯附録十四卷目録二卷

　　　　　　　　　　　　　　第六冊・一七八

文體明辯六十一卷首一卷 ——— 第六冊・一七五

文體明辯六十一卷首一卷目録六卷附録

　十四卷附録目録二卷 ——— 第六冊・一七七

文通三十卷閏一卷 —————— 第四冊・五四

文心雕龍十卷 ————————— 第六冊・四一三

文選類林十八卷 ——————— 第四冊・二二六

文選六十卷 —————————— 第六冊・八五

　　　　　　　　　　　　　　第六冊・八六

　　　　　　　　　　　　　　第六冊・八七

文選雙字類要三卷 —————— 第四冊・二二五

文選瀹註三十卷 ——————— 第六冊・九六

文選增定二十三卷 —————— 第六冊・一〇二

　　　　　　　　　　　　　　第六冊・一〇三

文選章句二十八卷 —————— 第六冊・九三

文淵閣書目不分卷 —————— 第二冊・四一五

文苑彙儁二十四卷 —————— 第四冊・二七四

文章類選四十卷 ——————— 第六冊・一五六

　　　　　　　　　　　　　　第六冊・一五七

文章正論二十卷 ——————— 第六冊・一六八

聞妙香室詩十二卷文十九卷 —— 第五冊・六二五

臥癡閣彙稿不分卷 —————— 第五冊・三〇五

臥龍山人集十四卷 —————— 第五冊・四七二

臥雲稿一卷 —————————— 第五冊・四三三

吾學編六十九卷 ——————— 第二冊・三七

吳江旅嘯一卷 ————————— 第五冊・五四〇

吳郡陸氏藏書目録不分卷 ——— 第二冊・四四一

吳騷集四卷二集四卷 ————— 第七冊・四六四

吳太宰公年譜二卷 —————— 第二冊・二〇二

吳吳山三婦合評牡丹亭還魂記二卷

　　　　　　　　　　　　　　第七冊・三四七

吳歈萃雅四卷 ————————— 第七冊・五〇八

吳越春秋十卷 ————————— 第二冊・三一

吳越遊草一卷 ————————— 第五冊・五四六

浯溪考二卷 —————————— 第四冊・五七〇

峿堂樂府五種六卷 —————— 第七冊・二八一

梧溪集七卷 —————————— 第五冊・二四八

無如四卷 ——————————— 第四冊・一三〇

無聲詩史七卷 ————————— 第三冊・二八一

　　　　　　　　　　　　　　第三冊・二八三

五代詩話十二卷漁洋詩話二卷 — 第六冊・四三八

五服異同彙考三卷 —————— 第一冊・八三

五經五卷 ——————————— 第一冊・一四六

五經疑義二卷 ————————— 第一冊・一五三

五經註選五卷 ————————— 第一冊・一四四

五局傳奇五種十卷 —————— 第七冊・三七九

五鹿塊傳奇二卷 ——————— 第七冊・四二六

五鵲別集二卷 ————————— 第五冊・三四〇

五唐人詩集二十六卷 ————— 第六冊・三八

五星通軌一卷 ————————— 第三冊・一六四

五雜俎十六卷 ————————— 第四冊・四三

　　　　　　　　　　　　　　第四冊・四五

午亭文編五十卷 ——————— 第五冊・五四八

武備志二百四十卷 —————— 第三冊・六九

武當山玄天上帝垂訓一卷 ——— 第四冊・五〇〇

武經總要前集二十二卷 ———— 第三冊・四六

武經總要前集二十二卷後集二十一卷

　　　　　　　　　　　　　　第三冊・四五

武溪集二十一卷 ——————— 第五冊・一五三

[武夷山九曲溪詩詠]□卷 ——— 第二冊・三〇一

武夷山志十九卷 ——————— 第二冊・三〇〇

武夷志略四卷 ————————— 第二冊・二九七

悟香亭畫稿二卷六法管見一卷 ── 第三冊·三三六
霧市選言四卷 ────────── 第四冊·一五八

X

西村集八卷附録一卷 ────── 第五冊·二八四
西方合論十卷 ──────── 第四冊·四六四
西湖二集三十四卷西湖秋色一百韻一卷
　　────────────── 第七冊·一一
西湖秋色一百韻一卷 ───── 第七冊·一一
西湖遊覽志二十四卷 ───── 第二冊·三〇五
西湖志類鈔三卷首一卷 ─── 第二冊·三〇七
西江詩話十二卷 ─────── 第六冊·四四二
西京雜記六卷 ──────── 第四冊·一八一
西陵詞選八卷 ──────── 第七冊·二〇七
西山絶句一卷 ──────── 第五冊·五五六
西山先生真文忠公文集五十五卷目録二
　　卷 ──────────── 第五冊·二一三
西山先生真文忠公文章正宗二十四卷續
　　二十卷 ─────────── 第六冊·六一
西堂樂府七卷 ──────── 第七冊·二七九
西廂記傳奇二卷 ─────── 第七冊·二二六
西廂記譜五卷 ──────── 第七冊·五三三
西廂記五卷會真記一卷末一卷 ─ 第七冊·二五〇
西廂記五卷解證五卷會真記一卷附録一
　　卷 ──────────── 第七冊·二四四
西廂觸政一卷 ──────── 第四冊·一七一
西玄集十卷 ───────── 第五冊·三一六
西學凡一卷 ────────── 第四冊·五七
西園前稿□□卷續稿□卷 ── 第五冊·四二九
西園續稿二十卷 ─────── 第五冊·四三〇
西征集二卷 ───────── 第五冊·三五二
西征集十卷 ─────────── 第二冊·七二
息柯白箋八卷 ──────── 第四冊·五七〇
息影軒畫譜一卷 ─────── 第三冊·三一二
奚囊蠹餘二十卷 ─────── 第五冊·三三六

喜崇臺一卷 ───────── 第七冊·四六〇
峽流詞三卷 ───────── 第七冊·一五五
下園徐氏族譜一卷 ───── 第二冊·二四三
夏叔夏貧居日出言二卷仍園日出言二卷
　　────────────── 第五冊·四三二
夏爲堂別集九種十卷 ───── 第五冊·四五六
仙都紀遊集一卷 ─────── 第五冊·五〇四
仙佛奇踪八卷 ──────── 第四冊·二〇九
先秦兩漢文膾五卷 ───── 第六冊·一七九
先聖大訓六卷 ───────── 第三冊·三〇
弦索調時劇新譜二卷 ───── 第七冊·五三一
弦雪居重訂遵生八箋二十卷 ─ 第四冊·一〇九
咸賓録八卷 ───────── 第二冊·三一七
絃索辨訛三卷 ──────── 第七冊·五二九
閒窗論畫一卷 ──────── 第三冊·三三八
閒情偶寄十六卷 ─────── 第四冊·一一七
閑閑老人滏水文集二十卷附録一卷
　　────────────── 第五冊·二二七
香乘二十八卷 ──────── 第三冊·四七九
　　────────────── 第三冊·四八一
香溪先生范賢良文集二十二卷 ─ 第五冊·一九四
香雪林集二十六卷 ───── 第三冊·二七二
香嚴齋詞一卷詞話一卷 ─── 第七冊·一五二
鄉味雜詠二卷 ──────── 第三冊·四九三
珦荷譜一卷 ───────── 第三冊·五一六
詳校元本西廂記二卷會真記一卷 ─ 第七冊·二四九
像贊評林贈言二卷 ───── 第三冊·二七一
宵光劍二卷 ───────── 第七冊·三七一
銷釋孟姜忠烈貞節賢良寶卷二卷 ─ 第七冊·五五九
銷夏録六卷 ───────── 第三冊·二三八
小窗自紀四卷清紀不分卷別紀四卷艶紀
　　不分卷 ────────── 第五冊·四〇一
小方壺齋存稿十卷 ───── 第五冊·六三四
小蓬萊閣金石目不分卷 ─── 第二冊·三七六
小蓬廬雜綴二卷 ─────── 第五冊·六一〇

X

小四夢四卷 ——————— 第七冊・二九八

小學集說六卷 ——————— 第三冊・三六

小學集註六卷 ——————— 第三冊・二七

小學書綱領一卷 ——————— 第三冊・二五

小瀛洲十老社詩六卷瀛洲社十老小傳一

　　卷 ——————— 第六冊・二六二

孝經古註五卷 ——————— 第一冊・一〇五

孝義真蹟珍珠塔二十四回 ——— 第七冊・五四九

嘯閣集古五卷 ——————— 第五冊・四九七

嘯餘譜十卷 ——————— 第七冊・五二七

寫情集二卷 ——————— 第七冊・一四一

謝法曹集一卷 ——————— 第六冊・一四

謝光録集一卷顏光録集一卷 ——— 第六冊・一三

謝海門窗稿一卷 ——————— 第五冊・三四三

謝海門窗稿一卷謝進士墨卷一卷 - 第五冊・三四二

謝進士墨卷一卷 ——————— 第五冊・三四二

謝氏正吾孝義規約一卷 ——— 第二冊・二四七

謝禹銘五刻□□卷 ——————— 第三冊・七

心史七卷 ——————— 第五冊・二二四

〔心齋三種〕五卷 ——————— 第四冊・一七五

欣賞編十種十四卷 ——————— 第四冊・五一二

新安文獻志一百卷 ——————— 第六冊・三八三

新安休寧汪溪金氏族譜五卷附録一卷

　　——————— 第二冊・二三一

新板增補天下便用文林妙錦萬寶全書□

　　卷 ——————— 第四冊・三〇七

新編白蛇傳雷峰塔十卷 ——— 第七冊・五四七

新編分類夷堅志甲集五卷乙集五卷丙集五

　　卷丁集五卷戊集五卷己集六卷庚集五卷

　　辛集五卷壬集五卷癸集五卷 — 第四冊・一九七

新編古今事文類聚前集六十卷 - 第四冊・二三一

新編古今事文類聚前集六十卷後集五十

　　卷續集二十八卷別集三十二卷新集

　　三十六卷外集十五卷 ——— 第四冊・二三〇

　　　　　　　　　　　第四冊・二三二

新編皇明通俗演義七曜平妖全傳六卷

　　七十二回 ——————— 第七冊・六六

新編經史正音切韻指南一卷 ——— 第一冊・一七四

新編連相搜神廣記前集一卷後集一卷

　　——————— 第四冊・一九五

新編名賢詩法三卷 ——————— 第六冊・四二五

新編南詞定律十三卷首一卷 ——— 第七冊・五二二

新編事文類聚翰墨全書甲集十二卷乙集九

　　卷丙集五卷丁集五卷戊集五卷己集七卷

　　庚集二十四卷辛集十卷壬集十二卷癸集

　　十一卷後甲集八卷後乙集三卷後丙集六

　　卷後丁集八卷後戊集九卷 ——— 第四冊・二四一

新編四元玉鑒三卷 ——————— 第三冊・一七六

新編宋文忠公蘇學士東坡詩話二卷 - 第七冊・六

新編直指筭法統宗十七卷首一卷 - 第三冊・一七九

新編直指筭法纂要四卷 ——————— 第三冊・一七八

新調思春一卷 ——————— 第五冊・五九九

新定十二律京腔譜十六卷 ——— 第七冊・五二四

新定宗北歸音六卷 ——————— 第七冊・五一七

　　　　　　　　　　　第七冊・五一八

新訂徐文長先生批點音釋北西廂二卷會

　　真記一卷附録蒲東詩一卷 ——— 第七冊・二三五

新校註古本西廂記五卷彙考一卷

　　——————— 第七冊・二四一

新鐫才美巧相逢宛如約四卷十六回

　　——————— 第七冊・一〇一

新鐫草本花詩譜一卷 ——————— 第三冊・三〇八

新鐫陳眉公先生批評春秋列國志傳十二

　　卷 ——————— 第七冊・二四

新鐫赤心子彙編四民利觀翰府錦囊八卷

　　——————— 第四冊・二六二

　　　　　　　　　　　第四冊・二六三

新鐫出像點板怡春錦曲六卷 ——— 第七冊・五一一

新鐫東西晉演義十二卷五十回 ——— 第七冊・三二

新鐫工師雕斲正式魯班木經匠家鏡三卷

　　　　　　　　　第二冊・三六三

　　　　　　　　　第二冊・三六四

新鐫古今大雅北宮詞紀六卷 ── 第七冊・四六七

　　　　　　　　　第七冊・四七三

新鐫古今大雅南宮詞紀六卷 ── 第七冊・四六六

　　　　　　　　　第七冊・四七一

　　　　　　　　　第七冊・四七二

新鐫古今事物原始全書三十卷 ── 第四冊・二六七

新鐫國朝名儒文選百家評林十二卷

　　　　　　　　　第六冊・二八九

新鐫海內奇觀十卷 ──── 第二冊・二九三

新鐫翰府素翁雲翰精華六卷 ── 第四冊・二八八

新鐫翰林考正歷朝故事統宗十卷 ─ 第四冊・三〇四

新鐫紅拂記二卷 ──── 第七冊・三五五

新鐫焦太史彙選中原文獻經集六卷史集六

　　卷子集七卷文集四卷通考一卷 ─ 第六冊・一六五

新鐫京板工師雕斲正式魯班木經匠家鏡三

　　卷附秘訣仙機一卷靈馭解法洞明真言秘

　　書一卷新刻法師選擇紀一卷 ─ 第二冊・三六一

新鐫六言唐詩畫譜一卷 ──── 第三冊・三〇四

　　　　　　　　　第三冊・三〇六

新鐫女貞觀重會玉簪記二卷 ── 第七冊・三六二

新鐫批評出像通俗演義禪真後史十集

　　六十回 ──────── 第七冊・九六

新鐫全像通俗演義隋煬帝艷史八卷四十

　　回 ──────── 第七冊・三三

新鐫全像武穆精忠傳八卷 ──── 第七冊・五六

新鐫五福萬壽丹書六卷 ──── 第四冊・一四四

新鐫武經標題正義七卷附鐫武經節要一

　　卷陣法馬步射法棍法一卷 ── 第三冊・四七

新鐫仙媛紀事九卷補遺一卷 ── 第四冊・二〇五

新鐫繡像濟顛大師全傳三十六則 ─ 第七冊・一〇五

新鐫繡像旁批詳註總斷廣百將傳二十卷

　　　　　　　　　第三冊・七六

新鐫繡像小說吳江雪四卷二十四回 ─ 第七冊・八六

新鐫玉茗堂批評按鑒參補出像南宋志傳十

　　卷五十回北宋志傳十卷五十回 ─ 第七冊・四六

新鐫增補全像評林古今列女傳八卷

　　　　　　　　　第二冊・九八

新鐫註釋歷代尺牘綺縠四卷 ── 第六冊・一九九

新刊補遺秘傳痘疹全嬰金鏡錄三卷新刊

　　小兒雜瘡秘傳便蒙捷法一卷 ─ 第三冊・一五四

新刊重訂出相附釋標註拜月亭記二卷

　　　　　　　　　第七冊・三一一

新刊出像補訂參采史鑒唐書志傳通俗演

　　義題評八卷 ──── 第七冊・四一

新刊大宋中興通俗演義十卷 ── 第七冊・五四

新刊大字分類校正日記大全九卷 ─ 第四冊・二五〇

新刊地理統會大成二十七卷 ── 第三冊・一九二

新刊徽郡原板校正繪像註釋魁字登雲日

　　記故事四卷 ──── 第四冊・三〇三

新刊徽郡原板校正繪像註釋魁字登雲三

　　註故事四卷 ──── 第四冊・三〇二

新刊家塾四書會編□卷 ──── 第六冊・三〇〇

新刊駱子集註四卷 ──── 第五冊・六三

新刊箋註唐賢絕句三體詩法二十卷

　　　　　　　　　第六冊・二一一

新刊京本春秋五霸七雄全像列國志傳八

　　卷 ──────── 第七冊・二一

新刊舉業明儒論宗八卷 ──── 第六冊・二八二

新刊奇見異聞筆坡叢脞一卷 ── 第四冊・一九九

新刊啟蒙分章句解四書寶鑒十六卷

　　　　　　　　　第一冊・一一八

新刊唐宋名賢歷代確論十卷 ── 第二冊・五一一

　　　　　　　　　第二冊・五一二

新刊外科微義四卷 ──── 第三冊・一五一

新刊文選考註前集十五卷後集十五卷

　　　　　　　　　第六冊・九二

新刊憲臺考正少微通鑑全編二十卷外

x

紀二卷新刊憲臺考正宋元通鑑全編

　　二十一卷　　　　　　第二冊・一七

新刊憲臺考正宋元通鑑全編二十一卷

　　　　　　　　　　　　第二冊・一七

新刊詳註縉紳便覽不分卷 ── 第二冊・二二四

新刊小兒雜瘄秘傳便蒙捷法一卷

　　　　　　　　　　　　第三冊・一五四

新刊姓源珠璣六卷 ─── 第四冊・二四六

新刊徐文長先生批評隋唐演義十卷

　　一百十四節 ──── 第七冊・三八

新刊音點性理群書句解後集二十三卷

　　　　　　　　　　　　第三冊・三一

新刊韻略五卷 ──── 第一冊・一八一

新刊張小山北曲聯樂府三卷外集一卷

　　　　　　　　　　　　第七冊・四七九

新刻闇然堂類纂皇明新故事六卷 – 第四冊・二九七

新刻草字千家詩二卷 ── 第六冊・一一五

新刻出相點板宵光記二卷 ── 第七冊・三七〇

新刻出像點板時尚崑腔雜曲醉怡情八卷

　　　　　　　　　　　　第七冊・五一三

新刻出像點板音註李十郎紫簫記四卷

　　　　　　　　　　　　第七冊・三四八

新刻出像點板增訂樂府珊珊集四卷

　　　　　　　　　　　　第七冊・五〇七

新刻出像音註何文秀玉釵記四卷 – 第七冊・三八七

新刻出像音註蘇英皇后鸚鵡記二卷

　　　　　　　　　　　　第七冊・三九一

新刻出像音註張許雙忠記二卷 – 第七冊・三三三

新刻出像增補搜神記六卷 ── 第四冊・一九三

新刻大字傍音註釋全備標題古文大成

　　□□卷 ───── 第六冊・一九一

新刻訂補註釋會海對類十九卷首一卷

　　　　　　　　　　　　第四冊・三一四

新刻爾雅翼三十二卷 ── 第一冊・一六一

新刻法師選擇紀一卷 ── 第二冊・三六一

新刻翰林批選東萊呂先生左氏博議句解

　　十二卷 ───── 第一冊・九一

新刻華筵趣樂談笑奇語酒令四卷 – 第四冊・一三七

新刻皇明開運輯略武功名世英烈傳六卷

　　首一卷 ───── 第七冊・六〇

新刻劍嘯閣批評東漢演義十卷 ── 第七冊・二七

新刻劍嘯閣批評西漢演義八卷新刻劍嘯

　　閣批評東漢演義十卷 ── 第七冊・二七

新刻校正刪補明心寶鑒二卷 ── 第四冊・一六八

新刻金陵原板易經開心正解六卷 ── 第一冊・八

新刻開基翰林評選歷朝捷録總要四卷

　　　　　　　　　　　　第二冊・五一六

　　　　　　　　　　　　第二冊・五一九

新刻孔門儒教列傳四卷 ── 第二冊・八五

新刻歷代聖賢像贊二卷 ── 第二冊・八七

新刻曆考綱目訓解通鑑全編正集二十卷

　　續集□□卷 ──── 第二冊・一五

新刻呂新吾先生文集十卷 ── 第五冊・三八二

新刻墨娥小録十四卷 ── 第四冊・一〇四

新刻牡丹亭還魂記四卷 ── 第七冊・三三九

新刻錢太史評註李于鱗唐詩選玉七卷首

　　一卷 ───── 第六冊・二二二

新刻錢塘夢一卷 ──── 第七冊・二三二

新刻瞿仙神隱四卷 ── 第四冊・四九一

　　　　　　　　　　　　第四冊・四九二

新刻全像古城記二卷 ── 第七冊・三八九

新刻全像易鞋記二卷 ── 第七冊・三六一

新刻山海經圖二卷 ── 第四冊・一九〇

新刻石渠閣彙纂諸書法海三十四卷

　　　　　　　　　　　　第四冊・二八六

新刻四書圖要二卷 ── 第一冊・一二二

新刻宋璟鶼釵記二卷 ── 第七冊・三七二

新刻太倉藏板全補合像註釋大字日記故

　　事□□卷 ───── 第四冊・三〇一

新刻譚友夏合集二十三卷 ── 第五冊・四四一

新刻萬法歸宗五卷 ————— 第三冊・二一四

新刻魏仲雪先生批點琵琶記二卷

　　　　　　　　————— 第七冊・三二〇

新刻文會堂琴譜六卷 ————— 第三冊・四三二

新刻吳越春秋樂府二卷 ————— 第七冊・三三四

新刻徐文長公參訂西廂記二卷會真記一

　　卷蒲東詩一卷新刻錢塘夢一卷園林午

　　夢記一卷 ————— 第七冊・二三二

新刻楊救貧秘傳陰陽二宅便用統宗二卷

　　　　　　　　————— 第三冊・一九〇

新刻一札三奇四卷 ————— 第四冊・二七二

新刻遊覽粹編六卷 ————— 第四冊・一三五

新刻原本王狀元荊釵記二卷 ————— 第七冊・三二五

新刻增補藝苑巵言十六卷 ————— 第四冊・二三

新刻增訂釋義經書便用通考雜字二卷外

　　卷一卷 ————— 第四冊・三三〇

新刻張侗初先生彙編四民便用註釋札束

　　五朵雲四卷 ————— 第四冊・三一〇

新刻張天如先生增補註釋啓蒙會海玉堂

　　對類四卷首一卷 ————— 第四冊・三一八

新刻趙狀元三錯認紅梨記二卷 — 第七冊・三六八

新刻鍾伯敬先生批評封神演義二十卷

　　一百回 ————— 第七冊・九四

新刻鍾伯敬先生批評封神演義十九卷

　　一百回 ————— 第七冊・九〇

　　　　　　　　————— 第七冊・九二

　　　　　　　　————— 第七冊・九三

新鋟徽本圖像音釋崔探花合襟桃花記二

　　卷 ————— 第七冊・三六六

新鋟徽郡原板校正繪像註釋魁字便蒙日

　　記故事四卷 ————— 第四冊・二九二

新鋟會元湯先生批評空同文選五卷

　　　　　　　　————— 第五冊・二九一

新鋟焦太史彙選百家評林名文珠璣十三

　　卷 ————— 第六冊・一六二

新鋟考正繪像圈點古文大全八卷 - 第六冊・一七三

新鋟孔聖宗師出身全傳四卷 ——— 第二冊・一六三

新鋟兩京官板校正錦堂春曉翰林查對天

　　下萬民便覽四卷 ————— 第四冊・三一一

新鋟商賈醒迷二卷附悲商歌一卷警世歌

　　一卷 ————— 第四冊・八四

新鋟臺閣清訛補註孔子家語五卷首一卷

　　　　　　　　————— 第三冊・一二

新鋟袁中郎校訂旁訓古事鏡十二卷

　　　　　　　　————— 第二冊・五二一

新鋟鄭孩如先生精選戰國策旁訓便讀四

　　卷 ————— 第二冊・二九

新鋟訂正評註便讀草堂詩餘七卷 - 第七冊・一八七

新鋟李先生類纂音釋捷用雲箋六卷

　　　　　　　　————— 第四冊・三一三

新西廂二卷 ————— 第七冊・四三五

新增補遺陰陽備要曆法通書大全二卷

　　　　　　　　————— 第三冊・二〇七

新製諸器圖說一卷 ————— 第二冊・三五九

　　　　　　　　————— 第二冊・三六〇

信天巢遺稿一卷林湖遺稿一卷疏寮小集

　　一卷江村遺稿一卷 ————— 第五冊・二一一

惺齋新曲六種十三卷 ————— 第七冊・四三〇

性命雙修萬神圭旨四卷 ————— 第四冊・四九七

姓氏譜纂七卷 ————— 第四冊・二六六

熊士選集一卷附錄一卷 ————— 第五冊・二九二

休復居詩集六卷文集六卷附一卷 - 第五冊・六一五

休寧流塘詹氏宗譜六卷 ————— 第二冊・二三〇

休寧宣仁王氏族譜十二卷 ————— 第二冊・二三五

修吉堂遺稿二卷 ————— 第五冊・五五四

修建諷經施食祈薦冥福莊嚴九蓮上品道

　　場文意不分卷 ————— 第四冊・四六〇

修養文選□□卷 ————— 第五冊・四七八

繡刻演劇六十種一百二十卷 ——— 第七冊・三〇二

繡襦記二卷 ————— 第七冊・三三七

繡繻記彈詞十三回 ————— 第七冊・五五〇

X

X

繡像文昌化書四卷 ———— 第四冊・五〇三

繡梓尺牘雙魚十一卷又四卷補選捷用尺

　　牘雙魚四卷 ———— 第六冊・三一五

虛直堂文集不分卷 ———— 第五冊・五二〇

［徐迪惠日記］不分卷 ———— 第二冊・二〇七

徐詩二卷 ———— 第五冊・五〇六

徐氏筆精八卷續二卷 ———— 第四冊・五六

徐文長三集二十九卷文長雜紀二卷

　　———— 第五冊・三六〇

徐文長四聲猿四卷 ———— 第七冊・二六五

　　　　　　　　　　　　第七冊・二六六

徐卓晤歌一卷 ———— 第七冊・一九〇

許白雲先生文集四卷附錄一卷 — 第五冊・二三六

許太常歸田稿十卷 ———— 第五冊・三三五

續編球琳瀚海表學啓蒙三卷 ———— 第六冊・二八一

續藏書二十七卷 ———— 第二冊・三八

續草堂詩餘二卷 ———— 第七冊・一八八

續畫品錄一卷 ———— 第三冊・二五七

續刻溫陵四太史評選古今名文珠璣八

　　卷新鍥焦太史彙選百家評林名文珠璣

　　十三卷 ———— 第六冊・一六二

續離騷四卷 ———— 第七冊・二八五

續四聲猿四卷 ———— 第七冊・二八七

續文獻通考二百五十四卷 ———— 第二冊・三三五

續文選三十二卷 ———— 第六冊・一〇四

續選草堂詩餘二卷 ———— 第七冊・一八四

續閱古隨筆二卷 ———— 第四冊・三四

宣和畫譜二十卷 ———— 第三冊・二二〇

　　　　　　　　　　　　第三冊・二二一

　　　　　　　　　　　　第三冊・二二三

　　　　　　　　　　　　第三冊・二二五

　　　　　　　　　　　　第三冊・二二六

宣和書譜二十卷 ———— 第三冊・二二四

宣和書譜二十卷宣和畫譜二十卷

　　　　　　———— 第三冊・二二〇

宣和遺事一卷 ———— 第七冊・七一

　　　　　　　　　　　　第七冊・七四

宣西通三卷 ———— 第三冊・一六七

玄真子三卷 ———— 第四冊・四八七

懸楊編六卷 ———— 第五冊・四五八

選賦六卷名人世次爵里一卷 — 第六冊・一〇一

選古今南北劇十卷 ———— 第七冊・五〇六

選刻釣臺集五卷 ———— 第六冊・三八六

選詩七卷詩人世次爵里一卷 ———— 第六冊・九八

選詩三卷 ———— 第六冊・一〇〇

選詩三卷外編三卷拾遺二卷 ———— 第六冊・九九

選詩續編四卷 ———— 第六冊・一一八

薛文清公全集四十卷附錄一卷 — 第五冊・二六八

學範輯覽八卷 ———— 第四冊・一二六

學福齋筆記不分卷 ———— 第四冊・七四

學圃藼蘇六卷 ———— 第四冊・一三一

　　　　　　　　　　　　第四冊・一三二

學言一卷 ———— 第五冊・四二八

學易堂三筆一卷滴露軒雜著一卷 — 第四冊・四一

學易枝言四卷 ———— 第一冊・一一

雪庵詩存二卷 ———— 第五冊・五一七

雪鴻堂文集十八卷又四卷又二卷 - 第五冊・五二三

雪堂詞箋一卷 ———— 第七冊・一五〇

雪心賦翼語一卷 ———— 第三冊・一九四

雪韻堂批點燕子箋記二卷 ———— 第七冊・三八二

巡河續詠一卷 ———— 第五冊・五六五

巡河雜詠一卷巡河續詠一卷棘闈倡和詩

　　三卷 ———— 第五冊・五六五

巡湖營奉憲酌定支領薪糧章程 ———— 第二冊・五二

潯陽詩稿一卷詞稿一卷輞川樂事一卷新

　　調思春一卷 ———— 第五冊・五九九

巽隱程先生詩集二卷文集二卷 — 第五冊・二六三

遜志齋集唐落花百詠一卷 ——— 第五冊・五八六

Y

壓綫集不分卷 ──────── 第五册・六一六

牙牌酒令一卷 ──────── 第三册・三八七

雅趣藏書一卷 ──────── 第七册・二五八

　　　　　　　　　　　　　第七册・二六〇

雅尚齋遵生八箋十九卷 ─── 第四册・一〇五

　　　　　　　　　　　　　第四册・一〇八

雅宜山人集十卷 ────── 第五册・三一八

雅音會編十二卷 ────── 第六册・二一八

胭脂雪二卷 ──────── 第七册・四〇八

煙花債傳奇一卷 ────── 第五册・五七四

言行拾遺録四卷 ────── 第五册・一五六

研露樓兩種曲二卷 ──── 第七册・二八八

研史一卷 ──────── 第二册・一八〇

研砅集五經總類二十二卷 ─ 第一册・一四七

顏光録集一卷 ────── 第六册・一三

檐景齋詩一卷 ────── 第五册・四六九

鹽鐵論十二卷 ────── 第三册・一七

鹽邑志林四十種六十六卷附一種一卷

　　　　──────── 第四册・五三一

弇州山人四部稿一百七十四卷目録十二

　　卷 ──────── 第五册・三四七

剡溪漫筆六卷 ────── 第四册・四七

儼山外集四十卷 ───── 第五册・三〇〇

晏如齋古文簡鈔三卷詩鈔三卷 ─ 第五册・六〇三

晏子春秋六卷 ────── 第二册・一七六

晏子春秋四卷 ────── 第二册・一七五

硯北偶鈔十二種十七卷 ── 第四册・五四一

雁停樓不分卷 ────── 第七册・四四二

燕日堂録七種十四卷 ─── 第四册・五六四

燕聲一卷 ──────── 第五册・四四八

燕臺文選初集八卷 ──── 第六册・三六七

燕友樓集一卷百花凡譜一卷 ─ 第七册・一五八

廬齋三子口義二十一卷 ── 第四册・四七七

鵪鶉譜全集四卷 ───── 第三册・五二二

豔異編十二卷 ────── 第四册・二〇四

陽春白雪□卷 ────── 第七册・二〇〇

陽春白雪八卷外集一卷考異一卷 ─ 第七册・一九九

陽明先生年譜一卷 ──── 第二册・二〇一

揚州東園題詠四卷 ──── 第六册・三五〇

楊炯集二卷 ──────── 第六册・三四

楊升庵詩五卷 ────── 第五册・三一三

　　　　　　　　　　　　　第五册・三一四

楊升庵先生長短句四卷楊升庵先生夫人

　　樂府詞餘五卷 ──── 第七册・一四八

楊升庵先生夫人樂府詞餘五卷 ─ 第七册・一四八

楊文懿公文集三十卷 ─── 第五册・三八五

養菊法一卷 ──────── 第三册・五一四

養生類要前集一卷 ──── 第四册・四九三

養生月覽二卷 ────── 第四册・一二一

養餘月令三十卷 ───── 第二册・五〇一

養正圖解不分卷 ───── 第二册・一〇六

　　　　　　　　　　　　　第二册・一〇八

養正圖解二卷 ────── 第二册・一〇九

堯山堂外紀一百卷 ──── 第四册・一五〇

遙擲稿二十卷 ────── 第五册・五三七

瑤華集二十二卷附二卷詞人姓氏爵里表

　　一卷 ──────── 第七册・二〇二

瑤蕊編一卷針餘小草一卷 ─ 第六册・三三九

藥師本願功德寶卷一卷佛説三十五佛佛

　　名經一卷 ────── 第七册・五六〇

藥師瑠璃光如來本願功德經不分卷

　　　　──────── 第四册・三八九

野菜譜一卷 ──────── 第三册・九八

　　　　　　　　　　　　　第三册・一〇〇

一覽知書二卷 ────── 第三册・二五〇

一笠庵新編第七種傳奇眉山秀二卷

　　　　──────── 第七册・四〇〇

一笠庵新編兩鬚眉傳奇二卷 ─ 第七册・四〇一

一笠庵新編一捧雪傳奇二卷 ——— 第七冊·三九九

一瓢齋詩話一卷 ——— 第六冊·四四五

一夕話二刻□□種□□卷 ——— 第四冊·一八六

一夕話十種十卷又一夕話十種十卷一夕

　　話二刻□□種□□卷 ——— 第四冊·一八六

伊川擊壤集八卷 ——— 第五冊·一六三

依歸草不分卷 ——— 第五冊·五六九

漪游草三卷 ——— 第五冊·四三四

夷白齋稿三十五卷外集一卷 ——— 第五冊·二五二

夷堅志甲集二卷乙集二卷丙集二卷丁集

　　二卷戊集二卷己集二卷庚集二卷辛集

　　二卷壬集二卷癸集二卷 ——— 第四冊·一九八

夷門廣牘一百七種一百六十五卷 ——— 第四冊·五一七

　　　　　　　　　　　　第四冊·五一八

　　　　　　　　　　　　第四冊·五一九

怡情快書不分卷 ——— 第四冊·一六五

怡雲閣浣紗記二卷 ——— 第七冊·三三六

疑耀七卷 ——— 第四冊·七〇

遺蹟一卷 ——— 第五冊·一五六

遺真記六卷題詞一卷詩話一卷 ——— 第七冊·四五五

倚玉堂文鈔初集不分卷 ——— 第五冊·四九一

倚雲樓文選四卷尺牘選一卷詞選一卷厂

　　樓詞一卷 ——— 第五冊·五二一

蟻術詩選八卷 ——— 第五冊·二四五

蟻術詩選八卷詞選四卷 ——— 第五冊·二四四

亦顥集八卷 ——— 第五冊·四三九

易安詩稿一卷 ——— 第六冊·三七五

易象管窺十五卷 ——— 第一冊·七

秋林伐山二十卷 ——— 第四冊·六八

弈志五卷 ——— 第三冊·四四〇

奕園史一卷 ——— 第六冊·二五五

奕園雜詠一卷奕園史一卷 ——— 第六冊·二五五

益公題跋十二卷 ——— 第五冊·二〇九

益州名畫錄三卷 ——— 第三冊·二五四

異林十六卷 ——— 第四冊·一四二

異同附載一卷 ——— 第二冊·三〇

異物彙苑十八卷 ——— 第四冊·二五四

異域錄一卷 ——— 第二冊·三二〇

逸樓論文一卷論史一卷 ——— 第四冊·六一

意中緣傳奇二卷 ——— 第七冊·四〇四

義門鄭氏奕葉吟集三卷 ——— 第六冊·一一九

義莊規矩一卷 ——— 第五冊·一五六

憶雲詞甲稿一卷乙稿一卷丙稿一卷丁稿

　　一卷 ——— 第七冊·一七七

藝菊十三則一卷菊名詩一卷 ——— 第三冊·五一二

藝菊志八卷 ——— 第三冊·五〇九

藝蘭一卷蘭譜一卷 ——— 第三冊·三四二

藝林粹言四十一卷 ——— 第六冊·一八〇

藝林尋到源頭八卷 ——— 第四冊·二七九

　　　　　　　　　　　　第四冊·二八〇

藝文類聚一百卷 ——— 第四冊·二二〇

藝香詞六卷 ——— 第七冊·一五三

繹史一百六十卷 ——— 第二冊·二五

吟風閣四卷譜二卷 ——— 第七冊·二九二

　　　　　　　　　　　　第七冊·二九三

銀河織女傳不分卷 ——— 第四冊·二一一

銀瓶牡丹三卷三十九齣 ——— 第七冊·四五二

飲膳正要三卷 ——— 第三冊·四八九

飲水詩集二卷詞集三卷 ——— 第五冊·五一一

隱湖倡和詩三卷 ——— 第六冊·二七〇

隱秀軒集五十一卷 ——— 第五冊·四二四

印正附說一卷 ——— 第二冊·四〇八

英石硯山圖記一卷 ——— 第三冊·二五九

英雄譜四十卷 ——— 第七冊·七六

英雄譜四十卷目錄二卷圖二卷 ——— 第七冊·七七

鸚鵡媒二卷 ——— 第七冊·四三一

鸚鵡夢記二卷 ——— 第七冊·四三四

瀛洲社十老小傳一卷 ——— 第六冊·二六二

雍熙樂府二十卷 ——— 第七冊·五〇五

擁雙豔三種六卷 ——— 第七冊·四一三

Y

永康縣儒學志八卷 ——————— 第二冊・二六七

永樂大典卷一萬三千九百九十一 第四冊・二四二

甬上耆舊詩三十卷高僧詩二卷 — 第六冊・三八七

詠懷堂新編十錯認春燈謎記二卷 第七冊・三八三

詠物詩六卷 ——————————— 第五冊・三八九

湧幢小品三十二卷 ——————— 第四冊・三七

用藥凡例一卷 ————————— 第三冊・一四六

遊仙夢不分卷 ————————— 第七冊・四四〇

有象列仙全傳九卷 ——————— 第四冊・四九四

又新集一卷 —————————— 第五冊・五一三

又一夕話十種十卷 ——————— 第四冊・一八六

　　　　　　　　　　　　　　 第四冊・一八九

幼學堂詩稿十七卷 ——————— 第五冊・六一一

幼學堂文稿四卷 ———————— 第五冊・六一二

于山奏牘七卷詩詞合選一卷 ——— 第二冊・七五

于野集十卷 —————————— 第六冊・三八〇

瑜伽施食儀觀不分卷 —————— 第四冊・四五八

榆溪集選不分卷補一卷 ————— 第五冊・四七四

虞初新志二十卷 ———————— 第四冊・二一三

虞初志七卷 —————————— 第四冊・二〇六

虞書箋二卷 —————————— 第一冊・二七

愚谷集十卷 —————————— 第五冊・三二二

漁洋山人文略十四卷 —————— 第五冊・五五一

漁洋山人乙亥文稿一卷 ————— 第五冊・五五〇

漁洋詩話二卷 ————————— 第六冊・四三八

餘冬序錄六十五卷 ——————— 第四冊・一七

禹貢備遺一卷書法一卷 ————— 第一冊・二八

禹貢彙疏十二卷圖經一卷考略一卷別錄

　　一卷 ——————————— 第一冊・三〇

禹貢譜二卷 —————————— 第一冊・三一

庾開府哀江南賦註不分卷 ———— 第五冊・五八

庾子山集十六卷年譜一卷總釋一卷

　　　　　　　　　　　　　　 第五冊・五七

玉楮詩稿八卷 ————————— 第五冊・二一九

玉篴樓詞一卷 ————————— 第七冊・一七一

玉峰先生腳氣集一卷 —————— 第四冊・一五

玉涵堂詩選十卷 ———————— 第五冊・三三〇

玉壺冰一卷 —————————— 第四冊・一二三

玉壺山房詞選二卷 ——————— 第七冊・一七二

玉機微義五十卷 ———————— 第三冊・一四四

玉茗堂集選十五卷 ——————— 第五冊・三九三

玉茗堂批評紅梅記二卷 ————— 第七冊・三五三

玉茗堂批評異夢記二卷 ————— 第七冊・三九三

玉茗堂全集四十六卷 —————— 第五冊・三九二

玉茗堂文摘十一卷 ——————— 第四冊・一二五

玉茗堂摘評王弇州先生豔異編十二卷

　　　　　　　　　　　　　　 第四冊・二〇〇

　　　　　　　　　　　　　　 第四冊・二〇二

玉搔頭傳奇二卷 ———————— 第七冊・四〇五

玉尺樓傳奇二卷 ———————— 第七冊・四二九

玉山倡和一卷遺什一卷附錄一卷 — 第六冊・二四八

玉山璞稿二卷 ————————— 第五冊・二五〇

玉臺新詠十卷 ————————— 第六冊・一一四

玉臺新詠十卷續四卷 —————— 第六冊・一一三

玉臺新詠十卷續五卷 —————— 第六冊・一一一

玉堂叢語八卷 ————————— 第四冊・八九

玉堂校傳如崗陳先生二經精解全編九卷

　　　　　　　　　　　　　　 第四冊・四八二

玉礎集四卷戲音一卷壽壙碑辭一卷吳江

　　旅嘯一卷綺樹閣賦稿一卷詩稿一卷

　　　　　　　　　　　　　　 第五冊・五四〇

玉芝堂談薈三十六卷 —————— 第四冊・一三三

遇龍封官一卷喜崇臺一卷三家店一卷財

　　源輻輳一卷醉寫一卷 ———— 第七冊・四六〇

喻林八十卷 —————————— 第四冊・二五五

喻林輯要□卷 ————————— 第四冊・二五七

喻林髓二十四卷 ———————— 第四冊・二五六

御定歷代題畫詩類一百二十卷 —— 第三冊・二八七

御爐香二卷 —————————— 第七冊・四二二

Y

御製百家姓一卷附孔聖天經地義正道教

　　人修心八卦大學考經一卷 —— 第四册・三三二

御製耕織圖詩一卷 —————— 第三册・三二七

　　　　　　　　　　　　　第三册・三二九

御製文集二十卷 —————— 第五册・二五五

御製文集三十卷 —————— 第五册・二五六

御製圓明園詩二卷 ———— 第五册・五七六

愈愚録六卷又一卷 ———— 第四册・七五

豫章羅先生文集十七卷年譜一卷 —— 第五册・一九八

　　　　　　　　　　　　　第五册・一九九

鬱岡齋筆塵四卷 —————— 第四册・四〇

鬱輪袍一卷 ———————— 第七册・二八三

　　　　　　　　　　　　　第七册・二八四

鬱儀樓集五十四卷 ———— 第五册・三七九

淵鑒齋御纂朱子全書六十六卷 —— 第三册・二六

鴛湖倡和二卷 —————— 第六册・三九六

鴛鴦棒二卷 ———————— 第七册・三八五

元本出相北西廂記二卷會真記詩詞跋序

　　　辯證年譜碑文附後一卷 ——— 第七册・三

元本出相北西廂記二卷會真記一卷釋義

　　一卷 —————————— 第七册・二二三

元詞備考五卷 —————— 第七册・五二〇

元懶翁詩集二卷 —————— 第五册・二三三

元曲選圖一卷 —————— 第七册・二二〇

元曲選一百種一百卷 ———— 第七册・二一九

元人集十種五十四卷 ——— 第六册・六二

元詩選不分卷 —————— 第六册・二四九

元氏長慶集六十卷集外文章一卷 - 第五册・一二一

袁中郎十集十六卷 ———— 第四册・五五四

　　　　　　　　　　　　　第四册・五五五

袁中郎先生批評唐伯虎彙集四卷唐六如

　　先生畫譜三卷外集一卷紀事一卷傳贊

　　一卷 —————————— 第五册・二九四

園林午夢記一卷 —————— 第七册・二三二

園林午夢一卷 —————— 第七册・二三八

園冶三卷 ————————— 第二册・三六六

遠西奇器圖說録最三卷新製諸器圖說一

　　卷 —————————— 第二册・三五九

　　　　　　　　　　　　　第二册・三六〇

月峰先生居業四卷 ———— 第五册・三七八

月令通考十六卷 —————— 第二册・五〇二

月食通軌一卷 —————— 第三册・一六五

岳石帆先生鑒定四六宙函三十卷附文武

　　爵秩一卷 ——————— 第六册・二九六

岳武穆盡忠報國傳七卷 ——— 第七册・五八

越中三子詩三卷 —————— 第六册・三九二

粤西詩載二十五卷 ———— 第六册・四〇九

閱藏知津四十四卷總目四卷 —— 第四册・四七四

樂府群珠不分卷 —————— 第七册・四六三

樂府遺音一卷 —————— 第七册・一四二

樂府餘音一卷 —————— 第七册・四八一

樂律全書三十九卷 ———— 第一册・一三一

　　　　　　　　　　　　　第一册・一三二

樂律全書四十九卷 ———— 第一册・一二七

樂章集一卷 ———————— 第七册・一三二

嶽歸堂合集十卷 —————— 第五册・四四二

嶽江草一卷 ———————— 第五册・五三九

雲間杜氏詩選七卷 ———— 第六册・一四八

雲仙雜記十卷 —————— 第四册・一八四

韻譜本義十卷 —————— 第一册・一八五

韻石齋筆談二卷 —————— 第四册・一一二

　　　　　　　　　　　　　第四册・一一五

韻語陽秋二十卷 —————— 第六册・四一八

Z

雜著十種十卷 —————— 第四册・五六三

載雲舫集十卷 —————— 第五册・五〇九

再生緣二十卷 —————— 第七册・五四八

曾朋天詩一卷 —————— 第六册・三三一

曾青藜詩八卷 —————— 第六册・三三一

Z

增補秘傳地理尋龍經訣法一卷 ── 第三冊・一九五

增定古今逸史五十五種二百二十三卷

　　　　　　　　　　　　第四冊・五二九

　　　　　　　　　　　　第四冊・五三〇

增定國朝館課經世宏辭十五卷 ── 第六冊・二九〇

增訂二三場群書備考四卷 ──── 第四冊・三二三

增廣註釋音辯唐柳先生集四十三卷別集

　二卷外集二卷朱文公校昌黎先生文集

　四十卷外集十卷 ────── 第五冊・一〇七

增修埤雅廣要四十二卷 ──── 第四冊・二四五

增正詩餘圖譜三卷 ────── 第七冊・二一〇

　　　　　　　　　　　　第七冊・二一一

增註類證活人書二十二卷 ── 第三冊・一四八

增註唐賢絕句三體詩法三卷 ── 第六冊・二四〇

贈題集一卷 ───────── 第五冊・七九

摘燬書目一卷 ─────── 第二冊・四九二

摘星樓傳奇二卷 ────── 第七冊・四五八

齋中十六友圖說一卷 ──── 第三冊・四七七

占書一卷 ─────────── 第三冊・二〇四

戰國策十卷 ───────── 第二冊・二七

　　　　　　　　　　　　第二冊・二八

張穆祁雋藻等書劄不分卷 ── 第六冊・三六三

張文潛文集十三卷 ────── 第五冊・一八一

張小山樂府一卷 ────── 第七冊・四八〇

張玉娘閨房三清鸚鵡墓貞文記二卷

　　　　　　　　　　　　第七冊・三七八

張子壽文集二十二卷 ──── 第五冊・六九

樟亭集不分卷葆光堂詩不分卷授研齋詩

　不分卷 ──────── 第五冊・五三三

礄園詩稿二卷 ─────── 第五冊・四三八

昭代簫韶十本二十卷首一卷 ── 第七冊・四二三

昭德先生郡齋讀書志二十卷 ── 第二冊・四五八

昭德先生郡齋讀書志四卷後志二卷附志

　一卷考異一卷 ───── 第二冊・四五四

　　　　　　　　　　　　第二冊・四五六

趙忠毅公三種 ─────── 第四冊・五六〇

折獄龜鑒二卷 ─────── 第三冊・八五

哲匠金桴五卷 ─────── 第四冊・二四八

柘湖小稿一卷 ─────── 第五冊・五二四

　　　　　　　　　　　　第五冊・五五六

浙江布政司稅契號票及收執 ── 第二冊・三五四

浙西六家詞十一卷 ────── 第七冊・一三一

蔗塘未定稿九卷 ────── 第五冊・五八〇

　　　　　　　　　　　　第五冊・五八一

貞豐擬乘二卷 ─────── 第二冊・二六三

貞觀公私畫史一卷 ────── 第三冊・二五二

真蹟日録一卷二集一卷三集一卷 第三冊・二三三

真如里志四卷 ─────── 第二冊・二六六

真文忠公政經一卷 ────── 第三冊・二九

真珠船二十卷 ─────── 第四冊・一六七

針灸大成十卷 ─────── 第三冊・一五六

針餘小草一卷 ─────── 第六冊・三三九

枕肱亭文集二十卷目録二卷附録二卷

　　　　　　　　　　　　第五冊・二七三

陣法馬步射法棍法一卷 ──── 第三冊・四七

振綺堂書目四卷 ────── 第二冊・四三二

震澤長語二卷 ─────── 第四冊・五三七

整庵先生存稿二十卷 ──── 第五冊・二八七

正祀考集□□卷 ────── 第二冊・一五三

正信除疑無修證自在經一卷 ── 第七冊・五五四

正誼堂文集不分卷詩集二十卷蓉渡詞三

　卷 ────────── 第五冊・五五八

鄭敷文景望書說一卷 ──── 第一冊・一五

鄭少白詩集□卷 ────── 第五冊・三五九

證道堂訂定王遂東先生傳稿不分卷

　　　　　　　　　　　　第五冊・四一八

證山堂集八卷 ─────── 第五冊・五〇八

支塘小志不分卷 ────── 第二冊・二六一

芝山集一卷 ───────── 第五冊・四八〇

知白齋詩草八卷續草八卷 ── 第五冊・六二七

知過軒隨録不分卷 ——————— 第二册・二七一

祇平居士集三十卷 ——————— 第五册・五九六

梔禪録題辭一卷 ——————— 第五册・六三六

直講李先生文集三十七卷外集三卷

　　　　　　　　　——————— 第五册・一六〇

直指玉鑰匙門法一卷 ——————— 第一册・一七四

職方外紀六卷首一卷 ——————— 第二册・三一九

止齋先生文集五十二卷附録一卷 — 第五册・二〇三

徵彙詩文不分卷 ——————— 第六册・三二〇

至正集八十一卷 ——————— 第五册・二四二

志壑堂詩集十二卷文集十二卷詩後集五

　　卷 ——————— 第五册・五二八

致富全書十二卷 ——————— 第三册・一〇四

致身録一卷附編一卷附録一卷 — 第二册・二〇〇

智囊全集二十八卷 ——————— 第四册・一六三

鷹青山人集杜一卷 ——————— 第五册・五八四

薙簏吟十卷 ——————— 第五册・四八八

中邨逸稿二卷 ——————— 第五册・五二二

中山傳信録六卷 ——————— 第二册・三二三

中晚唐詩紀六十二卷 ——————— 第六册・五〇

中晚唐詩五十一卷 ——————— 第六册・五一

中州名賢文表三十卷 ——————— 第六册・三四九

中州樂府集一卷 ——————— 第七册・二〇一

忠獻韓魏王家傳十卷 ——————— 第五册・一五四

忠孝全書二種十二卷 ——————— 第四册・五〇二

忠信堂四刻分類註釋合像初穎日記故事

　　□□卷 ——————— 第四册・三〇〇

忠義水滸傳一百回 ——————— 第七册・六九

　　　　　　　　　　　　　第七册・七九

忠義水滸全書一百二十回宣和遺事一卷

　　　　　　　　　——————— 第七册・七一

　　　　　　　　　　　　　第七册・七四

仲蔚先生集二十四卷附録一卷 — 第五册・三六八

舟山堂繪像第六才子書八卷 — 第七册・二五六

周禮筆記六卷 ——————— 第一册・六八

周禮補亡六卷 ——————— 第一册・六五

周禮集註七卷 ——————— 第一册・六六

周禮句解六卷集註句解一卷考工記一卷

　　　　　　　　　——————— 第一册・六九

周禮文物大全圖不分卷 ——————— 第一册・七〇

周詩遺軌十卷 ——————— 第六册・一二〇

周文歸二十卷 ——————— 第六册・一九〇

周宣王石鼓文定本不分卷 — 第二册・三八八

周易本義四卷筮儀一卷圖説一卷卦歌一

　　卷 ——————— 第一册・四

周易大義圖説續稿一卷 ——————— 第一册・一二

周易集解十七卷略例一卷 ——————— 第一册・三

周易悟真篇圖註三卷附外集一卷 — 第四册・四八八

周易悟真篇圖註三卷外集一卷 — 第四册・四八九

朱太復文集五十二卷目録五卷 — 第五册・三九一

朱文公校昌黎先生文集四十卷外集十卷

　　　　　　　　　——————— 第五册・一〇七

朱魚譜一卷韓香譜一卷 ——————— 第三册・五二七

朱子校昌黎先生集傳一卷 — 第五册・一〇八

朱子説書綱領一卷 ——————— 第一册・一九

諸家筆籌四卷 ——————— 第四册・三〇六

諸儒議論一卷 ——————— 第六册・八九

　　　　　　　　　　　　　第六册・九〇

　　　　　　　　　　　　　第六册・九一

諸體評論一卷 ——————— 第六册・三三一

諸夷考三卷 ——————— 第二册・五七

竹初樂府三種□卷 ——————— 第七册・四三一

竹房先生文集補一卷 ——————— 第二册・一四四

竹浪亭集補梅花集句一卷 — 第五册・二八五

竹里秦漢瓦當文存不分卷 — 第二册・四〇四

竹素園詩選二卷 ——————— 第六册・三七五

竹汀府君行述一卷 ——————— 第二册・一九八

竹灣未定稿八卷 ——————— 第五册・六三五

竹雲題跋四卷 ——————— 第三册・二五一

竹齋先生詩集四卷 ——————— 第五册・二一〇

Z

竹洲文集十卷附録一卷 ——————— 第五册・一九七

杼山集十卷 ——————————— 第五册・一〇三

篆林肆考十五卷 ————————— 第一册・一七八

轉情集二卷 ——————————— 第五册・三七五

莊子内篇註七卷 ————————— 第四册・四八四

狀元圖考六卷 —————————— 第二册・二一七

　　　　　　　　　　　　　　　第二册・二一九

拙圃詩草初集一卷二集一卷三集一卷煙

　花債傳奇一卷 ————————— 第五册・五七四

紫柏老人集十五卷首一卷 ———— 第五册・四三六

紫庭草一卷 ——————————— 第五册・四二二

紫陽朱氏統宗世譜十卷 ————— 第二册・二三八

自娛集十卷 ——————————— 第五册・四二五

字香亭梅花百詠一卷 —————— 第五册・五五七

宗風師法真傳五卷 ——————— 第六册・三六六

宗忠簡公文集二卷 ——————— 第五册・一八六

奏雅世業十一卷 ————————— 第六册・二六九

纂圖互註五子五十卷 —————— 第三册・三

最樂編五卷 ——————————— 第四册・一五三

醉愛居印賞二卷又一卷 ————— 第三册・四三六

醉高歌傳奇三卷 ————————— 第七册・二九九

醉寫一卷 ——————————— 第七册・四六〇

醉醒石十五回 —————————— 第七册・一六

尊前集二卷 ——————————— 第七册・一八二

昨非庵日纂一集二十卷二集二十卷三集

　二十卷 ———————————— 第四册・一六一

作論秘訣心法不分卷 —————— 第六册・四三三

作聖齋詩一卷 —————————— 第五册・四二三

坐隱先生訂碁譜二卷 —————— 第三册・四三八

坐隱先生精訂陳大聲樂府全集十二卷

　　　　　　　——————————— 第七册・四八八

坐隱先生精訂馮海浮山堂詞稿二卷

　　　　　　　——————————— 第七册・四九五

坐隱先生精訂梨雲寄傲二卷 —— 第七册・四八九

Z

著者筆畫索引

二畫

丁元薦 —————————— 第三冊·一四六
丁自勸 —————————— 第二冊·七三
丁易 ——————————— 第二冊·三一五
丁度 ——————————— 第三冊·四五
　　　　　　　　　　　　第三冊·四六
丁晏 ——————————— 第二冊·四
　　　　　　　　　　　　第四冊·七七
丁雲鵬 —————————— 第二冊·一〇六
　　　　　　　　　　　　第二冊·一〇八
丁嗣澂 —————————— 第五冊·五一七
丁澎 ——————————— 第七冊·一五四
卜應天 —————————— 第三冊·一九四
　　　　　　　　　　　　第三冊·一九五

三畫

于成龍 —————————— 第二冊·七五
于華玉 —————————— 第七冊·五八
于慎行 —————————— 第二冊·五一四
于謙 ——————————— 第二冊·六六

四畫

王十朋 —————————— 第五冊·一七八
　　　　　　　　　　　　第五冊·二〇四
　　　　　　　　　　　　第五冊·二〇五
王九思 —————————— 第七冊·四八三
　　　　　　　　　　　　第七冊·四八四
王又旦 —————————— 第五冊·五一六
王士禛 —————————— 第四冊·五七〇
　　　　　　　　　　　　第五冊·五五〇
　　　　　　　　　　　　第五冊·五五一
　　　　　　　　　　　　第六冊·四三八
　　　　　　　　　　　　第六冊·四三九
　　　　　　　　　　　　第七冊·一五六
王大海 —————————— 第二冊·三二一

王大智 ——————————— 第四册・一五四

王大醇 ——————————— 第六册・一九九

王之醇 ——————————— 第六册・八三

王元啓 ——————————— 第五册・五九六

王元壽 ——————————— 第七册・三九三

王文治 ——————————— 第五册・五四五

第五册・五四六

王正祥 ——————————— 第七册・五一七

第七册・五一八

第七册・五二四

王世貞 ——————————— 第二册・二七五

第三册・二一七

第三册・二一八

第三册・二四九

第四册・二三

第四册・二〇〇

第四册・二〇二

第四册・二五二

第四册・四九四

第五册・一七五

第五册・三四七

第五册・三四八

第六册・二五一

第六册・二五七

第六册・二五八

第七册・二二三

王世懋 ——————————— 第四册・五五一

第五册・三五二

王弘道 ——————————— 第三册・二一〇

王在晋 ——————————— 第二册・四二

王光晟 ——————————— 第三册・二八八

王光魯 ——————————— 第二册・三二九

王廷章 ——————————— 第七册・四二三

王兆雲 ——————————— 第四册・九二

第四册・九五

第四册・二〇七

王充 ——————————— 第四册・六

王充耘 ——————————— 第一册・二三

王宇 ——————————— 第四册・一五八

王安石 ——————————— 第五册・一六九

第五册・一七〇

第五册・一七二

王安國 ——————————— 第二册・二五八

王艮 ——————————— 第五册・三一九

王如錫 ——————————— 第五册・一七七

王好古 ——————————— 第三册・一三〇

王圻 ——————————— 第二册・三三五

王伯大 ——————————— 第五册・一〇七

王希明 ——————————— 第三册・一五九

王肯堂 ——————————— 第四册・四〇

王昌會 ——————————— 第六册・四三一

王昌齡 ——————————— 第五册・七一

王明嶅 ——————————— 第四册・二四三

王朋壽 ——————————— 第四册・二四〇

王炎 ——————————— 第五册・二〇六

王宗本 ——————————— 第二册・二三五

王宗聖 ——————————— 第六册・一二九

王宗稷 ——————————— 第五册・一七三

第五册・一七五

第五册・一七八

王定保 ——————————— 第四册・七九

王思任 ——————————— 第三册・二七一

第五册・四一七

王思義 ——————————— 第三册・二七二

王屋 ——————————— 第七册・一五〇

王韋 ——————————— 第五册・三〇一

王振綱 ——————————— 第五册・六三一

第五册・六三二

四畫

　　　　　　　　　　　第五冊・六三三

王原　————————————第六冊・三八〇

王原祁　——————————第二冊・三四三

王時濟　——————————第五冊・三九〇

王臬　————————————第三冊・三九五

　　　　　　　　　　　第三冊・三九七

　　　　　　　　　　　第三冊・四〇二

　　　　　　　　　　　第三冊・四〇五

　　　　　　　　　　　第三冊・四〇七

王逢　————————————第五冊・二四八

王家植　——————————第二冊・五一六

　　　　　　　　　　　第二冊・五一九

王納諫　——————————第一冊・一二三

王國維　——————————第七冊・五四〇

王崇簡　——————————第六冊・三六九

王象晉　——————————第三冊・五〇二

　　　　　　　　　　　第三冊・五〇三

王逸　————————————第五冊・五

　　　　　　　　　　　第五冊・六

王寅　————————————第五冊・三一〇

王綖　————————————第三冊・二二八

王紳　————————————第五冊・二六四

王萱齡　——————————第一冊・一二

王晫　————————————第四冊・五六三

　　　　　　　　　　　第六冊・三二二

　　　　　　　　　　　第六冊・三五四

　　　　　　　　　　　第七冊・一五五

　　　　　　　　　　　第七冊・二〇五

王開沃　——————————第七冊・八四

王復禮　——————————第二冊・五〇六

王焞　————————————第六冊・三一六

王弼　————————————第一冊・三

王蓍　————————————第三冊・三九五

　　　　　　　　　　　第三冊・三九七

　　　　　　　　　　　第三冊・四〇二

　　　　　　　　　　　第三冊・四〇五

　　　　　　　　　　　第三冊・四〇七

王路　————————————第三冊・四九六

　　　　　　　　　　　第三冊・四九八

　　　　　　　　　　　第三冊・四九九

王路清　——————————第四冊・一四八

王獻定　——————————第五冊・四九〇

王準　————————————第六冊・二九

王慎中　——————————第五冊・三二三

王福田　——————————第二冊・四〇四

王禎　————————————第三冊・八九

王褘　————————————第三冊・一六三

王槩　————————————第三冊・三九〇

　　　　　　　　　　　第三冊・三九一

　　　　　　　　　　　第三冊・三九三

　　　　　　　　　　　第三冊・三九五

　　　　　　　　　　　第三冊・三九七

　　　　　　　　　　　第三冊・四〇二

　　　　　　　　　　　第三冊・四〇五

　　　　　　　　　　　第三冊・四〇七

　　　　　　　　　　　第三冊・四一〇

王際華　——————————第二冊・二〇四

王睿章　——————————第三冊・四三六

王埜　————————————第七冊・四二一

王鳴盛　——————————第六冊・三四六

王維　————————————第五冊・七七

　　　　　　　　　　　第五冊・七八

　　　　　　　　　　　第五冊・七九

　　　　　　　　　　　第五冊・八一

王維德　——————————第二冊・三〇四

王輝　————————————第七冊・四六四

王暠　————————————第一冊・一五一

王德信　——————————第七冊・二二三

　　　　　　　　　　　第七冊・二二六

第七冊・二二七

第七冊・二三〇

第七冊・二三二

第七冊・二三三

第七冊・二三五

第七冊・二三八

第七冊・二三九

第七冊・二四一

第七冊・二四四

第七冊・二四五

第七冊・二四八

第七冊・二四九

第七冊・二五〇

第七冊・二五一

第七冊・二五四

第七冊・二五六

王徵　　　　　　　　第二冊・三五九

第二冊・三六〇

王磐　　　　　　　　第三冊・九八

第三冊・一〇〇

第五冊・三〇三

第七冊・四八六

王澍　　　　　　　　第一冊・三一

第三冊・二五一

王潾　　　　　　　　第五冊・四三八

王緣督　　　　　　　第五冊・四〇三

王衡　　　　　　　　第四冊・二六〇

第五冊・四二〇

王錫祺　　　　　　　第五冊・六三四

王錫爵　　　　　　　第六冊・二九〇

王懋昭　　　　　　　第七冊・四四三

王穉登　　　　　　　第四冊・五五六

第五冊・三六四

第五冊・三六五

第七冊・四六四

王鰲　　　　　　　　第四冊・五三七

王黼　　　　　　　　第二冊・三七八

第二冊・三八〇

第二冊・三八一

王寵　　　　　　　　第五冊・三一八

王韜　　　　　　　　第二冊・二一一

第二冊・四三六

第二冊・四三八

王鐸　　　　　　　　第二冊・六三

王巖叟　　　　　　　第五冊・一五四

王鑨　　　　　　　　第七冊・四一一

王驥德　　　　　　　第七冊・二四一

第七冊・五二八

天花藏主人　　　　　第七冊・九八

天然癡叟　　　　　　第七冊・一三

元好問　　　　　　　第六冊・二一三

第七冊・二〇一

元積　　　　　　　　第五冊・一二一

第七冊・二二三

第七冊・二二七

第七冊・二三〇

第七冊・二三二

第七冊・二三五

第七冊・二四四

第七冊・二四五

第七冊・二四八

第七冊・二四九

第七冊・二五〇

五色石主人　　　　　第七冊・九九

太祖朱元璋　　　　　第五冊・二五五

第五冊・二五六

尤侗　　　　　　　　第七冊・二七九

尤袤　　　　　　　　第二冊・四一七

第六冊・四一六

四—五畫

午榮 ——————————— 第二册·三六一
　　　　　　　　　　　第二册·三六三
　　　　　　　　　　　第二册·三六四
午橋釣叟 ————————— 第四册·一七四
牛天宿 ——————————— 第二册·一三三
牛衷 ———————————— 第四册·二四五
毛邦翰 ——————————— 第一册·一三九
　　　　　　　　　　　第一册·一五一
毛先舒 ——————————— 第七册·一九一
毛宗崗 ——————————— 第七册·三二三
毛紀 ———————————— 第六册·二五〇
毛起 ————————————— 第四册·八三
毛晋 ———————————— 第二册·一八一
　　　　　　　　　　　第二册·四六〇
　　　　　　　　　　　第三册·四四九
　　　　　　　　　　　第五册·三
　　　　　　　　　　　第六册·三
　　　　　　　　　　　第六册·三五
　　　　　　　　　　　第六册·三八
　　　　　　　　　　　第六册·四一
　　　　　　　　　　　第六册·四四
　　　　　　　　　　　第六册·六二
　　　　　　　　　　　第七册·三〇二
毛甡 ———————————— 第七册·二五〇
毛萇 ———————————— 第一册·三九
　　　　　　　　　　　第一册·四一
毛萬齡 ——————————— 第五册·五五九
毛際可 ——————————— 第五册·五四七
　　　　　　　　　　　第七册·一五六
毛嶽生 ——————————— 第五册·六一五
仁孝皇后徐氏 ————————— 第三册·三三
　　　　　　　　　　　第四册·一二二
卞之錦 ——————————— 第六册·二三三
卞永譽 ——————————— 第三册·二三七
文天祥 ——————————— 第五册·二二二

文廷式 ——————————— 第二册·二七一
文翔鳳 ——————————— 第五册·四二二
　　　　　　　　　　　第五册·四二三
文震亨 ——————————— 第四册·一一一
文震孟 ——————————— 第二册·六三
方于魯 ——————————— 第三册·四六三
　　　　　　　　　　　第三册·四六五
　　　　　　　　　　　第三册·四六七
方以智 ——————————— 第五册·四六六
方成珪 ——————————— 第五册·六二六
方汝浩 ——————————— 第七册·九六
方岳 ————————————— 第五册·二二一
方逢辰 ——————————— 第五册·二二三
方瑞生 ——————————— 第三册·四八六
方嶽 ———————————— 第六册·四二三
心一山人 —————————— 第七册·三八七
尹耕 ————————————— 第五册·三三四
孔延之 ——————————— 第六册·三九一
孔尚任 ——————————— 第七册·四一九
　　　　　　　　　　　第七册·四二〇
孔貞叢 ——————————— 第二册·三一一
孔傳 ————————————— 第四册·二二二
孔傳鋕 ——————————— 第七册·一六三
孔傳鐸 ——————————— 第五册·五四四
　　　　　　　　　　　第七册·一二九
孔繼涵 ——————————— 第五册·五九七

五畫

甘暘 ————————————— 第二册·四〇八
世宗胤禛 —————————— 第三册·三二七
　　　　　　　　　　　第三册·三二九
艾儒略 ——————————— 第二册·三一九
　　　　　　　　　　　第四册·五七
　　　　　　　　　　　第四册·五八
左圭 ————————————— 第四册·五〇九
左克明 ——————————— 第六册·一一七

左澴 ——————————— 第七册・四三六
　　　　　　　　　　　　第七册・四三八
石永寧 ————————— 第五册・五八四
石琰 ——————————— 第七册・四三二
　　　　　　　　　　　　第七册・四五九
石韞玉 ————————— 第七册・二九四
田汝成 ————————— 第二册・三〇五
田茂遇 ————————— 第六册・三六七
田藝蘅 ————————— 第四册・二六
史仲彬 ————————— 第二册・二〇〇
史忠 ——————————— 第五册・三〇五
史炳 ——————————— 第五册・九六
史詮 ——————————— 第五册・六一七
史槃 ——————————— 第七册・三七二
史夔 ——————————— 第五册・五三三
史鑒 ——————————— 第五册・二八四
丘兆麟 ————————— 第六册・二九二
丘象升 ————————— 第五册・一七七
丘象隨 ————————— 第五册・一二七
丘葵 ——————————— 第一册・六五
丘濬 ——————————— 第一册・八一
白居易 ————————— 第四册・二二二
　　　　　　　　　　　　第五册・一一四
　　　　　　　　　　　　第五册・一一六
　　　　　　　　　　　　第五册・一一七
白雲霽 ————————— 第四册・五〇五
句曲山農 ——————— 第三册・五二九
玄燁 ——————————— 第三册・三二七
　　　　　　　　　　　　第三册・三二九
永恩 ——————————— 第七册・三九七
司空曙 ————————— 第五册・一〇二
司馬光 ————————— 第四册・八〇
司馬遷 ————————— 第五册・一六
弘曆 ——————————— 第三册・三二七
　　　　　　　　　　　　第三册・三二九
　　　　　　　　　　　　第五册・五七六

皮日休 ————————— 第五册・一四五
　　　　　　　　　　　　第五册・一四七
　　　　　　　　　　　　第六册・二三四
　　　　　　　　　　　　第六册・二三五
　　　　　　　　　　　　第六册・二三六

六畫

邢澍 ——————————— 第二册・四七〇
邢璹 ——————————— 第一册・三
戎式弘 ————————— 第五册・五一八
西湖主人 ——————— 第七册・一〇
西湖香嬰居士 ———— 第七册・一〇五
百花主人 ——————— 第三册・四七七
　　　　　　　　　　　　第三册・四九八
　　　　　　　　　　　　第三册・四九九
呂士雄 ————————— 第七册・五二二
呂本 ——————————— 第二册・三三六
　　　　　　　　　　　　第二册・三三七
呂延濟 ————————— 第六册・八九
　　　　　　　　　　　　第六册・九〇
　　　　　　　　　　　　第六册・九一
　　　　　　　　　　　　第六册・九二
呂向 ——————————— 第六册・八九
　　　　　　　　　　　　第六册・九〇
　　　　　　　　　　　　第六册・九一
　　　　　　　　　　　　第六册・九二
呂坤 ——————————— 第二册・一二一
　　　　　　　　　　　　第四册・一三〇
　　　　　　　　　　　　第五册・三八二
呂祖謙 ————————— 第一册・四二
　　　　　　　　　　　　第一册・九〇
　　　　　　　　　　　　第一册・九一
　　　　　　　　　　　　第三册・三一
　　　　　　　　　　　　第四册・二二八
　　　　　　　　　　　　第五册・一七八
　　　　　　　　　　　　第六册・一五五

六畫

呂留良 ——————— 第五冊·三二八
　　　　　　　　　　第五冊·三五六
　　　　　　　　　　第六冊·一九四
　　　　　　　　　　第六冊·四四〇
呂葆中 ——————— 第六冊·一九四
朱一是 ——————— 第五冊·一三一
朱士端 ——————— 第一冊·三七
朱之臣 ——————— 第五冊·四六二
朱之蕃 ——————— 第六冊·一六五
　　　　　　　　　　第六冊·二六〇
朱元亮 ——————— 第六冊·一五三
朱元璋 ——————— 第五冊·二五五
　　　　　　　　　　第五冊·二五六
朱日藩 ——————— 第六冊·九九
朱世傑 ——————— 第三冊·一七六
朱夼 ——————— 第七冊·四二九
朱申 ——————— 第一冊·九三
朱存理 ——————— 第三冊·二二九
朱廷立 ——————— 第五冊·三二一
朱廷璋 ——————— 第七冊·五三一
朱廷鏐 ——————— 第七冊·五三一
朱佐朝 ——————— 第七冊·四〇二
朱長文 ——————— 第三冊·四二六
朱長春 ——————— 第五冊·三九一
朱肱 ——————— 第三冊·一四八
朱荃宰 ——————— 第四冊·五四
朱晉楨 ——————— 第三冊·四四一
朱逢泰 ——————— 第三冊·二九五
朱彬 ——————— 第一冊·七九
朱盛淺 ——————— 第五冊·四六五
朱國禎 ——————— 第四冊·三七
朱術垧 ——————— 第三冊·四七四
朱載堉 ——————— 第一冊·一二七
　　　　　　　　　　第一冊·一三一
　　　　　　　　　　第一冊·一三二

朱壽鏞 ——————— 第三冊·二六三
朱橚 ——————— 第六冊·一五六
　　　　　　　　　　第六冊·一五七
朱維熊 ——————— 第五冊·五五三
朱篁 ——————— 第五冊·四三一
朱熹 ——————— 第一冊·四
　　　　　　　　　　第一冊·一九
　　　　　　　　　　第一冊·一〇九
　　　　　　　　　　第三冊·二五
　　　　　　　　　　第三冊·二六
　　　　　　　　　　第三冊·三一
　　　　　　　　　　第五冊·六
　　　　　　　　　　第五冊·一〇七
　　　　　　　　　　第五冊·二〇一
朱頤厓 ——————— 第三冊·二六三
朱整 ——————— 第五冊·三〇二
朱謀垔 ——————— 第三冊·二六二
朱謀埠 ——————— 第四冊·一四二
朱橚 ——————— 第三冊·九四
　　　　　　　　　　第三冊·九六
朱彝尊 ——————— 第二冊·四二一
　　　　　　　　　　第六冊·二七六
朱警 ——————— 第六冊·二七
朱權 ——————— 第三冊·二〇八
　　　　　　　　　　第三冊·二〇九
　　　　　　　　　　第三冊·四四二
　　　　　　　　　　第四冊·四九一
　　　　　　　　　　第四冊·四九二
　　　　　　　　　　第七冊·三二五
　　　　　　　　　　第七冊·三二六
　　　　　　　　　　第七冊·三二八
　　　　　　　　　　第七冊·五一四
　　　　　　　　　　第七冊·五一五
朱鶴齡 ——————— 第五冊·一三三
先著 ——————— 第七冊·一九八

竹溪主人 ——————————— 第四册・三二一
延平處士 ——————————— 第七册・六六
延閣主人 ——————————— 第七册・二四五
　　　　　　　　　　　　　第七册・二四八
任大椿 ———————————— 第一册・一六七
任昉 —————————————— 第五册・二六
　　　　　　　　　　　　　第五册・四八
任瑛 —————————————— 第五册・四八五
任熊 —————————————— 第三册・四一九
任藩 —————————————— 第六册・五三
伊齡阿 ———————————— 第二册・三四七
全祖望 ———————————— 第五册・五八五
冲和居士 ——————————— 第七册・五一一
米芾 —————————————— 第二册・一八〇
　　　　　　　　　　　　　第三册・二五七
江淹 —————————————— 第五册・五〇
　　　　　　　　　　　　　第五册・五一
　　　　　　　　　　　　　第五册・五二
江贄 —————————————— 第二册・一七
江蘭 —————————————— 第五册・五二一
池上客 ———————————— 第六册・一三七
　　　　　　　　　　　　　第六册・一三八
安致遠 ———————————— 第五册・五三九
　　　　　　　　　　　　　第五册・五四〇
安箕 —————————————— 第五册・五四〇
祁承爜 ———————————— 第二册・四九一
祁寯藻 ———————————— 第六册・三六三
　　　　　　　　　　　　　第六册・三六四
阮大鋮 ———————————— 第七册・三八〇
　　　　　　　　　　　　　第七册・三八二
　　　　　　　　　　　　　第七册・三八三
阮嶼 —————————————— 第七册・二〇
阮籍 —————————————— 第五册・二六
　　　　　　　　　　　　　第五册・二七

七畫

赤心子 ———————————— 第四册・二六二
　　　　　　　　　　　　　第四册・二六三
芮挺章 ———————————— 第六册・二〇六
杜世祺 ———————————— 第六册・一四八
杜丙傑 ———————————— 第六册・三九一
杜甫 —————————————— 第五册・八八
　　　　　　　　　　　　　第五册・九〇
　　　　　　　　　　　　　第五册・九一
　　　　　　　　　　　　　第五册・九二
　　　　　　　　　　　　　第五册・九三
杜牧 —————————————— 第五册・一三〇
　　　　　　　　　　　　　第五册・一三一
杜預 —————————————— 第一册・八七
杜溁 —————————————— 第五册・五一〇
杜綰 —————————————— 第三册・四八五
杜審言 ———————————— 第五册・六五
　　　　　　　　　　　　　第五册・六六
杜濬 —————————————— 第五册・四七〇
杜騏徵 ———————————— 第六册・二九九
李天馥 ———————————— 第三册・三二一
　　　　　　　　　　　　　第七册・一五六
李日華 ———————————— 第四册・二六六
　　　　　　　　　　　　　第六册・二九七
　　　　　　　　　　　　　第七册・三五二
李中立 ———————————— 第三册・一二一
　　　　　　　　　　　　　第三册・一二二
李中黃 ———————————— 第四册・六一
李中梓 ———————————— 第三册・一四七
李化龍 ———————————— 第二册・四〇
李公煥 ———————————— 第五册・四二
　　　　　　　　　　　　　第五册・四四
李玉 —————————————— 第七册・三九九
　　　　　　　　　　　　　第七册・四〇〇
　　　　　　　　　　　　　第七册・四〇一

七畫

李白 ——————— 第五冊・七三
　　　　　　　　　第五冊・七五
李幼武 —————— 第二冊・一三九
　　　　　　　　　第二冊・一四○
李光地 —————— 第三冊・二六
　　　　　　　　　第五冊・五六四
李光祚 —————— 第四冊・三一三
李光縉 —————— 第二冊・五
李廷機 —————— 第二冊・五
　　　　　　　　　第四冊・三○四
　　　　　　　　　第六冊・二五七
　　　　　　　　　第六冊・二五八
李自榮 —————— 第六冊・二九六
李孝美 —————— 第三冊・四五二
李芳 ——————— 第五冊・四二八
李克家 —————— 第三冊・一八五
李若昌 —————— 第三冊・三三八
李茂年 —————— 第五冊・七五
李東陽 —————— 第五冊・二七九
李杲 ——————— 第三冊・一三一
李昂枝 —————— 第六冊・二七九
李周翰 —————— 第六冊・八九
　　　　　　　　　第六冊・九○
　　　　　　　　　第六冊・九一
　　　　　　　　　第六冊・九二
李宗昉 —————— 第五冊・六二五
李承箕 —————— 第五冊・三○二
李春榮 —————— 第五冊・一一六
李思聰 —————— 第二冊・五六
李恒 ——————— 第三冊・一四三
李振裕 —————— 第六冊・三五二
李栻 ——————— 第四冊・一四一
李時珍 —————— 第三冊・一一○
　　　　　　　　　第三冊・一一一
　　　　　　　　　第三冊・一一三
　　　　　　　　　第三冊・一三一

李留德 —————— 第四冊・八四
李國祥 —————— 第六冊・二○三
李商隱 —————— 第五冊・一三二
　　　　　　　　　第五冊・一三三
　　　　　　　　　第五冊・一三五
李望槐 —————— 第四冊・二七五
李淳風 —————— 第三冊・二一一
李綖 ——————— 第二冊・三四三
李鼎 ——————— 第五冊・三九七
李鼎祚 —————— 第一冊・三
李舜臣 —————— 第五冊・三二二
李善 ——————— 第六冊・八五
　　　　　　　　　第六冊・八六
　　　　　　　　　第六冊・八七
　　　　　　　　　第六冊・八九
　　　　　　　　　第六冊・九○
　　　　　　　　　第六冊・九一
　　　　　　　　　第六冊・九二
李賀 ——————— 第五冊・一二三
　　　　　　　　　第五冊・一二四
　　　　　　　　　第五冊・一二五
　　　　　　　　　第五冊・一二七
李載贄 —————— 第二冊・三八
　　　　　　　　　第四冊・九六
李夢陽 —————— 第五冊・二八八
　　　　　　　　　第五冊・二八九
　　　　　　　　　第五冊・二九○
　　　　　　　　　第五冊・二九一
李嗣真 —————— 第三冊・二五七
李裔蕃 —————— 第七冊・三二○
李際可 —————— 第四冊・二四七
李齊芳 —————— 第五冊・七五
李漫翁 —————— 第七冊・四二二
李漁 ——————— 第四冊・一一七
　　　　　　　　　第四冊・一八五
　　　　　　　　　第四冊・五六二

第七冊・一五九
第七冊・四〇三
第七冊・四〇四
第七冊・四〇五
第七冊・四〇六
李維楨　————————　第二冊・二七五
李蕃　————————　第五冊・五二三
李賢　————————　第五冊・二六九
李確　————————　第五冊・四五一
李鄴嗣　————————　第五冊・五〇一
第六冊・三八七
李盤　————————　第三冊・五四
李樹德　————————　第五冊・五六五
李儒烈　————————　第六冊・二八一
李濂　————————　第七冊・一三八
李璸　————————　第四冊・五五八
李覯　————————　第五冊・一六〇
李鍇　————————　第五冊・五八四
李鍾嶽　————————　第五冊・五二三
李鍾璧　————————　第五冊・五二三
李贄　————————　第二冊・二〇一
第四冊・一三九
第五冊・四五
第五冊・三五一
第六冊・一一五
第六冊・二〇四
第七冊・二九
第七冊・七一
第七冊・七四
第七冊・二二三
第七冊・二三八
第七冊・二三九
第七冊・三〇九
第七冊・三二一
第七冊・三二八

李攀龍　————————　第五冊・三四四
第五冊・三四五
第五冊・三四六
第六冊・一二八
第六冊・二一九
第六冊・二二〇
第六冊・二二一
第六冊・二二二
第六冊・二五一
第六冊・二五七
第六冊・二五八
李贊元　————————　第五冊・五一三
李鼻　————————　第六冊・二一二
李騰鵬　————————　第六冊・二六八
李觀　————————　第五冊・一〇六
楊甲　————————　第一冊・一三九
車若水　————————　第四冊・一五
吳一梫　————————　第三冊・一九四
吳之俊　————————　第四冊・二七八
吳之琔　————————　第五冊・五六〇
吳之澄　————————　第二冊・四二六
吳子孝　————————　第五冊・三三〇
吳元安　————————　第五冊・五三三
吳仁傑　————————　第五冊・三二
吳玉搢　————————　第六冊・三八一
吳正倫　————————　第四冊・四九三
吳正鵾　————————　第六冊・一八五
吳本厚　————————　第五冊・五五七
吳本涵　————————　第五冊・五五七
吳仕期　————————　第四冊・一二九
吳立　————————　第五冊・五五七
吳安國　————————　第四冊・三五
吳見思　————————　第五冊・九五
吳明春　————————　第四冊・四七九
吳宗札　————————　第四冊・二九五

吳定璋 ——————————— 第六冊·三七一

吳承恩 ——————————— 第二冊·二一三

第二冊·二一六

第二冊·二一七

第二冊·二一九

第七冊·八七

吳勉學 ——————————— 第六冊·二二九

第六冊·二三〇

第六冊·二三一

七畫

吳師道 ——————————— 第二冊·二八

吳崧 ——————————— 第五冊·四六

吳偉業 ——————————— 第五冊·四九三

第七冊·二七七

第七冊·三九八

吳從先 ——————————— 第四冊·三〇八

第五冊·四〇一

第五冊·四〇三

吳逸 ——————————— 第三冊·四一三

吳淑 ——————————— 第四冊·二二三

吳惟貞 ——————————— 第二冊·二〇二

吳琯 ——————————— 第四冊·五二九

第四冊·五三〇

第六冊·二二五

吳雯清 ——————————— 第六冊·三六二

吳鉞 ——————————— 第六冊·一四九

吳熙 ——————————— 第七冊·一五〇

吳歷 ——————————— 第五冊·五六二

吳儆 ——————————— 第五冊·一九七

吳綺 ——————————— 第七冊·一五三

第七冊·二一四

吳震方 ——————————— 第四冊·五四二

吳震生 ——————————— 第七冊·四二七

吳德旋 ——————————— 第四冊·九九

吳璵 ——————————— 第五冊·一三一

吳應箕 ——————————— 第二冊·四三

吳瞻泰 ——————————— 第五冊·四六

吳鎔 ——————————— 第三冊·四一七

吳霦 ——————————— 第二冊·三四七

吳濚 ——————————— 第七冊·一五八

吳騫 ——————————— 第一冊·一一六

第二冊·四二六

第六冊·三七三

吳繼仕 ——————————— 第一冊·七〇

第一冊·一四八

岑參 ——————————— 第五冊·九七

何三畏 ——————————— 第五冊·三八九

何士泰 ——————————— 第三冊·二〇七

何大成 ——————————— 第五冊·二九五

何大掄 ——————————— 第一冊·五六

何良傅 ——————————— 第五冊·三三九

何孟春 ——————————— 第四冊·一七

何胤宗 ——————————— 第四冊·三〇三

何棟如 ——————————— 第三冊·一九七

何景明 ——————————— 第五冊·二九七

第六冊·一五八

何無適 ——————————— 第六冊·四四六

何喬新 ——————————— 第一冊·六六

第五冊·二八二

何焯 ——————————— 第六冊·八七

何傳瑤 ——————————— 第三冊·四五〇

何養純 ——————————— 第五冊·一五一

佘永寧 ——————————— 第三冊·三九

余光耿 ——————————— 第七冊·一六〇

余邵魚 ——————————— 第七冊·二一

第七冊·二四

余思復 ——————————— 第五冊·五二二

余恒 ——————————— 第四冊·二七九

第四冊·二八〇

余象斗 ——————————— 第七冊·二一

余寅 ——————————— 第五冊·三八六

余靖————————————第五冊·一五三

況叔祺————————————第二冊·五四

辛文房————————————第二冊·一三七

辛棄疾————————————第七冊·一三八

　　　　————————————第七冊·一三九

汪士賢————————————第六冊·九

汪之元————————————第三冊·三三一

汪元治————————————第七冊·一五七

汪文柏————————————第五冊·五四一

　　　　————————————第五冊·五四二

　　　　————————————第六冊·三二四

汪正宗————————————第六冊·四三三

汪廷訥————————————第二冊·一一一

　　　　————————————第二冊·一一三

　　　　————————————第三冊·四三八

　　　　————————————第六冊·一七一

　　　　————————————第七冊·四八八

汪份————————————第六冊·三一〇

汪汝禄————————————第三冊·二六七

汪坦————————————第五冊·三六九

汪宗元————————————第六冊·二八〇

汪貞度————————————第三冊·四四〇

汪莘————————————第五冊·二一七

汪砢玉————————————第三冊·二七八

汪能肅————————————第二冊·一五五

汪萊————————————第三冊·一八二

汪象旭————————————第七冊·八七

汪淇————————————第六冊·三六一

　　　　————————————第六冊·三六二

汪啓淑————————————第二冊·四一一

　　　　————————————第三冊·四三四

汪敬————————————第五冊·二八〇

汪森————————————第六冊·四〇九

汪雲鵬————————————第四冊·四九四

汪道昆————————————第二冊·一八三

　　　　————————————第五冊·三四九

　　　　————————————第七冊·二六八

汪道貫————————————第六冊·二七八

汪道會————————————第六冊·二六一

　　　　————————————第六冊·二七八

汪遠孫————————————第二冊·四三二

汪楷————————————第六冊·二二

汪褆————————————第一冊·七六

汪鳴鑾————————————第二冊·四四四

汪價————————————第五冊·四八九

汪璪————————————第五冊·二八〇

汪懋孝————————————第三冊·二七三

汪懋麟————————————第七冊·一六五

汪應蛟————————————第二冊·六九

汪藻————————————第五冊·一八八

沈一貫————————————第五冊·三七〇

　　　　————————————第六冊·二八九

　　　　————————————第六冊·二九〇

沈九疇————————————第五冊·三六一

沈子禄————————————第三冊·一〇八

沈李龍————————————第三冊·一三六

　　　　————————————第三冊·一三七

沈長卿————————————第四冊·四九

沈昌世————————————第四冊·三二三

沈明臣————————————第五冊·三六一

沈季友————————————第六冊·三九四

沈佳胤————————————第六冊·二〇一

沈周————————————第五冊·二七四

　　　　————————————第五冊·二七六

沈津————————————第四冊·五一二

沈約————————————第二冊·九

　　　　————————————第五冊·四九

沈起鳳————————————第七冊·四三六

沈時棟————————————第七冊·一九三

沈堅―――――――第五冊・五二五
　　　　　　　　　第五冊・五五六
沈國元―――――――第七冊・六二
沈彩―――――――第五冊・五九三
沈啓原―――――――第五冊・四九
沈紹姬―――――――第四冊・一五二
沈越―――――――第二冊・三九
沈萬鉶―――――――第一冊・四四
沈欽韓―――――――第五冊・六一一
　　　　　　　　　第五冊・六一二
沈曾植―――――――第二冊・四四六
沈際飛―――――――第七冊・三四四
沈銓―――――――第三冊・二八九
　　　　　　　　　第五冊・六〇〇
沈頤―――――――第三冊・一四七
沈德符―――――――第二冊・一九
　　　　　　　　　第四冊・九七
沈謙―――――――第五冊・四七一
　　　　　　　　　第七冊・一九一
沈濤―――――――第四冊・一〇〇
沈豐垣―――――――第七冊・一九一
沈藻―――――――第二冊・二六七
沈鯨―――――――第七冊・三六一
沈寵綏―――――――第七冊・五二九
宋之問―――――――第五冊・六七
宋定業―――――――第五冊・五五六
宋韋金―――――――第五冊・五三三
宋琬―――――――第七冊・二七八
宋無―――――――第五冊・二四一
宋詡―――――――第四冊・一二四
宋犖―――――――第四冊・九八
宋魯珍―――――――第三冊・二〇七
宋濂―――――――第一冊・一八二
改琦―――――――第七冊・一七二
邵弁―――――――第四冊・四八三

邵廷采―――――――第五冊・五五二
邵亨貞―――――――第五冊・二四四
　　　　　　　　　第五冊・二四五
邵雍―――――――第三冊・一九七
　　　　　　　　　第五冊・一六三
邵標春―――――――第五冊・四六九
邵勳―――――――第六冊・二三九
邵磻溪―――――――第三冊・一九〇

八畫

武之望―――――――第三冊・一五〇
武緯子―――――――第四冊・二六〇
青心才人―――――――第七冊・一〇三
范文若―――――――第七冊・三八五
　　　　　　　　　第七冊・五一五
范永祺―――――――第二冊・一四八
范成大―――――――第五冊・二〇七
范仲淹―――――――第五冊・一五五
　　　　　　　　　第五冊・一五六
范希哲―――――――第七冊・四〇七
范明泰―――――――第二冊・一八〇
范建杲―――――――第七冊・四三五
范浚―――――――第五冊・一九四
　　　　　　　　　第五冊・一九五
范純仁―――――――第五冊・一五六
　　　　　　　　　第五冊・一六八
范純粹―――――――第五冊・一五六
范景文―――――――第三冊・七一
范欽―――――――第二冊・四一九
范聞賢―――――――第七冊・四二三
范端臣―――――――第五冊・一九五
范端杲―――――――第五冊・一九五
茅一楨―――――――第七冊・一八〇
茅元儀―――――――第三冊・六九

茅坤	第二冊・九八
	第六冊・一八六
茅瑞徵	第一冊・二七
	第一冊・三〇
	第二冊・三一八
茅濬	第一冊・一八五
林以寧	第五冊・五二七
林正青	第二冊・二八〇
林世陞	第一冊・五〇
林有麟	第三冊・四八七
林希逸	第四冊・四七七
林佶	第五冊・五七〇
林逋	第五冊・一五一
	第五冊・一五二
林章	第五冊・三七七
林雲銘	第五冊・一六
林嵋	第五冊・四六七
林登名	第二冊・二八二
來日升	第六冊・二六九
來斯行	第五冊・四二一
來集之	第五冊・四六〇
	第六冊・二六九
	第七冊・二七一
來復	第六冊・六四
來欽之	第五冊・八
來燕雯	第六冊・二六九
杭淮	第五冊・二九六
東山釣史	第七冊・五二一
東魯古狂生	第七冊・一六
郁逢慶	第三冊・二三四
卓人月	第七冊・一九〇
卓回	第七冊・一九二
卓明卿	第六冊・二一五
咄咄夫	第四冊・一八六
	第四冊・一八九

迮朗	第三冊・二九三
季貞	第六冊・一〇六
岳珂	第五冊・二一九
岳倫	第六冊・一五八
岳端	第六冊・二三八
佩蘅子	第七冊・八六
金人瑞	第七冊・二五一
	第七冊・二五四
	第七冊・二五六
金古良	第二冊・一二四
	第二冊・一二八
	第二冊・一三〇
金弁	第二冊・二三一
金兆燕	第七冊・四二八
	第七冊・四二九
金忠	第二冊・一一七
金忠澤	第二冊・一九七
金春澤	第四冊・二一六
金符	第五冊・五四九
金章	第五冊・二七三
金農	第五冊・五八七
	第五冊・五八九
	第七冊・一六八
金壽祖	第一冊・一二二
金聲	第五冊・四七五
金懷玉	第七冊・三六六
周之道	第五冊・四九一
周之標	第七冊・五〇七
周日用	第四冊・一八二
周文華	第三冊・一〇四
周必大	第五冊・二〇九
周在延	第六冊・三五六
	第六冊・三五八
周在都	第四冊・五三九

八—九畫

周在浚 —— 第二冊·四六九
第六冊·三五五
第六冊·三五六
第六冊·三五八

周在梁 —— 第六冊·三五五
第六冊·三五六
第六冊·三五八

周廷瓛 —— 第一冊·一四九

周守忠 —— 第四冊·一二一

周伯琦 —— 第一冊·一六九

周枝栐 —— 第六冊·三四四

周昂 —— 第二冊·二六一
第七冊·四三三

周秉鑒 —— 第六冊·三七四
第六冊·三七五

周是修 —— 第五冊·二六二

周星詒 —— 第二冊·四四〇

周亮工 —— 第二冊·二七八
第三冊·二七九
第三冊·二八〇
第四冊·五三九
第五冊·四九六
第六冊·一九五

周亮輔 —— 第三冊·七六

周高起 —— 第四冊·一四三

周密 —— 第四冊·一〇二

周斯盛 —— 第五冊·五〇八

周朝俊 —— 第七冊·三五三

周弼 —— 第六冊·二一一
第六冊·二四〇

周楫 —— 第七冊·一一

周暉 —— 第四冊·八八

周靖 —— 第六冊·三四四

周嘉冑 —— 第三冊·四七九
第三冊·四八一

周銘 —— 第七冊·一九六
第七冊·一九七

周廣業 —— 第二冊·四六四
第二冊·四六五

周履靖 —— 第三冊·二七六
第四冊·五一七
第四冊·五一八
第四冊·五一九

周勳懋 —— 第五冊·六一〇

周穉廉 —— 第七冊·四一五

周應賓 —— 第二冊·二九六

周應麐 —— 第四冊·五五四
第四冊·五五五

周鑒 —— 第三冊·五四

忽思慧 —— 第三冊·四八九

法式善 —— 第五冊·六〇六

宗元鼎 —— 第七冊·二〇三

宗澤 —— 第五冊·一八六

郎廷槐 —— 第六冊·四三九

郎瑛 —— 第四冊·三二

屈原 —— 第五冊·三

孟郊 —— 第五冊·一〇四
第六冊·二三八

孟秋 —— 第五冊·三七四

孟稱舜 —— 第七冊·三七八

九畫

郝天挺 —— 第六冊·二一三

郝洪範 —— 第一冊·一一

郝敬 —— 第一冊·一一

胡之驥 —— 第六冊·四三六

胡文煥 —— 第三冊·四三二
第四冊·五二一
第四冊·五二二
第四冊·五二三

	第四冊・五二四
	第四冊・五二五
	第四冊・五二六
	第四冊・五二七
胡文學	第六冊・三八七
胡正心	第六冊・一八八
胡正言	第三冊・三五四
	第三冊・三五八
	第三冊・三六〇
	第三冊・三六二
	第三冊・三六六
	第三冊・三六八
	第三冊・三七二
	第三冊・三七四
	第三冊・三七六
	第三冊・三七八
胡亦堂	第六冊・四〇二
胡作柄	第二冊・一五九
胡松	第六冊・一九三
胡侍	第四冊・二〇
胡宗憲	第二冊・二八八
	第二冊・二九一
胡承珙	第五冊・六一三
胡柯	第五冊・一六四
	第五冊・一六五
胡時化	第六冊・一八一
	第六冊・四三五
胡敬辰	第五冊・四六一
胡雲壑	第七冊・四一六
胡瑞遠	第五冊・五三五
胡廣	第一冊・二四
胡震亨	第六冊・二二六
胡應麟	第四冊・二七
	第四冊・二八

胡繼宗	第四冊・二三四
	第四冊・二三六
	第四冊・二三八
胡瓚	第一冊・二八
南逢吉	第五冊・二〇五
柯珮	第三冊・一九二
柯煜	第五冊・五五六
	第五冊・五七八
查惜	第五冊・五一五
查爲仁	第五冊・五八〇
	第五冊・五八一
	第六冊・四四四
查禮	第五冊・五九五
查繼佐	第二冊・四七
柳永	第七冊・一三二
柳宗元	第五冊・一〇七
	第五冊・一一八
	第五冊・一一九
	第五冊・一二〇
研石山樵	第七冊・四六
段士儋	第七冊・四九〇
段公路	第二冊・二八五
段成式	第四冊・一八三
皇甫汸	第五冊・三三〇
	第五冊・三三二
侯正鵠	第五冊・四四八
俞士彪	第七冊・二〇七
俞允文	第五冊・三六八
	第六冊・三七六
俞允諧	第六冊・六五
俞指南	第一冊・一四四
俞思冲	第二冊・三〇七
俞琬綸	第五冊・四二五
俞顯卿	第六冊・一二五

胤禎 —————————— 第三冊・三二七

　　　　　　　　　 第三冊・三二九

計有功 ———————— 第六冊・四一九

計成 —————————— 第二冊・三六六

施耐庵 ———————— 第七冊・六八

　　　　　　　　　 第七冊・六九

　　　　　　　　　 第七冊・七一

　　　　　　　　　 第七冊・七四

　　　　　　　　　 第七冊・七九

施紹莘 ———————— 第七冊・四九七

施惠 —————————— 第七冊・三〇九

　　　　　　　　　 第七冊・三一一

施策 —————————— 第六冊・一六九

施鳳來 ———————— 第五冊・六四

施端教 ———————— 第五冊・四九七

施綸 —————————— 第二冊・五二三

施潔 —————————— 第六冊・三〇一

施鴻 —————————— 第二冊・五二三

施鴻保 ———————— 第三冊・四九三

姜公銓 ———————— 第五冊・四一八

姜宸英 ———————— 第五冊・五三〇

姜紹書 ———————— 第三冊・二八一

　　　　　　　　　 第三冊・二八三

　　　　　　　　　 第四冊・一一二

　　　　　　　　　 第四冊・一一五

洪九疇 ———————— 第五冊・二八五

洪昇 —————————— 第七冊・四一七

洪常 —————————— 第二冊・四九九

洪焱祖 ———————— 第一冊・一六〇

洪邁 —————————— 第四冊・一〇

　　　　　　　　　 第四冊・一九七

　　　　　　　　　 第四冊・一九八

　　　　　　　　　 第六冊・二〇九

洪遵 —————————— 第四冊・五一三

洪應明 ———————— 第四冊・一四七

　　　　　　　　　 第四冊・二〇九

祝允明 ———————— 第五冊・二九四

祝穆 —————————— 第四冊・二三〇

　　　　　　　　　 第四冊・二三一

　　　　　　　　　 第四冊・二三二

韋縠 —————————— 第六冊・二〇八

韋應物 ———————— 第五冊・一〇〇

　　　　　　　　　 第五冊・一〇一

姚文爕 ———————— 第五冊・四八八

姚可成 ———————— 第三冊・一三一

姚茂良 ———————— 第七冊・三三三

姚佺 —————————— 第五冊・一二七

姚培謙 ———————— 第四冊・五四一

姚堂 —————————— 第二冊・一五七

姚舜牧 ———————— 第一冊・九六

姚鉉 —————————— 第六冊・二一七

姚爕 —————————— 第五冊・六二八

　　　　　　　　　 第七冊・一七〇

　　　　　　　　　 第七冊・一七一

紀振倫 ———————— 第七冊・四八

　　　　　　　　　 第七冊・五一

紀鑒 —————————— 第三冊・七四

十畫

秦子晉 ———————— 第四冊・一九五

秦松齡 ———————— 第一冊・五七

　　　　　　　　　 第五冊・五五五

秦時雍 ———————— 第七冊・四九一

秦淮寓客 —————— 第四冊・五三四

秦觀 —————————— 第五冊・一八二

班固 —————————— 第四冊・四

敖文禎 ———————— 第五冊・三八三

馬上巘 ———————— 第六冊・四三七

馬中錫 ———————— 第五冊・二八一

馬汝驥 ———————— 第五冊・三一六

馬思贊 ———————— 第五冊・五一四

馬森—————————————第一册·二五
馬嘉松————————————第六册·一三九
馬端臨————————————第二册·三三三
馬燧—————————————第六册·四〇五
馬驌—————————————第二册·二五
袁天罡————————————第三册·二一一
袁志學————————————第七册·五一二
袁宏道————————————第四册·二〇六
　　　　　　　　　　　　第四册·四六四
　　　　　　　　　　　　第四册·五五四
　　　　　　　　　　　　第四册·五五五
　　　　　　　　　　　　第五册·一〇一
　　　　　　　　　　　　第五册·二九四
　　　　　　　　　　　　第六册·一一三
　　　　　　　　　　　　第六册·二九二
　　　　　　　　　　　　第七册·二六五
　　　　　　　　　　　　第七册·二六六
袁表—————————————第六册·四〇五
袁宗道————————————第五册·四一〇
袁黃—————————————第四册·三二三
袁棟—————————————第四册·六二
袁儼—————————————第四册·三二三
都穆—————————————第二册·三八三
　　　　　　　　　　　　第四册·一二三
耿介—————————————第六册·三二七
華允誼————————————第二册·二二九
華玉冥————————————第四册·二一一
華師召————————————第五册·四四四
華毓琮————————————第二册·二二九
華廣生————————————第七册·五〇二
莫友芝————————————第二册·二〇九
　　　　　　　　　　　　第二册·三八六
　　　　　　　　　　　　第五册·六二九
真德秀————————————第三册·二九
　　　　　　　　　　　　第五册·二一三
　　　　　　　　　　　　第六册·六一

莊肅—————————————第三册·二五九
莊綬光————————————第三册·一四六
桓寬—————————————第三册·一七
夏大霈————————————第五册·四三二
夏文彥————————————第三册·二六一
夏孔昭————————————第五册·四六五
夏言—————————————第五册·三一五
　　　　　　　　　　　　第七册·一四四
　　　　　　　　　　　　第七册·一四五
夏味堂————————————第一册·六一
夏暘—————————————第七册·一四七
夏綸—————————————第七册·四三〇
夏樹芳————————————第二册·一二三
　　　　　　　　　　　　第四册·一三六
　　　　　　　　　　　　第四册·二六五
柴望—————————————第六册·二四四
柴靜儀————————————第五册·五二七
畢自寅————————————第六册·二六七
畢自嚴————————————第五册·四〇九
　　　　　　　　　　　　第六册·二六五
　　　　　　　　　　　　第六册·二六六
畢沅—————————————第六册·三四六
畢效欽————————————第一册·一六二
晁公武————————————第二册·四五四
　　　　　　　　　　　　第二册·四五六
　　　　　　　　　　　　第二册·四五八
晁冲之————————————第五册·一八四
晁錯—————————————第六册·二〇四
秣陵一真子———————————第七册·一八八
倪大繼————————————第五册·四三九
倪元璐————————————第二册·六三
　　　　　　　　　　　　第五册·四四〇
　　　　　　　　　　　　第六册·一八二
倪朱謨————————————第三册·一一八
倪希程————————————第六册·四四六

倪宗正 第五册·二九八
倪思 第四册·一二
倪璠 第五册·五七
倪瓚 第二册·一八一
徐乃昌 第二册·四六六
徐三省 第四册·三三〇
徐士俊 第六册·三六一
第七册·一九〇
徐之鏌 第三册·一九六
徐天祐 第二册·三一
徐元太 第二册·一一六
第四册·二五五
第四册·二五六
徐元正 第五册·五五四
徐文駒 第六册·一九六
徐世溥 第五册·四七四
徐石麒 第七册·二七四
第七册·二七六
徐必達 第三册·二二
徐光啓 第三册·九二
徐如蕙 第五册·五二一
徐芳 第五册·四五八
徐汧 第五册·四四一
徐沁 第七册·四四九
徐表然 第二册·二九七
徐長齡 第七册·一六一
徐迪惠 第二册·二〇七
徐京 第三册·五一二
徐夜 第五册·五〇六
徐炬 第四册·二六七
徐官 第二册·二四三
徐居仁 第五册·九〇
徐彦純 第三册·一四四
徐炯 第五册·五八
第五册·一三二
徐倬 第五册·五五四
第六册·三四二
徐師曾 第三册·一〇八
第六册·一七五
第六册·一七七
第六册·一七八
徐釚 第六册·三二九
第七册·二〇八
徐陵 第六册·一一一
第六册·一一三
第六册·一一四
徐逵照 第三册·四三六
徐堅 第四册·二二一
徐葆光 第二册·三二三
徐復祚 第七册·三六八
第七册·三七〇
第七册·三七一
徐渭 第五册·三〇九
第五册·三六〇
第五册·三九四
第七册·三八
第七册·二二七
第七册·二三〇
第七册·二三三
第七册·二三五
第七册·二六三
第七册·二六五
第七册·二六六
第七册·五〇六
徐媛 第五册·四三七
徐發 第三册·一六六
徐楚 第六册·一二七
徐燉 第四册·五六
徐鳳彩 第六册·二九九
徐熥 第五册·三九五

徐震―――――――第七册・一八

徐慶卿――――――第七册・五一六

徐樹毅――――――第五册・五八

　　　　　　　　　第五册・一三二

徐霖―――――――第七册・三三七

徐聯奎――――――第六册・一〇九

徐鍇―――――――第一册・一六八

徐應秋――――――第四册・一三三

　　　　　　　　　第四册・一五二

徐獻忠――――――第六册・二七

徐覽―――――――第七册・一六一

翁仲仁――――――第三册・一五四

翁洲老民――――――第二册・四八

凌山道人―――――第三册・四四四

凌雲翼――――――第六册・一六三

凌稚隆――――――第六册・三〇一

凌儒―――――――第五册・三〇六

凌濛初―――――――第六册・九八

　　　　　　　　　第七册・八

　　　　　　　　　第七册・二四四

　　　　　　　　　第七册・五一二

衷仲孺――――――第二册・三〇〇

高士奇――――――第三册・二三八

　　　　　　　　　第三册・二四〇

　　　　　　　　　第三册・五〇五

　　　　　　　　　第三册・五〇六

　　　　　　　　　第五册・二一一

高似孫――――――第五册・二一一

高如山――――――第三册・一五五

高叔嗣――――――第五册・三二〇

高明―――――――第七册・三一三

　　　　　　　　　第七册・三一五

　　　　　　　　　第七册・三一八

　　　　　　　　　第七册・三二〇

　　　　　　　　　第七册・三二一

　　　　　　　　　第七册・三二三

高宗弘曆――――――第三册・三二七

　　　　　　　　　第三册・三二九

　　　　　　　　　第五册・五七六

高承―――――――第四册・二二七

高拱―――――――第五册・三三八

高昂光――――――第四册・一五三

高翥―――――――第五册・二一一

高誘――――――――第四册・三

高適―――――――第五册・八三

高邁―――――――第五册・二一一

高選―――――――第五册・二一一

高濂―――――――第四册・一〇五

　　　　　　　　　第四册・一〇八

　　　　　　　　　第四册・一〇九

　　　　　　　　　第七册・三六二

高鵬飛――――――第五册・二一一

高鶚―――――――第七册・一〇八

　　　　　　　　　第七册・一一三

高鶴―――――――第四册・一二八

郭子章――――――第二册・八二

　　　　　　　　　第四册・四七八

郭化―――――――第四册・一一九

郭文祥――――――第五册・四五五

郭正域―――――――第六册・九八

　　　　　　　　　第六册・一〇一

郭光復――――――第三册・六八

郭良翰――――――第三册・四三

郭若虛――――――第三册・二六〇

郭尚先――――――第二册・三八四

郭雲鵬――――――第五册・一六六

郭毓―――――――第六册・三九二

郭璞―――――――第一册・一五九

郭勳―――――――第七册・五〇五

郭諶―――――――第一册・一七六

郭應寵――――――第五册・四三五

十畫

郭翼 ——————————— 第五冊・二四六

郭鑾齡 ——————————— 第二冊・三八四

席啓寓 ————————————— 第六冊・四六

第六冊・四七

第六冊・四八

唐志契 ——————————— 第三冊・二七五

唐英 ————————————— 第五冊・五八三

第六冊・四〇〇

第七冊・二九六

唐岱 ——————————— 第三冊・二八四

唐庚 ——————————— 第五冊・一八五

唐時升 ——————————— 第二冊・二五五

唐寅 ——————————— 第五冊・二九四

第五冊・二九五

唐順之 ——————————— 第五冊・三二七

第五冊・三二八

第六冊・一六〇

唐夢賚 ——————————— 第五冊・五二八

唐慎微 ——————————— 第三冊・一〇九

唐樞 ——————————— 第四冊・五五〇

唐錦 ——————————— 第四冊・一八

唐龍 ——————————— 第二冊・六八

浦南金 ——————————— 第六冊・一三二

浮白主人 ——————————— 第四冊・五三八

浣花逸士 ——————————— 第三冊・五二二

陸心源 ——————————— 第二冊・四四一

陸立 ——————————— 第二冊・二六六

陸芝榮 ——————————— 第二冊・一三七

陸西星 ——————————— 第七冊・九〇

第七冊・九二

第七冊・九三

第七冊・九四

陸廷燦 ——————————— 第三冊・五〇九

陸羽 ——————————— 第三冊・四九四

陸求可 ——————————— 第五冊・四九九

陸金 ——————————— 第三冊・一五四

陸唐老 ——————————— 第二冊・一三

陸崑曾 ——————————— 第五冊・一三五

陸進 ——————————— 第七冊・二〇七

陸深 ——————————— 第五冊・三〇〇

陸紹曾 ——————————— 第三冊・二四二

陸萬言 ——————————— 第五冊・三八九

陸朝瑛 ——————————— 第六冊・二七五

陸菜 ——————————— 第六冊・一九八

陸雲 ——————————— 第五冊・二八

第五冊・二九

第五冊・三〇

陸雲龍 ——————————— 第六冊・六六

第六冊・六八

第六冊・六九

陸道元 ——————————— 第三冊・一五四

陸游 ——————————— 第五冊・二〇八

陸費垓 ——————————— 第二冊・三五一

陸楫 ——————————— 第四冊・五一一

陸梾 ——————————— 第七冊・四九九

陸粲 ——————————— 第五冊・三二四

陸嘉穎 ——————————— 第六冊・一四二

陸墅 ——————————— 第四冊・四八九

陸德明 ——————————— 第一冊・八七

陸龜蒙 ——————————— 第五冊・一三八

第五冊・一三九

第六冊・二三四

第六冊・二三五

第六冊・二三六

陸贄 ——————————— 第五冊・一〇五

陸寶 ——————————— 第五冊・四四三

陳士元 ——————————— 第三冊・一九七

陳士龍 ——————————— 第四冊・三一〇

陳山毓 ——————————— 第六冊・一九七

陳仁子—————————————第六册·八九
　　　　　　　　　　　　　　第六册·九〇
　　　　　　　　　　　　　　第六册·九一
陳仁錫—————————————第一册·六九
　　　　　　　　　　　　　　第二册·一八
　　　　　　　　　　　　　　第二册·三八
　　　　　　　　　　　　　　第四册·五三三
　　　　　　　　　　　　　　第七册·一八四
陳氏尺蠖齋————————————第七册·四一
陳文琪—————————————第一册·一一八
陳文燭—————————————第五册·三五四
　　　　　　　　　　　　　　第五册·三五五
陳允升—————————————第三册·三四〇
陳允衡—————————————第五册·四七四
　　　　　　　　　　　　　　第六册·七二
　　　　　　　　　　　　　　第六册·七四
　　　　　　　　　　　　　　第六册·三三〇
陳邦彥—————————————第三册·二八七
陳圳——————————————第五册·五九八
陳有守—————————————第二册·二三一
陳同——————————————第七册·三四七
陳廷敬—————————————第五册·五四八
陳名夏—————————————第六册·七〇
陳宇——————————————第五册·六二七
陳羽——————————————第六册·五三
陳克——————————————第七册·一三六
陳忱——————————————第六册·三二一
陳玩直—————————————第四册·二三四
　　　　　　　　　　　　　　第四册·二三六
　　　　　　　　　　　　　　第四册·二三八
陳枚——————————————第二册·二一七
　　　　　　　　　　　　　　第二册·二一九
　　　　　　　　　　　　　　第四册·三二七
　　　　　　　　　　　　　　第四册·三二九
　　　　　　　　　　　　　　第六册·三六〇

陳所聞—————————————第七册·四六六
　　　　　　　　　　　　　　第七册·四六七
　　　　　　　　　　　　　　第七册·四七一
　　　　　　　　　　　　　　第七册·四七二
　　　　　　　　　　　　　　第七册·四七三
陳金——————————————第二册·六八
陳厚耀—————————————第一册·一〇一
陳昱——————————————第五册·四七七
陳思——————————————第六册·五九
陳禹謨—————————————第一册·一二一
　　　　　　　　　　　　　　第二册·八一
　　　　　　　　　　　　　　第四册·五二
　　　　　　　　　　　　　　第四册·五三
　　　　　　　　　　　　　　第四册·二八一
陳衍——————————————第四册·三一
陳亮——————————————第五册·一六六
陳洪綬—————————————第三册·三八一
　　　　　　　　　　　　　　第五册·八
陳起——————————————第六册·五八
陳莢——————————————第六册·二七九
陳致虛—————————————第四册·四八九
陳訏——————————————第六册·二四一
陳基——————————————第五册·二五二
陳國華—————————————第二册·五二七
陳淏子—————————————第三册·五〇四
陳淳——————————————第五册·三六二
陳琛——————————————第一册·一一九
陳堦——————————————第二册·五〇三
　　　　　　　　　　　　　　第二册·五〇五
陳敬宗—————————————第五册·二六五
陳棟——————————————第五册·六〇一
陳景沂—————————————第四册·二三三
陳傅良—————————————第五册·二〇三
陳瑚——————————————第六册·二七〇
陳夢槐—————————————第五册·一七五

十畫

陳與郊 ——————— 第六冊·九三
陳魁士 ——————— 第五冊·六三
陳愫 ——————— 第五冊·一二七
陳際泰 ——————— 第五冊·四六四
陳嘉謨 ——————— 第三冊·一一四
　　　　　　　　　　第三冊·一一六
陳霆 ——————— 第四冊·一九
陳端生 ——————— 第七冊·五四八
陳實功 ——————— 第三冊·一五一
陳維崧 ——————— 第五冊·五〇五
陳確 ——————— 第四冊·六〇
陳德文 ——————— 第四冊·二一
　　　　　　　　　　第七冊·一四六
陳澔 ——————— 第一冊·七三
陳選 ——————— 第三冊·二七
陳鰓 ——————— 第二冊·二六三
陳薦夫 ——————— 第五冊·三九五
　　　　　　　　　　第五冊·四一二
陳龍正 ——————— 第五冊·四五二
陳懋仁 ——————— 第四冊·二八四
陳應行 ——————— 第六冊·四一五
陳濟生 ——————— 第六冊·七五
陳駬 ——————— 第六冊·四二一
陳櫟 ——————— 第五冊·二三八
陳耀文 ——————— 第四冊·一三一
　　　　　　　　　　第四冊·一三二
　　　　　　　　　　第七冊·一八九
陳繼儒 ——————— 第三冊·二三五
　　　　　　　　　　第四冊·一三五
　　　　　　　　　　第四冊·一三六
　　　　　　　　　　第五冊·三八九
　　　　　　　　　　第五冊·四六三
　　　　　　　　　　第六冊·一七九
　　　　　　　　　　第六冊·一八〇

　　　　　　　　　　第六冊·三一五
　　　　　　　　　　第七冊·二四
　　　　　　　　　　第七冊·四七四
陳鐸 ——————— 第七冊·四八八
　　　　　　　　　　第七冊·四八九
陳懿典 ——————— 第四冊·四八二
陳顯微 ——————— 第四冊·四八六
孫七政 ——————— 第五冊·三六七
孫之騄 ——————— 第三冊·五三二
孫元芳 ——————— 第七冊·一六一
孫丕顯 ——————— 第三冊·二六九
　　　　　　　　　　第四冊·二七四
孫光宗 ——————— 第六冊·二五五
孫岳頒 ——————— 第三冊·二八六
孫宜 ——————— 第五冊·三二六
孫承恩 ——————— 第二冊·五一三
孫承澤 ——————— 第三冊·二三六
孫星衍 ——————— 第五冊·六〇九
孫洙 ——————— 第六冊·三〇九
孫高亮 ——————— 第七冊·六二
孫能傳 ——————— 第四冊·四七
孫琮 ——————— 第六冊·三〇七
　　　　　　　　　　第六冊·三〇九
孫楨 ——————— 第三冊·二四八
孫緒 ——————— 第四冊·二四七
　　　　　　　　　　第五冊·二八一
孫鉉 ——————— 第六冊·三三七
孫樵 ——————— 第五冊·一四一
　　　　　　　　　　第五冊·一四二
　　　　　　　　　　第五冊·一四四
孫橒 ——————— 第二冊·二九五
孫默 ——————— 第七冊·一二二
孫鍾齡 ——————— 第七冊·三七三
　　　　　　　　　　第七冊·三七七
孫蘭 ——————— 第二冊·二七〇

孫繼統———————第五冊·四四五
孫覿————————第五冊·一九三
孫鑛————————第五冊·三七八
　　　　　　　　　第六冊·九六
孫讜————————第六冊·三七八
陶弘景———————第五冊·五四
陶希皋———————第四冊·一五九
陶宗儀———————第四冊·一六
陶珽————————第二冊·五二二
陶望齡———————第六冊·一六五
陶潛————————第五冊·三二
　　　　　　　　　第五冊·三三
　　　　　　　　　第五冊·三四
　　　　　　　　　第五冊·三五
　　　　　　　　　第五冊·三六
　　　　　　　　　第五冊·三七
　　　　　　　　　第五冊·三八
　　　　　　　　　第五冊·三九
　　　　　　　　　第五冊·四〇
　　　　　　　　　第五冊·四一
　　　　　　　　　第五冊·四二
　　　　　　　　　第五冊·四三
　　　　　　　　　第五冊·四四
　　　　　　　　　第五冊·四五
納蘭性德——————第五冊·五一一
　　　　　　　　　第七冊·一五七

十一畫

黃太鴻———————第七冊·八七
黃文煥———————第一冊·五一
黃孔昭———————第六冊·三九八
黃正憲———————第一冊·七
黃可師———————第四冊·四九
黃耳鼎———————第一冊·一二二
黃廷鑒———————第二冊·二六〇

黃休復———————第三冊·二五四
黃兆森———————第七冊·二八一
　　　　　　　　　第七冊·二八三
　　　　　　　　　第七冊·二八四
黃如金———————第六冊·一五九
黃伯思———————第四冊·六五
　　　　　　　　　第四冊·六六
黃尚文———————第二冊·一二〇
黃昇————————第七冊·一八三
黃易————————第二冊·三七六
黃金璽———————第四冊·二四三
黃周星———————第五冊·四五六
黃河清———————第六冊·三一七
黃宗羲———————第二冊·三四二
　　　　　　　　　第五冊·四七三
黃省曾———————第五冊·五四
黃庭堅———————第三冊·二二七
　　　　　　　　　第五冊·一八〇
　　　　　　　　　第七冊·一三四
黃峨————————第七冊·一四八
黃家鼎———————第六冊·二二一
黃階————————第二冊·一八四
黃葆謙———————第三冊·三四二
黃道周———————第二冊·五一五
　　　　　　　　　第三冊·七六
黃焜————————第四冊·一六七
黃傳祖———————第六冊·二七二
　　　　　　　　　第六冊·二七四
　　　　　　　　　第六冊·二七五
黃嘉惠———————第三冊·二二七
　　　　　　　　　第六冊·五六
黃鳳池———————第三冊·三〇一
　　　　　　　　　第三冊·三〇四
　　　　　　　　　第三冊·三〇六
　　　　　　　　　第三冊·三〇八

黃鳳翔————————第六冊・一六二
黃漢——————————第三冊・五二五
黃德水————————第六冊・二二五
黃錫蕃————————第三冊・二五九
黃憲——————————第四冊・八
黃鶴——————————第五冊・八八
　　　　　　　　　　第五冊・九〇
　　　　　　　　　　第五冊・九一
菰蘆釣叟—————第七冊・五一三
梅國楨—————————第二冊・七二
梅鼎祚————————第六冊・二〇〇
梅慶生————————第六冊・四一四
梯月主人—————第七冊・五〇八
曹于汴————————第五冊・四一一
曹士珩————————第四冊・四九六
曹秀先————————第三冊・四一二
曹宗載—————————第四冊・六三
曹貞吉————————第五冊・五〇二
曹恒吉————————第五冊・五〇三
曹寅——————————第二冊・四二二
　　　　　　　　　　第二冊・四二四
曹植——————————第五冊・二三
　　　　　　　　　　第五冊・二四
　　　　　　　　　　第五冊・二五
曹道振————————第五冊・一九八
　　　　　　　　　　第五冊・一九九
曹聖臣————————第三冊・四六八
曹霑——————————第七冊・一〇八
　　　　　　　　　　第七冊・一一三
　　　　　　　　　　第七冊・一一六
曹勛——————————第二冊・三五
曹學佺————————第二冊・二五四
　　　　　　　　　　第六冊・一四〇
　　　　　　　　　　第六冊・二九三
　　　　　　　　　　第六冊・四〇七
　　　　　　　　　　第六冊・四一四

曹錫黼————————第七冊・二九〇
曹憲——————————第一冊・一六四
戚伸——————————第一冊・五四
戚繼光————————第三冊・四九
　　　　　　　　　　第三冊・五一
盛大士————————第二冊・四〇六
盛際時————————第七冊・四〇八
盛翼進————————第六冊・二九九
眭石——————————第六冊・二三二
野花老人—————第七冊・五四七
婁梁散人—————第七冊・五三二
鄂爾泰————————第五冊・五七六
鄂顧姒————————第六冊・三三九
國材——————————第五冊・一〇四
崔子忠————————第三冊・三一二
崔述——————————第一冊・八三
崔國琚————————第五冊・六三〇
崔滋——————————第六冊・四四七
崔龜圖————————第二冊・二八五
崔應階————————第五冊・五七四
　　　　　　　　　　第七冊・二八八
過庭訓————————第二冊・一四七
許以忠————————第六冊・三一六
許有壬————————第五冊・二四二
許光勳————————第二冊・二三九
許廷錄————————第七冊・四二六
許廷鑅————————第六冊・三七五
許自昌—————————第四冊・二九
　　　　　　　　　　第五冊・四三三
　　　　　　　　　　第六冊・三〇
許兆楨————————第三冊・一四五
許宇——————————第七冊・五〇九
許宗魯————————第六冊・一〇〇
許桂林————————第三冊・一六七
許渾——————————第五冊・一二九

許運鵬———————————第五冊・四四六

許樿———————————第五冊・一三九

許增———————————第三冊・三〇〇

許穀———————————第五冊・三三五

許謙———————————第五冊・二三六

庾信———————————第五冊・五七

康海———————————第七冊・四八五

康麟———————————第六冊・二一八

章大來——————————第五冊・五六一

章孝基——————————第四冊・二一五

章潢———————————第四冊・二六八

章樵———————————第六冊・一〇五

章嚴———————————第二冊・三六一

第二冊・三六三

第二冊・三六四

章騰龍——————————第二冊・二六三

商濬———————————第四冊・五一六

粘本盛——————————第四冊・五〇二

清隱道士—————————第七冊・六六

梁廷枏——————————第七冊・二九八

梁延年——————————第二冊・九三

梁辰魚——————————第七冊・三三四

第七冊・三三六

第七冊・四九三

第七冊・四九四

梁德繩——————————第七冊・五四八

梁橋———————————第六冊・四二八

第六冊・四二九

惜花主人—————————第七冊・一〇一

寇平———————————第三冊・一五三

寇宗奭——————————第三冊・一〇九

屠本畯——————————第四冊・五三二

屠用寧——————————第三冊・五〇八

屠隆———————————第四冊・五〇

第五冊・三六五

第五冊・三八四

第六冊・三一二

第六冊・三一三

第六冊・三一四

第七冊・三〇四

第七冊・三二六

第七冊・三五九

第七冊・三六〇

張九齡——————————第五冊・六九

第五冊・七〇

張三錫——————————第三冊・一二五

張大復——————————第七冊・五二〇

第七冊・五二六

張之象——————————第三冊・一七

第四冊・二五八

第六冊・一二五

第六冊・二一六

張天錫——————————第一冊・一七二

張元芳——————————第一冊・五二

張元諭——————————第四冊・二五

張介賓——————————第三冊・一〇七

張文化——————————第二冊・一四四

張文炎——————————第六冊・二九一

張丑———————————第三冊・二三一

第三冊・二三二

第三冊・二三三

張可久——————————第七冊・四七九

第七冊・四八〇

張耒———————————第五冊・一八一

張廷玉——————————第二冊・一八九

第五冊・五七六

張廷庚——————————第二冊・一四四

張旭初——————————第七冊・四七八

張汝瑚——————————第六冊・七七

第六冊・七八

十一畫

張志和 ——————— 第四册・四八七
張伯端 ——————— 第四册・四八九
張奉墀 ——————— 第六册・三三九
張岱 ——————— 第五册・四七六
張采 ——————— 第六册・二〇五
張居仁 ——————— 第六册・二二四
張居正 ——————— 第一册・二六
　　　　　　　　　　第二册・一〇二
　　　　　　　　　　第二册・一〇四
張貞 ——————— 第四册・二一二
張泰交 ——————— 第五册・五四三
張華 ——————— 第四册・一八二
張栩 ——————— 第七册・四七六
張時徹 ——————— 第六册・二八四
　　　　　　　　　　第六册・二八五
　　　　　　　　　　第六册・二八七
張倬 ——————— 第三册・一四九
張唐英 ——————— 第二册・三三
張國璽 ——————— 第六册・一九二
張符驤 ——————— 第五册・五六九
張彩 ——————— 第一册・四九
張惟赤 ——————— 第二册・七六
　　　　　　　　　　第五册・四九五
張琦 ——————— 第七册・四六四
張萬選 ——————— 第六册・三八二
張萱 ——————— 第一册・一六五
　　　　　　　　　　第四册・七〇
張雲璈 ——————— 第四册・五六八
張鼎思 ——————— 第四册・一四六
張景星 ——————— 第四册・五四一
張貴勝 ——————— 第四册・一六九
張雋 ——————— 第六册・三二一
張舜命 ——————— 第四册・一五四
張敦頤 ——————— 第五册・一二〇
張禄 ——————— 第七册・五〇四

張登 ——————— 第三册・一四九
張綖 ——————— 第七册・二一〇
　　　　　　　　　　第七册・二一一
張瑞圖 ——————— 第二册・五一六
　　　　　　　　　　第二册・五一九
張瑄 ——————— 第一册・一四七
張遠 ——————— 第五册・五〇四
　　　　　　　　　　第六册・四〇七
張夢徵 ——————— 第六册・一五三
張楚叔 ——————— 第七册・四七八
張楷 ——————— 第二册・一六五
　　　　　　　　　　第二册・一六八
　　　　　　　　　　第二册・一七〇
張嶸 ——————— 第六册・二八六
張雍敬 ——————— 第七册・二九九
張溥 ——————— 第五册・四四九
　　　　　　　　　　第六册・一一
張遜業 ——————— 第五册・六一
張經畬 ——————— 第六册・一一〇
張榜 ——————— 第三册・八三
張輔之 ——————— 第二册・七一
張銑 ——————— 第六册・八九
　　　　　　　　　　第六册・九〇
　　　　　　　　　　第六册・九一
　　　　　　　　　　第六册・九二
張鳳翼 ——————— 第五册・六
　　　　　　　　　　第五册・三五三
　　　　　　　　　　第六册・九五
　　　　　　　　　　第七册・三五五
　　　　　　　　　　第七册・三五七
張説 ——————— 第五册・六八
張榮 ——————— 第五册・五七九
張寧 ——————— 第五册・二七二
張實居 ——————— 第六册・四三九
張綱 ——————— 第五册・一九〇

張維樞　————————　第五册·一八六

張潮　————————　第四册·一七五

　　　　　　　　　　　第四册·二一三

張穆　————————　第六册·三六三

張篤慶　————————　第六册·四三九

張學龍　————————　第二册·一四四

張錦　————————　第七册·四三五

張燧　————————　第二册·五二〇

張增　————————　第五册·五八二

張澤　————————　第五册·四四一

張懋忠　————————　第五册·四〇八

張謙　————————　第六册·一二九

張瀚　————————　第五册·三三六

張韜　————————　第七册·二八七

巢元方　————————　第三册·一四一

　　　　　　　　　　　第三册·一四二

十二畫

項皋謨　————————　第四册·四一

項鴻祚　————————　第七册·一七七

越州雲山臥客　————————　第七册·一九五

博覽子　————————　第四册·三〇九

彭以明　————————　第二册·一〇

彭好古　————————　第四册·三二五

彭烊　————————　第二册·九八

彭堯諭　————————　第五册·四二九

　　　　　　　　　　　第五册·四三〇

彭維新　————————　第五册·五六五

彭濱　————————　第四册·二九五

揆敘　————————　第六册·一四七

葉向高　————————　第二册·二〇三

葉承宗　————————　第五册·四八七

葉春及　————————　第五册·三五〇

葉祖榮　————————　第四册·一九七

葉棻　————————　第六册·二四三

葉堂　————————　第七册·五三三

葉紹翁　————————　第四册·八一

葉鈞　————————　第二册·二〇六

葉適　————————　第五册·二〇九

葉蕡　————————　第六册·二四二

葉憲祖　————————　第五册·四四六

萬惟檀　————————　第七册·二一二

萬虞愷　————————　第六册·二三九

萬樹　————————　第七册·四一三

葛立方　————————　第六册·四一八

葛芝　————————　第五册·四七二

葛守禮　————————　第五册·三三一

葛長庚　————————　第五册·二一六

葛洪　————————　第四册·一八一

葛崬　————————　第二册·一七七

葛寅亮　————————　第四册·四七〇

葛焜　————————　第一册·一五四

董天工　————————　第二册·二八三

董以寧　————————　第五册·五五八

董成泰　————————　第四册·一六五

董其昌　————————　第三册·二五〇

　　　　　　　　　　　第三册·二六五

　　　　　　　　　　　第三册·二六七

　　　　　　　　　　　第五册·四〇五

　　　　　　　　　　　第五册·四〇七

　　　　　　　　　　　第七册·一八七

董斯張　————————　第四册·二八二

董嗣成　————————　第五册·三八七

董壽民　————————　第五册·二三三

惠棟　————————　第一册·九八

閔文振　————————　第四册·二五四

閔廷楷　————————　第三册·五一四

閔奕仕　————————　第五册·五〇九

閔齊華　————————　第六册·九六

閔邁德　————————　第六册·一七二

十二畫

單復 —————————— 第五冊・九四

喻政 —————————— 第六冊・一三四

嵇永仁 ————————— 第七冊・二八五

嵇含 —————————— 第四冊・五二八

嵇宗孟 ————————— 第三冊・三二一

嵇承咸 ————————— 第三冊・二二八

程一枝 ————————— 第二冊・二三三

程一楨 ————————— 第二冊・二一三

　　　　　　　　　　　 第二冊・二一六

　　　　　　　　　　　 第二冊・二一七

　　　　　　　　　　　 第二冊・二一九

程大位 ————————— 第三冊・一七八

　　　　　　　　　　　 第三冊・一七九

程大約 ————————— 第三冊・四五四

　　　　　　　　　　　 第三冊・四五六

　　　　　　　　　　　 第三冊・四五九

　　　　　　　　　　　 第三冊・四六〇

　　　　　　　　　　　 第三冊・四六一

程大憲 ————————— 第三冊・三一一

程本立 ————————— 第五冊・二六三

程百二 ————————— 第二冊・二五五

程任卿 ————————— 第二冊・三四四

程作舟 ————————— 第四冊・五六五

程希孟 ————————— 第二冊・五二

程昌 —————————— 第二冊・二四六

程明善 ————————— 第七冊・五二七

程易明 ————————— 第四冊・四八八

程秉銓 ————————— 第七冊・四三六

程宗猷 ————————— 第三冊・五七

　　　　　　　　　　　 第三冊・六一

　　　　　　　　　　　 第三冊・六三

程洪 —————————— 第七冊・一九八

　　　　　　　　　　　 第七冊・二一四

程起駿 ————————— 第五冊・二八五

程師恭 ————————— 第五冊・五〇五

程敏政 ————————— 第二冊・一四一

　　　　　　　　　　　 第二冊・一四三

　　　　　　　　　　　 第六冊・三八三

程鈁 —————————— 第二冊・二四六

程敦 —————————— 第二冊・三九七

　　　　　　　　　　　 第二冊・三九九

　　　　　　　　　　　 第二冊・四〇一

程愈 —————————— 第三冊・三六

程頤 —————————— 第三冊・二四

程穆衡 ————————— 第七冊・八三

　　　　　　　　　　　 第七冊・八四

程應登 ————————— 第五冊・三三七

程瀚 —————————— 第七冊・四四七

程顥 —————————— 第三冊・二四

喬懋敬 ————————— 第二冊・一一五

傅振商 ————————— 第六冊・四〇四

傅彩 —————————— 第五冊・四一八

焦秉貞 ————————— 第三冊・三二三

　　　　　　　　　　　 第三冊・三二五

焦竑 —————————— 第二冊・五

　　　　　　　　　　　 第二冊・一〇六

　　　　　　　　　　　 第二冊・一〇八

　　　　　　　　　　　 第二冊・一〇九

　　　　　　　　　　　 第二冊・四七六

　　　　　　　　　　　 第四冊・三八

　　　　　　　　　　　 第四冊・八九

　　　　　　　　　　　 第五冊・三九八

　　　　　　　　　　　 第五冊・三九九

　　　　　　　　　　　 第六冊・一六二

　　　　　　　　　　　 第六冊・一六五

鈕琇 —————————— 第五冊・五三一

鄒迪光 ————————— 第五冊・三七九

鄒忠胤 ————————— 第一冊・四八

鄒季友 ————————— 第一冊・二一

鄒泉 —————————— 第四冊・二五三

鄒漪　　　　　　　　　　第二冊・四四
　　　　　　　　　　　　　第二冊・四五
　　　　　　　　　　　　　第二冊・四六
　　　　　　　　　　　　　第六冊・八二
鄒德溥　　　　　　　　　　第三冊・一二
馮汝宗　　　　　　　　　　第六冊・一九九
馮武　　　　　　　　　　　第五冊・五三七
馮班　　　　　　　　　　　第五冊・四七九
馮桂芳　　　　　　　　　　第四冊・一二六
馮時可　　　　　　　　　　第一冊・六八
　　　　　　　　　　　　　第一冊・九五
　　　　　　　　　　　　　第五冊・三七一
馮時寧　　　　　　　　　　第三冊・七九
馮惟敏　　　　　　　　　　第七冊・二七〇
　　　　　　　　　　　　　第七冊・四九五
馮惟訥　　　　　　　　　　第六冊・一二一
　　　　　　　　　　　　　第六冊・一二三
馮琦　　　　　　　　　　　第四冊・二六一
馮登府　　　　　　　　　　第五冊・六一六
　　　　　　　　　　　　　第五冊・六一七
馮夢禎　　　　　　　　　　第六冊・二九八
馮夢龍　　　　　　　　　　第一冊・九七
　　　　　　　　　　　　　第一冊・一二四
　　　　　　　　　　　　　第四冊・一六三
　　　　　　　　　　　　　第七冊・一三
　　　　　　　　　　　　　第七冊・八五
　　　　　　　　　　　　　第七冊・四七七
　　　　　　　　　　　　　第七冊・五〇一
馮嫻　　　　　　　　　　　第五冊・五二七
馮贅　　　　　　　　　　　第四冊・一八四
童宗説　　　　　　　　　　第五冊・一二〇
童軒　　　　　　　　　　　第五冊・二七三
童琥　　　　　　　　　　　第五冊・二八五
童質侯　　　　　　　　　　第四冊・一七一

曾王孫　　　　　　　　　　第七冊・一二三
　　　　　　　　　　　　　第七冊・一二五
　　　　　　　　　　　　　第七冊・一二七
曾公亮　　　　　　　　　　第三冊・四五
　　　　　　　　　　　　　第三冊・四六
曾六德　　　　　　　　　　第七冊・一八七
曾宏父　　　　　　　　　　第三冊・二四三
曾炤　　　　　　　　　　　第六冊・三三一
曾益　　　　　　　　　　　第五冊・一二五
曾異撰　　　　　　　　　　第五冊・四五三
曾鞏　　　　　　　　　　　第五冊・一六一
　　　　　　　　　　　　　第五冊・一六二
曾燦　　　　　　　　　　　第六冊・三三一
勞格　　　　　　　　　　　第二冊・三三
勞堪　　　　　　　　　　　第六冊・一三六
湛若水　　　　　　　　　　第五冊・二九九
湯紹祖　　　　　　　　　　第六冊・一〇四
湯斯質　　　　　　　　　　第七冊・五三一
湯貽汾　　　　　　　　　　第三冊・二九七
湯道衡　　　　　　　　　　第一冊・七八
湯漢　　　　　　　　　　　第五冊・三六
　　　　　　　　　　　　　第五冊・三七
　　　　　　　　　　　　　第五冊・三八
　　　　　　　　　　　　　第五冊・三九
　　　　　　　　　　　　　第五冊・四〇
　　　　　　　　　　　　　第五冊・四一
　　　　　　　　　　　　　第五冊・四二
　　　　　　　　　　　　　第五冊・四三
　　　　　　　　　　　　　第五冊・四四
湯賓尹　　　　　　　　　　第五冊・二九一
　　　　　　　　　　　　　第五冊・四一四
　　　　　　　　　　　　　第五冊・四一五
　　　　　　　　　　　　　第五冊・四一六
湯顯祖　　　　　　　　　　第四冊・一二五
　　　　　　　　　　　　　第四冊・二〇〇

第四冊·二〇二

第五冊·三九二

第五冊·三九三

第五冊·三九四

第七冊·三三九

第七冊·三四一

第七冊·三四二

第七冊·三四四

第七冊·三四五

第七冊·三四七

第七冊·三四八

第七冊·三四九

第七冊·三五〇

第七冊·三五一

第七冊·三五三

第七冊·三五七

第七冊·三九三

温庭筠 —————— 第五冊·一三六

温博 —————— 第七冊·一八〇

游元涇 —————— 第七冊·二一〇

第七冊·二一一

游日章 —————— 第四冊·二五二

游居敬 —————— 第六冊·五二

游樸 —————— 第二冊·五七

富大用 —————— 第四冊·二三〇

第四冊·二三二

强至 —————— 第五冊·一五四

費元禄 —————— 第五冊·三七五

賀君召 —————— 第六冊·三五〇

賀裳 —————— 第七冊·一五一

十三畫

聖祖玄燁 —————— 第三冊·三二七

第三冊·三二九

夢覺道人 —————— 第七冊·一〇

蓉鷗漫叟 —————— 第七冊·四五〇

楊一統 —————— 第六冊·三三

楊九經 —————— 第五冊·三四六

楊士奇 —————— 第二冊·四一五

楊士凝 —————— 第五冊·五六七

楊天祚 —————— 第七冊·四二一

楊中訥 —————— 第六冊·一九六

楊甲 —————— 第一冊·一五一

楊成 —————— 第六冊·四二七

楊廷和 —————— 第七冊·四八一

楊廷筠 —————— 第二冊·三一九

楊廷璧 —————— 第六冊·三九六

楊守陳 —————— 第五冊·三八五

楊守敬 —————— 第二冊·四四五

楊束 —————— 第六冊·三八四

楊表正 —————— 第三冊·四三一

楊信民 —————— 第四冊·二四六

楊炯 —————— 第六冊·三四

楊時 —————— 第五冊·一八七

楊時偉 —————— 第六冊·六

楊恩 —————— 第二冊·一八七

楊梓 —————— 第六冊·一四五

楊萬里 —————— 第一冊·六

楊朝英 —————— 第七冊·四六一

楊雲鶴 —————— 第六冊·二八八

楊喬 —————— 第四冊·三〇一

楊循吉 —————— 第四冊·五四八

楊補 —————— 第三冊·二六五

楊慎 —————— 第一冊·七二

第二冊·三七四

第四冊·六七

第四冊·六八

第四冊·二四八

第五冊·二八九

第五冊·三一一

第五冊・三一二

第五冊・三一三

第五冊・三一四

第六冊・九九

第六冊・一三〇

第六冊・四一四

第七冊・一四八

第七冊・一八六

第七冊・四八七

第七冊・五四五

楊爾曾————————第二冊・二九三

第三冊・三四八

第四冊・二〇五

第七冊・三二

楊齊賢————————第五冊・七三

楊肇祉————————第六冊・二二七

楊德周————————第四冊・七三

第六冊・二三

楊潮觀————————第七冊・二九二

第七冊・二九三

楊翰—————————第四冊・五七〇

楊融博————————第六冊・一七二

楊錫震————————第一冊・一八〇

第五冊・五一二

楊鍾寶————————第三冊・五一六

楊應詔————————第五冊・三三三

楊濟時————————第三冊・一五六

楊簡—————————第三冊・三〇

楊鏘—————————第五冊・四六二

楊巍—————————第六冊・二五六

裘君弘————————第六冊・四四二

裘萬頃————————第五冊・二一〇

裘璉—————————第五冊・五七二

第七冊・二八〇

甄偉—————————第七冊・二七

賈島—————————第五冊・一二二

第六冊・二三八

賈誼—————————第三冊・一五

第六冊・二〇四

雷起劍————————第五冊・一二九

雷夢麟————————第二冊・三五五

雷燮—————————第四冊・一九九

虞世南————————第四冊・二一九

虞堪—————————第五冊・二五九

第五冊・二六〇

虞集—————————第五冊・九三

第五冊・二三九

第五冊・二四〇

虞韶—————————第四冊・二五〇

筠科友————————第五冊・四四七

詹景鳳————————第三冊・二一七

第三冊・二一八

第六冊・一六六

詹貴—————————第二冊・二三〇

解縉—————————第四冊・二四二

煙波釣叟————————第七冊・四八

第七冊・五一

慎蒙—————————第二冊・三一四

褚人穫————————第七冊・三六

遜志主人————————第五冊・五八六

十四畫

趙元一————————第二冊・三二

趙友欽————————第三冊・一六三

趙文華————————第五冊・三二九

趙吉士————————第六冊・三四五

趙光裕————————第三冊・四七

趙佑—————————第一冊・六〇

趙希弁————————第二冊・四五四

第二冊・四五六

十四畫

趙明誠 ——————— 第二冊·三七三
趙秉文 ——————— 第五冊·二二七
趙秉忠 ——————— 第五冊·四一九
趙南星 ——————— 第四冊·五六〇
　　　　　　　　　第五冊·三八〇
趙彥端 ——————— 第七冊·一三七
趙宧光 ——————— 第一冊·一七一
　　　　　　　　　第六冊·二五三
趙崇祚 ——————— 第七冊·一八〇
　　　　　　　　　第七冊·一八一
趙開夏 ——————— 第七冊·四三四
趙曄 ——————— 第二冊·三一
趙聞禮 ——————— 第七冊·一九九
趙標 ——————— 第四冊·五二〇
趙鶴 ——————— 第六冊·三九九
趙籲俊 ——————— 第六冊·二五四
慕鳩山人 ——————— 第四冊·三〇六
蔡士英 ——————— 第六冊·三二〇
蔡正孫 ——————— 第六冊·四二四
蔡汝賢 ——————— 第二冊·五八
蔡沈 ——————— 第一冊·一七
　　　　　　　　　第一冊·一九
　　　　　　　　　第一冊·二一
蔡烈先 ——————— 第三冊·一一三
蔡邕 ——————— 第五冊·一九
　　　　　　　　　第五冊·二一
　　　　　　　　　第五冊·二二
蔡彬 ——————— 第三冊·二〇七
蔡復賞 ——————— 第二冊·一六一
蔡夢弼 ——————— 第五冊·八八
蔡襄 ——————— 第五冊·一五七
　　　　　　　　　第五冊·一五九
蔣一葵 ——————— 第二冊·二七三
　　　　　　　　　第四冊·一五〇
　　　　　　　　　第六冊·二一九

　　　　　　　　　第六冊·二二〇
　　　　　　　　　第六冊·二二一
　　　　　　　　　第六冊·二五一
　　　　　　　　　第六冊·四三二
蔣在雝 ——————— 第三冊·五二七
蔣廷錫 ——————— 第二冊·二五八
蔣景祁 ——————— 第七冊·二〇二
蔣楷 ——————— 第五冊·六二四
蔣學堅 ——————— 第二冊·四七五
臧懋循 ——————— 第二冊·七
　　　　　　　　　第五冊·三八八
　　　　　　　　　第七冊·二一九
裴孝源 ——————— 第三冊·二五二
裴庚 ——————— 第六冊·二四〇
圖麗琛 ——————— 第二冊·三二〇
管庭芬 ——————— 第二冊·一九一
　　　　　　　　　第二冊·四七三
廖文炳 ——————— 第六冊·二一三
廖志灝 ——————— 第四冊·五六四
廖景文 ——————— 第七冊·四五五
廖道南 ——————— 第二冊·一四五
　　　　　　　　　第二冊·一四六
廖瑩中 ——————— 第五冊·一〇八
　　　　　　　　　第五冊·一一九
齊東野人 ——————— 第七冊·三三
鄭大郁 ——————— 第一冊·一七八
　　　　　　　　　第二冊·三四〇
鄭小白 ——————— 第七冊·四一〇
鄭元慶 ——————— 第二冊·三一三
　　　　　　　　　第七冊·一九四
鄭文昂 ——————— 第六冊·一四三
鄭允宣 ——————— 第六冊·一一九
鄭允璋 ——————— 第五冊·三五九
鄭玉 ——————— 第五冊·二四七

鄭玄 ——————————— 第一册・三九
　　　　　　　　　　　第一册・四一
鄭玄撫 —————————— 第六册・一一一
　　　　　　　　　　　第六册・一一三
鄭克 ——————————— 第三册・八五
鄭伯熊 —————————— 第一册・一五
鄭若庸 —————————— 第四册・二五九
鄭旻 ——————————— 第六册・一六一
鄭岳 ——————————— 第二册・一六〇
鄭思肖 —————————— 第五册・二二四
鄭珞 ——————————— 第五册・二六六
鄭梁 ——————————— 第六册・三八九
　　　　　　　　　　　第六册・三九〇
鄭傑 ——————————— 第二册・三〇
鄭瑄 ——————————— 第四册・一六一
鄭熙績 —————————— 第七册・一六二
鄭鉽 ——————————— 第五册・五二四
　　　　　　　　　　　第五册・五五六
鄭維嶽 —————————— 第二册・二九
鄭曉 ——————————— 第二册・三七
鄭樸 ——————————— 第二册・三八〇
　　　　　　　　　　　第二册・三八一
鄭燮 ——————————— 第七册・一六七
鄭績 ——————————— 第三册・二九八
榮肇 ——————————— 第五册・二三一
寧光先 —————————— 第五册・四二六
　　　　　　　　　　　第五册・四二七
隨緣居士 ————————— 第七册・二七八
熊大木 —————————— 第四册・二五〇
　　　　　　　　　　　第七册・四一
　　　　　　　　　　　第七册・五四
熊卓 ——————————— 第五册・二九二
熊宗立 —————————— 第三册・二〇七
熊飛 ——————————— 第七册・七六
　　　　　　　　　　　第七册・七七

熊剛大 —————————— 第三册・三一
熊鳴岐 —————————— 第二册・三五七
熊璵 ——————————— 第三册・一八九
鄧元錫 —————————— 第二册・三
鄧玉函 —————————— 第二册・三五九
　　　　　　　　　　　第二册・三六〇
鄧仕明 —————————— 第四册・三一一
鄧志謨 —————————— 第二册・五二一
　　　　　　　　　　　第四册・一五五
　　　　　　　　　　　第四册・二七〇
　　　　　　　　　　　第四册・二七一
　　　　　　　　　　　第四册・二七二
　　　　　　　　　　　第七册・三七九
鄧球 ——————————— 第二册・三三九
鄧椿 ——————————— 第三册・二五六
　　　　　　　　　　　第三册・二五七
　　　　　　　　　　　第三册・二五八
鄧漢儀 —————————— 第六册・三二六

十五畫

樓儼 ——————————— 第五册・五六六
樓鑰 ——————————— 第五册・一五五
　　　　　　　　　　　第五册・一五六
樊維城 —————————— 第四册・五三一
歐陽修 —————————— 第五册・一六四
　　　　　　　　　　　第五册・一六五
　　　　　　　　　　　第五册・一六六
歐陽詢 —————————— 第四册・二二〇
歐陽澈 —————————— 第五册・一八三
樂韶鳳 —————————— 第一册・一八二
德齡 ——————————— 第五册・五六五
衛泳 ——————————— 第六册・三一八
魯之裕 —————————— 第五册・五七一
魯重民 —————————— 第四册・二六六
劉一相 —————————— 第六册・一九二

十五畫

劉义 ——————— 第五册·一一三

劉子翬 ——————— 第五册·一九二

劉孔敦 ——————— 第三册·一一六

劉孔懷 ——————— 第二册·一七九

劉世儒 ——————— 第三册·二七一

劉百章 ——————— 第七册·四五八

劉因 ——————— 第五册·二三五

劉向 ——————— 第二册·九六

　　　　　　　　　　　第二册·九八

　　　　　　　　　　　第三册·一八

　　　　　　　　　　　第三册·二〇

劉安世 ——————— 第二册·六五

劉祁 ——————— 第四册·八二

劉孝威 ——————— 第五册·五三

劉孝綽 ——————— 第五册·五三

劉克莊 ——————— 第五册·二〇九

　　　　　　　　　　　第五册·二一八

　　　　　　　　　　　第六册·四二二

劉辰翁 ——————— 第五册·九二

　　　　　　　　　　　第五册·一〇一

　　　　　　　　　　　第五册·一〇四

　　　　　　　　　　　第五册·一二四

　　　　　　　　　　　第五册·一七四

劉良 ——————— 第六册·八九

　　　　　　　　　　　第六册·九〇

　　　　　　　　　　　第六册·九一

　　　　　　　　　　　第六册·九二

劉昌 ——————— 第六册·三四九

劉昌詩 ——————— 第四册·一四

劉秉忠 ——————— 第三册·一九六

劉放 ——————— 第一册·一一六

　　　　　　　　　　　第四册·二二六

劉祐 ——————— 第六册·一六八

劉珝 ——————— 第五册·二七一

劉宰 ——————— 第五册·二一二

劉純 ——————— 第三册·一四四

劉基 ——————— 第二册·二五三

　　　　　　　　　　　第三册·一九六

　　　　　　　　　　　第五册·二五七

　　　　　　　　　　　第七册·一四一

劉堅 ——————— 第三册·二三八

劉崧 ——————— 第五册·二五八

劉萬春 ——————— 第六册·一八九

劉雲份 ——————— 第六册·五一

劉愔 ——————— 第三册·三三六

劉蛻 ——————— 第五册·一三七

劉節 ——————— 第六册·一二〇

劉詵 ——————— 第五册·二四三

劉源 ——————— 第三册·三一七

劉熙堂 ——————— 第七册·四四〇

劉榛 ——————— 第五册·五二〇

劉鳳 ——————— 第五册·三四一

劉履 ——————— 第六册·一一八

劉勰 ——————— 第六册·四一三

　　　　　　　　　　　第六册·四一四

劉錫玄 ——————— 第二册·四一

劉凝 ——————— 第二册·三八八

劉應李 ——————— 第四册·二四一

劉寶楠 ——————— 第四册·七五

劉體仁 ——————— 第五册·五一九

劉鑒 ——————— 第一册·一七四

諸匡鼎 ——————— 第三册·五二一

諸時寶 ——————— 第五册·一五一

諸聖鄰 ——————— 第七册·四四

諸錦 ——————— 第一册·五八

談則 ——————— 第七册·三四七

潘士遴 ——————— 第一册·二九

潘士藻 ——————— 第四册·九六

　　　　　　　　　　　第四册·二九七

潘大復 ——————— 第二册·三一〇

潘之恒　———————　第二冊・一五〇

　　　　　　　　　　第五冊・四三四

潘季馴　———————　第二冊・三一〇

潘岳　—————————　第五冊・二七

　　　　　　　　　　第五冊・三一

潘是仁　———————　第六冊・一九

潘洵　———————　第六冊・三〇〇

潘眉　———————　第五冊・九五

潘恩　———————　第五冊・三七六

潘基慶　———————　第四冊・四八一

　　　　　　　　　　第六冊・一七〇

潘焕寅　———————　第六冊・三八六

潘緯　———————　第五冊・一二〇

潘檉章　———————　第二冊・一五四

潘膺祉　———————　第三冊・四五二

練子鼎　———————　第七冊・四九一

十六畫

駱賓王　———————　第五冊・六二

　　　　　　　　　　第五冊・六三

　　　　　　　　　　第五冊・六四

薛雪　———————　第六冊・四四五

薛道光　———————　第四冊・四八九

薛瑄　———————　第五冊・二六七

　　　　　　　　　　第五冊・二六八

薛應旂　———————　第一冊・一二〇

　　　　　　　　　　第二冊・一八

　　　　　　　　　　第六冊・二八二

蕭士贇　———————　第五冊・七三

蕭雲從　———————　第三冊・三一四

　　　　　　　　　　第三冊・三一五

　　　　　　　　　　第五冊・一〇

　　　　　　　　　　第五冊・一三

蕭統　———————　第五冊・五六

　　　　　　　　　　第六冊・八五

　　　　　　　　　　第六冊・八六

　　　　　　　　　　第六冊・八七

　　　　　　　　　　第六冊・八九

　　　　　　　　　　第六冊・九〇

　　　　　　　　　　第六冊・九一

　　　　　　　　　　第六冊・九二

　　　　　　　　　　第六冊・九五

　　　　　　　　　　第六冊・九八

　　　　　　　　　　第六冊・一〇一

　　　　　　　　　　第六冊・三〇九

蕭殿颺　———————　第六冊・一四五

樸靜子　———————　第三冊・五一八

賴從謙　———————　第三冊・一九六

盧元昌　———————　第二冊・五二三

盧址　———————　第二冊・四二八

　　　　　　　　　　第二冊・四三〇

盧寧　———————　第五冊・三四〇

盧翰　———————　第二冊・五〇二

穆光胤　———————　第四冊・三四

興獻皇后蔣氏　———　第三冊・三四

錢士晋　———————　第二冊・三五七

錢允治　———————　第七冊・一八四

錢古訓　———————　第二冊・五五

錢良擇　———————　第五冊・五二六

錢東塾　———————　第二冊・一九八

錢東壁　———————　第二冊・一九八

錢岱　———————　第二冊・八

錢泳　———————　第三冊・五一九

錢宜　———————　第七冊・三四七

錢起　———————　第五冊・九八

　　　　　　　　　　第五冊・九九

錢書　———————　第七冊・二五八

　　　　　　　　　　第七冊・二六〇

錢陸燦　———————　第六冊・二七一

錢孫保　———————　第六冊・三〇五

十六 — 十七畫

錢孫穀 ——————— 第六冊·二六二
錢曾 ——————————— 第二冊·四六二
　　　　　　　　　　第五冊·五三八
錢福 ——————————— 第二冊·五一一
　　　　　　　　　　第二冊·五一二
錢廣居 ——————— 第六冊·三八六
錢綺 ——————————— 第四冊·六四
錢維喬 ——————— 第七冊·四三一
錢慶曾 ——————— 第二冊·四七一
錢謙益 ——————— 第五冊·二七四
　　　　　　　　　　第五冊·四八三
　　　　　　　　　　第六冊·二二二
　　　　　　　　　　第六冊·二七一
錢孺穀 ——————— 第六冊·二六二
錢繼章 ——————— 第七冊·一五〇
鮑廷博 ——————— 第三冊·二九〇
　　　　　　　　　　第五冊·六〇八
鮑彪 ——————————— 第二冊·二六
　　　　　　　　　　第二冊·二七
　　　　　　　　　　第二冊·二八
鮑照 ——————————— 第五冊·四七
鴛水紫髯道人 —— 第七冊·一〇五
鴛湖逸者 ——————— 第七冊·五二一
鄺露 ——————————— 第二冊·二八六

十七畫

璩之璞 ——————— 第五冊·一七五
璩崑玉 ——————— 第四冊·三二四
戴全德 ——————— 第五冊·五九九
戴良 ——————————— 第五冊·二四九
戴長庚 ——————— 第一冊·一三六
戴羲 ——————————— 第二冊·五〇一
韓太湖 ——————— 第七冊·五五三
韓四維 ——————— 第五冊·四五〇
韓昂 ——————————— 第三冊·二六一

韓琦 ——————————— 第五冊·一五四
韓道昭 ——————— 第一冊·一七四
韓愈 ——————————— 第五冊·一〇七
　　　　　　　　　　第五冊·一〇八
　　　　　　　　　　第五冊·一一〇
　　　　　　　　　　第五冊·一一二
　　　　　　　　　　第五冊·一一八
韓雍 ——————————— 第五冊·二七〇
韓鳴鸞 ——————— 第二冊·三〇二
韓霖 ——————————— 第三冊·五四
韓嬰 ——————————— 第一冊·三五
　　　　　　　　　　第一冊·三六
魏良輔 ——————— 第七冊·四七八
魏茂林 ——————— 第二冊·五〇八
魏時亨 ——————— 第二冊·一五
魏浣初 ——————— 第一冊·五二
　　　　　　　　　　第七冊·三二〇
魏容 ——————————— 第三冊·三三四
魏裔介 ——————— 第六冊·三四〇
魏齊賢 ——————— 第六冊·二四三
魏憲 ——————————— 第六冊·一四一
　　　　　　　　　　第六冊·三三三
　　　　　　　　　　第六冊·三三五
儲光羲 ——————— 第五冊·八六
鍾祖述 ——————— 第六冊·二六二
鍾越 ——————————— 第五冊·二二二
鍾惺 ——————————— 第一冊·四五
　　　　　　　　　　第一冊·四六
　　　　　　　　　　第一冊·五五
　　　　　　　　　　第二冊·五二二
　　　　　　　　　　第五冊·四二四
　　　　　　　　　　第六冊·一〇七
　　　　　　　　　　第六冊·一二八
　　　　　　　　　　第六冊·一八四
　　　　　　　　　　第六冊·一八五

第六冊・一九〇
第七冊・九〇
第七冊・九二
第七冊・九三
第七冊・九四

鍾嗣成 ———————— 第七冊・五三七
謝心元 ———————— 第二冊・二四七
謝汝韶 ———————— 第三冊・六
謝志道 ———————— 第三冊・一九五
謝枋得 ———————— 第一冊・七二
第六冊・一一五

謝陛 ———————— 第二冊・七
謝莊 ———————— 第六冊・一三
謝堃 ———————— 第七冊・四四五
謝朝元 ———————— 第二冊・二三七
謝惠連 ———————— 第六冊・一四
謝詔 ———————— 第七冊・二七
謝肇淛 ———————— 第二冊・二八七
第四冊・四三
第四冊・四五

謝維新 ———————— 第四冊・二二四
謝應芳 ———————— 第七冊・一四〇
謝鏞 ———————— 第三冊・七
謝鐸 ———————— 第六冊・三九八
謝讜 ———————— 第五冊・三四二
第五冊・三四三

繆希雍 ———————— 第三冊・一四六
繆荃孫 ———————— 第二冊・三三

十八畫

聶先 ———————— 第七冊・一二三
第七冊・一二五
第七冊・一二七

瞿世瑛 ———————— 第七冊・一九九
瞿式耜 ———————— 第五冊・二七四

瞿佑 ———————— 第七冊・四
第七冊・一四二

邊貢 ———————— 第五冊・二九三
歸有光 ———————— 第四冊・四八〇
第五冊・三五六
第五冊・三五七

顏延之 ———————— 第六冊・一三
顏胤祚 ———————— 第二冊・三一二
顏真卿 ———————— 第五冊・八七
顏鯨 ———————— 第一冊・九四
織里畸人 ———————— 第七冊・四六

十九畫

蘇易簡 ———————— 第四冊・二二五
蘇祐 ———————— 第五冊・三二五
蘇復之 ———————— 第七冊・三二九
第七冊・三三一

蘇軾 ———————— 第五冊・一七三
第五冊・一七四
第五冊・一七五
第五冊・一七六
第五冊・一七七
第五冊・一七八
第六冊・五七

蘇愚 ———————— 第三冊・六五
蘇頌 ———————— 第三冊・一六一
蘇霖 ———————— 第三冊・二四七
關漢卿 ———————— 第七冊・二二三
第七冊・二二七
第七冊・二三〇
第七冊・二四四
第七冊・二四八
第七冊・二五〇
第七冊・二五一
第七冊・二五四
第七冊・二五六

嚴天麟 ——————————— 第一冊・一五三

嚴觀 ————————————— 第二冊・三九二

羅日褧 ———————————— 第二冊・三一七

羅本 ——————————————— 第七冊・二九

　　　　　　　　　　　　　　第七冊・七一

　　　　　　　　　　　　　　第七冊・七四

　　　　　　　　　　　　　　第七冊・八五

羅梅江 ———————————— 第七冊・四四二

羅從彥 ———————————— 第五冊・一九八

　　　　　　　　　　　　　　第五冊・一九九

羅欽順 ———————————— 第五冊・二八七

羅隱 ——————————————— 第五冊・一四〇

羅懋登 ———————————— 第七冊・三三一

羅願 ——————————————— 第一冊・一六〇

　　　　　　　　　　　　　　第一冊・一六一

　　　　　　　　　　　　　　第五冊・二〇〇

譚元春 ———————————— 第五冊・一七六

　　　　　　　　　　　　　　第五冊・四四一

　　　　　　　　　　　　　　第五冊・四四二

　　　　　　　　　　　　　　第六冊・一二八

譚文昭 ———————————— 第五冊・五一八

譚希思 ———————————— 第二冊・二二

譚峭 ——————————————— 第四冊・九

二十畫

釋支婁迦讖 ——————— 第四冊・三三七

釋不空 ———————————— 第四冊・四〇四

　　　　　　　　　　　　　　第四冊・四〇八

　　　　　　　　　　　　　　第四冊・四〇九

　　　　　　　　　　　　　　第四冊・四三二

　　　　　　　　　　　　　　第四冊・四三五

釋玄奘 ———————————— 第四冊・三八九

　　　　　　　　　　　　　　第四冊・三九一

　　　　　　　　　　　　　　第四冊・三九二

　　　　　　　　　　　　　　第四冊・三九四

　　　　　　　　　　　　　　第四冊・三九五

　　　　　　　　　　　　　　第四冊・三九六

　　　　　　　　　　　　　　第四冊・三九七

釋地婆訶羅 ——————— 第四冊・三八五

釋成鷲 ———————————— 第二冊・三一五

釋那連提耶舍 ————— 第四冊・三八五

釋英 ——————————————— 第五冊・二三二

釋來復 ———————————— 第五冊・二六一

釋岳硅 ———————————— 第五冊・五二九

釋法天 ———————————— 第四冊・四〇九

　　　　　　　　　　　　　　第四冊・四四一

釋彥悰 ———————————— 第三冊・二五七

釋施護 ———————————— 第四冊・四三九

　　　　　　　　　　　　　　第四冊・四四一

釋真可 ———————————— 第五冊・四三六

釋真空 ———————————— 第一冊・一七四

釋通門 ———————————— 第五冊・四八四

釋菩提留支 ——————— 第四冊・三八五

釋皎然 ———————————— 第五冊・一〇三

釋超格 ———————————— 第四冊・四六七

釋智旭 ———————————— 第四冊・四五九

　　　　　　　　　　　　　　第四冊・四七四

釋普明 ———————————— 第四冊・四六六

　　　　　　　　　　　　　　第四冊・四六七

釋道原 ———————————— 第四冊・四六三

釋寒山 ———————————— 第五冊・七二

釋疊良耶舍 ——————— 第四冊・三八一

　　　　　　　　　　　　　　第四冊・三八三

釋圓至 ———————————— 第六冊・二一一

　　　　　　　　　　　　　　第六冊・二四〇

釋鳩摩羅什 ——————— 第四冊・三三九

　　　　　　　　　　　　　　第四冊・三四〇

　　　　　　　　　　　　　　第四冊・三四二

　　　　　　　　　　　　　　第四冊・三四四

　　　　　　　　　　　　　　第四冊・三四六

	第四冊・三四七	顧可久 ——————— 第五冊・八一
	第四冊・三四八	顧有孝 ——————— 第六冊・三〇六
	第四冊・三四九	顧充 ——————— 第二冊・五一五
	第四冊・三五〇	第二冊・五一六
	第四冊・三五二	第二冊・五一九
	第四冊・三五三	顧非熊 ——————— 第六冊・五三
	第四冊・三五四	顧修 ——————— 第三冊・二九二
	第四冊・三五五	顧炳 ——————— 第三冊・三四四
	第四冊・三五六	第三冊・三四六
	第四冊・三五七	顧祖訓 ——————— 第二冊・二一七
	第四冊・三五八	第二冊・二一九
	第四冊・三六〇	顧起元 ——————— 第四冊・九〇
	第四冊・三六二	顧起經 ——————— 第五冊・七九
	第四冊・三六四	顧起綸 ——————— 第六冊・二五二
	第四冊・三六六	顧豹文 ——————— 第三冊・三二一
	第四冊・三七〇	顧從敬 ——————— 第七冊・一八四
	第四冊・三七二	顧瑛 ——————— 第五冊・二五〇
	第四冊・三七三	第六冊・二四五
	第四冊・三七四	第六冊・二四六
	第四冊・三七五	第六冊・二四七
	第四冊・三七六	第六冊・二四八
	第四冊・三七七	顧鼎臣 ——————— 第二冊・二一三
	第四冊・三七八	第二冊・二一六
釋義淨 ——————— 第四冊・四一〇		顧嗣立 ——————— 第五冊・一一二
釋福聚 ——————— 第四冊・四五八		第五冊・五六八
釋實叉難陀 ——————— 第四冊・三九九		顧廣圻 ——————— 第五冊・六一四
	第四冊・四〇二	顧應祥 ——————— 第六冊・二一四
釋篆玉 ——————— 第五冊・五九一		顧應期 ——————— 第五冊・六〇三
釋德清 ——————— 第四冊・四八四		顧體仁 ——————— 第七冊・五二三
釋曇無讖 ——————— 第四冊・三七九		
釋闍那崛多 ——————— 第四冊・三八七		

二十一畫

顧元交 ——————— 第三冊・一二八	
顧元慶 ——————— 第四冊・五一〇	

二十二畫

龔大器 ——————— 第一冊・一八三
龔自珍 ——————— 第五冊・六一八
第五冊・六二〇
第五冊・六二一

第五冊·六二二

第七冊·一七五

龔居中―――――第四冊·一四四

龔鼎孳―――――第七冊·一五二

龔翔麟―――――第七冊·一三一

龔賢――――――第六冊·五〇

龔橙――――――第二冊·四三四

□佑卿―――――第七冊·二三二

二十二畫

著者漢語拼音索引

A

艾儒略 ——————— 第二冊·三一九

　　　　　　　　第四冊·五七

　　　　　　　　第四冊·五八

安箕 ——————— 第五冊·五四〇

安致遠 ——————— 第五冊·五三九

　　　　　　　　第五冊·五四〇

敖文禎 ——————— 第五冊·三八三

B

白居易 ——————— 第四冊·二二二

　　　　　　　　第五冊·一一四

　　　　　　　　第五冊·一一六

　　　　　　　　第五冊·一一七

白雲霽 ——————— 第四冊·五〇五

百花主人 ——————— 第三冊·四七七

　　　　　　　　第三冊·四九八

　　　　　　　　第三冊·四九九

班固 ——————— 第四冊·四

鮑彪 ——————— 第二冊·二六

　　　　　　　　第二冊·二七

　　　　　　　　第二冊·二八

鮑廷博 ——————— 第三冊·二九〇

　　　　　　　　第五冊·六〇八

鮑照 ——————— 第五冊·四七

畢效欽 ——————— 第一冊·一六二

畢沅 ——————— 第六冊·三四六

畢自嚴 ——————— 第五冊·四〇九

　　　　　　　　第六冊·二六五

　　　　　　　　第六冊·二六六

畢自寅 ——————— 第六冊·二六七

邊貢 ——————— 第五冊·二九三

卞永譽 ——————— 第三冊·二三七

卞之錦 —————————— 第六冊·二三三
博覽子 —————————— 第四冊·三〇九
卜應天 —————————— 第三冊·一九四
　　　　　　　　　　　第三冊·一九五

C

蔡彬 ———————————— 第三冊·二〇七
蔡復賞 —————————— 第二冊·一六一
蔡烈先 —————————— 第三冊·一一三
蔡夢弼 —————————— 第五冊·八八
蔡汝賢 —————————— 第二冊·五八
蔡沈 ———————————— 第一冊·一七
　　　　　　　　　　　第一冊·一九
　　　　　　　　　　　第一冊·二一
蔡士英 —————————— 第六冊·三二〇
蔡襄 ———————————— 第五冊·一五七
　　　　　　　　　　　第五冊·一五九
蔡邕 ———————————— 第五冊·一九
　　　　　　　　　　　第五冊·二一
　　　　　　　　　　　第五冊·二二
蔡正孫 —————————— 第六冊·四二四
曹道振 —————————— 第五冊·一九八
　　　　　　　　　　　第五冊·一九九
曹恒吉 —————————— 第五冊·五〇三
曹聖臣 —————————— 第三冊·四六八
曹士珩 —————————— 第四冊·四九六
曹錫黼 —————————— 第七冊·二九〇
曹憲 ———————————— 第一冊·一六四
曹秀先 —————————— 第三冊·四一二
曹學佺 —————————— 第二冊·二五四
　　　　　　　　　　　第六冊·一四〇
　　　　　　　　　　　第六冊·二九三
　　　　　　　　　　　第六冊·四〇七
　　　　　　　　　　　第六冊·四一四
曹勳 ———————————— 第二冊·三五

曹寅 ———————————— 第二冊·四二二
　　　　　　　　　　　第二冊·四二四
曹于汴 —————————— 第五冊·四一一
曹霑 ———————————— 第七冊·一〇八
　　　　　　　　　　　第七冊·一一三
　　　　　　　　　　　第七冊·一一六
曹貞吉 —————————— 第五冊·五〇二
曹植 ———————————— 第五冊·二三
　　　　　　　　　　　第五冊·二四
　　　　　　　　　　　第五冊·二五
曹宗載 —————————— 第四冊·六三
岑參 ———————————— 第五冊·九七
柴靜儀 —————————— 第五冊·五二七
柴望 ———————————— 第六冊·二四四
晁冲之 —————————— 第五冊·一八四
晁錯 ———————————— 第六冊·二〇四
晁公武 —————————— 第二冊·四五四
　　　　　　　　　　　第二冊·四五六
　　　　　　　　　　　第二冊·四五八
巢元方 —————————— 第三冊·一四一
　　　　　　　　　　　第三冊·一四二
車若水 —————————— 第四冊·一五
陳邦彥 —————————— 第三冊·二八七
陳琛 ———————————— 第一冊·一一九
陳忱 ———————————— 第六冊·三二一
陳淳 ———————————— 第五冊·三六二
陳德文 —————————— 第四冊·二一
　　　　　　　　　　　第七冊·一四六
陳棟 ———————————— 第五冊·六〇一
陳端生 —————————— 第七冊·五四八
陳鐸 ———————————— 第七冊·四八八
　　　　　　　　　　　第七冊·四八九
陳傅良 —————————— 第五冊·二〇三
陳國華 —————————— 第二冊·五二七
陳淏子 —————————— 第三冊·五〇四

陳澔	第一冊・七三
陳洪綬	第三冊・三八一
	第五冊・八
陳厚耀	第一冊・一〇一
陳瑚	第六冊・二七〇
陳基	第五冊・二五二
陳際泰	第五冊・四六四
陳濟生	第六冊・七五
陳繼儒	第三冊・二三五
	第四冊・一三五
	第四冊・一三六
	第五冊・三八九
	第五冊・四六三
	第六冊・一七九
	第六冊・一八〇
	第六冊・三一五
	第七冊・二四
	第七冊・四七四
陳嘉謨	第三冊・一一四
	第三冊・一一六
陳莢	第六冊・二七九
陳薦夫	第五冊・三九五
	第五冊・四一二
陳楷	第二冊・五〇三
	第二冊・五〇五
陳金	第二冊・六八
陳景沂	第四冊・二三三
陳敬宗	第五冊・二六五
陳衍	第四冊・三一
陳克	第七冊・一三六
陳魁士	第五冊・六三
陳騤	第六冊・四二一
陳櫟	第五冊・二三八
陳亮	第五冊・一六六

陳龍正	第五冊・四五二
陳懋仁	第四冊・二八四
陳枚	第二冊・二一七
	第二冊・二一九
	第四冊・三二七
	第四冊・三二九
	第六冊・三六〇
陳夢槐	第五冊・一七五
陳名夏	第六冊・七〇
陳起	第六冊・五八
陳確	第四冊・六〇
陳仁錫	第一冊・六九
	第二冊・一八
	第二冊・三八
	第四冊・五三三
	第七冊・一八四
陳仁子	第六冊・八九
	第六冊・九〇
	第六冊・九一
陳山毓	第六冊・一九七
陳實功	第三冊・一五一
陳士龍	第四冊・三一〇
陳士元	第三冊・一九七
陳氏尺蠖齋	第七冊・四一
陳思	第六冊・五九
陳愫	第五冊・一二七
陳所聞	第七冊・四六六
	第七冊・四六七
	第七冊・四七一
	第七冊・四七二
	第七冊・四七三
陳廷敬	第五冊・五四八
陳霆	第四冊・一九
陳同	第七冊・三四七

C

C

陳玩直 —————— 第四册·二三四

第四册·二三六

第四册·二三八

陳維崧 —————— 第五册·五〇五

陳文琪 —————— 第一册·一一八

陳文燭 —————— 第五册·三五四

第五册·三五五

陳顯微 —————— 第四册·四八六

陳鰓 —————— 第二册·二六三

陳訏 —————— 第六册·二四一

陳選 —————— 第三册·二七

陳耀文 —————— 第四册·一三一

第四册·一三二

第七册·一八九

陳懿典 —————— 第四册·四八二

陳應行 —————— 第六册·四一五

陳有守 —————— 第二册·二三一

陳宇 —————— 第五册·六二七

陳羽 —————— 第六册·五三

陳禹謨 —————— 第一册·一二一

第二册·八一

第四册·五二

第四册·五三

第四册·二八一

陳與郊 —————— 第六册·九三

陳昱 —————— 第五册·四七七

陳允衡 —————— 第五册·四七四

第六册·七二

第六册·七四

第六册·三三〇

陳允升 —————— 第三册·三四〇

陳圳 —————— 第五册·五九八

陳致虛 —————— 第四册·四八九

程百二 —————— 第二册·二五五

程本立 —————— 第五册·二六三

程秉銓 —————— 第七册·四三六

程昌 —————— 第二册·二四六

程大位 —————— 第三册·一七八

第三册·一七九

程大憲 —————— 第三册·三一一

程大約 —————— 第三册·四五四

第三册·四五六

第三册·四五九

第三册·四六〇

第三册·四六一

程敦 —————— 第二册·三九七

第二册·三九九

第二册·四〇一

程鈁 —————— 第二册·二四六

程瀚 —————— 第七册·四四七

程顥 —————— 第三册·二四

程洪 —————— 第七册·一九八

第七册·二一四

程敏政 —————— 第二册·一四一

第二册·一四三

第六册·三八三

程明善 —————— 第七册·五二七

程穆衡 —————— 第七册·八三

第七册·八四

程起駿 —————— 第五册·二八五

程任卿 —————— 第二册·三四四

程師恭 —————— 第五册·五〇五

程希孟 —————— 第二册·五二

程一楨 —————— 第二册·二一三

第二册·二一六

第二册·二一七

第二册·二一九

程一枝 —————— 第二册·二三三

程頤 —————— 第三册·二四

程易明 —————— 第四册·四八八

程應登 ——————————— 第五冊·三三七

程愈 ——————————— 第三冊·三六

程宗猷 ——————————— 第三冊·五七

第三冊·六一

第三冊·六三

程作舟 ——————————— 第四冊·五六五

池上客 ——————————— 第六冊·一三七

第六冊·一三八

赤心子 ——————————— 第四冊·二六二

第四冊·二六三

冲和居士 ——————————— 第七冊·五一一

褚人穫 ——————————— 第七冊·三六

儲光羲 ——————————— 第五冊·八六

崔龜圖 ——————————— 第二冊·二八五

崔國琚 ——————————— 第五冊·六三〇

崔述 ——————————— 第一冊·八三

崔應階 ——————————— 第五冊·五七四

第七冊·二八八

崔滋 ——————————— 第六冊·四四七

崔子忠 ——————————— 第三冊·三一二

D

戴長庚 ——————————— 第一冊·一三六

戴良 ——————————— 第五冊·二四九

戴全德 ——————————— 第五冊·五九九

戴羲 ——————————— 第二冊·五〇一

德齡 ——————————— 第五冊·五六五

鄧椿 ——————————— 第三冊·二五六

第三冊·二五七

第三冊·二五八

鄧漢儀 ——————————— 第六冊·三二六

鄧球 ——————————— 第二冊·三三九

鄧仕明 ——————————— 第四冊·三一一

鄧玉函 ——————————— 第二冊·三五九

第二冊·三六〇

鄧元錫 ——————————— 第二冊·三

鄧志謨 ——————————— 第二冊·五二一

第四冊·一五五

第四冊·二七〇

第四冊·二七一

第四冊·二七二

第七冊·三七九

丁度 ——————————— 第三冊·四五

第三冊·四六

丁澎 ——————————— 第七冊·一五四

丁嗣澂 ——————————— 第五冊·五一七

丁晏 ——————————— 第二冊·四

第四冊·七七

丁易 ——————————— 第二冊·三一五

丁元薦 ——————————— 第三冊·一四六

丁雲鵬 ——————————— 第二冊·一〇六

第二冊·一〇八

丁自勸 ——————————— 第二冊·七三

東魯古狂生 ——————————— 第七冊·一六

東山釣史 ——————————— 第七冊·五二一

董成泰 ——————————— 第四冊·一六五

董其昌 ——————————— 第三冊·二五〇

第三冊·二六五

第三冊·二六七

第五冊·四〇五

第五冊·四〇七

第七冊·一八七

董壽民 ——————————— 第五冊·二三三

董斯張 ——————————— 第四冊·二八二

董嗣成 ——————————— 第五冊·三八七

董天工 ——————————— 第二冊·二八三

董以寧 ——————————— 第五冊·五五八

都穆 ——————————— 第二冊·三八三

第四冊·一二三

杜丙傑 ——————————— 第六冊·三九一

D
—
F

E

F

杜甫 ——————— 第五冊·八八

第五冊·九〇

第五冊·九一

第五冊·九二

第五冊·九三

杜牧 ——————— 第五冊·一三〇

第五冊·一三一

杜騏徵 ——————— 第六冊·二九九

杜審言 ——————— 第五冊·六五

第五冊·六六

杜世祺 ——————— 第六冊·一四八

杜㻛 ——————— 第五冊·五一〇

杜綰 ——————— 第三冊·四八五

杜濬 ——————— 第五冊·四七〇

杜預 ——————— 第一冊·八七

段成式 ——————— 第四冊·一八三

段公路 ——————— 第二冊·二八五

段士儋 ——————— 第七冊·四九〇

咄咄夫 ——————— 第四冊·一八六

第四冊·一八九

鄂爾泰 ——————— 第五冊·五七六

鄂顧姒 ——————— 第六冊·三三九

法式善 ——————— 第五冊·六〇六

樊維城 ——————— 第四冊·五三一

范成大 ——————— 第五冊·二〇七

范純粹 ——————— 第五冊·一五六

范純仁 ——————— 第五冊·一五六

第五冊·一六八

范端臣 ——————— 第五冊·一九五

范端杲 ——————— 第五冊·一九五

范建杲 ——————— 第七冊·四三五

范景文 ——————— 第三冊·七一

范浚 ——————— 第五冊·一九四

第五冊·一九五

范明泰 ——————— 第二冊·一八〇

范文若 ——————— 第七冊·三八五

第七冊·五一五

范聞賢 ——————— 第七冊·四二三

范希哲 ——————— 第七冊·四〇七

范欽 ——————— 第二冊·四一九

范永祺 ——————— 第二冊·一四八

范仲淹 ——————— 第五冊·一五五

第五冊·一五六

方成珪 ——————— 第五冊·六二六

方逢辰 ——————— 第五冊·二二三

方汝浩 ——————— 第七冊·九六

方瑞生 ——————— 第三冊·四八六

方以智 ——————— 第五冊·四六六

方于魯 ——————— 第三冊·四六三

第三冊·四六五

第三冊·四六七

方岳 ——————— 第五冊·二二一

方嶽 ——————— 第六冊·四二三

費元禄 ——————— 第五冊·三七五

馮班 ——————— 第五冊·四七九

馮登府 ——————— 第五冊·六一六

第五冊·六一七

馮桂芳 ——————— 第四冊·一二六

馮夢龍 ——————— 第一冊·九七

第一冊·一二四

第四冊·一六三

第七冊·一三

第七冊·八五

第七冊·四七七

第七冊·五〇一

馮夢禎 ——————— 第六冊·二九八

馮琦————————第四册・二六一

馮汝宗————————第六册・一九九

馮時可————————第一册・六八

　　　　　　　　第一册・九五

　　　　　　　　第五册・三七一

馮時寧————————第三册・七九

馮惟敏————————第七册・二七〇

　　　　　　　　第七册・四九五

馮惟訥————————第六册・一二一

　　　　　　　　第六册・一二三

馮武————————第五册・五三七

馮嫺————————第五册・五二七

馮贄————————第四册・一八四

浮白主人————————第四册・五三八

傅彩————————第五册・四一八

傅振商————————第六册・四〇四

富大用————————第四册・二三〇

　　　　　　　　第四册・二三二

G

改琦————————第七册・一七二

甘暘————————第二册・四〇八

高承————————第四册・二二七

高鶚————————第七册・一〇八

　　　　　　　　第七册・一一三

高拱————————第五册・三三八

高鶴————————第四册・一二八

高濂————————第四册・一〇五

　　　　　　　　第四册・一〇八

　　　　　　　　第四册・一〇九

　　　　　　　　第七册・三六二

高邁————————第五册・二一一

高昂光————————第四册・一五三

高明————————第七册・三一三

　　　　　　　　第七册・三一五

　　　　　　　　第七册・三一八

　　　　　　　　第七册・三二〇

　　　　　　　　第七册・三二一

　　　　　　　　第七册・三二三

高鵬飛————————第五册・二一一

高如山————————第三册・一五五

高士奇————————第三册・二三八

　　　　　　　　第三册・二四〇

　　　　　　　　第三册・五〇五

　　　　　　　　第三册・五〇六

　　　　　　　　第五册・二一一

高似孫————————第五册・二一一

高適————————第五册・八三

高叔嗣————————第五册・三二〇

高選————————第五册・二一一

高誘————————第四册・三

高燾————————第五册・二一一

高宗弘曆————————第三册・三二七

　　　　　　　　第三册・三二九

　　　　　　　　第五册・五七六

葛長庚————————第五册・二一六

葛洪————————第四册・一八一

葛焜————————第一册・一五四

葛立方————————第六册・四一八

葛崙————————第二册・一七七

葛守禮————————第五册・三三一

葛寅亮————————第四册・四七〇

葛芝————————第五册・四七二

耿介————————第六册・三二七

龔橙————————第二册・四三四

龔大器————————第一册・一八三

龔鼎孳————————第七册・一五二

龔居中————————第四册・一四四

龔賢————————第六册・五〇

龔翔麟————————第七册・一三一

龔自珍 —————————— 第五冊・六一八

第五冊・六二〇

第五冊・六二一

第五冊・六二二

第七冊・一七五

菰蘆釣叟 —————————— 第七冊・五一三

顧豹文 —————————— 第三冊・三二一

顧炳 —————————— 第三冊・三四四

第三冊・三四六

顧充 —————————— 第二冊・五一五

第二冊・五一六

第二冊・五一九

顧從敬 —————————— 第七冊・一八四

顧鼎臣 —————————— 第二冊・二一三

第二冊・二一六

顧非熊 —————————— 第六冊・五三

顧廣圻 —————————— 第五冊・六一四

顧可久 —————————— 第五冊・八一

顧起經 —————————— 第五冊・七九

顧起綸 —————————— 第六冊・二五二

顧起元 —————————— 第四冊・九〇

顧嗣立 —————————— 第五冊・一一二

第五冊・五六八

顧體仁 —————————— 第七冊・五二三

顧修 —————————— 第三冊・二九二

顧瑛 —————————— 第五冊・二五〇

第六冊・二四五

第六冊・二四六

第六冊・二四七

第六冊・二四八

顧應期 —————————— 第五冊・六〇三

顧應祥 —————————— 第六冊・二一四

顧有孝 —————————— 第六冊・三〇六

顧元交 —————————— 第三冊・一二八

顧元慶 —————————— 第四冊・五一〇

G

顧祖訓 —————————— 第二冊・二一七

第二冊・二一九

關漢卿 —————————— 第七冊・二二三

第七冊・二二七

第七冊・二三〇

第七冊・二四四

第七冊・二四八

第七冊・二五〇

第七冊・二五一

第七冊・二五四

第七冊・二五六

管庭芬 —————————— 第二冊・一九一

第二冊・四七三

歸有光 —————————— 第四冊・四八〇

第五冊・三五六

第五冊・三五七

郭諶 —————————— 第一冊・一七六

郭光復 —————————— 第三冊・六八

郭化 —————————— 第四冊・一一九

郭籛齡 —————————— 第二冊・三八四

郭良翰 —————————— 第三冊・四三

郭璞 —————————— 第一冊・一五九

郭若虛 —————————— 第三冊・二六〇

郭尚先 —————————— 第二冊・三八四

郭文祥 —————————— 第五冊・四五五

郭勳 —————————— 第七冊・五〇五

郭翼 —————————— 第五冊・二四六

郭應寵 —————————— 第五冊・四三五

郭毓 —————————— 第六冊・三九二

郭雲鵬 —————————— 第五冊・一六六

郭正域 —————————— 第六冊・九八

第六冊・一〇一

郭子章 —————————— 第二冊・八二

第四冊・四七八

國材 —————————— 第五冊・一〇四

過庭訓 —————————— 第二冊・一四七

H

韓昂 —————— 第三冊 · 二六一

韓道昭 —————— 第一冊 · 一七四

韓霖 —————— 第三冊 · 五四

韓鳴鸞 —————— 第二冊 · 三〇二

韓琦 —————— 第五冊 · 一五四

韓四維 —————— 第五冊 · 四五〇

韓太湖 —————— 第七冊 · 五五三

韓嬰 —————— 第一冊 · 三五

第一冊 · 三六

韓雍 —————— 第五冊 · 二七〇

韓愈 —————— 第五冊 · 一〇七

第五冊 · 一〇八

第五冊 · 一一〇

第五冊 · 一一二

第五冊 · 一一八

杭淮 —————— 第五冊 · 二九六

郝洪範 —————— 第一冊 · 一一

郝敬 —————— 第一冊 · 一一

郝天挺 —————— 第六冊 · 二一三

何焯 —————— 第六冊 · 八七

何傳瑤 —————— 第三冊 · 四五〇

何大成 —————— 第五冊 · 二九五

何大掄 —————— 第一冊 · 五六

何棟如 —————— 第三冊 · 一九七

何景明 —————— 第五冊 · 二九七

第六冊 · 一五八

何良傅 —————— 第五冊 · 三三九

何孟春 —————— 第四冊 · 一七

何喬新 —————— 第一冊 · 六六

第五冊 · 二八二

何三畏 —————— 第五冊 · 三八九

何士泰 —————— 第三冊 · 二〇七

何無適 —————— 第六冊 · 四四六

何養純 —————— 第五冊 · 一五一

何胤宗 —————— 第四冊 · 三〇三

賀君召 —————— 第六冊 · 三五〇

賀裳 —————— 第七冊 · 一五一

弘曆 —————— 第三冊 · 三二七

第三冊 · 三二九

第五冊 · 五七六

洪常 —————— 第二冊 · 四九九

洪九疇 —————— 第五冊 · 二八五

洪邁 —————— 第四冊 · 一〇

第四冊 · 一九七

第四冊 · 一九八

第六冊 · 二〇九

洪昇 —————— 第七冊 · 四一七

洪焱祖 —————— 第一冊 · 一六〇

洪應明 —————— 第四冊 · 一四七

第四冊 · 二〇九

洪遵 —————— 第四冊 · 五一三

侯正鵠 —————— 第五冊 · 四四八

忽思慧 —————— 第三冊 · 四八九

胡承珙 —————— 第五冊 · 六一三

胡廣 —————— 第一冊 · 二四

胡繼宗 —————— 第四冊 · 二三四

第四冊 · 二三六

第四冊 · 二三八

胡敬辰 —————— 第五冊 · 四六一

胡柯 —————— 第五冊 · 一六四

第五冊 · 一六五

胡瑞遠 —————— 第五冊 · 五三五

胡時化 —————— 第六冊 · 一八一

第六冊 · 四三五

胡侍 —————— 第四冊 · 二〇

胡松 —————— 第六冊 · 一九三

胡文煥 —————— 第三冊 · 四三二

第四冊 · 五二一

H

H

	第四册·五二二
	第四册·五二三
	第四册·五二四
	第四册·五二五
	第四册·五二六
	第四册·五二七
胡文學	第六册·三八七
胡亦堂	第六册·四〇二
胡應麟	第四册·二七
	第四册·二八
胡雲坌	第七册·四一六
胡瓚	第一册·二八
胡震亨	第六册·二二六
胡正心	第六册·一八八
胡正言	第三册·三五四
	第三册·三五八
	第三册·三六〇
	第三册·三六二
	第三册·三六六
	第三册·三六八
	第三册·三七二
	第三册·三七四
	第三册·三七六
	第三册·三七八
胡之驥	第六册·四三六
胡宗憲	第二册·二八八
	第二册·二九一
胡作柄	第二册·一五九
華廣生	第七册·五〇二
華師召	第五册·四四四
華玉冥	第四册·二一一
華毓琮	第二册·二二九
華允誼	第二册·二二九
桓寬	第三册·一七
浣花逸士	第三册·五二二

皇甫汸	第五册·三三〇
	第五册·三三二
黃葆謙	第三册·三四二
黃伯思	第四册·六五
	第四册·六六
黃傳祖	第六册·二七二
	第六册·二七四
	第六册·二七五
黃道周	第二册·五一五
	第三册·七六
黃德水	第六册·二二五
黃峨	第七册·一四八
黃耳鼎	第一册·一二二
黃鳳池	第三册·三〇一
	第三册·三〇四
	第三册·三〇六
	第三册·三〇八
黃鳳翔	第六册·一六二
黃漢	第三册·五二五
黃河清	第六册·三一七
黃鶴	第五册·八八
	第五册·九〇
	第五册·九一
黃家鼎	第六册·二二一
黃嘉惠	第三册·二二七
	第六册·五六
黃階	第二册·一八四
黃金璽	第四册·二四三
黃可師	第四册·四九
黃孔昭	第六册·三九八
黃焜	第四册·一六七
黃如金	第六册·一五九
黃尚文	第二册·一二〇
黃昇	第七册·一八三
黃省曾	第五册·五四

黄太鴻 ——————— 第七冊・八七

黄廷鑒 ——————— 第二冊・二六〇

黄庭堅 ——————— 第三冊・二二七

　　　　　————— 第五冊・一八〇

　　　　　————— 第七冊・一三四

黄文煥 ——————— 第一冊・五一

黄錫蕃 ——————— 第三冊・二五九

黄憲 ————————— 第四冊・八

黄休復 ——————— 第三冊・二五四

黄易 ————————— 第二冊・三七六

黄兆森 ——————— 第七冊・二八一

　　　　　————— 第七冊・二八三

　　　　　————— 第七冊・二八四

黄正憲 ——————— 第一冊・七

黄周星 ——————— 第五冊・四五六

黄宗羲 ——————— 第二冊・三四二

　　　　　————— 第五冊・四七三

惠棟 ————————— 第一冊・九八

J

嵇承咸 ——————— 第三冊・二二八

嵇含 ————————— 第四冊・五二八

嵇永仁 ——————— 第七冊・二八五

嵇宗孟 ——————— 第三冊・三二一

季貞 ————————— 第六冊・一〇六

計成 ————————— 第二冊・三六六

計有功 ——————— 第六冊・四一九

紀鑒 ————————— 第三冊・七四

紀振倫 ——————— 第七冊・四八

　　　　　————— 第七冊・五一

賈島 ————————— 第五冊・一二二

　　　　　————— 第六冊・二三八

賈誼 ————————— 第三冊・一五

　　　　　————— 第六冊・二〇四

江蘭 ————————— 第五冊・五二一

江淹 ————————— 第五冊・五〇

　　　　　————— 第五冊・五一

　　　　　————— 第五冊・五二

江贄 ————————— 第二冊・一七

姜宸英 ——————— 第五冊・五三〇

姜公銓 ——————— 第五冊・四一八

姜紹書 ——————— 第三冊・二八一

　　　　　————— 第三冊・二八三

　　　　　————— 第四冊・一一二

　　　　　————— 第四冊・一一五

蔣景祁 ——————— 第七冊・二〇二

蔣楷 ————————— 第五冊・六二四

蔣廷錫 ——————— 第二冊・二五八

蔣學堅 ——————— 第二冊・四七五

蔣一葵 ——————— 第二冊・二七三

　　　　　————— 第四冊・一五〇

　　　　　————— 第六冊・二一九

　　　　　————— 第六冊・二二〇

　　　　　————— 第六冊・二二一

　　　　　————— 第六冊・二五一

　　　　　————— 第六冊・四三二

蔣在雝 ——————— 第三冊・五二七

焦秉貞 ——————— 第三冊・三二三

　　　　　————— 第三冊・三二五

焦竑 ————————— 第二冊・五

　　　　　————— 第二冊・一〇六

　　　　　————— 第二冊・一〇八

　　　　　————— 第二冊・一〇九

　　　　　————— 第二冊・四七六

　　　　　————— 第四冊・三八

　　　　　————— 第四冊・八九

　　　　　————— 第五冊・三九八

　　　　　————— 第五冊・三九九

　　　　　————— 第六冊・一六二

　　　　　————— 第六冊・一六五

金弁 ——————————— 第二册・二三一
金春澤 —————————— 第四册・二一六
金符 ——————————— 第五册・五四九
金古良 —————————— 第二册・一二四
　　　　　　　　　　　　第二册・一二八
　　　　　　　　　　　　第二册・一三〇
金懷玉 —————————— 第七册・三六六
金農 ——————————— 第五册・五八七
　　　　　　　　　　　　第五册・五八九
　　　　　　　　　　　　第七册・一六八
金人瑞 —————————— 第七册・二五一
　　　　　　　　　　　　第七册・二五四
　　　　　　　　　　　　第七册・二五六
金聲 ——————————— 第五册・四七五
金壽祖 —————————— 第一册・一二二
金章 ——————————— 第五册・二七三
金兆燕 —————————— 第七册・四二八
　　　　　　　　　　　　第七册・四二九
金忠 ——————————— 第二册・一一七
金忠澤 —————————— 第二册・一九七
句曲山農 ————————— 第三册・五二九
筠科友 —————————— 第五册・四四七

K

康海 ——————————— 第七册・四八五
康麟 ——————————— 第六册・二一八
柯珮 ——————————— 第三册・一九二
柯煜 ——————————— 第五册・五五六
　　　　　　　　　　　　第五册・五七八
孔傳 ——————————— 第四册・二二二
孔傳鐸 —————————— 第五册・五四四
　　　　　　　　　　　　第七册・一二九
孔傳鋕 —————————— 第七册・一六三
孔繼涵 —————————— 第五册・五九七
孔尚任 —————————— 第七册・四一九

　　　　　　　　　　　　第七册・四二〇
孔延之 —————————— 第六册・三九一
孔貞叢 —————————— 第二册・三一一
寇平 ——————————— 第三册・一五三
寇宗奭 —————————— 第三册・一〇九
況叔祺 —————————— 第二册・五四
酈露 ——————————— 第二册・二八六
揆敘 ——————————— 第六册・一四七

L

來復 ——————————— 第六册・六四
來集之 —————————— 第五册・四六〇
　　　　　　　　　　　　第六册・二六九
　　　　　　　　　　　　第七册・二七一
來日升 —————————— 第六册・二六九
來斯行 —————————— 第五册・四二一
來燕雯 —————————— 第六册・二六九
來欽之 —————————— 第五册・八
賴從謙 —————————— 第三册・一九六
郎廷槐 —————————— 第六册・四三九
郎瑛 ——————————— 第四册・三二
勞格 ——————————— 第二册・三三
勞堪 ——————————— 第六册・一三六
雷夢麟 —————————— 第二册・三五五
雷起劍 —————————— 第五册・一二九
雷燮 ——————————— 第四册・一九九
李昂枝 —————————— 第六册・二七九
李白 ——————————— 第五册・七三
　　　　　　　　　　　　第五册・七五
李承箕 —————————— 第五册・三〇二
李春榮 —————————— 第五册・一一六
李淳風 —————————— 第三册・二一一
李鼎 ——————————— 第五册・三九七
李鼎祚 —————————— 第一册・三
李東陽 —————————— 第五册・二七九

李蕃　　　　　　　　　第五册・五二三
李芳　　　　　　　　　第五册・四二八
李緻　　　　　　　　　第二册・三四三
李杲　　　　　　　　　第三册・一三一
李公煥　　　　　　　　第五册・四二
　　　　　　　　　　　第五册・四四
李鼻　　　　　　　　　第六册・二一二
李覯　　　　　　　　　第五册・一六〇
李觀　　　　　　　　　第五册・一〇六
李光地　　　　　　　　第三册・二六
　　　　　　　　　　　第五册・五六四
李光縉　　　　　　　　第二册・五
李光祚　　　　　　　　第四册・三一三
李國祥　　　　　　　　第六册・二〇三
李賀　　　　　　　　　第五册・一二三
　　　　　　　　　　　第五册・一二四
　　　　　　　　　　　第五册・一二五
　　　　　　　　　　　第五册・一二七
李恒　　　　　　　　　第三册・一四三
李化龍　　　　　　　　第二册・四〇
李際可　　　　　　　　第四册・二四七
李鐯　　　　　　　　　第五册・五八四
李克家　　　　　　　　第三册・一八五
李濂　　　　　　　　　第七册・一三八
李留德　　　　　　　　第四册・八四
李漫翁　　　　　　　　第七册・四二二
李茂年　　　　　　　　第五册・七五
李夢陽　　　　　　　　第五册・二八八
　　　　　　　　　　　第五册・二八九
　　　　　　　　　　　第五册・二九〇
　　　　　　　　　　　第五册・二九一
李攀龍　　　　　　　　第五册・三四四
　　　　　　　　　　　第五册・三四五
　　　　　　　　　　　第五册・三四六
　　　　　　　　　　　第六册・一二八

第六册・二一九
　　　　　　　　　　　第六册・二二〇
　　　　　　　　　　　第六册・二二一
　　　　　　　　　　　第六册・二二二
　　　　　　　　　　　第六册・二五一
　　　　　　　　　　　第六册・二五七
　　　　　　　　　　　第六册・二五八
李盤　　　　　　　　　第三册・五四
李齊芳　　　　　　　　第五册・七五
李確　　　　　　　　　第五册・四五一
李日華　　　　　　　　第四册・二六六
　　　　　　　　　　　第六册・二九七
　　　　　　　　　　　第七册・三五二
李儒烈　　　　　　　　第六册・二八一
李若昌　　　　　　　　第三册・三三八
李善　　　　　　　　　第六册・八五
　　　　　　　　　　　第六册・八六
　　　　　　　　　　　第六册・八七
　　　　　　　　　　　第六册・八九
　　　　　　　　　　　第六册・九〇
　　　　　　　　　　　第六册・九一
　　　　　　　　　　　第六册・九二
李商隱　　　　　　　　第五册・一三二
　　　　　　　　　　　第五册・一三三
　　　　　　　　　　　第五册・一三五
李時珍　　　　　　　　第三册・一一〇
　　　　　　　　　　　第三册・一一一
　　　　　　　　　　　第三册・一一三
　　　　　　　　　　　第三册・一三一
李栻　　　　　　　　　第四册・一四一
李樹德　　　　　　　　第五册・五六五
李舜臣　　　　　　　　第五册・三二二
李思聰　　　　　　　　第二册・五六
李嗣真　　　　　　　　第三册・二五七
李騰鵬　　　　　　　　第六册・二六八

L

李天馥 ————————— 第三冊·三二一
　　　　　　　　　　　第七冊·一五六
李廷機 ————————— 第二冊·五
　　　　　　　　　　　第四冊·三〇四
　　　　　　　　　　　第六冊·二五七
　　　　　　　　　　　第六冊·二五八
李望槐 ————————— 第四冊·二七五
李維楨 ————————— 第二冊·二七五
李賢 ——————————— 第五冊·二六九
李孝美 ————————— 第三冊·四五二
李鄴嗣 ————————— 第五冊·五〇一
　　　　　　　　　　　第六冊·三八七
李裔蕃 ————————— 第七冊·三二〇
李幼武 ————————— 第二冊·一三九
　　　　　　　　　　　第二冊·一四〇
李漁 ——————————— 第四冊·一一七
　　　　　　　　　　　第四冊·一八五
　　　　　　　　　　　第四冊·五六二
　　　　　　　　　　　第七冊·一五九
　　　　　　　　　　　第七冊·四〇三
　　　　　　　　　　　第七冊·四〇四
　　　　　　　　　　　第七冊·四〇五
　　　　　　　　　　　第七冊·四〇六
李璵 ——————————— 第四冊·五五八
李玉 ——————————— 第七冊·三九九
　　　　　　　　　　　第七冊·四〇〇
　　　　　　　　　　　第七冊·四〇一
李載贄 ————————— 第二冊·三八
　　　　　　　　　　　第四冊·九六
李贊元 ————————— 第五冊·五一三
李振裕 ————————— 第六冊·三五二
李贄 ——————————— 第二冊·二〇一
　　　　　　　　　　　第四冊·一三九
　　　　　　　　　　　第五冊·四五
　　　　　　　　　　　第五冊·三五一

L

　　　　　　　　　　　第六冊·一一五
　　　　　　　　　　　第六冊·二〇四
　　　　　　　　　　　第七冊·二九
　　　　　　　　　　　第七冊·七一
　　　　　　　　　　　第七冊·七四
　　　　　　　　　　　第七冊·二二三
　　　　　　　　　　　第七冊·二三八
　　　　　　　　　　　第七冊·二三九
　　　　　　　　　　　第七冊·三〇九
　　　　　　　　　　　第七冊·三二一
　　　　　　　　　　　第七冊·三二八
李中黃 ————————— 第四冊·六一
李中立 ————————— 第三冊·一二一
　　　　　　　　　　　第三冊·一二二
李中梓 ————————— 第三冊·一四七
李鍾壁 ————————— 第五冊·五二三
李鍾嵩 ————————— 第五冊·五二三
李周翰 ————————— 第六冊·八九
　　　　　　　　　　　第六冊·九〇
　　　　　　　　　　　第六冊·九一
　　　　　　　　　　　第六冊·九二
李自榮 ————————— 第六冊·二九六
李宗昉 ————————— 第五冊·六二五
練子鼎 ————————— 第七冊·四九一
梁辰魚 ————————— 第七冊·三三四
　　　　　　　　　　　第七冊·三三六
　　　　　　　　　　　第七冊·四九三
　　　　　　　　　　　第七冊·四九四
梁德繩 ————————— 第七冊·五四八
梁橋 ——————————— 第六冊·四二八
　　　　　　　　　　　第六冊·四二九
梁廷枏 ————————— 第七冊·二九八
梁延年 ————————— 第二冊·九三
廖道南 ————————— 第二冊·一四五
　　　　　　　　　　　第二冊·一四六

廖景文 —————————————— 第七冊・四五五

廖文炳 —————————————— 第六冊・二一三

廖瑩中 —————————————— 第五冊・一〇八

　　　　　　　　　　　　　第五冊・一一九

廖志灝 —————————————— 第四冊・五六四

林遄 ———————————————— 第五冊・一五一

　　　　　　　　　　　　　第五冊・一五二

林登名 —————————————— 第二冊・二八二

林佶 ———————————————— 第五冊・五七〇

林嵋 ———————————————— 第五冊・四六七

林世陞 —————————————— 第一冊・五〇

林希逸 —————————————— 第四冊・四七七

林以寧 —————————————— 第五冊・五二七

林有麟 —————————————— 第三冊・四八七

林雲銘 —————————————— 第五冊・一六

林章 ———————————————— 第五冊・三七七

林正青 —————————————— 第二冊・二八〇

凌濛初 —————————————— 第六冊・九八

　　　　　　　　　　　　　第七冊・八

　　　　　　　　　　　　　第七冊・二四四

　　　　　　　　　　　　　第七冊・五一二

凌儒 ———————————————— 第五冊・三〇六

凌山道人 ———————————— 第三冊・四四四

凌雲翼 —————————————— 第六冊・一六三

凌稚隆 —————————————— 第六冊・三〇一

劉安世 —————————————— 第二冊・六五

劉百章 —————————————— 第七冊・四五八

劉攽 ———————————————— 第一冊・一一六

　　　　　　　　　　　　　第四冊・二二六

劉寶楠 —————————————— 第四冊・七五

劉秉忠 —————————————— 第三冊・一九六

劉昌 ———————————————— 第六冊・三四九

劉昌詩 —————————————— 第四冊・一四

劉辰翁 —————————————— 第五冊・九二

　　　　　　　　　　　　　第五冊・一〇一

　　　　　　　　　　　　　第五冊・一〇四

　　　　　　　　　　　　　第五冊・一二四

　　　　　　　　　　　　　第五冊・一七四

劉純 ———————————————— 第三冊・一四四

劉鳳 ———————————————— 第五冊・三四一

劉祐 ———————————————— 第六冊・一六八

劉基 ———————————————— 第二冊・二五三

　　　　　　　　　　　　　第三冊・一九六

　　　　　　　　　　　　　第五冊・二五七

　　　　　　　　　　　　　第七冊・一四一

劉堅 ———————————————— 第三冊・二三八

劉鑒 ———————————————— 第一冊・一七四

劉節 ———————————————— 第六冊・一二〇

劉克莊 —————————————— 第五冊・二〇九

　　　　　　　　　　　　　第五冊・二一八

　　　　　　　　　　　　　第六冊・四二二

劉孔敦 —————————————— 第三冊・一一六

劉孔懷 —————————————— 第二冊・一七九

劉良 ———————————————— 第六冊・八九

　　　　　　　　　　　　　第六冊・九〇

　　　　　　　　　　　　　第六冊・九一

　　　　　　　　　　　　　第六冊・九二

劉履 ———————————————— 第六冊・一一八

劉凝 ———————————————— 第二冊・三八八

劉祁 ———————————————— 第四冊・八二

劉詵 ———————————————— 第五冊・二四三

劉世儒 —————————————— 第三冊・二七一

劉崧 ———————————————— 第五冊・二五八

劉體仁 —————————————— 第五冊・五一九

劉蛻 ———————————————— 第五冊・一三七

劉萬春 —————————————— 第六冊・一八九

劉熙堂 —————————————— 第七冊・四四〇

劉錫玄 —————————————— 第二冊・四一

劉向 ———————————————— 第二冊・九六

　　　　　　　　　　　　　第二冊・九八

L

第三冊·一八

第三冊·二〇

劉孝綽 ————————— 第五冊·五三

劉孝威 ————————— 第五冊·五三

劉勰 ————————— 第六冊·四一三

第六冊·四一四

劉珝 ————————— 第五冊·二七一

劉一相 ————————— 第六冊·一九二

劉乂 ————————— 第五冊·一一三

L

劉因 ————————— 第五冊·二三五

劉憼 ————————— 第三冊·三三六

劉應李 ————————— 第四冊·二四一

劉源 ————————— 第三冊·三一七

劉雲份 ————————— 第六冊·五一

劉宰 ————————— 第五冊·二一二

劉榛 ————————— 第五冊·五二〇

劉子翬 ————————— 第五冊·一九二

柳永 ————————— 第七冊·一三二

柳宗元 ————————— 第五冊·一〇七

第五冊·一一八

第五冊·一一九

第五冊·一二〇

婁梁散人 ————————— 第七冊·五三二

樓儼 ————————— 第五冊·五六六

樓鑰 ————————— 第五冊·一五五

第五冊·一五六

盧翰 ————————— 第二冊·五〇二

盧寧 ————————— 第五冊·三四〇

盧元昌 ————————— 第二冊·五二三

盧址 ————————— 第二冊·四二八

第二冊·四三〇

魯之裕 ————————— 第五冊·五七一

魯重民 ————————— 第四冊·二六六

陸寶 ————————— 第五冊·四四三

陸粲 ————————— 第五冊·三二四

陸朝瑛 ————————— 第六冊·二七五

陸道光 ————————— 第三冊·一五四

陸道元 ————————— 第三冊·一五四

陸德明 ————————— 第一冊·八七

陸費垓 ————————— 第二冊·三五一

陸龜蒙 ————————— 第五冊·一三八

第五冊·一三九

第六冊·二三四

第六冊·二三五

第六冊·二三六

陸楫 ————————— 第四冊·五一一

陸嘉穎 ————————— 第六冊·一四二

陸金 ————————— 第三冊·一五四

陸進 ————————— 第七冊·二〇七

陸崑曾 ————————— 第五冊·一三五

陸立 ————————— 第二冊·二六六

陸梾 ————————— 第七冊·四九九

陸求可 ————————— 第五冊·四九九

陸萊 ————————— 第六冊·一九八

陸紹曾 ————————— 第三冊·二四二

陸深 ————————— 第五冊·三〇〇

陸墅 ————————— 第四冊·四八九

陸唐老 ————————— 第二冊·一三

陸廷燦 ————————— 第三冊·五〇九

陸萬言 ————————— 第五冊·三八九

陸西星 ————————— 第七冊·九〇

第七冊·九二

第七冊·九三

第七冊·九四

陸心源 ————————— 第二冊·四四一

陸游 ————————— 第五冊·二〇八

陸羽 ————————— 第三冊·四九四

陸雲 ————————— 第五冊·二八

第五冊·二九

第五冊·三〇

陸雲龍——————————第六冊・六六

第六冊・六八

第六冊・六九

陸芝榮——————————第二冊・一三七

陸贄——————————第五冊・一〇五

羅本——————————第七冊・二九

第七冊・七一

第七冊・七四

第七冊・八五

羅從彥——————————第五冊・一九八

第五冊・一九九

羅懋登——————————第七冊・三三一

羅梅江——————————第七冊・四四二

羅欽順——————————第五冊・二八七

羅隱——————————第五冊・一四〇

羅願——————————第一冊・一六〇

第一冊・一六一

第五冊・二〇〇

羅日褧——————————第二冊・三一七

駱賓王——————————第五冊・六二

第五冊・六三

第五冊・六四

呂葆中——————————第六冊・一九四

呂本——————————第二冊・三三六

第二冊・三三七

呂坤——————————第二冊・一二一

第四冊・一三〇

第五冊・三八二

呂留良——————————第五冊・三二八

第五冊・三五六

第六冊・一九四

第六冊・四四〇

呂士雄——————————第七冊・五二二

呂向——————————第六冊・八九

第六冊・九〇

呂延濟——————————第六冊・九一

第六冊・九二

第六冊・八九

第六冊・九〇

第六冊・九一

第六冊・九二

呂祖謙——————————第一冊・四二

第一冊・九〇

第一冊・九一

第三冊・三一

第四冊・二二八

第五冊・一七八

第六冊・一五五

M

馬端臨——————————第二冊・三三三

馬嘉松——————————第六冊・一三九

馬汝驥——————————第五冊・三一六

馬森——————————第一冊・二五

馬上巘——————————第六冊・四三七

馬思贊——————————第五冊・五一四

馬驌——————————第二冊・二五

馬熒——————————第六冊・四〇五

馬中錫——————————第五冊・二八一

毛邦翰——————————第一冊・一三九

第一冊・一五一

毛萇——————————第一冊・三九

第一冊・四一

毛紀——————————第六冊・二五〇

毛際可——————————第五冊・五四七

第七冊・一五六

毛晉——————————第二冊・一八一

第二冊・四六〇

第三冊・四四九

第五冊・三

第六册·三
第六册·三五
第六册·三八
第六册·四一
第六册·四四
第六册·六二
第七册·三〇二
毛起 ——————— 第四册·八三
毛甡 ——————— 第七册·二五〇
毛萬齡 ——————— 第五册·五五九
毛先舒 ——————— 第七册·一九一
毛嶽生 ——————— 第五册·六一五
毛宗崗 ——————— 第七册·三二三
茅坤 ——————— 第二册·九八
第六册·一八六
茅溱 ——————— 第一册·一八五
茅瑞徵 ——————— 第一册·二七
第一册·三〇
第二册·三一八
茅一楨 ——————— 第七册·一八〇
茅元儀 ——————— 第三册·六九
梅鼎祚 ——————— 第六册·二〇〇
梅國楨 ——————— 第二册·七二
梅慶生 ——————— 第六册·四一四
孟稱舜 ——————— 第七册·三七八
孟郊 ——————— 第五册·一〇四
第六册·二三八
孟秋 ——————— 第五册·三七四
夢覺道人 ——————— 第七册·一〇
米芾 ——————— 第二册·一八〇
第三册·二五七
繆荃孫 ——————— 第二册·三三
繆希雍 ——————— 第三册·一四六
閔邁德 ——————— 第六册·一七二
閔齊華 ——————— 第六册·九六

閔廷楷 ——————— 第三册·五一四
閔文振 ——————— 第四册·二五四
閔奕仕 ——————— 第五册·五〇九
莫友芝 ——————— 第二册·二〇九
第二册·三八六
第五册·六二九
秣陵一真子 ——————— 第七册·一八八
慕鳩山人 ——————— 第四册·三〇六
穆光胤 ——————— 第四册·三四

N

納蘭性德 ——————— 第五册·五一一
第七册·一五七
南逢吉 ——————— 第五册·二〇五
倪大繼 ——————— 第五册·四三九
倪璠 ——————— 第五册·五七
倪思 ——————— 第四册·一二
倪希程 ——————— 第六册·四四六
倪元璐 ——————— 第二册·六三
第五册·四四〇
第六册·一八二
倪瓚 ——————— 第二册·一八一
倪朱謨 ——————— 第三册·一一八
倪宗正 ——————— 第五册·二九八
聶先 ——————— 第七册·一二三
第七册·一二五
第七册·一二七
寧光先 ——————— 第五册·四二六
第五册·四二七
第二册·一三三
牛天宿 ——————— 第二册·一三三
牛衷 ——————— 第四册·二四五
鈕琇 ——————— 第五册·五三一

O

歐陽澈 ——————— 第五册·一八三

歐陽修 ————————— 第五冊·一六四
第五冊·一六五
第五冊·一六六
歐陽詢 ————————— 第四冊·二二〇

P

潘檉章 ————————— 第二冊·一五四
潘大復 ————————— 第二冊·三一〇
潘恩 —————————— 第五冊·三七六
潘焕寅 ————————— 第六冊·三八六
潘基慶 ————————— 第四冊·四八一
第六冊·一七〇
潘季馴 ————————— 第二冊·三一〇
潘眉 —————————— 第五冊·九五
潘士遴 ————————— 第一冊·二九
潘士藻 ————————— 第四冊·九六
第四冊·二九七
潘是仁 ————————— 第六冊·一九
潘緯 —————————— 第五冊·一二〇
潘洵 —————————— 第六冊·三〇〇
潘膺祉 ————————— 第三冊·四五二
潘岳 —————————— 第五冊·二七
第五冊·三一
潘之恒 ————————— 第二冊·一五〇
第五冊·四三四
裴孝源 ————————— 第三冊·二五二
裴庚 —————————— 第六冊·二四〇
佩蘅子 ————————— 第七冊·八六
彭濱 —————————— 第四冊·二九五
彭好古 ————————— 第四冊·三二五
彭維新 ————————— 第五冊·五六五
彭烊 —————————— 第二冊·九八
彭堯諭 ————————— 第五冊·四二九
第五冊·四三〇
彭以明 ————————— 第二冊·一〇

皮日休 ————————— 第五冊·一四五
第五冊·一四七
第六冊·二三四
第六冊·二三五
第六冊·二三六
浦南金 ————————— 第六冊·一三二
樸靜子 ————————— 第三冊·五一八

Q

戚繼光 ————————— 第三冊·四九
第三冊·五一
戚伸 —————————— 第一冊·五四
祁承㸁 ————————— 第二冊·四九一
祁雋藻 ————————— 第六冊·三六三
第六冊·三六四
齊東野人 ———————— 第七冊·三三
錢曾 —————————— 第二冊·四六二
第五冊·五三八
錢岱 —————————— 第二冊·八
錢東壁 ————————— 第二冊·一九八
錢東塾 ————————— 第二冊·一九八
錢福 —————————— 第二冊·五一一
第二冊·五一二
錢古訓 ————————— 第二冊·五五
錢廣居 ————————— 第六冊·三八六
錢繼章 ————————— 第七冊·一五〇
錢良擇 ————————— 第五冊·五二六
錢陸燦 ————————— 第六冊·二七一
錢起 —————————— 第五冊·九八
第五冊·九九
錢綺 —————————— 第四冊·六四
錢謙益 ————————— 第五冊·二七四
第五冊·四八三
第六冊·二二二
第六冊·二七一

錢慶曾 —————————— 第二冊・四七一

錢孺穀 —————————— 第六冊・二六二

錢士晉 —————————— 第二冊・三五七

錢書 —————————— 第七冊・二五八

第七冊・二六〇

錢孫保 —————————— 第六冊・三〇五

錢孫穀 —————————— 第六冊・二六二

錢維喬 —————————— 第七冊・四三一

錢宜 —————————— 第七冊・三四七

錢泳 —————————— 第三冊・五一九

錢允治 —————————— 第七冊・一八四

Q — S

强至 —————————— 第五冊・一五四

喬懋敬 —————————— 第二冊・一一五

秦觀 —————————— 第五冊・一八二

秦淮寓客 —————————— 第四冊・五三四

秦時雍 —————————— 第七冊・四九一

秦松齡 —————————— 第一冊・五七

第五冊・五五五

秦子晉 —————————— 第四冊・一九五

青心才人 —————————— 第七冊・一〇三

清隱道士 —————————— 第七冊・六六

丘葵 —————————— 第一冊・六五

丘象升 —————————— 第五冊・一七七

丘象隨 —————————— 第五冊・一二七

丘濬 —————————— 第一冊・八一

丘兆麟 —————————— 第六冊・二九二

裘君弘 —————————— 第六冊・四四二

裘璉 —————————— 第五冊・五七二

第七冊・二八〇

裘萬頃 —————————— 第五冊・二一〇

屈原 —————————— 第五冊・三

璩崑玉 —————————— 第四冊・三二四

璩之璞 —————————— 第五冊・一七五

瞿世瑛 —————————— 第七冊・一九九

瞿式耜 —————————— 第五冊・二七四

瞿佑 —————————— 第七冊・四

第七冊・一四二

全祖望 —————————— 第五冊・五八五

R

仁孝皇后徐氏 —————————— 第三冊・三三

第四冊・一二二

任大椿 —————————— 第一冊・一六七

任藩 —————————— 第六冊・五三

任昉 —————————— 第五冊・二六

第五冊・四八

任熊 —————————— 第三冊・四一九

任瑛 —————————— 第五冊・四八五

戎式弘 —————————— 第五冊・五一八

蓉鷗漫叟 —————————— 第七冊・四五〇

榮肇 —————————— 第五冊・二三一

阮大鋮 —————————— 第七冊・三八〇

第七冊・三八二

第七冊・三八三

阮籍 —————————— 第五冊・二六

第五冊・二七

阮嶼 —————————— 第七冊・二〇

芮挺章 —————————— 第六冊・二〇六

S

單復 —————————— 第五冊・九四

商濬 —————————— 第四冊・五一六

邵弁 —————————— 第四冊・四八三

邵標春 —————————— 第五冊・四六九

邵磻溪 —————————— 第三冊・一九〇

邵亨貞 —————————— 第五冊・二四四

第五冊・二四五

邵廷采 —————————— 第五冊・五五二

邵勳 —————————— 第六冊・二三九

邵雍 —————————— 第三冊・一九七

第五冊・一六三

佘永寧　————————　第三冊·三九

沈彩　————————　第五冊·五九三

沈曾植　————————　第二冊·四四六

沈昌世　————————　第四冊·三二三

沈長卿　————————　第四冊·四九

沈寵綏　————————　第七冊·五二九

沈德符　————————　第二冊·一九

　　　　　　　　　　　第四冊·九七

沈豐垣　————————　第七冊·一九一

沈國元　————————　第七冊·六二

沈季友　————————　第六冊·三九四

沈際飛　————————　第七冊·三四四

沈佳胤　————————　第六冊·二〇一

沈堅　————————　第五冊·五二五

　　　　　　　　　　　第五冊·五五六

沈津　————————　第四冊·五一二

沈鯨　————————　第七冊·三六一

沈九疇　————————　第五冊·三六一

沈李龍　————————　第三冊·一三六

　　　　　　　　　　　第三冊·一三七

沈明臣　————————　第五冊·三六一

沈起鳳　————————　第七冊·四三六

沈啟原　————————　第五冊·四九

沈謙　————————　第五冊·四七一

　　　　　　　　　　　第七冊·一九一

沈銓　————————　第三冊·二八九

　　　　　　　　　　　第五冊·六〇〇

沈紹姬　————————　第四冊·一五二

沈時棟　————————　第七冊·一九三

沈濤　————————　第四冊·一〇〇

沈頤　————————　第三冊·一四七

沈萬鉥　————————　第一冊·四四

沈一貫　————————　第五冊·三七〇

　　　　　　　　　　　第六冊·二八九

　　　　　　　　　　　第六冊·二九〇

沈欽韓　————————　第五冊·六一一

　　　　　　　　　　　第五冊·六一二

沈約　————————　第二冊·九

　　　　　　　　　　　第五冊·四九

沈越　————————　第二冊·三九

沈藻　————————　第二冊·二六七

沈周　————————　第五冊·二七四

　　　　　　　　　　　第五冊·二七六

沈子祿　————————　第三冊·一〇八

慎蒙　————————　第二冊·三一四

盛大士　————————　第二冊·四〇六

盛際時　————————　第七冊·四〇八

盛翼進　————————　第六冊·二九九

聖祖玄燁　————————　第三冊·三二七

　　　　　　　　　　　第三冊·三二九

施策　————————　第六冊·一六九

施端教　————————　第五冊·四九七

施鳳來　————————　第五冊·六四

施鴻　————————　第二冊·五二三

施鴻保　————————　第三冊·四九三

施惠　————————　第七冊·三〇九

　　　　　　　　　　　第七冊·三一一

施潔　————————　第六冊·三〇一

施綸　————————　第二冊·五二三

施耐庵　————————　第七冊·六八

　　　　　　　　　　　第七冊·六九

　　　　　　　　　　　第七冊·七一

　　　　　　　　　　　第七冊·七四

　　　　　　　　　　　第七冊·七九

施紹莘　————————　第七冊·四九七

石琰　————————　第七冊·四三二

　　　　　　　　　　　第七冊·四五九

石永寧　————————　第五冊·五八四

石韞玉　————————　第七冊·二九四

史炳　————————　第五冊·九六

S

史鑒 —— 第五册·二八四　　　　第四册·三五二
史夔 —— 第五册·五三三　　　　第四册·三五三
史槃 —— 第七册·三七二　　　　第四册·三五四
史詮 —— 第五册·六一七　　　　第四册·三五五
史忠 —— 第五册·三〇五　　　　第四册·三五六
史仲彬 —— 第二册·二〇〇　　　第四册·三五七
世宗胤禎 —— 第三册·三二七　　第四册·三五八
　　　　　　第三册·三二九　　第四册·三六〇

釋不空 —— 第四册·四〇四　　　第四册·三六二

S

　　　　　第四册·四〇八　　　第四册·三六四
　　　　　第四册·四〇九　　　第四册·三六六
　　　　　第四册·四三二　　　第四册·三七〇
　　　　　第四册·四三五　　　第四册·三七二
釋超格 —— 第四册·四六七　　　第四册·三七三
釋成鷲 —— 第二册·三一五　　　第四册·三七四
釋道原 —— 第四册·四六三　　　第四册·三七五
釋德清 —— 第四册·四八四　　　第四册·三七六
釋地婆訶羅 —— 第四册·三八五　第四册·三七七
釋闍那崛多 —— 第四册·三八七　第四册·三七八
釋法天 —— 第四册·四〇九　　釋來復 —— 第五册·二六一
　　　　　第四册·四四一　　釋那連提耶舍 —— 第四册·三八五
釋福聚 —— 第四册·四五八　　釋菩提留支 —— 第四册·三八五
釋寒山 —— 第五册·七二　　　釋普明 —— 第四册·四六六
釋畺良耶舍 —— 第四册·三八一　　　　　第四册·四六七
　　　　　第四册·三八三　　釋施護 —— 第四册·四三九
釋皎然 —— 第五册·一〇三　　　　　　　第四册·四四一
釋鳩摩羅什 —— 第四册·三三九　釋實叉難陀 —— 第四册·三九九
　　　　　第四册·三四〇　　　　　　　第四册·四〇二
　　　　　第四册·三四二　　釋曇無讖 —— 第四册·三七九
　　　　　第四册·三四四　　釋通門 —— 第五册·四八四
　　　　　第四册·三四六　　釋玄奘 —— 第四册·三八九
　　　　　第四册·三四七　　　　　　　第四册·三九一
　　　　　第四册·三四八　　　　　　　第四册·三九二
　　　　　第四册·三四九　　　　　　　第四册·三九四
　　　　　第四册·三五〇　　　　　　　第四册·三九五

第四册·三九六
第四册·三九七
釋彦悰 —— 第三册·二五七
釋義淨 —— 第四册·四一〇
釋英 —— 第五册·二三二
釋圓至 —— 第六册·二一一
第六册·二四〇
釋岳矼 —— 第五册·五二九
釋真可 —— 第五册·四三六
釋真空 —— 第一册·一七四
釋支婁迦讖 —— 第四册·三三七
釋智旭 —— 第四册·四五九
第四册·四七四
釋篆玉 —— 第五册·五九一
司空曙 —— 第五册·一〇二
司馬光 —— 第四册·八〇
司馬遷 —— 第五册·一六
宋定業 —— 第五册·五五六
宋濂 —— 第一册·一八二
宋魯珍 —— 第三册·二〇七
宋犖 —— 第四册·九八
宋琬 —— 第七册·二七八
宋韋金 —— 第五册·五三三
宋無 —— 第五册·二四一
宋翊 —— 第四册·一二四
宋之問 —— 第五册·六七
蘇復之 —— 第七册·三二九
第七册·三三一
蘇霖 —— 第三册·二四七
蘇軾 —— 第五册·一七三
第五册·一七四
第五册·一七五
第五册·一七六
第五册·一七七
第五册·一七八
第六册·五七

蘇頌 —— 第三册·一六一
蘇易簡 —— 第四册·二二五
蘇祐 —— 第五册·三二五
蘇愚 —— 第三册·六五
眭石 —— 第六册·二三二
隨緣居士 —— 第七册·二七八
孫承恩 —— 第二册·五一三
孫承澤 —— 第三册·二三六
孫琮 —— 第六册·三〇七
第六册·三〇九
孫讜 —— 第六册·三七八
孫高亮 —— 第七册·六二
孫光宗 —— 第六册·二五五
孫鋐 —— 第六册·三三七
孫覿 —— 第五册·一九三
孫繼統 —— 第五册·四四五
孫鑛 —— 第五册·三七八
第六册·九六
孫蘭 —— 第二册·二七〇
孫默 —— 第七册·一二二
孫能傳 —— 第四册·四七
孫丕顯 —— 第三册·二六九
第四册·二七四
孫七政 —— 第五册·三六七
孫樵 —— 第五册·一四一
第五册·一四二
第五册·一四四
孫橒 —— 第二册·二九五
孫星衍 —— 第五册·六〇九
孫緒 —— 第四册·二四七
第五册·二八一
孫宜 —— 第五册·三二六
孫元芳 —— 第七册·一六一
孫岳頒 —— 第三册·二八六
孫楨 —— 第三册·二四八

S

孫之騄 ——————— 第三冊·五三二

孫鍾齡 ——————— 第七冊·三七三

　　　　　　　　　　第七冊·三七七

孫洙 ———————— 第六冊·三〇九

T

太祖朱元璋 ————— 第五冊·二五五

　　　　　　　　　　第五冊·二五六

談則 ———————— 第七冊·三四七

譚峭 ———————— 第四冊·九

譚文昭 ——————— 第五冊·五一八

譚希思 ——————— 第二冊·二二

譚元春 ——————— 第五冊·一七六

　　　　　　　　　　第五冊·四四一

　　　　　　　　　　第五冊·四四二

　　　　　　　　　　第六冊·一二八

湯賓尹 ——————— 第五冊·二九一

　　　　　　　　　　第五冊·四一四

　　　　　　　　　　第五冊·四一五

　　　　　　　　　　第五冊·四一六

湯道衡 ——————— 第一冊·七八

湯漢 ———————— 第五冊·三六

　　　　　　　　　　第五冊·三七

　　　　　　　　　　第五冊·三八

　　　　　　　　　　第五冊·三九

　　　　　　　　　　第五冊·四〇

　　　　　　　　　　第五冊·四一

　　　　　　　　　　第五冊·四二

　　　　　　　　　　第五冊·四三

　　　　　　　　　　第五冊·四四

湯紹祖 ——————— 第六冊·一〇四

湯斯質 ——————— 第七冊·五三一

湯顯祖 ——————— 第四冊·一二五

　　　　　　　　　　第四冊·二〇〇

　　　　　　　　　　第四冊·二〇二

　　　　　　　　　　第五冊·三九二

　　　　　　　　　　第五冊·三九三

　　　　　　　　　　第五冊·三九四

　　　　　　　　　　第七冊·三三九

　　　　　　　　　　第七冊·三四一

　　　　　　　　　　第七冊·三四二

　　　　　　　　　　第七冊·三四四

　　　　　　　　　　第七冊·三四五

　　　　　　　　　　第七冊·三四七

　　　　　　　　　　第七冊·三四八

　　　　　　　　　　第七冊·三四九

　　　　　　　　　　第七冊·三五〇

　　　　　　　　　　第七冊·三五一

　　　　　　　　　　第七冊·三五三

　　　　　　　　　　第七冊·三五七

　　　　　　　　　　第七冊·三九三

湯貽汾 ——————— 第三冊·二九七

唐岱 ———————— 第三冊·二八四

唐庚 ———————— 第五冊·一八五

唐錦 ———————— 第四冊·一八

唐龍 ———————— 第二冊·六八

唐夢賚 ——————— 第五冊·五二八

唐慎微 ——————— 第三冊·一〇九

唐時升 ——————— 第二冊·二五五

唐樞 ———————— 第四冊·五五〇

唐順之 ——————— 第五冊·三二七

　　　　　　　　　　第五冊·三二八

　　　　　　　　　　第六冊·一六〇

唐寅 ———————— 第五冊·二九四

　　　　　　　　　　第五冊·二九五

唐英 ———————— 第五冊·五八三

　　　　　　　　　　第六冊·四〇〇

　　　　　　　　　　第七冊·二九六

唐志契 ——————— 第三冊·二七五

陶弘景 ——————— 第五冊·五四

陶潛 ——————————————— 第五冊·三二
　　　　　　　　　　　　　第五冊·三三
　　　　　　　　　　　　　第五冊·三四
　　　　　　　　　　　　　第五冊·三五
　　　　　　　　　　　　　第五冊·三六
　　　　　　　　　　　　　第五冊·三七
　　　　　　　　　　　　　第五冊·三八
　　　　　　　　　　　　　第五冊·三九
　　　　　　　　　　　　　第五冊·四〇
　　　　　　　　　　　　　第五冊·四一
　　　　　　　　　　　　　第五冊·四二
　　　　　　　　　　　　　第五冊·四三
　　　　　　　　　　　　　第五冊·四四
　　　　　　　　　　　　　第五冊·四五
陶珽 ——————————— 第二冊·五二二
陶望齡 ————————— 第六冊·一六五
陶希皋 ————————— 第四冊·一五九
陶宗儀 ————————— 第四冊·一六
梯月主人 ——————— 第七冊·五〇八
天花藏主人 ————— 第七冊·九八
天然癡叟 —————— 第七冊·一三
田茂遇 ————————— 第六冊·三六七
田汝成 ————————— 第二冊·三〇五
田藝蘅 ————————— 第四冊·二六
童琥 ——————————— 第五冊·二八五
童軒 ——————————— 第五冊·二七三
童質侯 ————————— 第四冊·一七一
童宗說 ————————— 第五冊·一二〇
屠本畯 ————————— 第四冊·五三二
屠隆 ——————————— 第四冊·五〇
　　　　　　　　　　　　　第五冊·三六五
　　　　　　　　　　　　　第五冊·三八四
　　　　　　　　　　　　　第六冊·三一二
　　　　　　　　　　　　　第六冊·三一三
　　　　　　　　　　　　　第六冊·三一四

　　　　　　　　　　　　　第七冊·三〇四
　　　　　　　　　　　　　第七冊·三二六
　　　　　　　　　　　　　第七冊·三五九
　　　　　　　　　　　　　第七冊·三六〇
屠用寧 ————————— 第三冊·五〇八
圖麗琛 ————————— 第二冊·三二〇

W

萬樹 ——————————— 第七冊·四一三
萬惟檀 ————————— 第七冊·二一二
萬虞愷 ————————— 第六冊·二三九
汪道貫 ————————— 第六冊·二七八
汪道會 ————————— 第六冊·二六一
　　　　　　　　　　　　　第六冊·二七八
汪道昆 ————————— 第二冊·一八三
　　　　　　　　　　　　　第五冊·三四九
　　　　　　　　　　　　　第七冊·二六八
汪份 ——————————— 第六冊·三一〇
汪價 ——————————— 第五冊·四八九
汪敬 ——————————— 第五冊·二八〇
汪楷 ————————————— 第六冊·二二
汪萊 ——————————— 第三冊·一八二
汪砢玉 ————————— 第三冊·二七八
汪懋麟 ————————— 第七冊·一六五
汪懋孝 ————————— 第三冊·二七三
汪鳴鑾 ————————— 第二冊·四四四
汪能肅 ————————— 第二冊·一五五
汪淇 ——————————— 第六冊·三六一
　　　　　　　　　　　　　第六冊·三六二
汪啓淑 ————————— 第二冊·四一一
　　　　　　　　　　　　　第三冊·四三四
汪汝祿 ————————— 第三冊·二六七
汪森 ——————————— 第六冊·四〇九
汪莘 ——————————— 第五冊·二一七
汪士賢 ——————————— 第六冊·九

W

汪坦　————　第五冊·三六九

汪廷訥　————　第二冊·一一一

　　　　　————　第二冊·一一三

　　　　　————　第三冊·四三八

　　　　　————　第六冊·一七一

　　　　　————　第七冊·四八八

汪文柏　————　第五冊·五四一

　　　　　————　第五冊·五四二

　　　　　————　第六冊·三二四

汪象旭　————　第七冊·八七

汪應蛟　————　第二冊·六九

汪元治　————　第七冊·一五七

汪遠孫　————　第二冊·四三二

汪雲鵬　————　第四冊·四九四

汪璪　————　第五冊·二八〇

汪藻　————　第五冊·一八八

汪貞度　————　第三冊·四四〇

汪正宗　————　第六冊·四三三

汪之元　————　第三冊·三三一

汪禔　————　第一冊·七六

汪宗元　————　第六冊·二八〇

王安國　————　第二冊·二五八

王安石　————　第五冊·一六九

　　　　　————　第五冊·一七〇

　　　　　————　第五冊·一七二

王鏊　————　第四冊·五三七

王弼　————　第一冊·三

王伯大　————　第五冊·一〇七

王昌會　————　第六冊·四三一

王昌齡　————　第五冊·七一

王充　————　第四冊·六

王充耘　————　第一冊·二三

王崇簡　————　第六冊·三六九

王寵　————　第五冊·三一八

王大醇　————　第六冊·一九九

王大海　————　第二冊·三二一

王大智　————　第四冊·一五四

王德信　————　第七冊·二二三

　　　　　————　第七冊·二二六

　　　　　————　第七冊·二二七

　　　　　————　第七冊·二三〇

　　　　　————　第七冊·二三二

　　　　　————　第七冊·二三三

　　　　　————　第七冊·二三五

　　　　　————　第七冊·二三八

　　　　　————　第七冊·二三九

　　　　　————　第七冊·二四一

　　　　　————　第七冊·二四四

　　　　　————　第七冊·二四五

　　　　　————　第七冊·二四八

　　　　　————　第七冊·二四九

　　　　　————　第七冊·二五〇

　　　　　————　第七冊·二五一

　　　　　————　第七冊·二五四

　　　　　————　第七冊·二五六

王定保　————　第四冊·七九

王鐸　————　第二冊·六三

王逢　————　第五冊·二四八

王紱　————　第三冊·二二八

王福田　————　第二冊·四〇四

王黼　————　第二冊·三七八

　　　　　————　第二冊·三八〇

　　　　　————　第二冊·三八一

王復禮　————　第二冊·五〇六

王槼　————　第三冊·三九〇

　　　　　————　第三冊·三九一

　　　　　————　第三冊·三九三

　　　　　————　第三冊·三九五

　　　　　————　第三冊·三九七

	第三册·四〇二
	第三册·四〇五
	第三册·四〇七
	第三册·四一〇
王艮	第五册·三一九
王光魯	第二册·三二九
王光晟	第三册·二八八
王國維	第七册·五四〇
王好古	第三册·一三〇
王皜	第一册·一五一
王衡	第四册·二六〇
	第五册·四二〇
王弘道	第三册·二一〇
王輝	第七册·四六四
王際華	第二册·二〇四
王驥德	第七册·二四一
	第七册·五二八
王家植	第二册·五一六
	第二册·五一九
王九思	第七册·四八三
	第七册·四八四
王開沃	第七册·八四
王肯堂	第四册·四〇
王潾	第五册·四三八
王鑨	第七册·四一一
王路	第三册·四九六
	第三册·四九八
	第三册·四九九
王路清	第四册·一四八
王懋昭	第七册·四四三
王明嶅	第四册·二四三
王鳴盛	第六册·三四六
王納諫	第一册·一二三
王槼	第三册·三九五
	第三册·三九七

王磐	第三册·九八
	第三册·一〇〇
	第五册·三〇三
	第七册·四八六
王朋壽	第四册·二四〇
王圻	第二册·三三五
王如錫	第五册·一七七
王睿章	第三册·四三六
王紳	第五册·二六四
王慎中	第五册·三二三
王蓍	第三册·三九五
	第三册·三九七
	第三册·四〇二
	第三册·四〇五
	第三册·四〇七
王十朋	第五册·一七八
	第五册·二〇四
	第五册·二〇五
王時濟	第五册·三九〇
王士禛	第四册·五七〇
	第五册·五五〇
	第五册·五五一
	第六册·四三八
	第六册·四三九
	第七册·一五六
王世懋	第四册·五五一
	第五册·三五二
王世貞	第二册·二七五
	第三册·二一七
	第三册·二一八
	第三册·二四九
	第四册·二三

W

第四册・二〇〇
第四册・二〇二
第四册・二五二
第四册・四九四
第五册・一七五
第五册・三四七
第五册・三四八
第六册・二五一
第六册・二五七
第六册・二五八
第七册・二二三

王墅 ——————————— 第七册・四二一
王澍 ——————————— 第一册・三一
　　　　　　　　　　第三册・二五一
王思任 ————————— 第三册・二七一
　　　　　　　　　　第五册・四一七
王思義 ————————— 第三册・二七二
王韜 ———————————— 第二册・二一一
　　　　　　　　　　第二册・四三六
　　　　　　　　　　第二册・四三八
王廷章 ————————— 第七册・四二三
王焞 ———————————— 第六册・三一六
王韋 ———————————— 第五册・三〇一
王維 ———————————— 第五册・七七
　　　　　　　　　　第五册・七八
　　　　　　　　　　第五册・七九
　　　　　　　　　　第五册・八一
王維德 ————————— 第二册・三〇四
王文治 ————————— 第五册・五四五
　　　　　　　　　　第五册・五四六
王屋 ———————————— 第七册・一五〇
王希明 ————————— 第三册・一五九
王錫爵 ————————— 第六册・二九〇
王錫祺 ————————— 第五册・六三四
王象晋 ————————— 第三册・五〇二

第三册・五〇三
王萱齡 ————————— 第一册・一二
王炎 ———————————— 第五册・二〇六
王巖叟 ————————— 第五册・一五四
王褘 ———————————— 第三册・一六三
王逸 ———————————— 第五册・五
　　　　　　　　　　第五册・六
王寅 ———————————— 第五册・三一〇
王猷定 ————————— 第五册・四九〇
王又旦 ————————— 第五册・五一六
王宇 ———————————— 第四册・一五八
王元啓 ————————— 第五册・五九六
王元壽 ————————— 第七册・三九三
王原 ———————————— 第六册・三八〇
王原祁 ————————— 第二册・三四三
王緣督 ————————— 第五册・四〇三
王在晋 ————————— 第二册・四二
王兆雲 ————————— 第四册・九二
　　　　　　　　　　第四册・九五
　　　　　　　　　　第四册・二〇七
王禎 ———————————— 第三册・八九
王振綱 ————————— 第五册・六三一
　　　　　　　　　　第五册・六三二
　　　　　　　　　　第五册・六三三
王正祥 ————————— 第七册・五一七
　　　　　　　　　　第七册・五一八
　　　　　　　　　　第七册・五二四
王之醇 ————————— 第六册・八三
王徵 ———————————— 第二册・三五九
　　　　　　　　　　第二册・三六〇
王穉登 ————————— 第四册・五五六
　　　　　　　　　　第五册・三六四
　　　　　　　　　　第五册・三六五
　　　　　　　　　　第七册・四六四
王準 ———————————— 第六册・二九

W

王暐	第四冊・五六三	吳安國	第四冊・三五
	第六冊・三二二	吳本涵	第五冊・五五七
	第六冊・三五四	吳本厚	第五冊・五五七
	第七冊・一五五	吳霦	第二冊・三四七
	第七冊・二〇五	吳承恩	第二冊・二一三
王宗本	第二冊・二三五		第二冊・二一六
王宗稷	第五冊・一七三		第二冊・二一七
	第五冊・一七五		第二冊・二一九
	第五冊・一七八		第七冊・八七
王宗聖	第六冊・一二九	吳從先	第四冊・三〇八
韋轂	第六冊・二〇八		第五冊・四〇一
韋應物	第五冊・一〇〇		第五冊・四〇三
	第五冊・一〇一	吳德旋	第四冊・九九
衛泳	第六冊・三一八	吳定璋	第六冊・三七一
魏浣初	第一冊・五二	吳琯	第四冊・五二九
	第七冊・三二〇		第四冊・五三〇
魏良輔	第七冊・四七八		第六冊・二二五
魏茂林	第二冊・五〇八	吳繼仕	第一冊・七〇
魏齊賢	第六冊・二四三		第一冊・一四八
魏容	第三冊・三三四	吳騫	第一冊・一一六
魏時亨	第二冊・一五		第二冊・四二六
魏憲	第六冊・一四一		第六冊・三七三
	第六冊・三三三	吳見思	第五冊・九五
	第六冊・三三五	吳儆	第五冊・一九七
魏裔介	第六冊・三四〇	吳立	第五冊・五五七
溫博	第七冊・一八〇	吳歷	第五冊・五六二
溫庭筠	第五冊・一三六	吳勉學	第六冊・二二九
文天祥	第五冊・二二二		第六冊・二三〇
文廷式	第二冊・二七一		第六冊・二三一
文翔鳳	第五冊・四二二	吳明春	第四冊・四七九
	第五冊・四二三	吳綺	第七冊・一五三
文震亨	第四冊・一一一		第七冊・二一四
文震孟	第二冊・六三	吳仁傑	第五冊・三二
翁仲仁	第三冊・一五四	吳鎔	第三冊・四一七
翁洲老民	第二冊・四八	吳師道	第二冊・二八

W

W
—
X

吴仕期 —————— 第四册・一二九
吴淑 —————— 第四册・二二三
吴崧 —————— 第五册・四六
吴惟貞 —————— 第二册・二〇二
吴偉業 —————— 第五册・四九三
　　　　　　　　　　第七册・二七七
　　　　　　　　　　第七册・三九八
吴雯清 —————— 第六册・三六二
吴熙 —————— 第七册・一五〇
吴一棣 —————— 第三册・一九四
吴逸 —————— 第三册・四一三
吴瀯 —————— 第七册・一五八
吴應箕 —————— 第二册・四三
吴璵 —————— 第五册・一三一
吴玉揞 —————— 第六册・三八一
吴元安 —————— 第五册・五三三
吴鉞 —————— 第六册・一四九
吴瞻泰 —————— 第五册・四六
吴震方 —————— 第四册・五四二
吴震生 —————— 第七册・四二七
吴正鵑 —————— 第六册・一八五
吴正倫 —————— 第四册・四九三
吴之澄 —————— 第二册・四二六
吴之俊 —————— 第四册・二七八
吴之珽 —————— 第五册・五六〇
吴子孝 —————— 第五册・三三〇
吴宗札 —————— 第四册・二九五
五色石主人 —————— 第七册・九九
午橋釣叟 —————— 第四册・一七四
午榮 —————— 第二册・三六一
　　　　　　　　　　第二册・三六三
　　　　　　　　　　第二册・三六四
武緯子 —————— 第四册・二六〇
武之望 —————— 第三册・一五〇

X

西湖香嬰居士 —————— 第七册・一〇五
西湖主人 —————— 第七册・一〇
惜花主人 —————— 第七册・一〇一
席啓寓 —————— 第六册・四六
　　　　　　　　　　第六册・四七
　　　　　　　　　　第六册・四八
夏大宿 —————— 第五册・四三二
夏孔昭 —————— 第五册・四六五
夏綸 —————— 第七册・四三〇
夏樹芳 —————— 第二册・一二三
　　　　　　　　　　第四册・一三六
　　　　　　　　　　第四册・二六五
夏味堂 —————— 第一册・六一
夏文彦 —————— 第三册・二六一
夏言 —————— 第五册・三一五
　　　　　　　　　　第七册・一四四
　　　　　　　　　　第七册・一四五
夏暘 —————— 第七册・一四七
先著 —————— 第七册・一九八
項臯謨 —————— 第四册・四一
項鴻祚 —————— 第七册・一七七
蕭殿颺 —————— 第六册・一四五
蕭士贇 —————— 第五册・七三
蕭統 —————— 第五册・五六
　　　　　　　　　　第六册・八五
　　　　　　　　　　第六册・八六
　　　　　　　　　　第六册・八七
　　　　　　　　　　第六册・八九
　　　　　　　　　　第六册・九〇
　　　　　　　　　　第六册・九一
　　　　　　　　　　第六册・九二
　　　　　　　　　　第六册・九五
　　　　　　　　　　第六册・九八

第六册·一〇一

第六册·三〇九

蕭雲從 ——————— 第三册·三一四

第三册·三一五

第五册·一〇

第五册·一三

謝陞 ——————— 第二册·七

謝朝元 ——————— 第二册·二三七

謝讜 ——————— 第五册·三四二

第五册·三四三

謝鐸 ——————— 第六册·三九八

謝枋得 ——————— 第一册·七二

第六册·一一五

謝惠連 ——————— 第六册·一四

謝堃 ——————— 第七册·四四五

謝汝韶 ——————— 第三册·六

謝維新 ——————— 第四册·二二四

謝心元 ——————— 第二册·二四七

謝應芳 ——————— 第七册·一四〇

謝鏞 ——————— 第三册·七

謝詔 ——————— 第七册·二七

謝肇淛 ——————— 第二册·二八七

第四册·四三

第四册·四五

謝志道 ——————— 第三册·一九五

謝莊 ——————— 第六册·一三

解縉 ——————— 第四册·二四二

心一山人 ——————— 第七册·三八七

辛棄疾 ——————— 第七册·一三八

第七册·一三九

辛文房 ——————— 第二册·一三七

邢璹 ——————— 第一册·三

邢澍 ——————— 第二册·四七〇

興獻皇后蔣氏 ——————— 第三册·三四

熊大木 ——————— 第四册·二五〇

第七册·四一

第七册·五四

熊瑕 ——————— 第三册·一八九

熊飛 ——————— 第七册·七六

第七册·七七

熊剛大 ——————— 第三册·三一

熊鳴岐 ——————— 第二册·三五七

熊卓 ——————— 第五册·二九二

熊宗立 ——————— 第三册·二〇七

徐葆光 ——————— 第二册·三二三

徐必達 ——————— 第三册·二二

徐表然 ——————— 第二册·二九七

徐燉 ——————— 第四册·五六

徐長齡 ——————— 第七册·一六一

徐楚 ——————— 第六册·一二七

徐迪惠 ——————— 第二册·二〇七

徐發 ——————— 第三册·一六六

徐芳 ——————— 第五册·四五八

徐鳳彩 ——————— 第六册·二九九

徐復祚 ——————— 第七册·三六八

第七册·三七〇

第七册·三七一

徐官 ——————— 第二册·二四三

徐光啓 ——————— 第三册·九二

徐堅 ——————— 第四册·二二一

徐京 ——————— 第三册·五一二

徐炯 ——————— 第五册·五八

第五册·一三二

徐居仁 ——————— 第五册·九〇

徐炬 ——————— 第四册·二六七

徐鍇 ——————— 第一册·一六八

徐遠照 ——————— 第三册·四三六

徐覽 ——————— 第七册·一六一

徐聯奎 ——————— 第六册·一〇九

徐霖 ——————— 第七册·三三七

X

X

徐陵 第六册・一一一
第六册・一一三
第六册・一一四
徐乃昌 第二册・四六六
徐汧 第五册・四四一
徐沁 第七册・四四九
徐慶卿 第七册・五一六
徐釚 第六册・三二九
第七册・二〇八
徐如蕙 第五册・五二一
徐三省 第四册・三三〇
徐師曾 第三册・一〇八
第六册・一七五
第六册・一七七
第六册・一七八
徐石麒 第七册・二七四
第七册・二七六
徐士俊 第六册・三六一
第七册・一九〇
徐世溥 第五册・四七四
徐樹穀 第五册・五八
第五册・一三二
徐天祐 第二册・三一
徐熥 第五册・三九五
徐渭 第五册・三〇九
第五册・三六〇
第五册・三九四
第七册・三八
第七册・二二七
第七册・二三〇
第七册・二三三
第七册・二三五
第七册・二六三
第七册・二六五
第七册・二六六
第七册・五〇六
徐文駒 第六册・一九六
徐獻忠 第六册・二七
徐彦純 第三册・一四四
徐夜 第五册・五〇六
徐應秋 第四册・一三三
第四册・一五二
徐元太 第二册・一一六
第四册・二五五
第四册・二五六
徐元正 第五册・五五四
徐媛 第五册・四三七
徐震 第七册・一八
徐之鏌 第三册・一九六
徐倬 第五册・五五四
第六册・三四二
許穀 第五册・三三五
許光勳 第二册・二三九
許桂林 第三册・一六七
許渾 第五册・一二九
許槤 第五册・一三九
許謙 第五册・二三六
許廷鑅 第六册・三七五
許廷録 第七册・四二六
許以忠 第六册・三一六
許有壬 第五册・二四二
許宇 第七册・五〇九
許運鵬 第五册・四四六
許增 第三册・三〇〇
許兆楨 第三册・一四五
許自昌 第四册・二九
第五册・四三三
第六册・三〇
許宗魯 第六册・一〇〇
玄燁 第三册・三二七
第三册・三二九

薛道光 ——————————— 第四冊·四八九

薛瑄 ——————————— 第五冊·二六七

第五冊·二六八

薛雪 ——————————— 第六冊·四四五

薛應旂 ——————————— 第一冊·一二〇

第二冊·一八

第六冊·二八二

遜志主人 ——————————— 第五冊·五八六

Y

煙波釣叟 ——————————— 第七冊·四八

第七冊·五一

延閣主人 ——————————— 第七冊·二四五

第七冊·二四八

延平處士 ——————————— 第七冊·六六

研石山樵 ——————————— 第七冊·四六

顏延之 ——————————— 第六冊·一三

顏鯨 ——————————— 第一冊·九四

顏胤祚 ——————————— 第二冊·三一二

顏真卿 ——————————— 第五冊·八七

嚴觀 ——————————— 第二冊·三九二

嚴天麟 ——————————— 第一冊·一五三

杨甲 ——————————— 第一冊·一三九

楊表正 ——————————— 第三冊·四三一

楊補 ——————————— 第三冊·二六五

楊朝英 ——————————— 第七冊·四六一

楊潮觀 ——————————— 第七冊·二九二

第七冊·二九三

楊成 ——————————— 第六冊·四二七

楊德周 ——————————— 第四冊·七三

第六冊·二三

楊恩 ——————————— 第二冊·一八七

楊爾曾 ——————————— 第二冊·二九三

第三冊·三四八

第四冊·二〇五

第七冊·三二

楊翰 ——————————— 第四冊·五七〇

楊濟時 ——————————— 第三冊·一五六

楊甲 ——————————— 第一冊·一五一

楊簡 ——————————— 第三冊·三〇

楊炯 ——————————— 第六冊·三四

楊九經 ——————————— 第五冊·三四六

楊齊賢 ——————————— 第五冊·七三

楊鏻 ——————————— 第五冊·四六二

楊喬 ——————————— 第四冊·三〇一

楊融博 ——————————— 第六冊·一七二

楊慎 ——————————— 第一冊·七二

第二冊·三七四

第四冊·六七

第四冊·六八

第四冊·二四八

第五冊·二八九

第五冊·三一一

第五冊·三一二

第五冊·三一三

第五冊·三一四

第六冊·九九

第六冊·一三〇

第六冊·四一四

第七冊·一四八

第七冊·一八六

第七冊·四八七

第七冊·五四五

楊時 ——————————— 第五冊·一八七

楊時偉 ——————————— 第六冊·六

楊士凝 ——————————— 第五冊·五六七

楊士奇 ——————————— 第二冊·四一五

楊守陳 ——————————— 第五冊·三八五

楊守敬 ——————————— 第二冊·四四五

楊束 ——————————— 第六冊·三八四

楊天祚 ——————————— 第七冊·四二一

楊廷璧 ——————— 第六册・三九六

楊廷和 ——————— 第七册・四八一

楊廷筠 ——————— 第二册・三一九

楊萬里 ——————— 第一册・六

楊巍 ——————— 第六册・二五六

楊錫震 ——————— 第一册・一八〇

　　　　　　　　　　第五册・五一二

楊信民 ——————— 第四册・二四六

楊循吉 ——————— 第四册・五四八

Y

楊一統 ——————— 第六册・三三

楊應詔 ——————— 第五册・三三三

楊雲鶴 ——————— 第六册・二八八

楊肇祉 ——————— 第六册・二二七

楊中訥 ——————— 第六册・一九六

楊鍾寶 ——————— 第三册・五一六

楊梓 ——————— 第六册・一四五

姚可成 ——————— 第三册・一三一

姚茂良 ——————— 第七册・三三三

姚培謙 ——————— 第四册・五四一

姚佺 ——————— 第五册・一二七

姚舜牧 ——————— 第一册・九六

姚堂 ——————— 第二册・一五七

姚文燮 ——————— 第五册・四八八

姚燮 ——————— 第五册・六二八

　　　　　　　　　　第七册・一七〇

　　　　　　　　　　第七册・一七一

姚鉉 ——————— 第六册・二一七

野花老人 ——————— 第七册・五四七

葉承宗 ——————— 第五册・四八七

葉春及 ——————— 第五册・三五〇

葉棻 ——————— 第六册・二四三

葉贊 ——————— 第六册・二四二

葉鈞 ——————— 第二册・二〇六

葉紹翁 ——————— 第四册・八一

葉適 ——————— 第五册・二〇九

葉堂 ——————— 第七册・五三三

葉憲祖 ——————— 第五册・四四六

葉向高 ——————— 第二册・二〇三

葉祖榮 ——————— 第四册・一九七

伊齡阿 ——————— 第二册・三四七

尹耕 ——————— 第五册・三三四

胤禛 ——————— 第三册・三二七

　　　　　　　　　　第三册・三二九

永恩 ——————— 第七册・三九七

尤侗 ——————— 第七册・二七九

尤袤 ——————— 第二册・四一七

　　　　　　　　　　第六册・四一六

游居敬 ——————— 第六册・五二

游樸 ——————— 第二册・五七

游日章 ——————— 第四册・二五二

游元涇 ——————— 第七册・二一〇

　　　　　　　　　　第七册・二一一

于成龍 ——————— 第二册・七五

于華玉 ——————— 第七册・五八

于謙 ——————— 第二册・六六

于慎行 ——————— 第二册・五一四

余光耿 ——————— 第七册・一六〇

余恒 ——————— 第四册・二七九

　　　　　　　　　　第四册・二八〇

余靖 ——————— 第五册・一五三

余邵魚 ——————— 第七册・二一

　　　　　　　　　　第七册・二四

余思復 ——————— 第五册・五二二

余象斗 ——————— 第七册・二一

余寅 ——————— 第五册・三八六

俞士彪 ——————— 第七册・二〇七

俞思冲 ——————— 第二册・三〇七

俞琬綸 ——————— 第五册・四二五

俞顯卿 ——————— 第六册・一二五

俞允文 —————————— 第五册·三六八

　　　　　　　　　　　 第六册·三七六

俞允諧 —————————— 第六册·六五

俞指南 —————————— 第一册·一四四

虞集 ———————————— 第五册·九三

　　　　　　　　　　　 第五册·二三九

　　　　　　　　　　　 第五册·二四○

虞堪 ———————————— 第五册·二五九

　　　　　　　　　　　 第五册·二六○

虞韶 ———————————— 第四册·二五○

虞世南 —————————— 第四册·二一九

庾信 ———————————— 第五册·五七

郁逢慶 —————————— 第三册·二三四

喻政 ———————————— 第六册·一三四

鴛湖逸者 ————————— 第七册·五二一

鴛水紫髯道人 —————— 第七册·一○五

元好問 —————————— 第六册·二一三

　　　　　　　　　　　 第七册·二○一

元積 ———————————— 第五册·一二一

　　　　　　　　　　　 第七册·二二三

　　　　　　　　　　　 第七册·二二七

　　　　　　　　　　　 第七册·二三○

　　　　　　　　　　　 第七册·二三二

　　　　　　　　　　　 第七册·二三五

　　　　　　　　　　　 第七册·二四四

　　　　　　　　　　　 第七册·二四五

　　　　　　　　　　　 第七册·二四八

　　　　　　　　　　　 第七册·二四九

　　　　　　　　　　　 第七册·二五○

袁表 ———————————— 第六册·四○五

袁棟 ———————————— 第四册·六二

袁宏道 —————————— 第四册·二○六

　　　　　　　　　　　 第四册·四六四

　　　　　　　　　　　 第四册·五五四

　　　　　　　　　　　 第四册·五五五

　　　　　　　　　　　 第五册·一○一

　　　　　　　　　　　 第五册·二九四

　　　　　　　　　　　 第六册·一一三

　　　　　　　　　　　 第六册·二九二

　　　　　　　　　　　 第七册·二六五

　　　　　　　　　　　 第七册·二六六

袁黄 ———————————— 第四册·三二三

袁天罡 —————————— 第三册·二一一

袁儼 ———————————— 第四册·三二三

袁志學 —————————— 第七册·五一二

袁宗道 —————————— 第五册·四一○

岳端 ———————————— 第六册·二三八

岳珂 ———————————— 第五册·二一九

岳倫 ———————————— 第六册·一五八

越州雲山卧客 —————— 第七册·一九五

樂韶鳳 —————————— 第一册·一八二

Z

臧懋循 —————————— 第二册·七

　　　　　　　　　　　 第五册·三八八

　　　　　　　　　　　 第七册·二一九

连朗 ———————————— 第三册·二九三

曾燦 ———————————— 第六册·三三一

曾公亮 —————————— 第三册·四五

　　　　　　　　　　　 第三册·四六

曾鞏 ———————————— 第五册·一六一

　　　　　　　　　　　 第五册·一六二

曾宏父 —————————— 第三册·二四三

曾六德 —————————— 第七册·一八七

曾王孫 —————————— 第七册·一二三

　　　　　　　　　　　 第七册·一二五

　　　　　　　　　　　 第七册·一二七

曾益 ———————————— 第五册·一二五

曾異撰 —————————— 第五册·四五三

曾炤 ———————————— 第六册·三三一

Y
｜
Z

查繼佐	第二冊・四七
查禮	第五冊・五九五
查爲仁	第五冊・五八〇
	第五冊・五八一
	第六冊・四四四
查惜	第五冊・五一五
粘本盛	第四冊・五〇二
詹貴	第二冊・二三〇
詹景鳳	第三冊・二一七
	第三冊・二一八
	第六冊・一六六
湛若水	第五冊・二九九
章大來	第五冊・五六一
章潢	第四冊・二六八
章樵	第六冊・一〇五
章騰龍	第二冊・二六三
章孝基	第四冊・二一五
章嚴	第二冊・三六一
	第二冊・三六三
	第二冊・三六四
張榜	第三冊・八三
張伯端	第四冊・四八九
張采	第六冊・二〇五
張彩	第一冊・四九
張潮	第四冊・一七五
	第四冊・二一三
張丑	第三冊・二三一
	第三冊・二三二
	第三冊・二三三
張楚叔	第七冊・四七八
張大復	第七冊・五二〇
	第七冊・五二六
張岱	第五冊・四七六
張登	第三冊・一四九
張鼎思	第四冊・一四六

張篤慶	第六冊・四三九
張敦頤	第五冊・一二〇
張奉墀	第六冊・三三九
張鳳翼	第五冊・六
	第五冊・三五三
	第六冊・九五
	第七冊・三五五
	第七冊・三五七
張符驤	第五冊・五六九
張輔之	第二冊・七一
張綱	第五冊・一九〇
張貴勝	第四冊・一六九
張國璽	第六冊・一九二
張瀚	第五冊・三三六
張華	第四冊・一八二
張介賓	第三冊・一〇七
張錦	第七冊・四三五
張經畬	第六冊・一一〇
張景星	第四冊・五四一
張九齡	第五冊・六九
	第五冊・七〇
張居仁	第六冊・二二四
張居正	第一冊・二六
	第二冊・一〇二
	第二冊・一〇四
張雋	第六冊・三二一
張楷	第二冊・一六五
	第二冊・一六八
	第二冊・一七〇
張可久	第七冊・四七九
	第七冊・四八〇
張耒	第五冊・一八一
張禄	第七冊・五〇四
張懋忠	第五冊・四〇八
張夢徵	第六冊・一五三

Z

張穆―――――――第六冊・三六三
張寧―――――――第五冊・二七二
張溥―――――――第五冊・四四九
　　　　　　　　第六冊・一一
張琦―――――――第七冊・四六四
張謙―――――――第六冊・一二九
張榮―――――――第五冊・五七九
張汝瑚―――――――第六冊・七七
　　　　　　　　第六冊・七八
張瑞圖―――――――第二冊・五一六
　　　　　　　　第二冊・五一九
張三錫―――――――第三冊・一二五
張時徹―――――――第六冊・二八四
　　　　　　　　第六冊・二八五
　　　　　　　　第六冊・二八七
張實居―――――――第六冊・四三九
張舜命―――――――第四冊・一五四
張說―――――――第五冊・六八
張燧―――――――第二冊・五二〇
張泰交―――――――第五冊・五四三
張唐英―――――――第二冊・三三
張韜―――――――第七冊・二八七
張天錫―――――――第一冊・一七二
張廷庚―――――――第二冊・一四四
張廷玉―――――――第二冊・一八九
　　　　　　　　第五冊・五七六
張萬選―――――――第六冊・三八二
張惟赤―――――――第二冊・七六
　　　　　　　　第五冊・四九五
張維樞―――――――第五冊・一八六
張文化―――――――第二冊・一四四
張文炎―――――――第六冊・二九一
張銑―――――――第六冊・八九
　　　　　　　　第六冊・九〇
　　　　　　　　第六冊・九一
　　　　　　　　第六冊・九二

張栩―――――――第七冊・四七六
張旭初―――――――第七冊・四七八
張萱―――――――第一冊・一六五
　　　　　　　　第四冊・七〇
張瑄―――――――第一冊・一四七
張學龍―――――――第二冊・一四四
張遜業―――――――第五冊・六一
張綖―――――――第七冊・二一〇
　　　　　　　　第七冊・二一一
張雍敬―――――――第七冊・二九九
張嵂―――――――第六冊・二八六
張元芳―――――――第一冊・五二
張元諭―――――――第四冊・二五
張遠―――――――第五冊・五〇四
　　　　　　　　第六冊・四〇七
張雲璈―――――――第四冊・五六八
張澤―――――――第五冊・四四一
張燴―――――――第五冊・五八二
張貞―――――――第四冊・二一二
張之象―――――――第三冊・一七
　　　　　　　　第四冊・二五八
　　　　　　　　第六冊・一二五
　　　　　　　　第六冊・二一六
張志和―――――――第四冊・四八七
張倬―――――――第三冊・一四九
趙標―――――――第四冊・五二〇
趙秉文―――――――第五冊・二二七
趙秉忠―――――――第五冊・四一九
趙崇祚―――――――第七冊・一八〇
　　　　　　　　第七冊・一八一
趙光裕―――――――第三冊・四七
趙鶴―――――――第六冊・三九九
趙吉士―――――――第六冊・三四五
趙開夏―――――――第七冊・四三四
趙明誠―――――――第二冊・三七三

Z

趙南星 ———————— 第四冊·五六〇

　　　　　　　　　　第五冊·三八〇

趙文華 ———————— 第五冊·三二九

趙聞禮 ———————— 第七冊·一九九

趙希弁 ———————— 第二冊·四五四

　　　　　　　　　　第二冊·四五六

趙彥端 ———————— 第七冊·一三七

趙曄 ———————————— 第二冊·三一

趙宦光 ———————— 第一冊·一七一

　　　　　　　　　　第六冊·二五三

趙友欽 ———————— 第三冊·一六三

趙佑 ———————————— 第一冊·六〇

趙籲俊 ———————— 第六冊·二五四

趙元一 ———————— 第二冊·三二

真德秀 ———————— 第三冊·二九

　　　　　　　　　　第五冊·二一三

　　　　　　　　　　第六冊·六一

甄偉 ———————————— 第七冊·二七

鄭伯熊 ———————— 第一冊·一五

鄭大郁 ———————— 第一冊·一七八

　　　　　　　　　　第二冊·三四〇

鄭績 ———————————— 第三冊·二九八

鄭傑 ———————————— 第二冊·三〇

鄭克 ———————————— 第三冊·八五

鄭梁 ———————————— 第六冊·三八九

　　　　　　　　　　第六冊·三九〇

鄭珞 ———————————— 第五冊·二六六

鄭旻 ———————————— 第六冊·一六一

鄭樸 ———————————— 第二冊·三八〇

　　　　　　　　　　第二冊·三八一

鄭若庸 ———————— 第四冊·二五九

鄭鉽 ———————————— 第五冊·五二四

　　　　　　　　　　第五冊·五五六

鄭思肖 ———————— 第五冊·二二四

鄭維嶽 ———————— 第二冊·二九

鄭文昂 ———————— 第六冊·一四三

鄭熙績 ———————— 第七冊·一六二

鄭小白 ———————— 第七冊·四一〇

鄭曉 ———————————— 第二冊·三七

鄭燮 ———————————— 第七冊·一六七

鄭瑄 ———————————— 第四冊·一六一

鄭玄 ———————————— 第一冊·三九

　　　　　　　　　　第一冊·四一

鄭玄撫 ———————— 第六冊·一一一

　　　　　　　　　　第六冊·一一三

鄭玉 ———————————— 第五冊·二四七

鄭元慶 ———————— 第二冊·三一三

　　　　　　　　　　第七冊·一九四

鄭岳 ———————————— 第二冊·一六〇

鄭允宣 ———————— 第六冊·一一九

鄭允璋 ———————— 第五冊·三五九

織里畸人 —————— 第七冊·四六

衷仲孺 ———————— 第二冊·三〇〇

鍾嗣成 ———————— 第七冊·五三七

鍾惺 ———————————— 第一冊·四五

　　　　　　　　　　第一冊·四六

　　　　　　　　　　第一冊·五五

　　　　　　　　　　第二冊·五二二

　　　　　　　　　　第五冊·四二四

　　　　　　　　　　第六冊·一〇七

　　　　　　　　　　第六冊·一二八

　　　　　　　　　　第六冊·一八四

　　　　　　　　　　第六冊·一八五

　　　　　　　　　　第六冊·一九〇

　　　　　　　　　　第七冊·九〇

　　　　　　　　　　第七冊·九二

　　　　　　　　　　第七冊·九三

　　　　　　　　　　第七冊·九四

Z

鍾越	第五册·二二二	周是修	第五册·二六二
鍾祖述	第六册·二六二	周守忠	第四册·一二一
周昂	第二册·二六一	周斯盛	第五册·五〇八
	第七册·四三三	周廷諤	第一册·一四九
周必大	第五册·二〇九	周文華	第三册·一〇四
周弼	第六册·二一一	周星詒	第二册·四四〇
	第六册·二四〇	周勳懋	第五册·六一〇
周秉鑒	第六册·三七四	周應賓	第二册·二九六
	第六册·三七五	周應麐	第四册·五五四
周伯琦	第一册·一六九		第四册·五五五
周朝俊	第七册·三五三	周在都	第四册·五三九
周高起	第四册·一四三	周在浚	第二册·四六九
周廣業	第二册·四六四		第六册·三五五
	第二册·四六五		第六册·三五六
周暉	第四册·八八		第六册·三五八
周楫	第七册·一一	周在梁	第六册·三五五
周嘉胄	第三册·四七九		第六册·三五六
	第三册·四八一		第六册·三五八
周鑒	第三册·五四	周在延	第六册·三五六
周靖	第六册·三四四		第六册·三五八
周亮輔	第三册·七六	周之標	第七册·五〇七
周亮工	第二册·二七八	周之道	第五册·四九一
	第三册·二七九	周枝秝	第六册·三四四
	第三册·二八〇	周穉廉	第七册·四一五
	第四册·五三九	朱彬	第一册·七九
	第五册·四九六	朱長春	第五册·三九一
	第六册·一九五	朱長文	第三册·四二六
周履靖	第三册·二七六	朱存理	第三册·二二九
	第四册·五一七	朱逢泰	第三册·二九五
	第四册·五一八	朱夰	第七册·四二九
	第四册·五一九	朱肱	第三册·一四八
周密	第四册·一〇二	朱國禎	第四册·三七
周銘	第七册·一九六	朱鶴齡	第五册·一三三
	第七册·一九七	朱篁	第五册·四三一
周日用	第四册·一八二	朱晉楨	第三册·四四一

Z

Z

朱警	第六册·二七
朱謀㙔	第四册·一四二
朱謀亜	第三册·二六二
朱荃宰	第四册·五四
朱權	第三册·二〇八
	第三册·二〇九
	第三册·四四二
	第四册·四九一
	第四册·四九二
	第七册·三二五
	第七册·三二六
	第七册·三二八
	第七册·五一四
	第七册·五一五
朱申	第一册·九三
朱盛淚	第五册·四六五
朱士端	第一册·三七
朱世傑	第三册·一七六
朱壽鏞	第三册·二六三
朱術垍	第三册·四七四
朱樀	第三册·九四
	第三册·九六
朱廷立	第五册·三二一
朱廷鏐	第七册·五三一
朱廷璋	第七册·五三一
朱維熊	第五册·五五三
朱熹	第一册·四
	第一册·一九
	第一册·一〇九
	第三册·二五
	第三册·二六
	第三册·三一
	第五册·六
	第五册·一〇七
	第五册·二〇一

朱一是	第五册·一三一
朱頤厓	第三册·二六三
朱彝尊	第二册·四二一
	第六册·二七六
朱元亮	第六册·一五三
朱元璋	第五册·二五五
	第五册·二五六
朱曰藩	第六册·九九
朱載堉	第一册·一二七
	第一册·一三一
	第一册·一三二
朱橚	第六册·一五六
	第六册·一五七
朱整	第五册·三〇二
朱之臣	第五册·四六二
朱之蕃	第六册·一六五
	第六册·二六〇
朱佐朝	第七册·四〇二
諸錦	第一册·五八
諸匡鼎	第三册·五二一
諸聖鄰	第七册·四四
諸時寶	第五册·一五一
竹溪主人	第四册·三二一
祝穆	第四册·二三〇
	第四册·二三一
	第四册·二三二
祝允明	第五册·二九四
莊綬光	第三册·一四六
莊肅	第三册·二五九
卓回	第七册·一九二
卓明卿	第六册·二一五
卓人月	第七册·一九〇
宗元鼎	第七册·二〇三
宗澤	第五册·一八六
鄒德溥	第三册·一二

鄒迪光 ————————— 第五册・三七九

鄒季友 ————————— 第一册・二一

鄒泉 ——————————— 第四册・二五三

鄒漪 ——————————— 第二册・四四

第二册・四五

第二册・四六

第六册・八二

鄒忠胤 ————————— 第一册・四八

左圭 ——————————— 第四册・五〇九

左潢 ——————————— 第七册・四三六

第七册・四三八

左克明 ————————— 第六册・一一七

□佑卿 ————————————— 第七册・二三二

Z

經

經。

部。

目錄

經部

易類

周易集解十七卷略例一卷 —————— 三

周易本義四卷筮儀一卷圖說一卷卦歌一卷 — 四

誠齋先生易傳二十卷 —————— 六

易象管窺十五卷 —————— 七

新刻金陵原板易經開心正解六卷 —————— 八

學易枝言四卷 —————— 一一

周易大義圖說續稿一卷 —————— 一二

書類

鄭敷文景望書說一卷 —————— 一五

書經集註六卷 —————— 一七

書集傳六卷朱子說書綱領一卷 —————— 一九

書集傳六卷首一卷末一卷 —————— 二一

書義矜式六卷 —————— 二三

書經大全十卷綱領一卷圖一卷 —————— 二四

書經敷言十卷 —————— 二五

書經直解十卷 —————— 二六

虞書箋二卷 —————— 二七

禹貢備遺一卷書法一卷 —————— 二八

尚書葦籥五十八卷 —————— 二九

禹貢彙疏十二卷圖經一卷考略一卷別錄

　　一卷 —————— 三〇

禹貢譜二卷 —————— 三一

詩類

詩外傳十卷 —————— 三五

韓詩外傳十卷 —————— 三六

齊魯韓三家詩釋十六卷 —————— 三七

詩經二十卷詩譜一卷 —————— 三九

毛詩二十卷 —————— 四一

呂氏家塾讀詩記三十二卷 ——————— 四二

詩經類考三十卷 ——————————— 四四

詩經圖史合考二十卷 ——————————— 四五

詩經圖史合考二十卷 ——————————— 四六

詩傳闡二十三卷餘二卷 ————————— 四八

詩原五卷詩説略一卷 —————————— 四九

詩經人物考三十四卷 —————————— 五〇

詩經考十八卷 ————————————— 五一

毛詩振雅六卷 ————————————— 五二

帝鄉戚氏家傳葩經大成心印□卷 ————— 五四

古名儒毛詩解十六種二十四卷 ————— 五五

詩經主意默雷八卷 —————————— 五六

毛詩日箋六卷 ————————————— 五七

毛詩説二卷首一卷 —————————— 五八

草木疏校正二卷 ——————————— 六〇

三百篇原聲七卷 ——————————— 六一

禮　類

周禮補亡六卷 ————————————— 六五

周禮集註七卷 ————————————— 六六

周禮筆記六卷 ————————————— 六八

周禮句解六卷集註句解一卷考工記一卷 —— 六九

周禮文物大全圖不分卷 ————————— 七〇

檀弓一卷 ——————————————— 七二

禮記集註十卷 ————————————— 七三

投壺儀節一卷 ————————————— 七六

禮記纂註三十卷 ——————————— 七八

禮記訓纂四十九卷 —————————— 七九

文公家禮儀節八卷 —————————— 八一

五服異同彙考三卷 —————————— 八三

春秋類

春秋左傳集解三十卷 —————————— 八七

精選東萊先生左氏博議八卷 —————— 九〇

新刻翰林批選東萊呂先生左氏博議句解

　十二卷 —————————————— 九一

春秋左傳詳節句解三十五卷 —————— 九三

春秋貫玉四卷 ————————————— 九四

春秋會異六卷 ————————————— 九五

春秋疑問十二卷 ——————————— 九六

春秋衡庫三十卷附録三卷備録一卷 ——— 九七

春秋左傳補註六卷 —————————— 九八

春秋世族譜不分卷 ————————— 一〇一

孝經類

孝經古註五卷 ———————————— 一〇五

四書類

四書集註十九卷 ——————————— 一〇九

孟子外書四篇四卷孟子外書附訂四卷 —— 一一六

新刊啓蒙分章句解四書寶鑒十六卷 —— 一一八

重刊補訂四書淺説十三卷 —————— 一一九

四書人物考四十卷 ————————— 一二〇

名物考二十卷 ———————————— 一二一

新刻四書圖要二卷 ————————— 一二二

刻迎暉堂彙附人物事文概四書翼註講意

　六卷 —————————————— 一二三

四書指月論語六卷孟子七卷 ————— 一二四

樂　類

樂律全書四十九卷 ————————— 一二七

樂律全書三十九卷 ————————— 一三一

樂律全書三十九卷 ————————— 一三二

律話三卷 —————————————— 一三六

群經總義類

六經圖六卷 ——————————— 一三九

五經註選五卷 ——————————— 一四四

五經五卷 ——————————— 一四六

研硃集五經總類二十二卷 ——————————— 一四七

六經始末原流不分卷 ——————————— 一四八

浮玉山人集九卷 ——————————— 一四九

六經圖六卷 ——————————— 一五一

古香齋鑒賞袖珍五經八卷 ——————————— 一五二

五經疑義二卷 ——————————— 一五三

集刻五經序不分卷 ——————————— 一五四

十三經九十卷 ——————————— 一五五

皇朝經解十六卷 ——————————— 一五六

小學類

爾雅三卷音釋三卷 ——————————— 一五九

爾雅翼三十二卷 ——————————— 一六〇

新刻爾雅翼三十二卷 ——————————— 一六一

二雅十三卷 ——————————— 一六二

博雅音十卷 ——————————— 一六四

彙雅前集二十卷 ——————————— 一六五

釋繒一卷 ——————————— 一六七

說文解字繫傳四十卷 ——————————— 一六八

說文字原一卷六書正訛五卷 ——————————— 一六九

說文長箋一百卷首二卷解題一卷六書長
　箋七卷 ——————————— 一七一

草書韻會五卷 ——————————— 一七二

大明正德乙亥重刊改併五音類聚四聲篇
　十五卷五音集韻十五卷新編經史正音
　切韻指南一卷新編篇韻貫珠集八卷直
　指玉鑰匙門法一卷 ——————————— 一七四

草韻辨體五卷 ——————————— 一七六

篆林肆考十五卷 ——————————— 一七八

古今詩韻二百六十一卷 ——————————— 一八〇

新刊韻略五卷 ——————————— 一八一

洪武正韻十六卷 ——————————— 一八二

古今詩韻釋義五卷 ——————————— 一八三

韻譜本義十卷 ——————————— 一八五

經

經 部 —— 易。類。

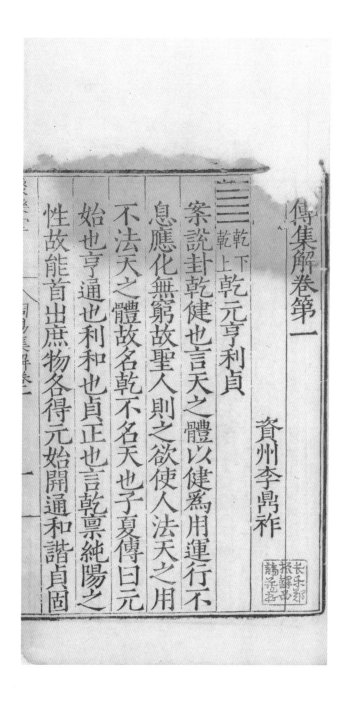

周易集解十七卷 〔唐〕李鼎祚撰　　**略例一卷** 〔魏〕王弼撰 〔唐〕邢璹註

明嘉靖三十六年（1557）朱睦㮮聚樂堂刻本

八册

半葉八行十八字，白口，四周雙邊。版框 21.1×13.7 厘米

周易序

易之爲書卦爻象象之義備而天地萬物之
情見聖人之憂天下來世其至矣先天下而
開其物後天下而成其務是故極其數以定
天下之象著其象以定天下之吉凶六十四
卦三百八十四爻皆所以順性命之理盡變
化之道也散之在理則有萬殊統之在道則
无二致所以易有太極是生兩儀太極者道
也兩儀者陰陽也陰陽一道也太極无極也

周易本義四卷筮儀一卷圖説一卷卦歌一卷 〔宋〕朱熹撰

清道光十六年（1836）揚州片善堂惜字公局刻本　清丁晏批註

二冊

半葉九行十七字，小字雙行同，白口，四周單邊。版框 20.1×14.7 厘米

唐石經作進遇也五

經之字同

晁氏引鄭康成曰自賁
以下卦音不協以錯亂
失正弗敢改耳案雜卦
取覆反對大過以下
八卦仍取反對之象
過者顛也對也姤反也
大朋反為歸妹漸歸
反為漸歸女字錯保
成女非錯簡也

屯見

也履不處也　處上聲。處行進之義
也大過顛也姤遇也柔遇剛也漸女歸待男
行也頤養正也既濟定也歸妹女之終也未
濟男之窮也夬決也剛決柔也君子道長小
人道憂也　長丁丈反。
非誤未詳何義

對戈疑其錯簡今以韻協之又似

揚郡二郎廟內片善堂惜字公局重校刊

拓唐先生晚年編授五經四義詩三冊為譚子仲良所得中多雜

他手筆跡不如是純潔可寶書禮春秋三種闕尚當以百金

購去延津俟日後合卵

此稿翁周易解政底稿又卷二廿七頁皆有晏竟字目錄前有

桄補痕當是披讀戲月及印識陽不可見矣

楊君廣集朱筆數校勞怕而至無醒人日復引歸予天地惠心而成化聖人有心子參偽以

據辜壽之是天地不寧而成化不寧字有障後其見見天地之靈為偽天地之心子參但以

志注靜水卯多參之以物但五三以合虛咱參至考之以和

精之虛寬卯諸云伍之以合則上之當云參則又寧之以月

研究子平案事义豈言之過此外於朱子一仍其後而不敢治己者乎抵此年校為怕閱注悌揮子

誠齋先生易傳二十卷 〔宋〕楊萬里撰

明嘉靖四十二年（1563）張時徹刻本

一冊　存三卷：一至三

半葉九行二十四字，白口，四周單邊。版框 20.2×13.5 厘米

易象管窺十五卷 〔明〕黃正憲撰

明刻本

二冊

半葉十行十九字，白口，左右雙邊。版框 20.3×15.0 厘米

新刻金陵原板易經開心正解六卷

明萬曆元年（1573）書林熊冲宇刻本

五冊

半葉十一行，大小字不等，四周雙邊。眉欄鑴評、訓釋。版框 20.9×12.5 厘米

新刻金陵原板易經開心正解上經一卷

金陵原板

養蒙家正印

閩建邑書林冲宇熊成冶重梓

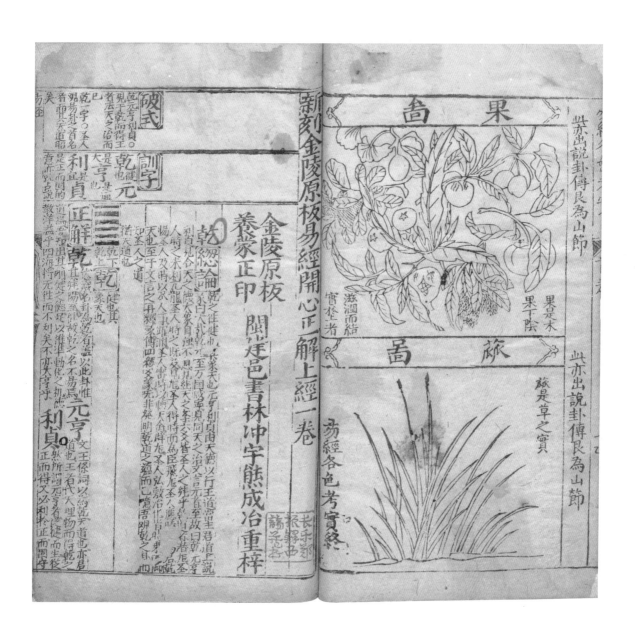

果畜

此出說卦傳艮為山節

滋潤而結
實栓者

果是木
果干陰

疏畜

此亦出說卦傳艮為山節

疏是草之實

易經各色考實終

乾 ○

乾總論

破式

訓字

乾健元

大亨也

利貞 正解乾

元亨

利貞

萬曆新歲

穀旦熊沖宇

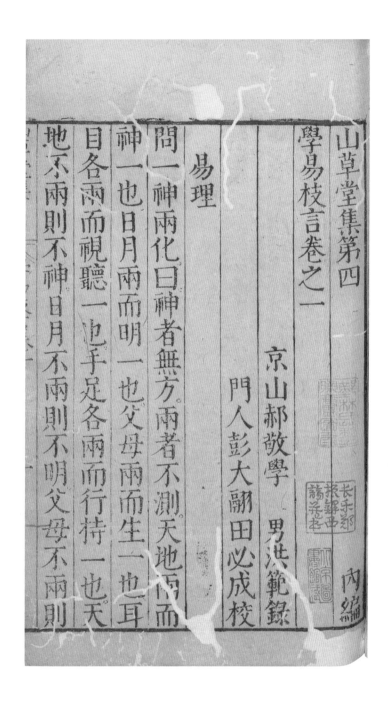

學易枝言四卷　〔明〕郝敬、郝洪範輯

明萬曆崇禎間郝洪範刻山草堂集本

一冊

半葉九行十八字，白口，四周單邊。版框 21.5×14.1 厘米

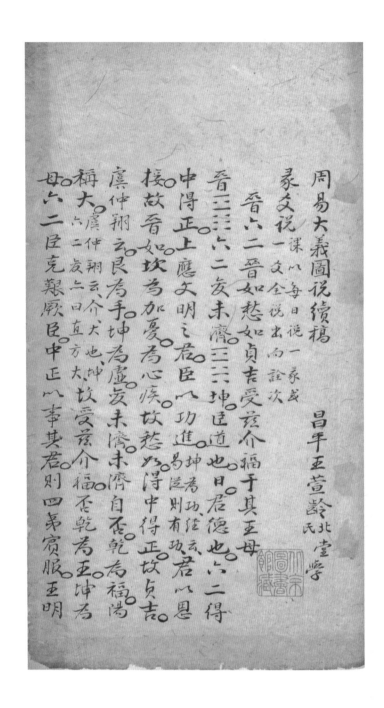

周易大義圖說續稿一卷　〔清〕王萱齡撰

稿本

一册

半葉九行二十一字，無欄格

經

經部——書。類。

鄭敷文景望書說

日中星

二十八宿環列于四方隨天而西轉自角至箕東方
之宿也是謂星火心為大火舉中星以見其舍宮皆做此自斗至壁北
方之宿也是為星虛自奎至參西方之宿也是為星
昴自井至軫南方之宿也是謂星鳥四方雖有定星
而星无定居各以時見於南方天形北傾故北極居天之中而常在人北
二十八宿常半隱半見日東行歷二十八宿故隱見
惟仲春之月四方之星各居其位故星火在東星鳥

鄭敷文景望書説一卷　〔宋〕鄭伯熊撰

清抄本

一册

半葉九行二十字，無欄格

上古之世未有肉刑自蚩尤亂俗而姦偽滋其後苗

民始滋為剿刖斮黥民習于重刑久矣一旦代以輕

刑則雖聖人不能制姦偽之紛起故自堯命三后恤

功于民之後舜又继之然後為之流宥五刑又制鞭

朴又制贖法而民之直入肉刑者蓋又寡矣然舜不

敢廢肉刑者民已習見則不可廢存之而使民不犯

者有好生之德洽于民心也

書說終

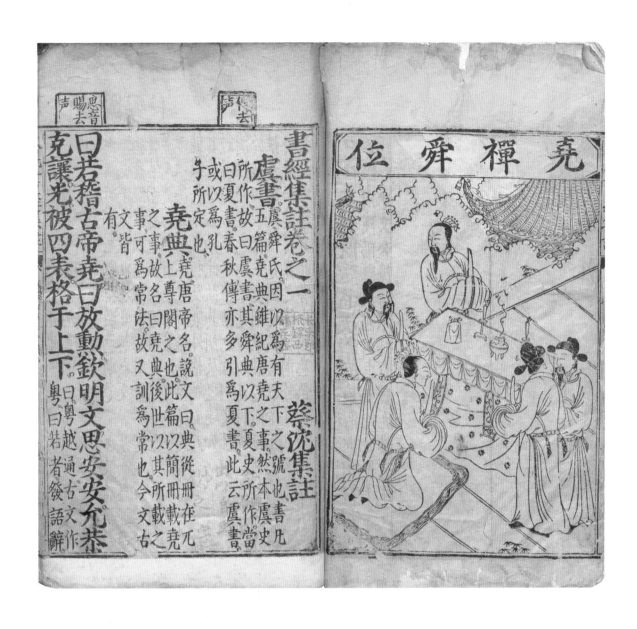

書經集註卷之一

虞書

　　所以夏作書故曰春秋傳書堯典亦其雖爲有夫　　 蔡沈集註
于或曰夏五篇舜氏堯典因以多引典爲以夏下之號也書凡　　蔡沈集註
定也孔爲篇舜書典雖爲下書下之事然本書當　　虞史
有文事之可爲故名日堯尊閣帝之名說文日典以以　　虞史云虞書

堯典

克讓光被四表格于上下　　思音　思賜去聲
日若稽古帝堯曰放勳欽明文思安安允恭
克讓光被四表格于上下粤曰若者發語辭　　聲作去

由一人邦之榮懷亦尚一人之慶

言國之危殆繫於所任一人之非國之榮
昌繫於所任一人之是申繳上二章意

杭陧不安
懷安也

隨明水之而

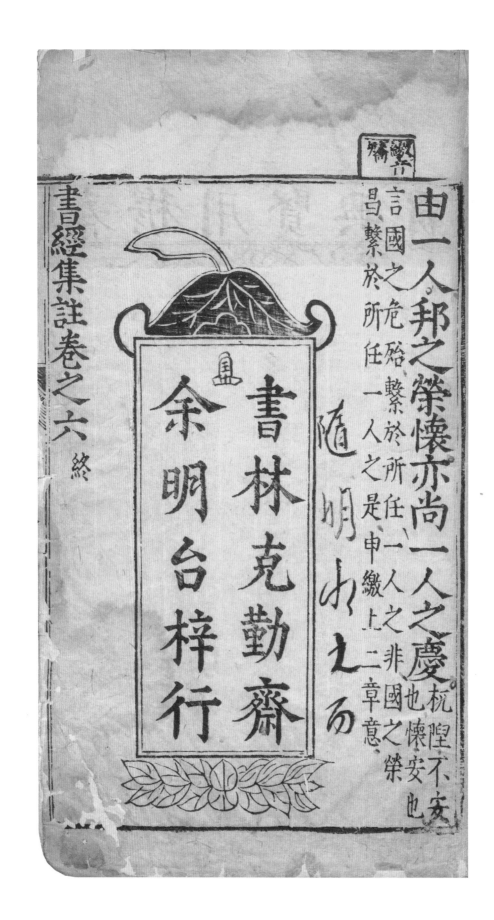

書經集註卷之六 終

書林克勤齋
余明台梓行

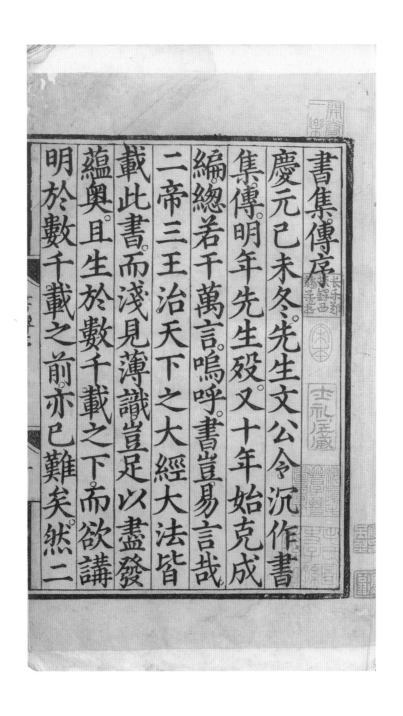

書集傳六卷 〔宋〕蔡沈撰　　**朱子説書綱領一卷** 〔宋〕朱熹撰

明刻本

一册　存二卷：書集傳書圖一卷、朱子説書綱領一卷

朱子説書綱領：半葉八行十八字，黑口，四周雙邊。版框 23.0×16.5 厘米

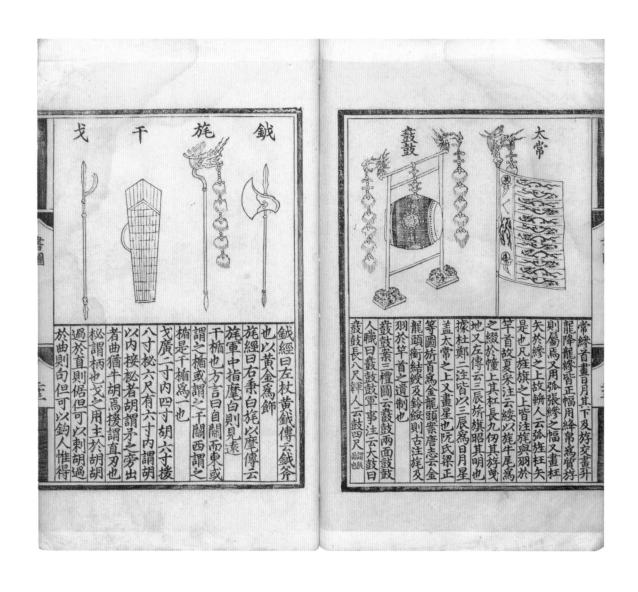

戈　干　旍　鉞

鼖鼓　太常

鉞經曰左杖黃鉞傳云鉞斧
也以黃金爲飾
旍經曰右秉白旄以麾傳云
旄軍中指麾白旄則見遠
干楯也方言曰自關而東或
謂之楯或謂之千關西謂之
楯是干楯爲一也
戈廣二寸內四寸胡六寸接
八寸秘六尺有六寸內謂胡
以內接秘者胡謂矛之旁出
者曲猶牛胡爲接謂直刃也
秘謂柄也戈之用主於胡胡
遇於直則倨但可以鈎胡遇
於曲則句但可以鈎人惟得

常綏首畫曰月其下及斿交畫升
龍降龍綏皆正幅用絳帛爲綏正
則屬馬又用弧張綏之幅又畫斿
矢於綏之上故輈人云弧旌枉矢
是也凡旌旗之上皆注旄與羽於
竿首故夏采注旌旗九斿其明也
之綴於幢上其杠長九仞其斿曳
地又左傳云三辰旂旗昭其明也
蓋太常鄭二注皆以三辰爲日月星
等圖旂首爲金龍頭綏唐志云正
龍頭衡結綏及鈴綏則古大旗正
旌於竿首之遺制也
鼖鼓案三禮圖云鼖鼓兩面鼓鼓
人職曰鼖鼓鼓軍事注云大鼓
鼖鼓長八尺鞞人云鼓四尺

校刻書傳音釋凡例

一經文有近本訛誤者如益稷篇州十有二
師十有誤倒作有十金縢篇惟朕小子其
新遞遞誤作迎酒誥篇又惟殷之迪諸臣
惟工惟工誤作百工君奭篇越我民罔尤
違越誤作曰費誓篇勿敢越逐勿誤作無
之類冇舊本岐誤者如禹謨篇奉辭伐罪
伐本或作罰虁虁齊慄齊本或作齋甘誓
篇峻宇彫牆彫本或作雕盤庚篇乃祖乃

書集傳六卷首一卷末一卷　〔宋〕蔡沈撰　〔元〕鄒季友音釋

清同治五年（1866）吳氏望三益齋刻本　清丁晏校註

四冊

半葉九行十八字，小字雙行同，白口，左右雙邊。版框 17.3×13.3 厘米

右側（右頁）：

目錄

周官　　君陳　　顧命

康王之誥　　畢命　　君牙

囧命　　呂刑　　文侯之命

費誓　　秦誓

卷之末

書序

同治六年歲在丁卯二月廿日秀水高

伯平自武林以新槧本寄贈

三二壁三益齋

左側（左頁）：

書卷之一

蔡沈集傳　鄒季友音釋

虞書

虞舜氏因以爲有天下之號也書凡五篇

堯典雖紀唐堯之事然本虞史所作故曰

虞書其舜典以下夏書當在虞書此云虞

書亦多引以爲夏書或以爲夏書以舜事

秋傳亦多引以爲夏書或以爲夏書以舜

虞傳記舜事自虞史所作以虞書當日虞

子所書也按書自唐虞以下每

定五篇未言之人舉皆難分虞以前

而五篇體製相似若一人手筆恐

出於虞史記堯舜事獨詳而伏

作一典一謨各一以書載舜事

合代實相去遠稱虞夏書謹以

古其宜分書載堯事難名謂矣

異代古以爲明矣然皆皆以舜禹益

日敬以後史臣所作明矣然皆

三二壁三益齋

書義矜式卷之一　進士王充耘與耕講

虞書

堯典

曰若稽古帝堯曰放勳欽明文思安安允恭克讓光被四表格于上下

聖人之功無不至都聖人之德無不至也夫聖人功德莫盛于堯故

史臣叙於書首意曰粵若稽古昔有放勳如堯都勳以功記放謂功

無不至也欽明文思安允恭克讓皆以德記光被四表格于上下

雖謂德無不至然被此格也則放之所極也吁德之所至即功之所

至史臣總言堯之德業云耳豈功自功德自德哉云云或謂書以道

書義矜式六卷　〔元〕王充耘撰

清抄本

一冊　存三卷：一至三

半葉十行二十八字，無欄格

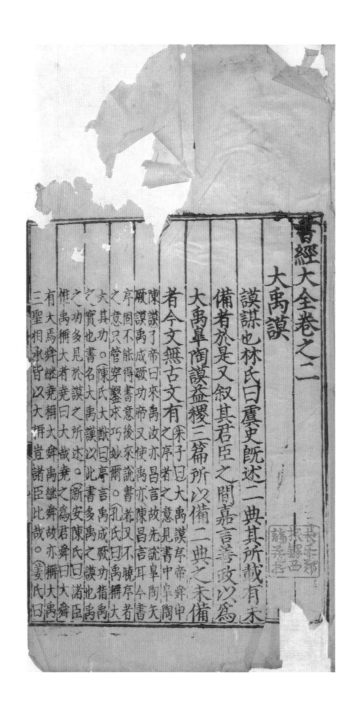

書經大全十卷綱領一卷圖一卷 〔明〕胡廣等輯

明嘉靖七年（1528）書林楊氏清江書堂刻本

四冊 存九卷：一至五、九至十，綱領一卷，圖一卷

半葉十一行二十一字，黑口，四周雙邊。版框 17.0×13.1 厘米

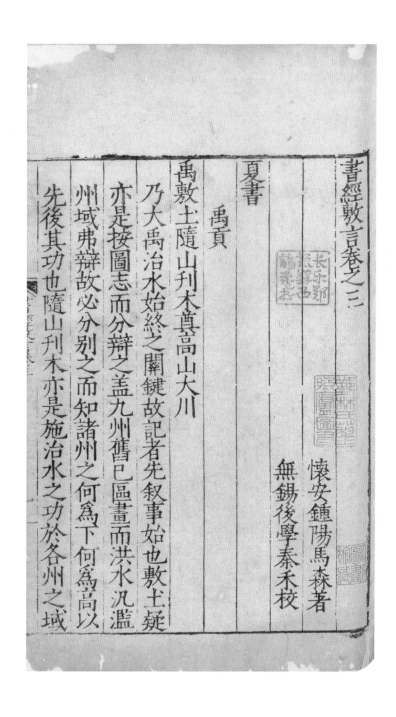

書經敷言十卷　〔明〕馬森撰

明刻本

四册　存八卷：三至十

半葉十行二十二字，白口，四周單邊。版框 19.2×13.9 厘米

鈞玄提要之書亦講筵論思之地

也余往涔諸內翰不敢私其師承

爰命剞劂以廣其傳并紀歲月而

弁其首

萬曆癸巳仲夏既望桂林書舍主人書

書經直解

　　少師薰太子太師吏部尚書中極殿大學士臣時行等輯

虞書

虞是帝舜有天下之號這書共有五篇都是虞舜時史官所

作以記當時之事者故總謂之虞書

堯典

堯是唐堯典是典籍這第一篇典籍載唐堯的事所以謂之堯

典

曰若稽古帝堯曰放勳欽明文思安允恭克讓光被四

表格于上下

書經直解十卷　〔明〕張居正撰

明萬曆刻本

二冊

半葉十行二十四字，白口，四周單邊。版框 20.7×12.1 厘米

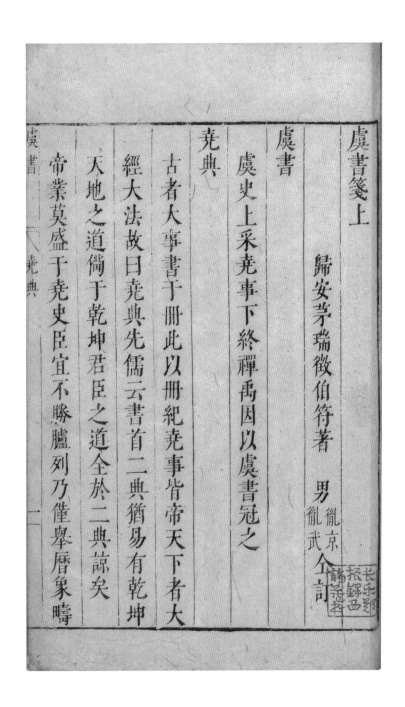

虞書箋上　歸安茅瑞徵伯符著　男亂京　亂武　仝訂

虞書

堯典

虞史上采堯事下終禪禹因以虞書冠之

古者大事書于冊此以冊紀堯事皆帝天下者大

經大法故曰堯典先儒云書首二典猶易有乾坤

天地之道僃于乾坤君臣之道全於二典諒矣

帝業莫盛于堯史臣宜不勝臚列乃僅舉曆象疇

虞書箋二卷 〔明〕茅瑞徵撰

明崇禎刻本

一册

半葉九行二十字，白口，四周單邊。版框 21.2×14.7 厘米

禹貢備遺

夏書禹貢

是篇雖紀平水土制貢賦之事而有躬行教化之精微

寓焉故其末歸于祗台德先而總之以聲教四訖之意

也後之山經地志與夫財用之書有是哉讀者毋求作

貢之法尚求祗德之心

禹敷土隨山刊木奠高山大川　刊丘寒反
奠音殿

不辯區域無以知地執力之高下故分海內之地復爲九

州則知堯最下在所當先雜最高在所當後而用功不

禹貢備遺一卷書法一卷　〔明〕胡瓚撰

清初刻本

一册

半葉九行二十二字，白口，左右雙邊。版框 20.5×13.4 厘米

尚書葦籥五十八卷　〔明〕潘士遴撰

明崇禎刻本

二十册

半葉十行二十二字，白口，左右雙邊。版框 20.5×13.7 厘米

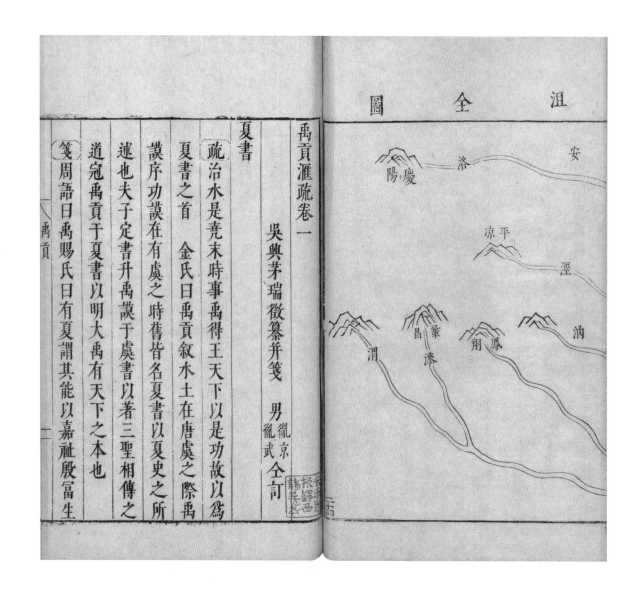

禹貢滙疏卷一

吳興茅瑞徵纂并箋

男亂京
亂武仝訂

夏書

疏治水是堯末時事禹得王天下以是功故以爲
夏書之首　金氏曰禹貢叙水土在唐虞之際禹
謨序功謨在有虞之時舊皆名夏書以夏史之所
述也夫子定書升禹謨于虞書以著三聖相傳之
道冠禹貢于夏書以明大禹有天下之本也
〔箋〕周語曰禹賜氏曰有夏謂其能以嘉祉殷富生

〔禹貢〕　　　一

禹貢彙疏十二卷圖經一卷考略一卷別錄一卷　〔明〕茅瑞徵撰

明崇禎刻本

三冊

半葉九行二十字，白口，四周單邊。版框 21.0×14.8 厘米

15915（10012）

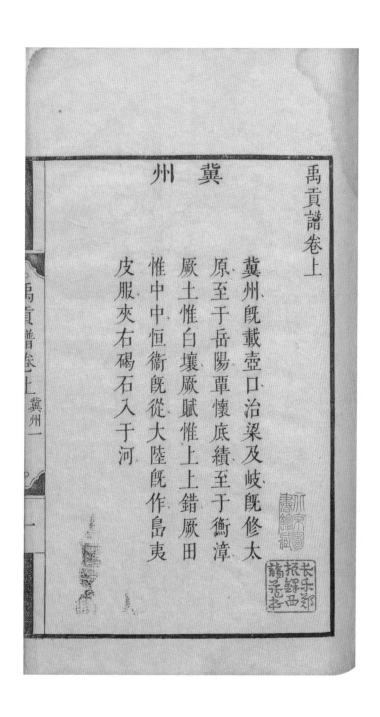

冀州

禹貢譜卷上

冀州旣載壺口治梁及岐旣修太
原至于岳陽覃懷底績至于衡漳
厥土惟白壤厥賦惟上上錯厥田
惟中中恒衛旣從大陸旣作島夷
皮服夾右碣石入于河

禹貢譜二卷　〔清〕王澍撰

清康熙四十六年（1707）積書巖刻本

二册

半葉行字不等，黑口，四周單邊，無直格。版框 20.0×13.1 厘米

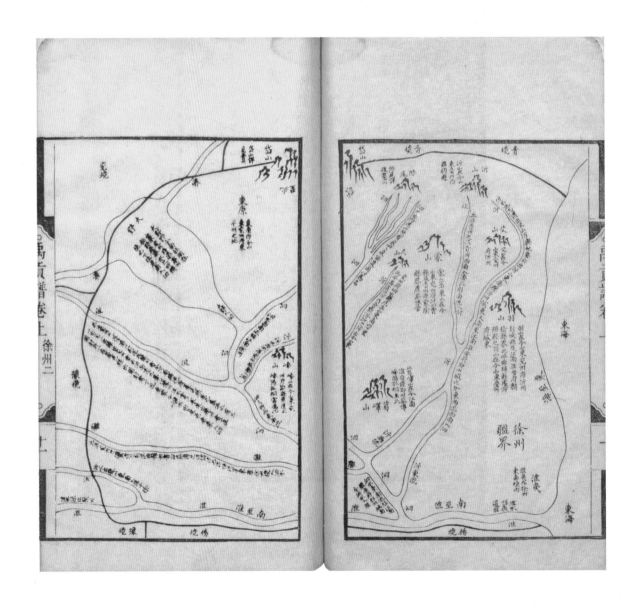

經

經部——詩。類。

詩外傳卷第一

韓嬰

曾子仕於莒得粟三秉方是之時曾子重其
祿而輕其身親没之後齊迎以相楚迎以令
尹晉迎以上卿方是之時曾子重其身而輕
其祿懷其寶而迷其國者不可與語仁窘其
身而約其親者不可與語孝任重道遠者不
擇地而息家貧親老者不擇官而仕故君子
橋褐趨時當務為急傳云不逢時而仕任事

〈詩外傳一〉　　　　　　　一

詩外傳十卷　〔漢〕韓嬰撰

明嘉靖沈辨之野竹齋刻本

二冊

半葉九行十七字，白口，左右雙邊。版框 20.1×14.2 厘米

韓詩外傳卷之一

漢 燕人韓嬰 著

明 新都唐琳 點校

曾子仕於莒得粟三秉方是之時曾子重其祿而輕
其身親沒之後齊迎以相楚迎以令尹晉迎以上
卿方是之時曾子重其身而輕其祿懷其實而逃
其國者不可與語仁窘其身而約其親者不可與
語孝任重道遠者不擇地而息家貧親老者不擇
官而仕故君子矯褐趨時當務為急傳云不逢時

韓詩外傳 卷之一 一

國憂妙於峻
潜西漢宗之
余子外傳蓋
云

韓詩外傳十卷 〔漢〕韓嬰撰

明天啓六年（1626）唐琳、唐瑜刻本

四冊

半葉九行二十字，白口，四周單邊。版框 20.5×14.2 厘米

齊魯韓三家詩釋十六卷　〔清〕朱士端撰

清吉金樂石山房抄本　鄭振鐸跋

四冊

半葉十行二十四字，藍格，藍口，四周單邊。版框 19.1×13.8 厘米

興是朱士端未刊稿本 我購自
北京琉璃廠通學齋價以十
元劫中曾見朱氏寅祿堂
收藏金石記稿本數十冊其
卯行八卷本 大异惜巳
付以劫火以吉金樂石山房
朱氏蒙蒙格 杏子更宜珍惜小
齋名 五五六年六閏七旬西諦

詩經二十卷　〔漢〕毛萇傳、鄭玄箋　詩譜一卷　〔漢〕鄭玄撰

清永懷堂刻本　清丁晏校註

三冊

半葉九行二十五字，小字雙行同，白口，左右雙邊。版框 20.2×12.6 厘米

詩經卷一　庚辰仲秋山陽丁晏校讀

周　卜子夏序　漢　毛公傳
　　　　　　　鄭氏箋　明　金蟠訂

國風

周南第一

關雎后妃之德也　關雎舊解云三百一十一篇詩　風之始也
並是作者自爲各○后妃芳非汎

所以風天下而正夫婦也故用之鄉人焉用之邦國焉　國風之

謂十五國風風是諸侯政教也下云所以風　風以動

風天下論語云君子之德風並是此義、風風也教也

之教以化之○福鳳反詩者志之所之也在心爲志發言爲詩情

毛詩二十卷 〔漢〕毛萇傳、鄭玄箋

清乾隆四十八年（1783）武英殿刻本

十册

半葉八行十七字，小字雙行同，白口，四周雙邊。版框 21.1×13.7 厘米

呂氏家塾讀詩記卷第一

綱領

論語詩三百一言以蔽之曰思無邪程氏曰思無
邪誠也。謝氏曰君子之於詩非徒誦其言又
將以考其情性非徒以考其情性又將以考先
王之澤益濡度禮樂雍止於此猶能佇與其溪
微之意而傳之故其爲言率皆樂而不淫憂而
不困怨而不怒如綠衣傷已之詩也
其言不過曰或思古人俾無說兮擊鼓怨上之
詩也其言不過曰土國城漕我獨南行至軍旅
數起大夫久役止曰自詒伊阻行役無期度思
其危難以風鳥不過曰苟無飢渴而巳若夫言
天下之事美盛德之形容固不得言而可知也
其與憂愁思慮之於孰能優游不迫也孔子所

　　　一卷

呂氏家塾讀詩記三十二卷　〔宋〕呂祖謙撰

明嘉靖十年（1531）傅鳳翔刻本（卷一至四、二十至二十四配清抄本）

八冊

半葉十四行十九字，細黑口，左右雙邊。版框 14.8×12.4 厘米

呂氏家塾讀詩記卷第五

四明陸　鈇校正

柏舟芣姜自誓也衛世子共伯蚤死其妻守
義父母欲奪而嫁之誓而弗許故作是詩以絕之
鄭氏曰芣姜婦人從夫之謚○呂氏曰彼言父母
獨云母蓋此是母意欲奪之文勢當爾如將仲
子云父云母言時鄭莊公亦止有母姜氏此其
也

讀□見□

衛上曰衰亂之世淫風大行芣姜得禮之正而
能守義故以誓鄘風也

汎彼柏舟在彼中河髧彼兩髦音毛實維
我儀之之死矢靡它母也天只音紙不諒人只
興也中河河中髧兩髦之貌髦者髮坌

詩經類考三十卷 〔明〕沈萬鈳撰

明萬曆刻本

十一冊　存二十八卷：一至二十六、二十九至三十

半葉十行二十字，白口，四周單邊。版框 19.4×12.4 厘米

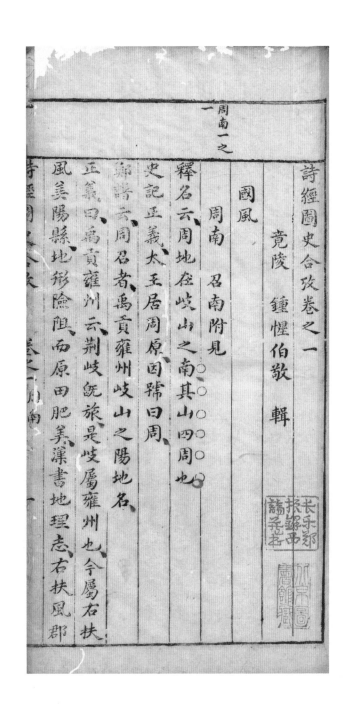

詩經圖史合攷卷之一

竟陵 鍾惺 伯敬 輯

國風

周南 召南附見

周南一之一

釋名云周地在岐山之南其山四周也〇〇〇〇〇〇

史記正義太王居周原因號曰周

鄭詩云周召者為貢雍州岐山之陽地名

正義曰禹貢雍州云荊岐既旅是岐屬雍州也今屬右扶

風美陽縣地緫險阻而原田肥美漢書地理志右扶風郡

詩經圖史合攷卷之一周南 一

詩經圖史合考二十卷 〔明〕鍾惺輯

明末刻本

七冊

半葉九行二十二字，白口，四周單邊。眉欄鐫評釋。版框 21.8×11.9 厘米

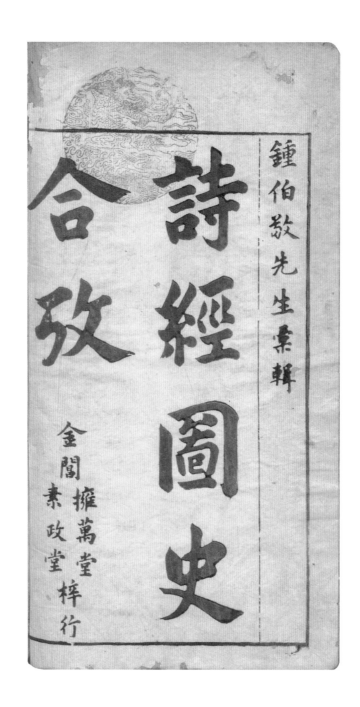

詩經圖史合考二十卷 〔明〕鍾惺輯

明末刻本

十二冊　存十七卷：一至十五、十九至二十

半葉九行二十二字，白口，四周單邊。眉欄鐫評釋。版框 21.8×11.9 厘米

韻會注云楬斫木櫱也一曰木跌

詩經圖史合攷卷二十

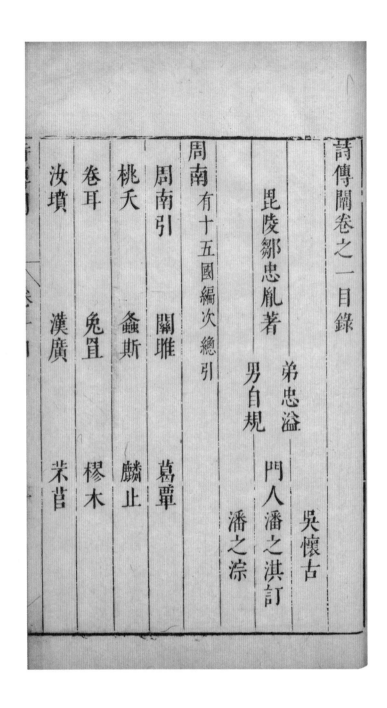

詩傳闡二十三卷餘二卷　〔明〕鄒忠胤撰

明崇禎刻本

八册

半葉九行二十字，白口，四周單邊。版框 20.7×14.3 厘米

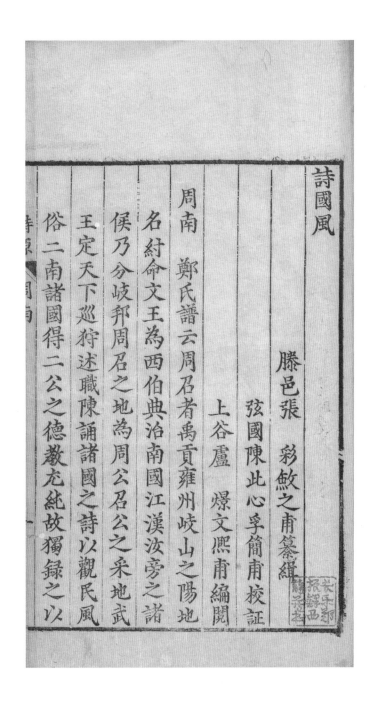

詩原五卷詩說略一卷　〔明〕張彩撰

明天啓元年（1621）陳此心刻本

八冊

半葉九行二十字，白口，四周單邊。版框 20.7×14.0 厘米

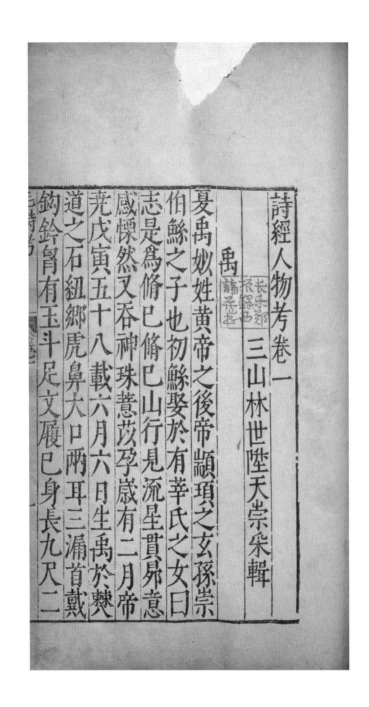

詩經人物考三十四卷 〔明〕林世陞撰

明刻本

四册　存二十一卷：一至十一、十七至二十六

半葉十行十六字，白口，四周單邊。版框 19.2×11.6 厘米

釋名云周地在岐山之南其山四周也。○鄭譜云周召者禹貢雍州
岐山之陽地名今屬右扶風美陽縣地形險阻而原田肥美○博物
志云周自后稷至于文武皆都關中雒爲宗周。○史記正義大王居
周原因號曰周。○郡國志美陽有周城。○一統志陝西鳳翔府岐山
縣在府城東五十里古岐周地周原在岐山縣東北四十里詩曰周
原膴膴卽此。○鄭譜云文王受命作邑於豐乃分岐邦周召之地爲

國風周南

周

詩經考卷之一

古閩　黃文煥　維章甫　輯著

溫陵　黃景昉　可遠甫　挍閱

詩經考十八卷　〔明〕黃文煥撰

明末刻本

六冊

半葉十一行二十六字，白口，四周單邊。版框 21.7×12.7 厘米

毛詩振雅六卷 〔明〕張元芳、魏浣初撰

明版築居刻朱墨套印本

六册

半葉八行十四字，白口，四周單邊。眉欄、腳欄鐫評釋。版框 22.9×14.0 厘米

16661（補 338）

關雎

通章以好逑二字為主二章真三章樂皆本于此總歸重后妃之德宜配君子上

首章以雎鳩雌雄相應與淑女君子健順相成窈窕是就儀容上摹寫其德性如此淑字重看好逑為其正根淑字來君子只還他君子句露出文王字面

詩經

國風

周南

廣陵　張元芳
姑蘇　魏浣初　著輯

關關雎鳩音疽在河之洲窈音杳窕音窕徒了反窈窕

淑女君子好逑 音求　興也

休坤承乾

周之文王生有聖德又得聖女姒氏以為之配宮中之人於其始至

見其有幽閒貞静之德故作是詩

看他窈窕
說淑女三章
關關二字
發得妙妙
在生而有
聖女之
意疊窈字之
法熟不得

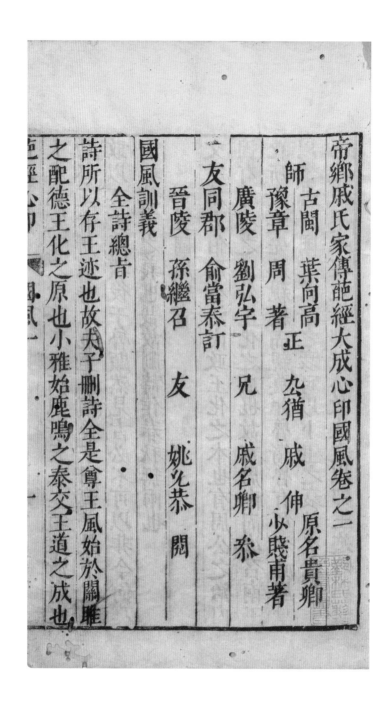

帝鄉戚氏家傳葩經大成心印□卷　〔明〕戚伸撰

明崇禎三年（1630）刻本

六冊　存五卷：國風二卷、小雅一卷、大雅一卷、三頌一卷

半葉十行二十一字，白口，四周單邊。版框 20.9×14.5 厘米

古名儒毛詩解十六種二十四卷　〔明〕鍾惺輯

明擁萬堂刻本

十二冊　存十二種：小序一卷、新刻詩傳一卷、新刻詩説一卷、新刻詩譜一卷、新刻詩考一卷、新刻詩地理考六卷、新刻困學紀詩一卷、新刻山堂詩考一卷、新刻文獻詩考二卷、新刻胡氏詩識三卷、新刻讀詩録一卷、新刻逸詩一卷

半葉十行二十字，白口，左右雙邊。版框 19.1×13.7 厘米

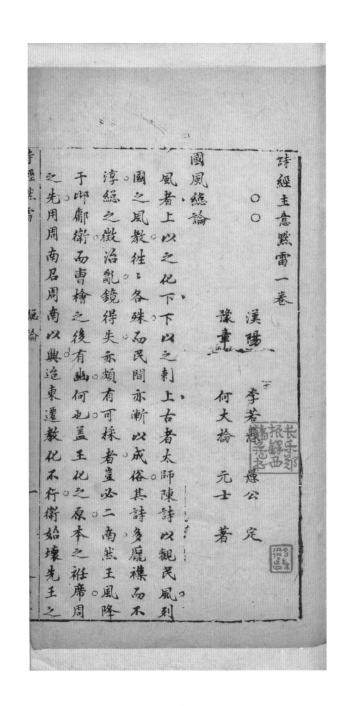

詩經主意默雷八卷 〔明〕何大掄撰

明末友石居刻本

十四册

半葉九行二十四字，白口，四周單邊，無直格。版框 20.1×11.9 厘米

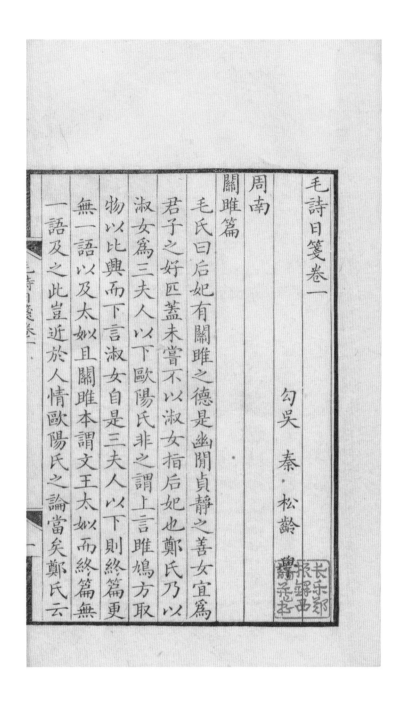

毛詩日箋卷一

周南

關雎篇

勾吳　秦　松齡

毛氏曰后妃有關雎之德是幽閒貞靜之善女宜爲

君子之好匹蓋未嘗不以淑女指后妃也鄭氏乃以

淑女爲三夫人以下歐陽氏非之謂上言雎鳩方取

物以比興而下言淑女自是三夫人以下則終篇更

無一語以及太姒且關雎本謂文王太姒而終篇無

一語及之此豈近於人情歐陽氏之論當矣鄭氏云

毛詩日箋六卷　〔清〕秦松齡撰

清康熙挺秀堂刻本

二册

半葉十行二十一字，黑口，左右雙邊。版框 16.9×11.8 厘米

毛詩説二卷首一卷　〔清〕諸錦撰

清乾隆二十一年（1756）諸氏絳跗閣刻經説本

一册

半葉十行二十一字，白口，四周雙邊。版框 17.4×12.2 厘米

毛詩說卷上

秀水　諸　錦　學

國風

關雎后妃之德也

關關雎鳩在河之洲窈窕淑女君子好逑　參差荇菜

左右流之窈窕淑女寤寐求之　求之不得寤寐思服悠

哉悠哉輾轉反側　參差荇菜左右采之窈窕淑女琴

瑟友之　參差荇菜左右芼之窈窕淑女鐘鼓樂之

關雎三章一章四句二章章八句

　易基乾坤書美釐降春秋譏不親迎禮始于謹

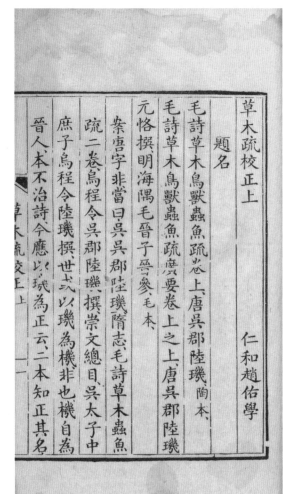

草木疏校正二卷　〔清〕趙佑撰

清乾隆白鷺洲書院刻本

一冊

半葉九行二十字，白口，四周雙邊。版框 21.2×14.8 厘米

三百篇原聲七卷 〔清〕夏味堂撰

清嘉慶十二年（1807）楳華書屋刻本

一册

半葉十行二十字，白口，四周單邊。版框 18.9×14.2 厘米

三百篇原聲弟一

總論

求理必求其原以文字陳迹求古音是挹行潦而責以海若也字莫不本於聲聲本於天聲之詖闕不可運至音窮而字亦窮者有之矣未有有其聲無其字者也試略舉其說如馬下二音考古者曰馬必讀姥下必讀戶於是併麻於魚虞模作合口呼又析其一二於歌戈作撮口呼而槪令古今天下除陽唐外無張口之音矣夫赤子之啼成人之笑嘻不張口作聲者（大啼笑皆麻音）有闔必有闢乃造化之自然而亦其不得不然吾不識成周時之笑啼豈誠合口撮口而遂已

經

經部——禮。

類。

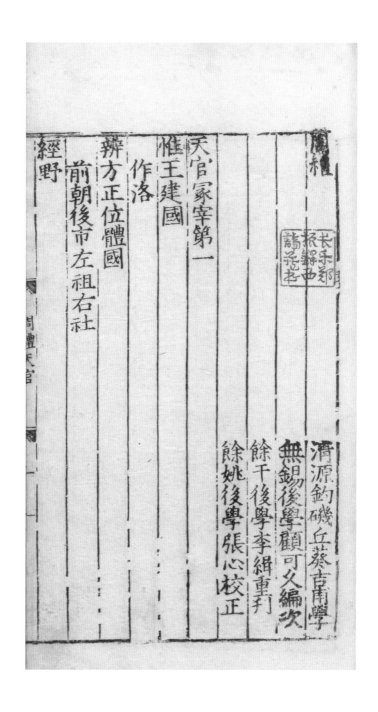

周禮補亡六卷　〔元〕丘葵撰

明李緝刻本

四冊　存二卷：天官、地官

半葉十行二十三字，白口，四周單邊。版框 19.5×12.1 厘米

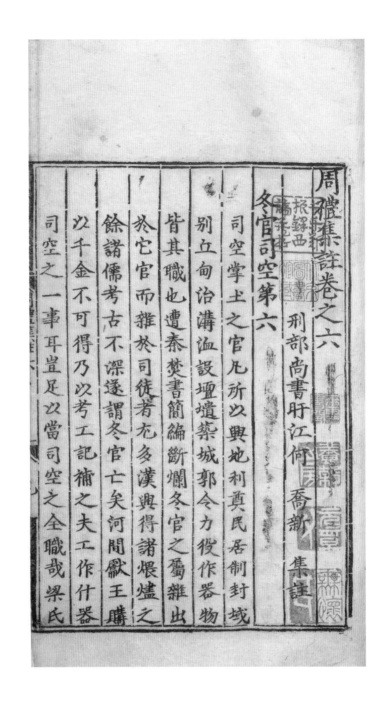

周禮集註七卷　〔明〕何喬新撰

明正德十三年（1518）安正堂刻本

二册　存二卷：六、七

半葉十行二十字，黑口，四周雙邊。版框 18.1×12.2 厘米

甚大古人以射御書數並言之乗特安家所用也

故其言之詳如此

問禮集註附解卷之七終

正德戊寅歲孟

冬安正堂新刊

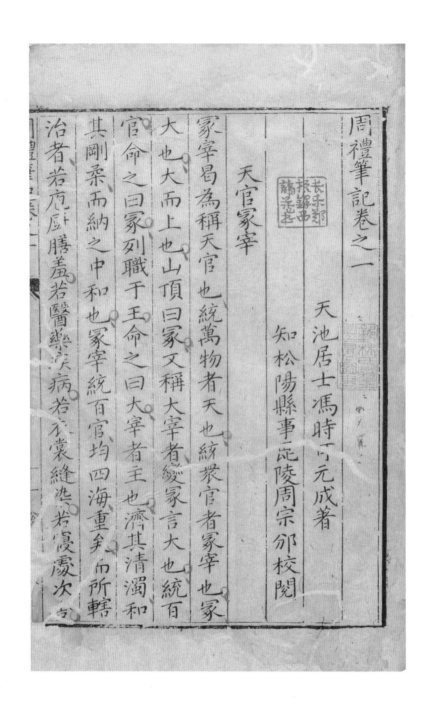

周禮筆記六卷 〔明〕馮時可撰

明萬曆周宗邠刻本

二冊

半葉九行二十二字，白口，四周雙邊。版框 22.6×15.9 厘米

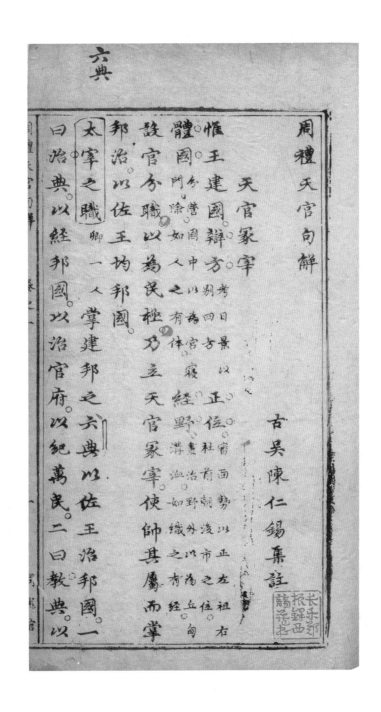

周禮句解六卷集註句解一卷 〔明〕陳仁錫輯 **考工記一卷**

明問龍館刻本

四冊

半葉九行二十字，小字雙行同，白口，四周雙邊，無直格。版框23.7×13.2厘米

周禮文物大全圖不分卷 〔明〕吳繼仕考校

明刻本

一冊

半葉行字不等，白口，四周單邊。版框 35.9×24.8 厘米

士冕服圖　　后服

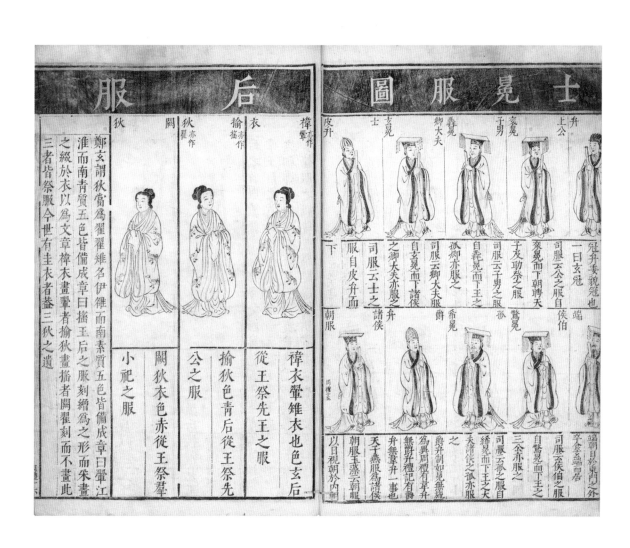

檀弓

上篇

公儀仲子之喪檀弓免焉仲子舍其孫而立其
子檀弓曰何居我未之前聞也趨而就子服伯
子於門右曰仲子舍其孫而立其子何也伯子
曰仲子亦猶行古之道也昔者文王舍伯邑考
而立武王微子舍其孫腞而立衍也夫仲子亦
猶行古之道也子游問諸孔子孔子曰否立孫

檀弓一卷 〔宋〕謝枋得 〔明〕楊慎批點

明萬曆閔齊伋刻三色套印三經評註本

一册

半葉八行十八字，白口，左右雙邊。版框 20.5×15.2 厘米

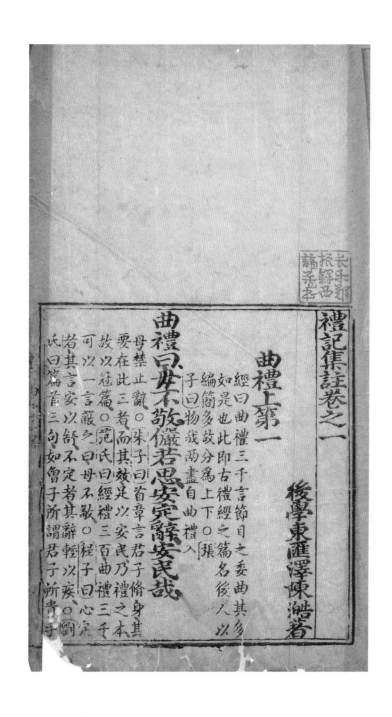

禮記集註十卷 〔元〕陳澔撰

明書林新賢堂張閩岳刻本

八冊

半葉九行十七字，小字雙行同，白口，四周雙邊，無直格。版框 13.7×13.3 厘米

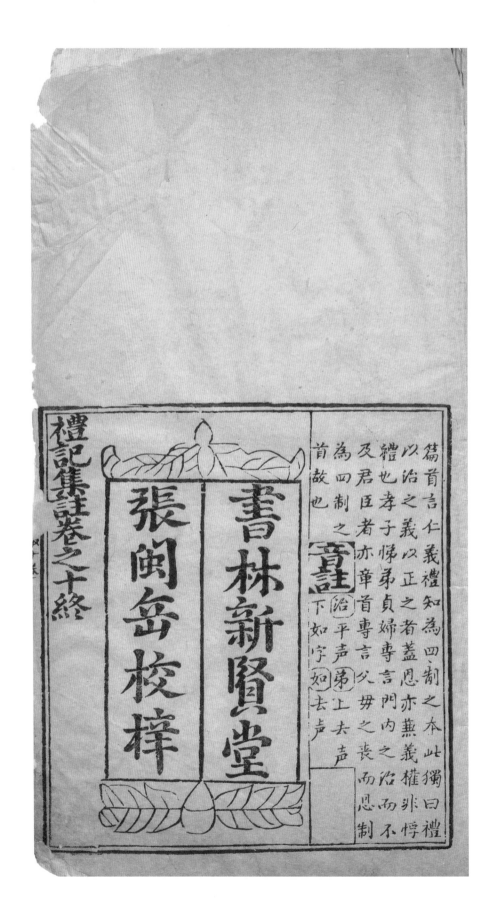

篇首言仁義禮知為四制之本此獨曰禮
以治之義以正之者蓋恩義權非不悖
禮也孝子悌弟貞婦專言門內之治而不
及君臣者亦章首專言父母之喪而恩制
為四制之
首故也

【章註】〔治平聲弟上去聲〕下如字如去聲

禮記集註卷之十終

書林新賢堂
張閩岳校梓

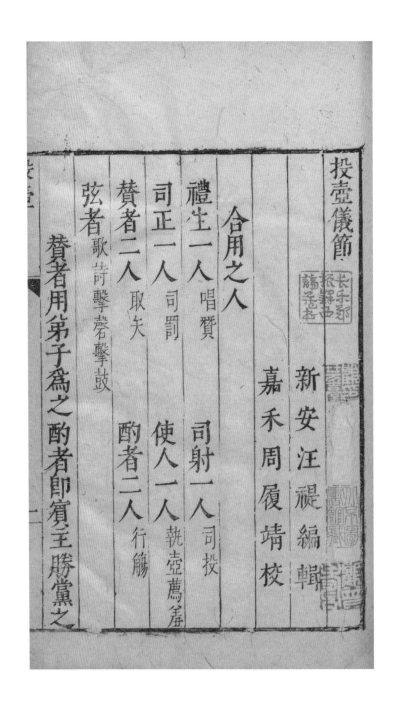

投壺儀節一卷　〔明〕汪禔撰

明萬曆二十五年（1597）金陵荊山書林刻夷門廣牘本

一册

半葉九行十八字，白口，四周單邊。版框 19.9×14.1 厘米

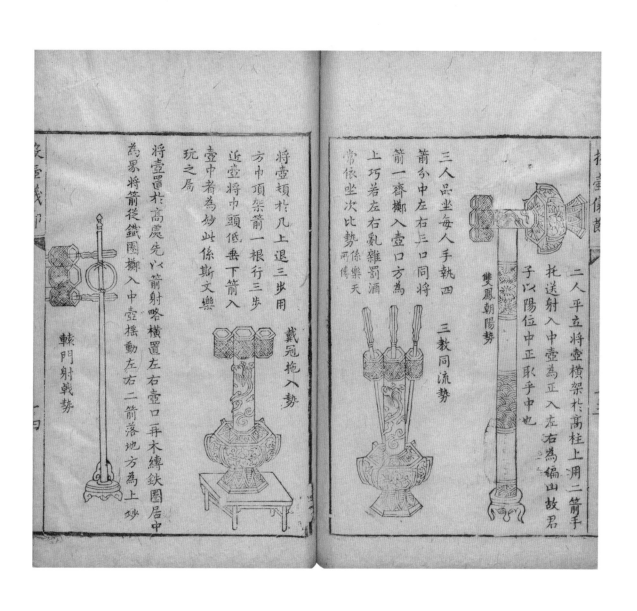

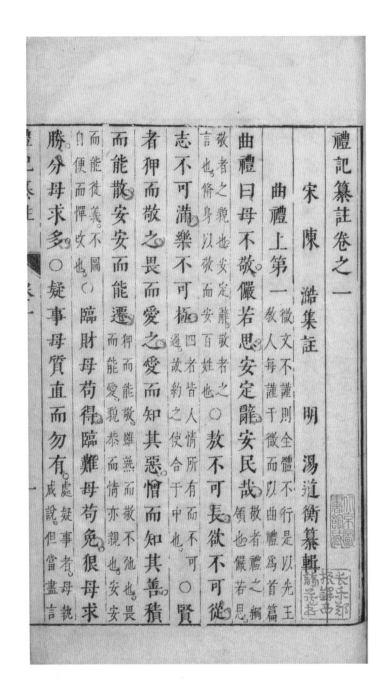

禮記纂註三十卷 〔明〕湯道衡撰

清刻本

三冊

半葉十行二十字，小字雙行同，白口，左右雙邊。版框 21.3×14.5 厘米

禮記訓纂四十九卷　〔清〕朱彬撰

清咸豐元年（1851）朱士達宜禄堂刻本　清丁晏校註

十册

半葉九行二十二字，小字雙行同，白口，左右雙邊。版框 19.9×14.0 厘米

吳文正慕言
頗為精審究
竟云莊遠矣
高其朱女端乙
重校本珠有
而取於窺收
太多失女原
文六本缺列
學官也

咸豐二年秋朱恕齋方伯惠贈

雲莊禮記集說至為陋略乃列於學官五百

年竹垞斥為兔園冊子未為過也然竹垞

謂旁用禮記集說取士衛湜說太繁贖非學

子服習之書苟郁甫先生出本大惜取之

鄭君其精霰遠過雲莊毋謂今人不如

古人也雖以之取士可矣

鄭君禮注品校後儒不能采及苒以鄭注列

學官簡而當矣

禮記訓纂卷一

長沙郁振西
韵益校

寶應朱彬輯

曲禮上弟一

正義六藝論云今禮行於世者戴德戴聖
之學也又云戴聖傳禮四十九篇則此禮記
是也儒林傳云大戴
大戴授琅琊徐氏小戴授梁人橋仁字季卿
楊榮字子
其孫仁為大鴻臚家世傳業徐氏鄭目錄云曲禮者
也其五禮之說吉禮之別也祭祀之說亦
對下老執摯納女之說多屬此凶禮之說喪荒之說
敬是也爾雅云禮之細也嘉禮之說飲食冠昏之說亦屬焉
一者人名本以語名賓禮之說朝會之事亦屬焉
大戴記八十五篇軍禮之說兵車旌鴻之說亦屬焉
曲禮三千中庸禮儀三百威儀三千云云此分為上下更無義也云始
記末稱記者是曲禮高堂生所傳禮
記朱子曰經禮固今之儀禮其存者十七篇而其逸
禮儀三百威儀三千者是曲禮也今之儀禮見一

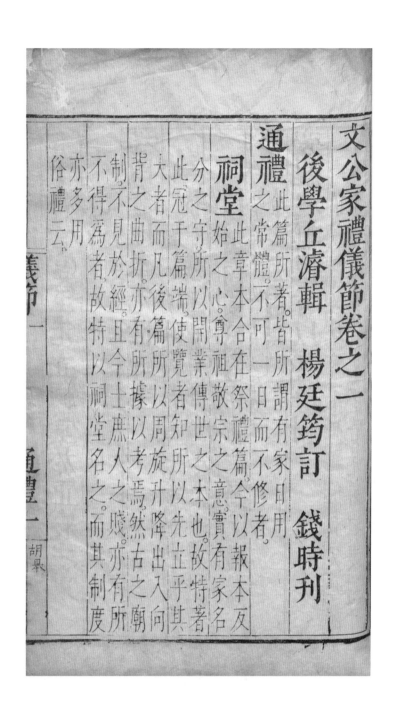

文公家禮儀節八卷　〔明〕丘濬撰

明萬曆三十六年（1608）錢時刻本

六冊

半葉八行十六字，小字雙行同，細黑口，四周雙邊。版框 25.1×17.1 厘米

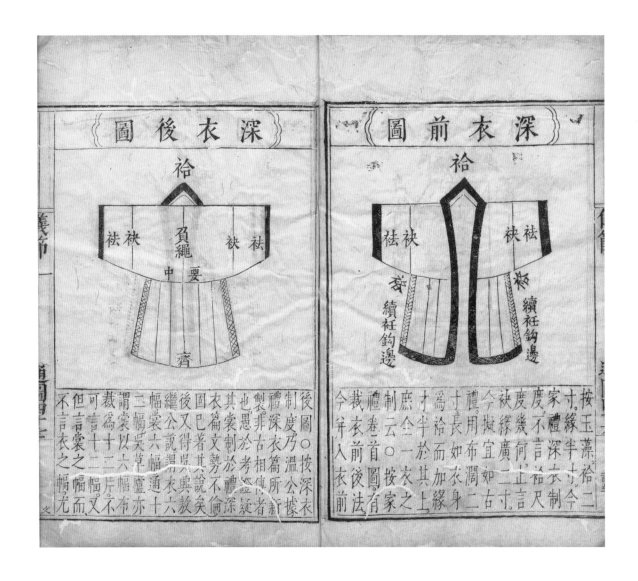

《深衣後圖》　　《深衣前圖》

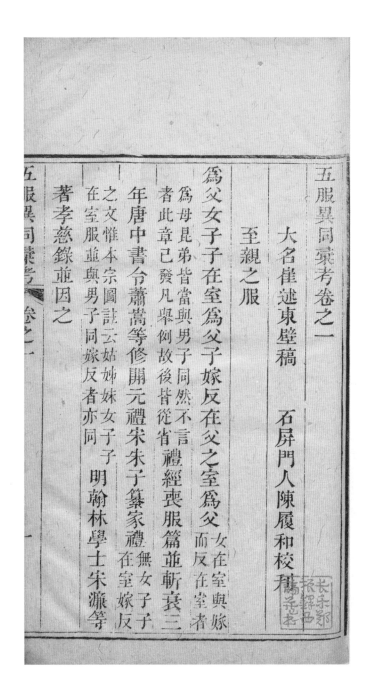

五服異同彙考卷之一

大名崔述東壁稿　石屏門人陳履和校輯

至親之服

為父女子子在室為父子嫁反在父之室為父　女在室與嫁而反在室者

為母昆弟皆當與男子同然不言　者此章已發凡舉例故後皆從省禮經喪服篇並斬衰三

年唐中書令蕭嵩等修開元禮宋朱子纂家禮在室嫁反　無女子子

之文惟本宗圖註云姑姊妹女子子明翰林學士宋濂等

在室服並與男子同嫁反者亦同

著孝慈錄並因之

五服異同彙考卷之一

一

五服異同彙考三卷 〔清〕崔述撰

清道光四年（1824）陳履和東陽縣署刻本

二冊

半葉八行二十三字，白口，四周雙邊。版框 19.8×13.2 厘米

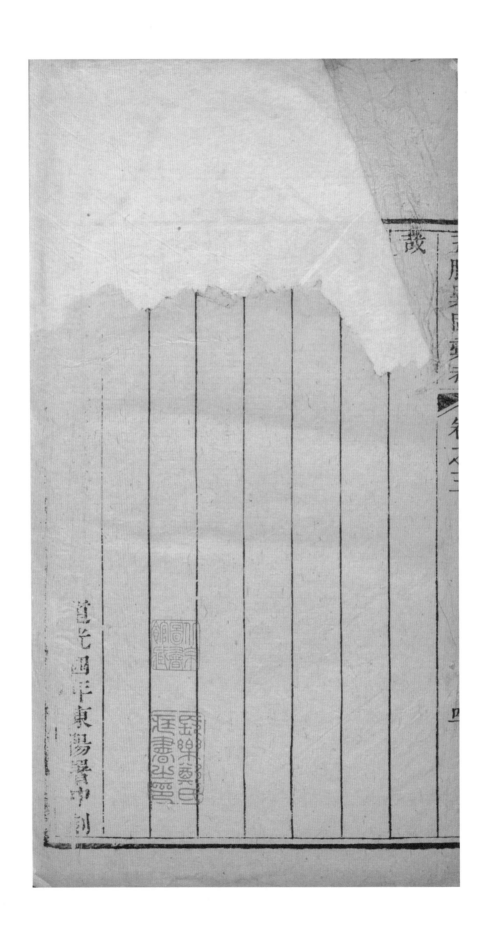

經

經 部 —— 春秋類

000

春秋左傳集解三十卷　〔晋〕杜預撰　〔唐〕陸德明音義

清永懷堂刻十三經古註本　清丁晏校註

八冊

半葉九行二十五字，小字雙行同，白口，左右雙邊。版框 19.7×12.9 厘米

春秋左傳卷一

晉鎮南大將軍當陽縣侯京兆杜　預集解

明　後　學　東吳金　蟠較訂

丁晏校讀

隱公　名息姑，惠公之子，母聲
子承諡法不尸其位曰隱。

[傳] 惠公元妃孟子　言元妃明始適夫人也。孟子，
子，宋姓。○適丁歷反。孟子卒。不稱薨不成
喪也無諡先諸侯

繼室以聲子生隱公　聲諡也蓋孟子之
姪娣也諸侯娶則同姓之國以姪娣媵元
妃死則次妃攝治內事猶不得稱夫人故謂
之繼室。○娣大計反媵以證反又繩證反

宋武公生仲子　仲子宋武公之女仲字
子姓婦人謂嫁曰歸以手理自
然成字有若天命故嫁之於魯生桓公而惠公薨
不以桓生之年薨

子生而有文在其手曰為魯夫人故仲子歸于我
然則隱公
命故嫁之於魯生桓公而惠公薨不以桓生之年薨

是以隱

春秋左傳卷三十終

丙辰十一月望後校畢　戊午十月覆校

伯帥韓魏圍趙襄子於晉陽韓魏反與趙氏謀殺知
伯於晉陽之下○在春秋後二十七年○喪息浪反

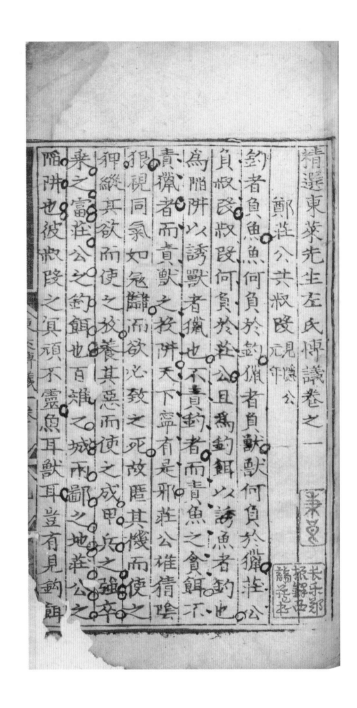

精選東萊先生左氏博議八卷 〔宋〕呂祖謙撰

明刻本

一册

半葉十行二十字，黑口，四周雙邊。版框 19.9×12.7 厘米

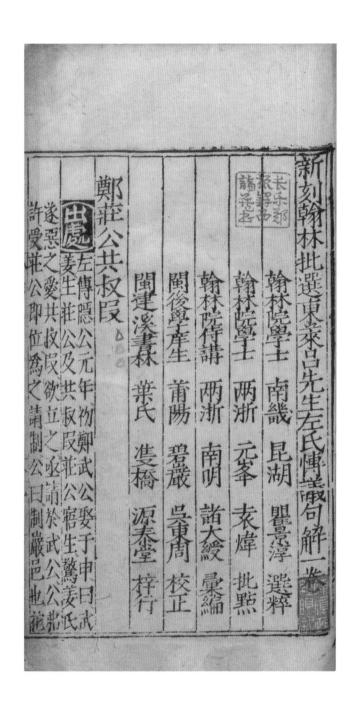

新刻翰林批選東萊呂先生左氏博議句解十二卷 〔宋〕呂祖謙撰

明萬曆九年（1581）書林源泰堂刻本

四冊

半葉九行十九字，小字雙行同，白口，四周雙邊。版框 19.0×12.2 厘米

萬曆辛巳歲春月之吉

書林源泰堂重校梓行

翰林批選東萊呂先生博議句解十二卷終

每令尋仲尼顔子樂處所樂何事○晦翁曰程子
之言引而不然欲使孝者深思而自得之此篇結
尾之意謂牽於此意可深長雖者誰謂此篇結
懼議中第一篇子而位本不取蓋未可曉

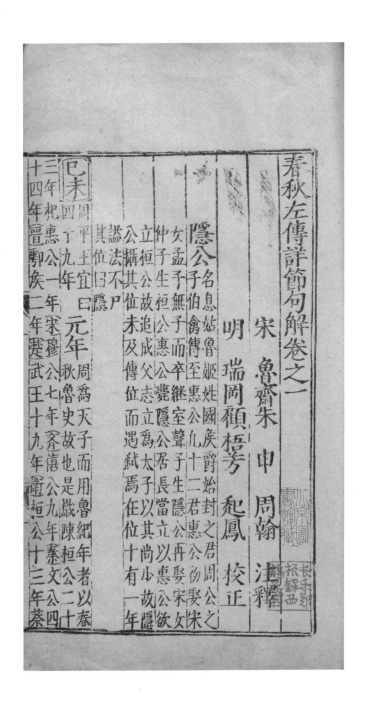

春秋左傳詳節句解三十五卷　〔元〕朱申撰

明萬曆十年（1582）顧梧芳刻本

十六册

半葉九行二十一字，小字雙行同，白口，四周雙邊。版框 21.3×13.1 厘米

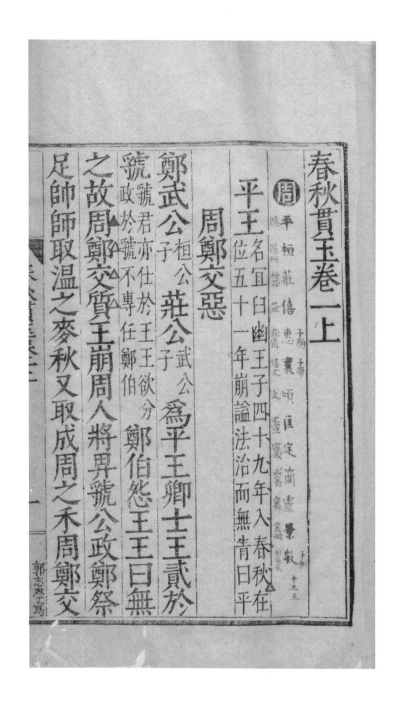

春秋貫玉四卷 〔明〕顏鯨撰

明萬曆三十三年（1605）刻本

六册

半葉八行十七字，小字雙行同，白口，四周雙邊。版框 20.5×14.3 厘米

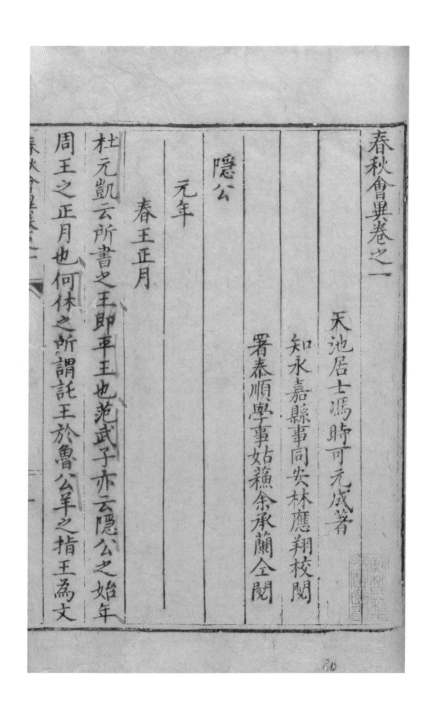

春秋會異六卷 〔明〕馮時可撰

明萬曆二十五年（1597）劉芳譽刻本

二册

半葉九行二十二字，白口，四周雙邊。版框 21.9×16.5 厘米

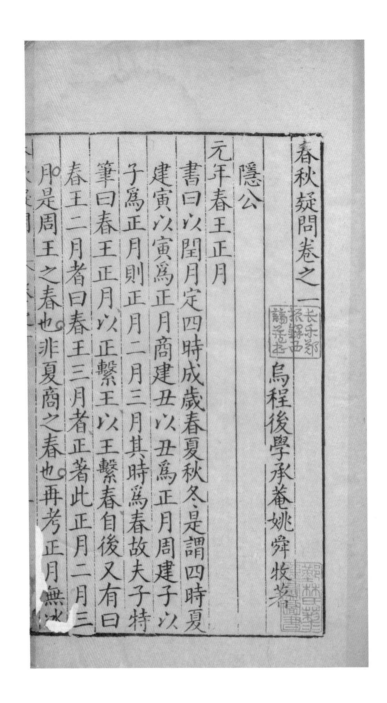

春秋疑問十二卷 〔明〕姚舜牧撰

明萬曆刻本

四冊

半葉十行二十字，白口，四周單邊。版框 20.8×12.6 厘米

春秋衡庫　卷一

　　　　　　　　　馮夢龍輯

　　　　　　　　　張我

隱公上

〔胡〕春秋不作於孝公惠公者。東遷之始流風遺俗
猶有存者。鄭武公入爲司徒。善於其職則猶用賢
也。晉侯扞王於糴毖之秬毖。則猶有誥命也。王曰
其歸視爾師。則諸侯猶來朝也。義和之羹毖爲文
侯則列國猶有請也。及平王在位日久不能自強
於政治棄其九族。葛藟有終遠兄弟之刺不撫其
民周人有束薪蒲楚之譏。至其晚年。失道滋甚乃
以天王之尊下賵諸侯之妾。於是三綱淪九法斁。

春秋衡庫三十卷附錄三卷備錄一卷　〔明〕馮夢龍輯

明天啟五年（1625）刻本

四冊

半葉十行二十字，小字雙行同，白口，四周單邊。版框 19.9×13.3 厘米

春秋左傳補註六卷　〔清〕惠棟撰

清乾隆三十七年（1772）胡亦常刻三十八年（1773）張錦芳續刻本　清王萱鈴録註並跋

二册

半葉十一行二十一字，黑口，左右雙邊。版框18.0×14.3厘米

瓶瓻生文仲辰此傳先載文仲之言不應後錄哀伯

之語達當爲辰字之誤也桓二年傳先稱臧哀伯後

云臧孫達與此一例陸淳纂例以臧孫辰爲

十二年經宋萬弒其君捷

捷與接古字通易晉卦曰晝日三接鄭注云接勝也

禮內則接以太牢注云接讀爲捷捷勝也音義皆同

傳批而殺之

曰攪反手擊也從手間別作批非匹齊切

遇太宰督于東官之西又殺之注殺督不書不以告

家君曰督乃弒君之賊豈可與仇牧同書杜氏之

謬也

十四年傳大陵　京相璠曰潁川臨潁縣東北二十五

里有故亘陵亭古大陵也

其氣歛以取之　余仁仲左傳字辨曰其氣歛以取之

陸德明音義本云其炎以音歛案王符潛夫論漢書五

行志皆云其氣炎以取之釋文傳作炎注仍作歛尋

洛誥歛字亦當作炎炎故杜氏引以爲證揚雄解

嘲炎歛者歛尙書多俗字鄭學已凶無可是正引梅福書

云無若火始庸

庸此今文尙書

繩息嬀

孔鮒云繩之譽之也杜注本此表記曰君子不以口

左傳補注

惠定宇先生九經古義槀於常熟
蔣氏所得于多肓唯左傳補注至為
難得乙亥冬　鈐庵師授余是本
癸未冬又呂嚴豹人普秋內傳古
注輯存錄於書首

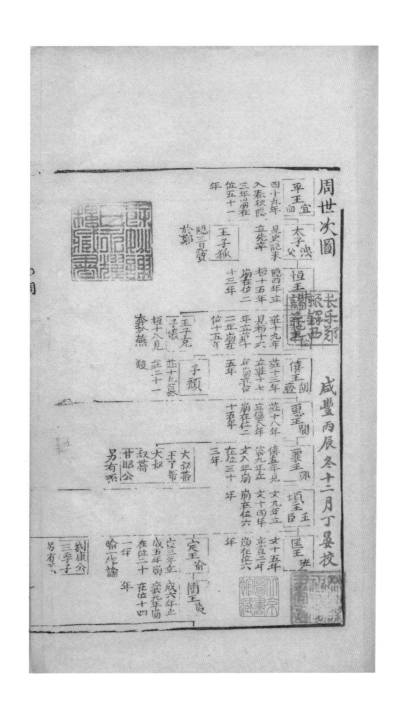

春秋世族譜不分卷 〔清〕陳厚耀撰

清道光二十年（1840）寶翰樓刻本　清丁晏校註

一冊

半葉行字不等，無直格。版框 18.5×12.5 厘米

越世次圖

越王句踐　　越王　　　　大蓬郢

安午覽　　見　　昭二十四

　　　　　　李豢　　見　系本許

昭二十四

大禹支子夫裔之紀事年表云六祀年越絕書所載越君多號與夏皆不合語皆轉記耳

考家呂賢有越王授二子搜疑非一人未詳何代國語卒姓夢祖曾大越之對別有

越踤史稱越非也夫禹之後非也又云左傳越大子適郢即越王龐班世紀荃文作龐郢

經

經　部——
孝經類
000

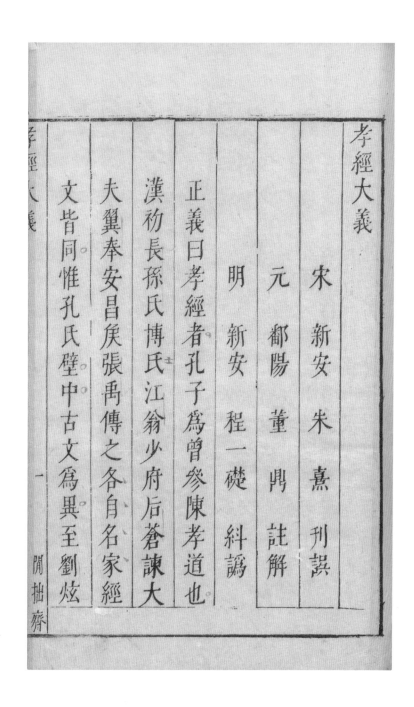

孝經古註五卷

明崇禎四年（1631）程一礎閒拙齋刻本

一冊

半葉八行十七字，小字雙行同，白口，四周單邊。版框 19.8×13.7 厘米

經

經 部 —— 四書類 000

四書集註十九卷　〔宋〕朱熹撰

明種德書堂刻本

十四冊

半葉九行十七字，小字雙行同，白口，四周雙邊，無直格。版框 21.0×12.9 厘米

16516（9418）

大學 大傴音泰今讀如字

子程子曰大學孔氏之遺書而初學入
德之門也於今可見古人為學次第者
獨賴此篇之存而論孟次之學者必由
是而學焉則庶乎其不差矣

大學之道在明明德在親民在止於至善 子程
子曰親當作新○大學者大人之學也明明
德者人之所得乎天而虛靈不昧以具眾
理而應萬事者也但為氣稟所拘人欲所
蔽則有時而昏然其本體之明則有未嘗息
者故學者當因其所發而遂明之以復其初
也新者革其舊之謂也言既自明其明德又

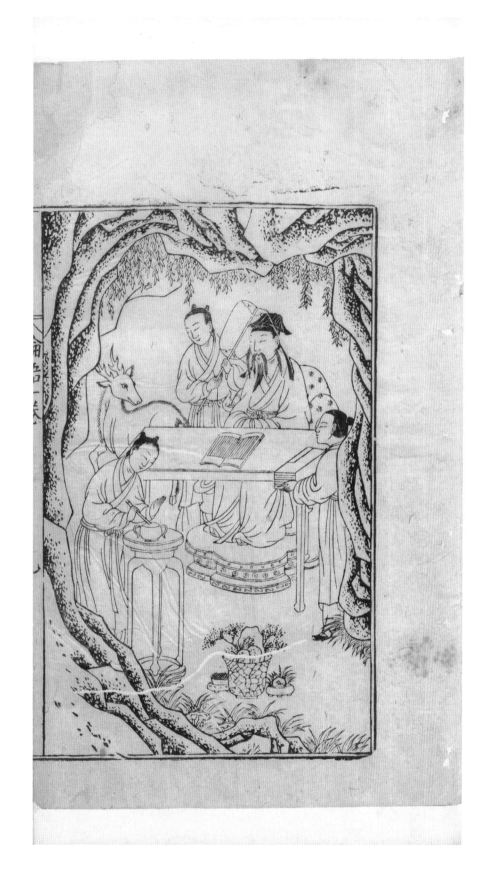

論語卷之一 [印：長樂鄭振鐸西諦藏書]　朱熹集註

學而第一。此為書之首篇故所記多
務本之意乃入道之門積
德之基學者之先務也。凡
十六章

子曰學而時習之不亦說乎。說悅
同學之為言效也。人性
皆善而覺有先後後覺者必效先
覺之所為乃可以明善而復其初也。習鳥
數飛也。學之不已如鳥數飛也。說喜意也。既
學而又時時習之則所學者熟而中心喜說
其進自不能已矣。程子曰學者將以行之
也時習之則所學者在我故說。謝氏
曰時習者無時而不習坐如尸坐時習
也立如齊立時習也

朋自遠方來不亦樂乎。樂音洛
朋同類也
自遠方來
則近者類
可也有

孟子卷之四

離婁章句上 ^{凡二}十八章

朱熹集註 ^{長樂郭振錄西蕭堯老藏}

孟子曰離婁之明公輸子之巧不以規矩不
能成方員師曠之聰不以六律不能正五音
堯舜之道不以仁政不能平治天下

離婁古之明目者公輸子名班魯之巧人也規所以為員之器也矩所以為方之器也師曠晉之樂師知音者也六律截竹為筒陰陽各六以節五音之上下黃鍾太簇姑洗蕤賓夷則無射為陽大呂夾鍾仲呂林鍾南呂應鍾為陰也五音宮商角徵羽也范氏曰此言治天下不可無法度仁政者治天下之法度也

今有仁心仁聞而民不被其

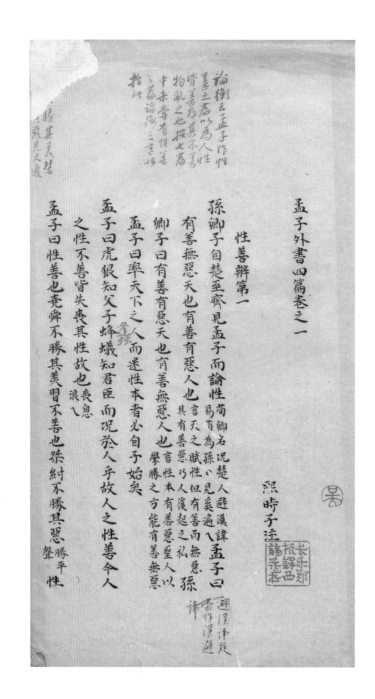

孟子外書四篇四卷　〔宋〕劉攽註　孟子外書附訂四卷　〔清〕吳騫撰

清抄本（孟子外書附訂：稿本）　清吳騫校註

一冊

半葉十行二十五字，小字雙行同，無欄格

跋

右孟子外書四篇前歲周大令春從海鹽故家廢簏
中蒐得予讀兩異之此書自為趙臺卿所不取湮晦
者蓋千餘載昆氏讀書志謂宋時館閣尚有之又劉
昌詩嘗從見新喻謝氏有性善辯一帙不審視此何
如惜叚日因取而訂並集孟子軼文都
為一卷附于四篇之末嘆乎先賢遠矣遺文散落是
編兩出世之儒者或尊之或辯之或疑之或刺之予
皆不得而知之矣

乾隆辛丑夏中白嶽吳騫書于拜經樓

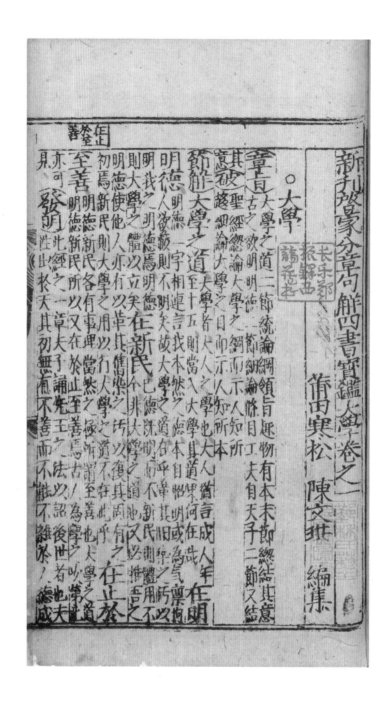

新刊啓蒙分章句解四書寶鑑十六卷　〔明〕陳文琪撰

明嘉靖刻本

十六册

半葉十一行二十三字，白口，四周雙邊。眉欄鐫評。版框 18.9×12.8 厘米

重刊補訂四書淺說孟子卷之一

梁惠王上

孟子見梁惠王

進士 晉江 陳琛 著

全章

梁惠王卑禮厚幣以招賢者於是孟子自鄒至梁見梁
惠王所以答其禮而冀其道之可行也王問何以利吾
千里而來夫豈徒哉亦將有以利吾國乎王所謂利蓋
指富國強兵之類當時爲國者之所專尚也而未知利
之不可以爲國別有一道光明正大高出乎利之上而
下視卑汚之晉者故孟子對曰王何必曰利亦有仁義
而已矣蓋仁義者天理之公利者人欲之私含仁義而

重刊補訂四書淺説十三卷 〔明〕陳琛撰

明萬曆三十七年（1609）李三才刻本

三册　存七卷：論語一至二，孟子一至三，大學、中庸全

半葉十行二十二字，白口，四周雙邊。版框 21.6×16.0 厘米

四書人物考卷一

明武進薛應旂仲常采輯

紀一

神農

炎帝神農氏姜姓母曰女登有媧氏之女爲少典妃
感神龍而生帝人身牛首長於姜水因以爲姓承庖
犧之木以火德王故曰炎帝帝以茹毛飲血非生民
可久之利乃斷木爲耜揉木爲耒教天下以耕稼食
穀故號神農氏其爲教曰民爲邦本食爲民天一人
不耕則天下有受其饑者矣一女不績則天下有受

四書人物考四十卷　　〔明〕薛應旂撰

明嘉靖刻本

十二冊

半葉十行二十字，白口，四周單邊。版框 20.3×19.2 厘米

名物攷卷之一

海虞陳禹謨錫玄輯

友人陳以敬仲孺校

大學

盤

宋史田錫御屏風序曰古之帝王盤而皆銘几杖有戒蓋
起居必覩而夙夜不忘也　孫奕示兒編云場屋屢出盤
銘又曰新賦及盤銘詿學者往往多曰方氏誤指為燕器
故國學詩有食息不遑安之句殊昧經旨按正義曰湯沐
浴之盤而刻銘為戒必於沐浴云者蓋取其澡身浴德之
意故云曰新又新荀子曰君者盤也水者民也盤圓則水

名物考二十卷　〔明〕陳禹謨撰

明萬曆刻經言枝指本

五冊

半葉十一行二十二字，白口，左右雙邊。版框 20.6×14.4 厘米

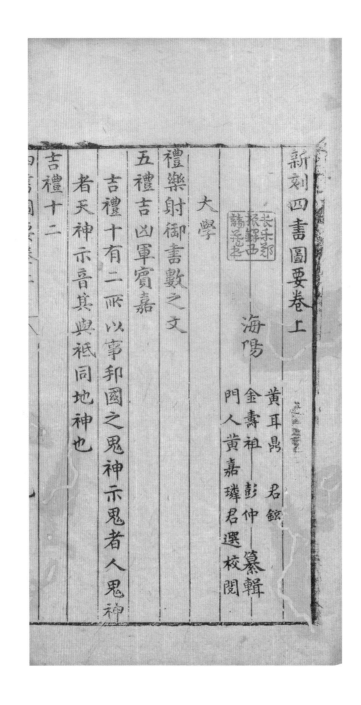

新刻四書圖要二卷 〔明〕黃耳鼎、金壽祖撰

明萬曆二十六年（1598）游一川刻本

二冊

半葉九行二十字，白口，四周單邊。版框 21.0×13.0 厘米

刻迎暉堂彙附人物事文概四書翼註講意六卷　〔明〕王納諫撰

明書林朱桃源、朱明吾紫陽館刻本

四冊

上下兩欄，上欄半葉二十四行九字，下欄半葉十二行二十四字，白口，四周單邊。版框 22.4×14.6 厘米

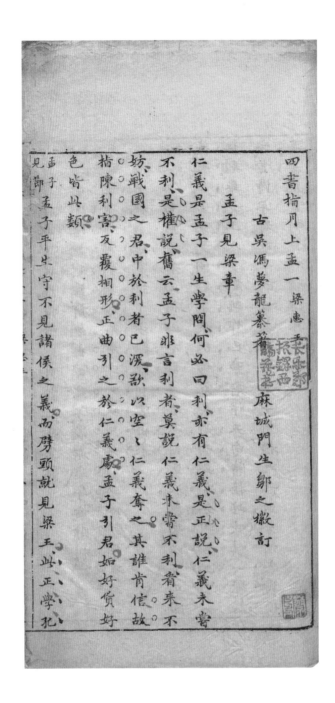

四書指月論語六卷孟子七卷　〔明〕馮夢龍撰

明末刻本

四冊

半葉九行二十四字，白口，四周單邊，無直格。版框 20.1×12.6 厘米

經

經部———

樂類 o o

律學新說卷之一

鄭世子 臣載堉謹撰

臣聞宋朱熹之言曰看樂記大段形容得樂之氣象當時許多
名物慶數人人曉得不須說出故止說樂之理如此其妙今許
多度數都沒了只有許多樂之意思是好只是沒頓放處又曰
今禮樂之書皆亡學者但言其義至於器數則不復曉蓋失其
本矣臣自壯年以來始見韓邦奇王廷相及何瑭等所著樂書
略有省焉乃曰古樂今樂蓋不甚相遠也慨生之既晚不獲與
前輩同遊雖有一得之愚無質問楚辭有云往者余弗及來
者吾不聞亦可悲哉聊述憑見數篇刻而傳之以俟方來具眼
之士或有可取焉若夫禮樂氣象律呂名義則縉紳先生類能
言之凡非數術音聲之技茲竝不述所謂各志其志而已

樂律全書四十九卷　〔明〕朱載堉撰

明萬曆鄭藩刻增修本

十八冊　存四十二卷

半葉十二行二十五字，黑口，四周雙邊。版框 24.9×20.1 厘米

圖工相手右首後瑟何左　　圖工相手右鼓面瑟何左

八對持枚勢

象敎籈揚

七對持柳勢

象敎舂揄

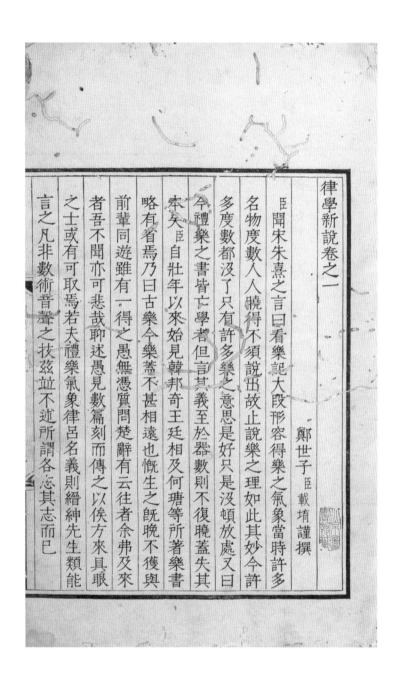

樂律全書三十九卷　〔明〕朱載堉撰

明萬曆鄭藩刻本

八冊　存二十四卷：律呂精義內篇九卷（一至六、八至十）、律呂精義外篇十卷、律學新説四卷、樂學新説一卷

半葉十二行二十五字，黑口，四周雙邊。版框 25.2×20.0 厘米

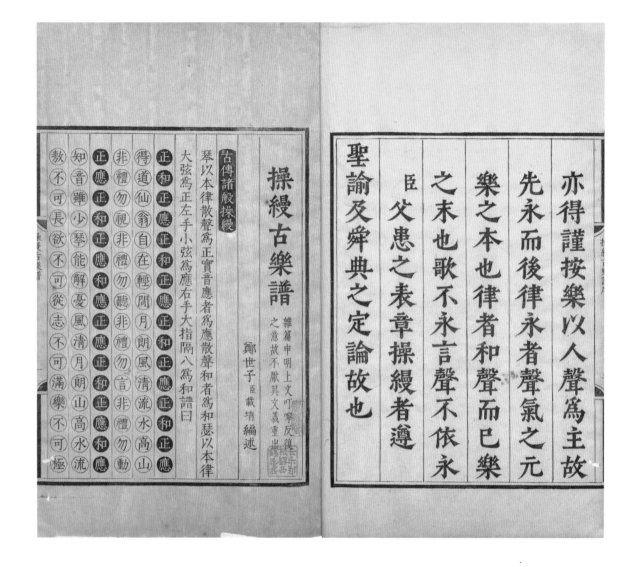

右頁：

亦得謹按樂以人聲爲主故

先永而後律永者聲氣之元

樂之本也律者和聲而巳樂

之末也歌不永言聲不依永

臣父患之表章操縵者邃

聖諭及舜典之定論故也

左頁：

操縵古樂譜

雜篇申明上文叮嚀反復
之意故不厭其文義重出謹述

鄭世子臣載堉編述

古傳諸般操縵

琴以本律散聲爲正實音應者爲應散聲和者爲和瑟以本律
大弦爲正左手小弦爲應右手大指隔八爲和譜曰

正和 正應 得道仙翁自在輕間月朗風清月清流水高山
正和 正應 非禮勿視非禮勿聽非禮勿言非禮勿動
正和 正應 知音雖少琴能解憂風清月朗山高水流
正和 正應 敖不可長欲不可從志不可滿樂不可極

樂律全書三十九卷 〔明〕朱載堉撰

明萬曆鄭藩刻本

四冊 存十二卷：操縵古樂譜一卷、旋宮合樂譜一卷、六代小舞譜一卷、小舞鄉樂譜一卷

半葉十二行二十五字，黑口，四周雙邊。版框 25.8×20.2 厘米

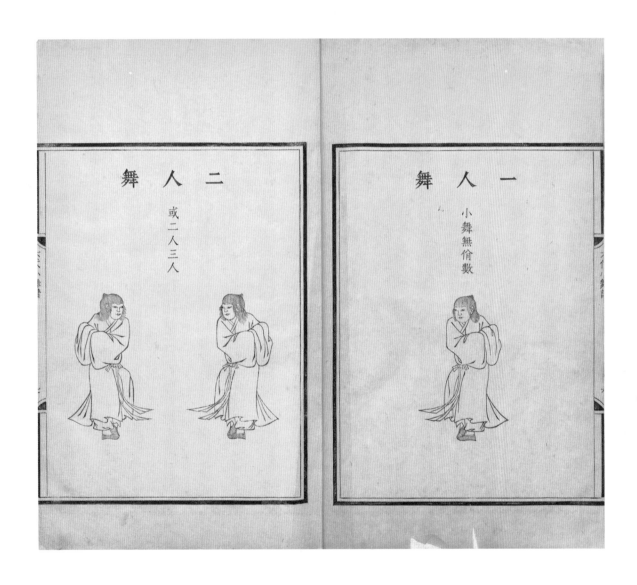

二 人 舞
或二人三人

一 人 舞
小舞無佾數

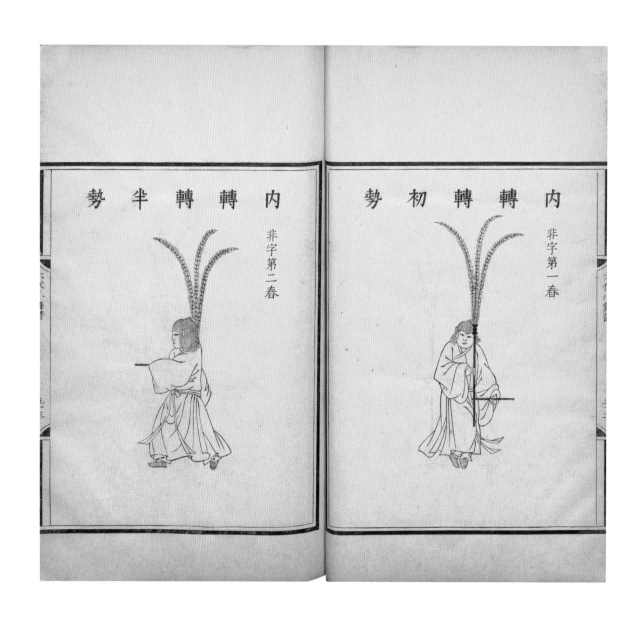

內轉轉半勢　　非字第二春

內轉轉初勢　　非字第一春

下轉仰瞻勢　右

下轉仰瞻勢　左

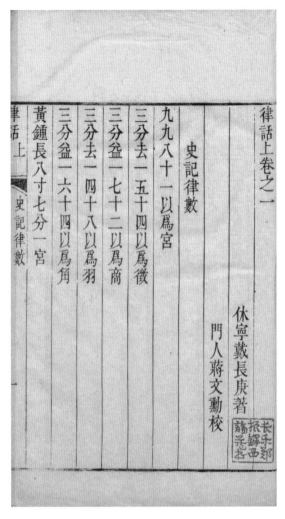

律話三卷 〔清〕戴長庚撰

清道光十三年（1833）吾愛書屋刻本

四册

半葉十行二十字，白口，左右雙邊。版框 18.4×13.8 厘米

經

經　部——

群經總義類

00000

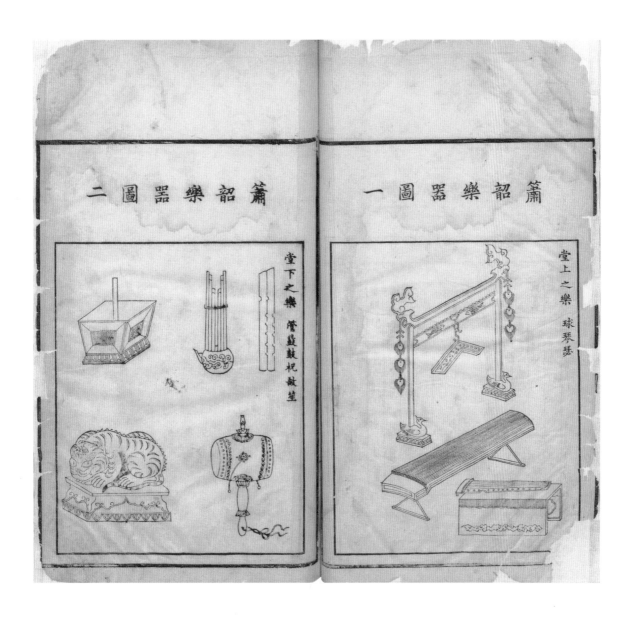

六經圖六卷　〔宋〕楊甲撰　〔宋〕毛邦翰補

明刻本

一册　存一卷：尚書圖

半葉行字不等，多圖，白口，四周單邊，無直格。版框 21.4×15.1 厘米

大陸東河自澶相以北皆行西山之麓及其已遮

信絳之非則西山勢斷曠然四平蓋以此地謂之

大陸故隋政趙之昭慶以為大陸縣唐又割鹿城

置鹿渾縣杜佑李吉甫謂邢趙深三州為大陸者

得之今北直隸保安州涿鹿山即大陸

碣石地志在非平郡驪城縣西南河口之地今永

平府昌黎縣

雷首地志在河東郡蒲坂縣南今平陽府蒲州即

首陽山

底柱在大河中流其形如柱宋陝州陝縣三門山

今河南府陝州

析城地志在河東郡濩澤縣西虺氏曰山峯四面

如城今山西澤州陽城縣

禹貢九州之山考

冀州

壺口　地志在河東郡北屈縣東南今平陽府吉州

梁　呂梁山也呂不韋曰呂梁未鑿河出孟門之上

春秋梁山崩左氏穀梁皆以為晉山則亦指呂梁

矣魏志梁山北有龍門今大原府交城縣

岐　狐岐之山勝水所出東北流注于汾在汾州介

休縣今鳳翔府岐山縣

太原　宋河東路今山西太原府

岳　地志霍太山即太岳在河東郡彘縣東今平陽

府霍州

覃懷　地志河內郡有懷縣在孟津之東太行之西

來水出其西淇水出其東今懷慶府覃懷驛

雉犪圖

甲冑圖

秬鬯二卣圖

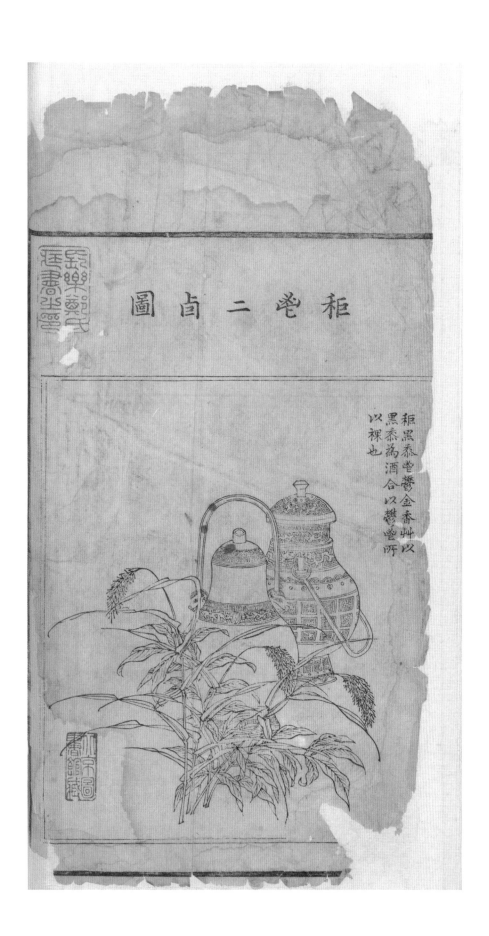

秬黑黍鬯鬱金香艸以
黑黍為酒合以鬱鬯所
以祼也

五經註選五卷 〔明〕俞指南輯

明萬曆元年（1573）俞指南刻本

二冊

半葉十一行三十二字，小字雙行同，白口，四周雙邊。版框 20.0×12.7 厘米

五經註選卷一

新安休陽見臺俞指南　輯
賓廷俞景光　閱
達齋俞一經　校

周易

上經　上經首乾坤而終坎離朱子曰乾坤天地之道
陰陽之本故爲首坎離陰陽之成質故爲終

乾元亨利貞　乾者陽之純健之至天之所以爲天也此伏羲所畫之卦也元大也亨
通也利宜也貞正而固也此文王所係彖辭以斷吉凶者也餘卦放此

初九潛龍勿用　初陽在下未可施用此周公所係
爻辭以斷吉凶者也餘爻放此

九二見龍在田利見大人　出潛離
隱澤及

于物九三君子終日乾乾夕惕若厲无咎
以聖人之德居至

九四或躍在淵无咎　或者疑而未定也躍
三過而惕故无咎　而起則向乎天矣

九五飛龍在天利見大人　人之位故曰大人
于惕臬不善于元堯舜之禪授伊
尹之復政厥辟省知處元之道者

上九元龍有悔　而元故有悔龍德莫善
六陽皆變剛而

用九見群龍无首吉　能柔吉之道也

黃銓

五經五卷

明弘治九年（1496）周木刻本

三册　存三卷：周易一卷、尚书一卷、毛诗一卷

半葉九行十七字，白口，四周雙邊。版框 20.6×15.1 厘米

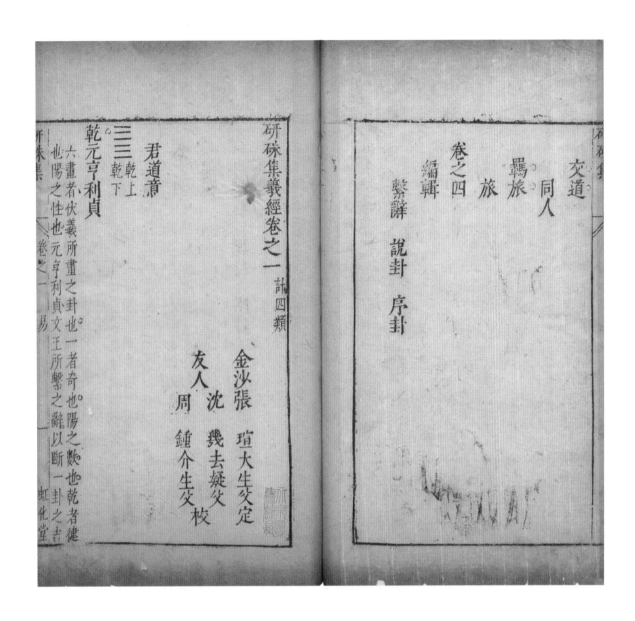

研砅集五經總類二十二卷　〔明〕張瑄撰

明末虹化堂刻本

六冊

半葉八行二十二字，小字雙行同，白口，四周雙邊，無直格。版框 20.7×12.7 厘米

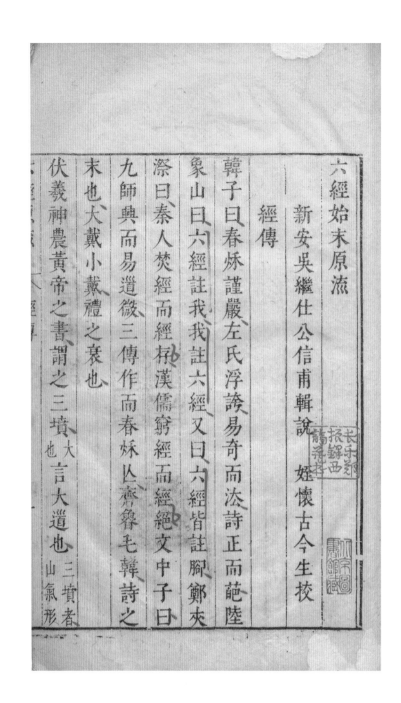

六經始末原流不分卷　〔明〕吳繼仕輯

明崇禎元年（1628）刻本

四册

半葉九行二十字，小字雙行同，白口，左右雙邊。版框 19.7×14.4 厘米

浮玉山人集

經解
　丁亥二十三晉卷作在太后

易疏引

吳江周廷諤美斯

周子曰夫易之道微矣自庖犧氏畫卦文王作篆辭周公作爻辭謂之經分上下二篇孔子作十翼謂之傳分十篇漢書藝文志所謂易經十二篇是也春秋而後自魯商瞿子木受易孔子閱六傳而及秦禁學易為卜筮之書獨不禁故傳受者不絕也漢興易有七家田氏而下有施氏孟氏梁丘氏京氏又有費氏高氏施孟梁丘京氏四家皆立博士費高二家未得立治易者號稱極盛然而人自為師家自為學言數者涉陰陽之迹譚理者入玄眇之門紛紛訓詁強合支離俾先聖一畫之音如墮重雲密霧而不克闚其

浮玉山人集九卷　〔清〕周廷諤撰

清抄本　清笠川跋

一冊

半葉十三行二十五字，無欄格

廢也宋服制九如遠孫祖在為祖母為人後者為其所生父母之

類皆許解官申心喪三年蓋猶遵用前代制也自明以來此禮不

行矣矣當亦士大夫所互講求者說見堯峰文鈔

雍正三年夏四月晦日兩自墅定丹黃記

計易解十六則書解二十則詩解二十則

春妹解三十二則祀解四十則共一百二

十八篇　　笠川後

刪去易解二十三首書解三十首詩解三十六

首春妹解二十九首禮解三十六首共一百五十六

篇　　　　笠川再後

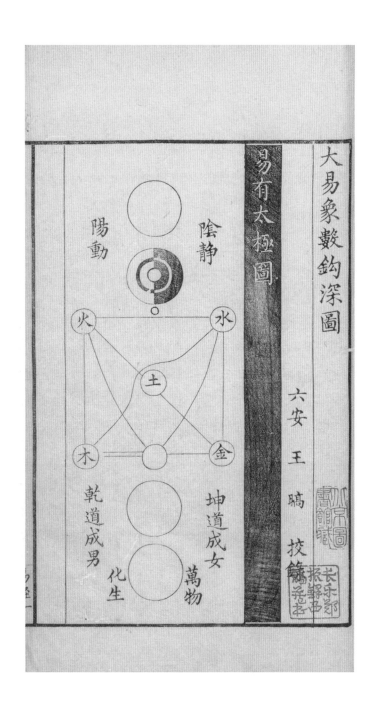

六經圖六卷 〔宋〕楊甲撰　〔宋〕毛邦翰補　〔清〕王皞輯録

清乾隆五年（1740）王氏向山堂刻本

二册　存二種：易經圖、禮記圖

半葉行字不等，白口，四周單邊。版框 19.9×13.8 厘米

古香齋鑒賞袖珍周易

上經

乾乾
上下

乾元亨利貞

初九潛龍勿用

九二見龍在田利見大人

九三君子終日乾乾夕惕若厲无咎

九四或躍在淵无咎

九五飛龍在天利見大人

上九亢龍有悔

用九見羣龍无首吉

彖曰大哉乾元萬物資始乃統天雲行雨

古香齋鑒賞袖珍五經八卷

清康熙內府刻本

八冊

半葉十二行十七字，白口，四周雙邊。版框 10.4×8.0 厘米

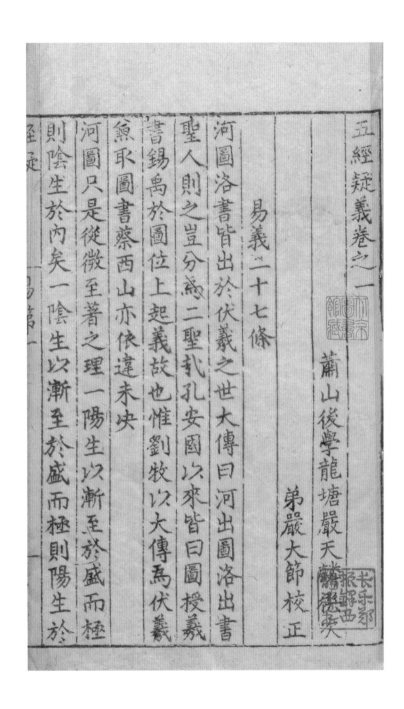

五經疑義卷之一

蕭山後學龍塘嚴天麟德奕

弟嚴大節校正

易義二十七條

河圖洛書皆出於伏羲之世大傳曰河出圖洛出書

聖人則之豈分為二聖哉孔安國以來皆曰圖授羲

書錫禹於圖位上起羲故也惟劉牧以大傳為伏羲

魚取圖書蔡西山亦依違未決

河圖只是從微至著之理一陽生以漸至於盛而極

則陰生於內矣一陰生以漸至於盛而極則陽生於

五經疑義二卷　〔明〕嚴天麟撰

明刻本

一冊

半葉十行二十字，白口，四周單邊。版框 19.3×13.3 厘米

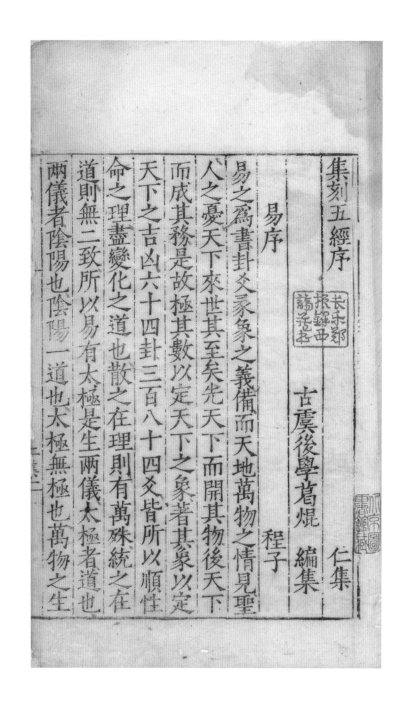

易序

　　易之爲書卦爻彖象之義備而天地萬物之情見聖
　人之憂天下來世其至矣先天下而開其物後天下
　而成其務是故極其數以定天下之象著其象以定
　天下之吉凶六十四卦三百八十四爻皆所以順性
　命之理盡變化之道也散之在理則有萬殊統之在
　道則無二致所以易有太極是生兩儀太極者道也
　兩儀者陰陽也陰陽一道也太極無極也萬物之生

程子

古虞後學葛焜　編集

集刻五經序　　　　　　　　仁集

集刻五經序不分卷　〔明〕葛焜輯

明刻本

一冊

半葉十行二十字，白口，左右雙邊。版框 18.1×12.9 厘米

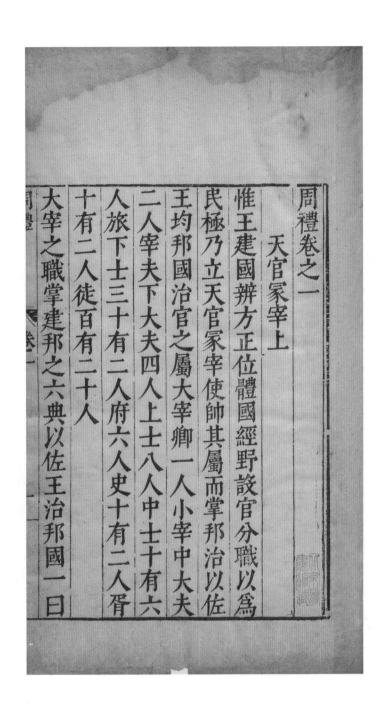

大宰之職掌建邦之六典以佐王治邦國一曰
十有二人徒百有二十人
人旅下士三十有二人府六人史十有二人胥
二人宰夫下大夫四人上士八人中士十有六
王均邦國治官之屬大宰卿一人小宰中大夫
民極乃立天官冢宰使帥其屬而掌邦治以佐
惟王建國辨方正位體國經野設官分職以為
天官冢宰上
周禮卷之一

十三經九十卷

明吳勉學刻本

六冊　存二十四卷：周禮六卷、儀禮十七卷、禮記一卷

半葉九行十八字，白口，左右雙邊。版框 19.8×14.2 厘米

上錢莘楣少詹書　丙辰孟冬

近讀史記孔子世家以定公十四年孔子年五十六攝相事齊
來歸女樂孔子行此後人竄改之失也年表及魯世家俱作十
二年當從之世家上言定公十二年夏孔子言於定公十二
都至十二月公圍成弗克此序隳三都本末下復云定公十二
年孔子年五十四由大司寇攝行相事此序孔子聞政去魯本
末故覆提年紀淺人怪其重出因改下十二年爲十四年五十
四爲五十六孔沖遠禮記正義小司馬史記索隱朱子論語序
說所據皆同則唐宋以來本已誤矣又孔子以定十二年冬去
魯適衛主顏讎由居十月去之則在定十三年未幾反衛主蘧
伯玉當在定十四年矣故喟然歎曰苟有用我者三年有成
衛適陳則居衛已三年矣故喟然歎曰苟有用我者三年有成

臧氏

皇朝經解十六卷

清嘉慶十七年（1812）養心齋刻養一齋增刻本

六冊

半葉十二行二十四字，白口，左右雙邊。版框 18.4×14.2 厘米

經

經　部　——　小學類　000

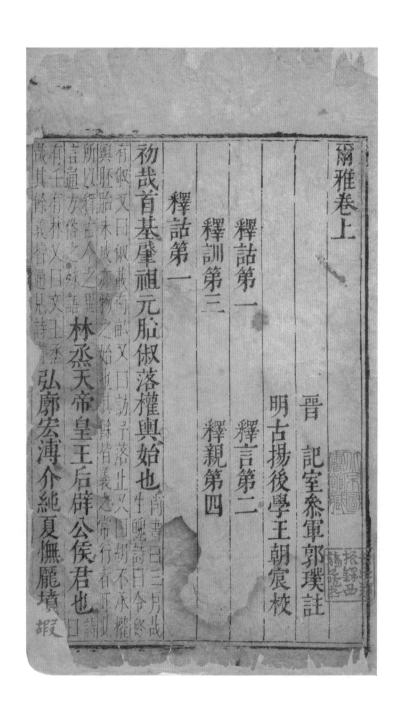

爾雅三卷　〔晋〕郭璞註　**音釋三卷**

明刻本

三册

半葉十行二十字，小字雙行同，白口，四周雙邊。版框 21.0×14.6 厘米

爾雅翼卷第一

釋草一

黍　稷　稻　粱　麥

麻　菽　秬　秠　芑　秠　麰

黍

禾屬而黏者也以大暑而種故謂之黍從禾雨
省聲孔子曰黍可爲酒禾入水也然則又以禾
入水三字含而爲黍不但從雨而巳黍以大暑
而種故農家以三月上旬爲上時四月上旬爲
中時五月上旬爲下時然月令仲夏之月農既

爾雅翼三十二卷　〔宋〕羅願撰　〔元〕洪焱祖音釋

明天啓刻崇禎六年（1633）重修本

六冊

半葉九行十八字，白口，四周雙邊。版框 23.7×14.9 厘米

新刻爾雅翼三十二卷　〔宋〕羅願撰

明萬曆胡氏文會堂刻格致業書本

六冊

半葉十行二十字，白口，左右雙邊。版框 19.4×13.8 厘米

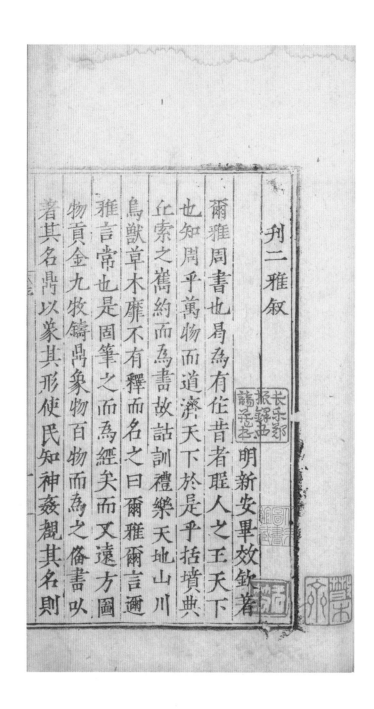

二雅十三卷　〔明〕畢效欽編

明嘉靖隆慶間畢效欽刻本

二冊

半葉九行十八字，小字雙行同，白口，四周雙邊。版框 18.3×10.2 厘米

新刊註釋爾雅卷之上

釋詁第一

釋言第二

釋訓第三　晉郭璞註

釋親第四　明畢效欽校刊

○釋詁第一

初哉首基肇祖元胎俶落權輿始也

昌敢語

令不承權輿此

詩曰胡不承耳所以未成

初裁之始也言通其方餘

昌敢語義之味

昌音林

有王后辟公侯君也

弘廓宏溥介純夏幠厖墳嘏丕奕洪誕

廣雅卷第一

釋詁

魏張揖撰

隋曹憲音解

明畢效欽校刊

古昔先創方作造朔萌芽本根蘖兆始也乾官元首主上伯子男卿大夫

昌孟鼻業始也

令長龍嫡郎將日正君也道天地王白豐敏

博殷粗在戶兄充沛

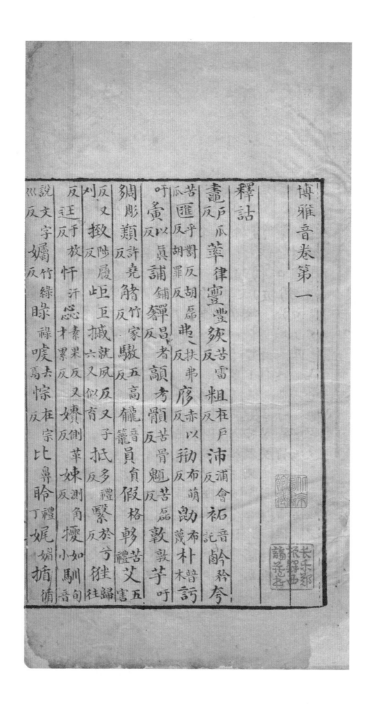

博雅音十卷　〔隋〕曹憲撰

清抄本

一册

半葉十行，大小字不等，白口，左右雙邊。版框 20.6×14.9 厘米

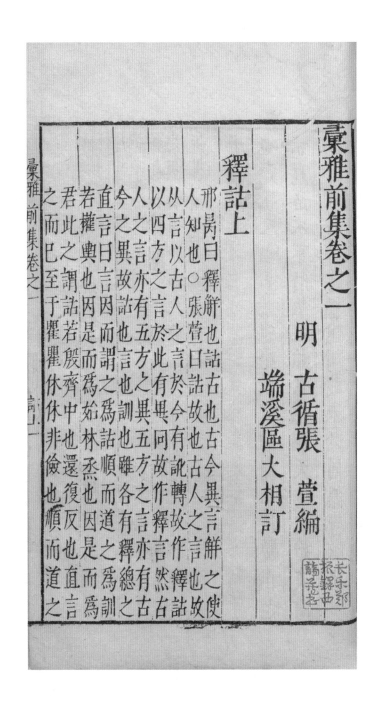

彙雅前集二十卷　〔明〕張萱撰

明萬曆三十四年（1606）區大相、沈朝煥等刻本

六冊　存十一卷：一、二、五至七、十至十五

半葉九行十八字，小字雙行同，白口，四周單邊。版框 21.4×14.4 厘米

方言 蔣更也 為更種
也音㑴

萬曆乙巳夏六月鐫于金臺清眞舘

男 元兊 元兗
元塋 元瑩 同校

彙雅前集卷之十五

彙雅前編集之卅五

釋繪一卷　〔清〕任大椿撰

清刻本　清王萱齡跋

一冊

半葉九行二十字，白口，左右雙邊。版框 18.2×13.6 厘米

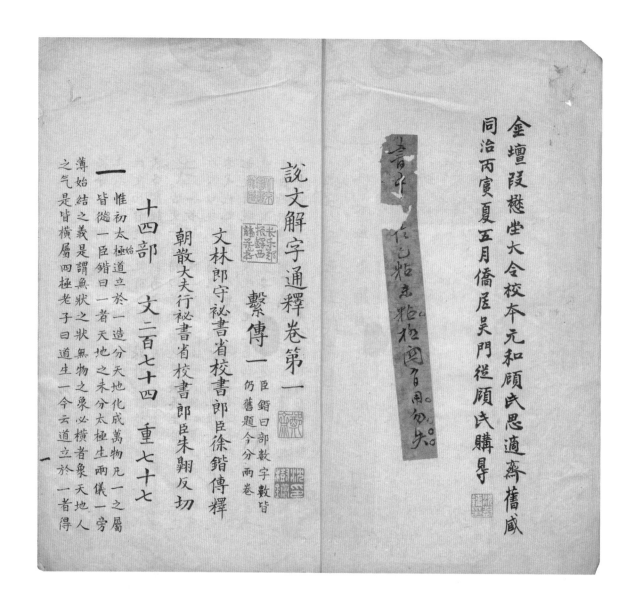

説文解字通釋卷第一

繫傳一

文林郎守祕書省校書郎臣徐鍇傳釋

朝散大夫行祕書省校書郎臣朱翱反切

十四部　文二百七十四　重七十七

一　惟初太極道立於一造分天地化成萬物凡一之屬皆從一臣鍇曰一者天地之未分太極生兩儀一旁薄始結之義是謂鳥獸之狀無物之象必橫者象天地人之气是皆橫屬四極老子曰道生一今云道立於一者得

繫傳一　臣鍇曰部敘字數皆仍舊題今分兩卷

一

説文解字繫傳四十卷　〔五代〕徐鍇撰

清抄本　清段玉裁、沈心醇校、沈樹鏞跋

一册　存六卷：一至六

半葉七行字不等，小字雙行二十二字，無欄格

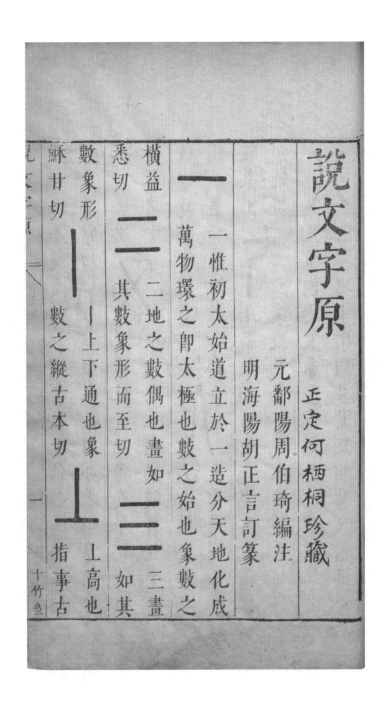

説文字原一卷六書正譌五卷　〔元〕周伯琦撰

明崇禎七年（1634）胡正言十竹齋刻本

六册

半葉五行，大小字不等，小字雙行十八字，白口，四周單邊。版框 20.0×14.2 厘米

六書正譌

上聲

正定何栖桐珍藏

元鄱陽周伯琦編注

明海陽胡正言訂篆

一 董

董觀動切艸名又姓

董从艸童聲別作董非

紺祖動切

聚束也从

糸囪聲俗作

頴頴虎孔切气頴洞未分之

象从水頴聲借音爲丹沙

捴總總並非 十竹叁

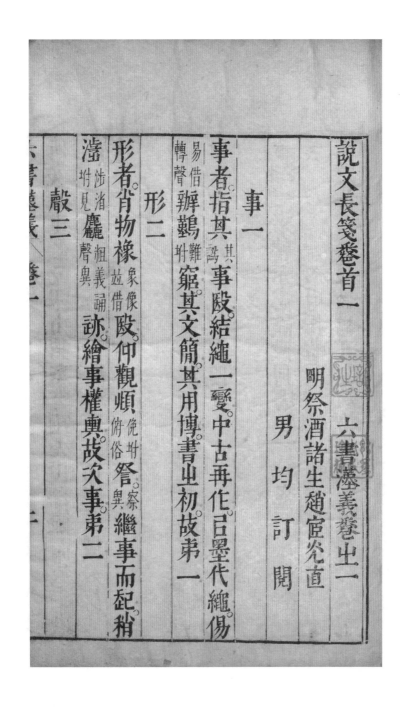

説文長箋一百卷首二卷解題一卷六書長箋七卷 〔明〕趙宧光撰

明崇禎四年（1631）趙均小宛堂刻本

三十一冊

半葉十行二十字，小字雙行同，白口，左右雙邊。版框 21.0×14.6 厘米

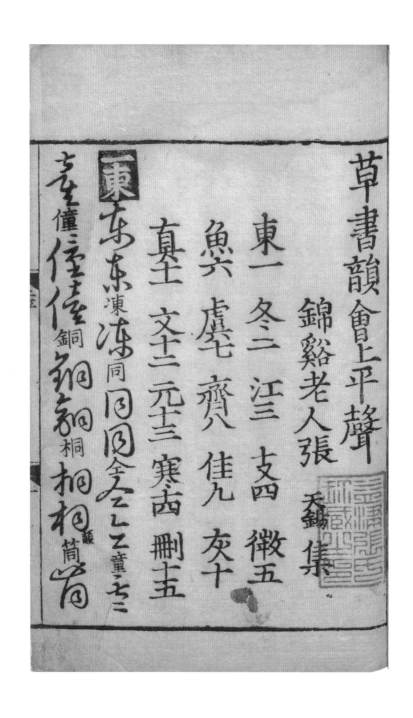

草書韻會五卷　〔金〕張天錫輯

明洪武二十九年（1396）燕京縣角頭鄭州王家刻本

四冊

半葉七行，大小字不等，白口，四周單邊。版框 21.1×16.0 厘米

一編置之几案間將古人苦心書法

曰盡菴有之于胷中爲知將素示

解作雪嶺孤松冰河危石者耶正

大年卯歲季夏望日樗軒老人題

洪武二十九丙子日槧刊

一

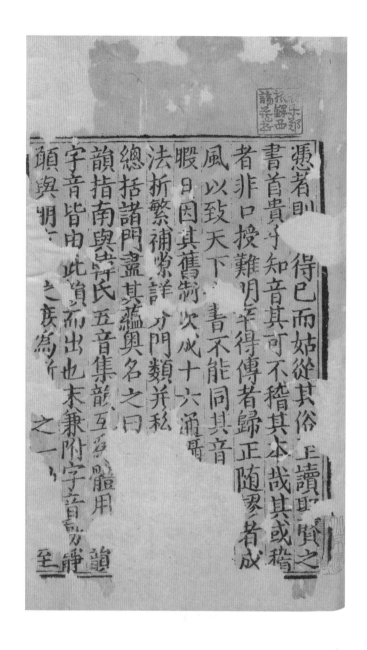

大明正德乙亥重刊改併五音類聚四聲篇十五卷五音集韻十五卷　〔金〕韓道昭撰　**新編經史正音切韻指南一卷**　〔元〕劉鑑撰　**新編篇韻貫珠集八卷直指玉鑰匙門法一卷**
〔明〕釋真空撰

明正德十一年（1516）金臺衍法寺釋覺恒募刻嘉靖四十三年（1564）釋本贊重修本

一冊　存二卷：新編經史正音切韻指南一卷，直指玉鑰匙門法一卷

半葉行字不等。版框 20.8×14.4 厘米

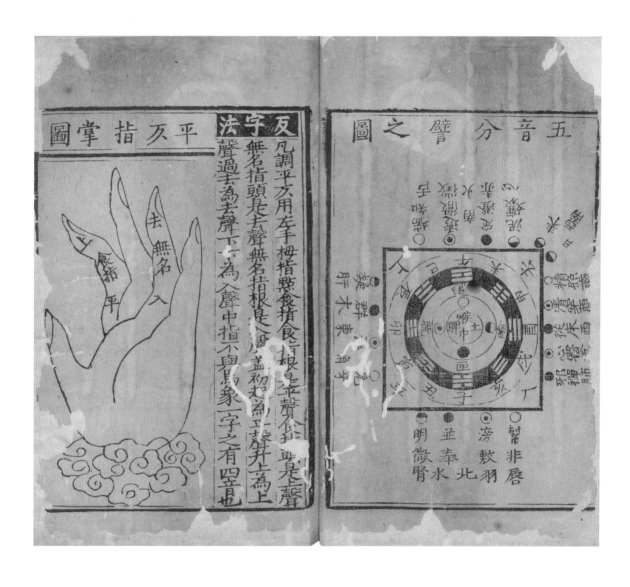

五音分聲之圖

平反指掌圖　反字法

凡調平方用左手梅指與食指捐食指根是平聲食

無名指頭是去聲無名指根是入聲蓋初起為平聲升上為上

聲過去為去聲下入為入聲中指不與焉象一字之有四聲也

去無名

上食指

平諸

入

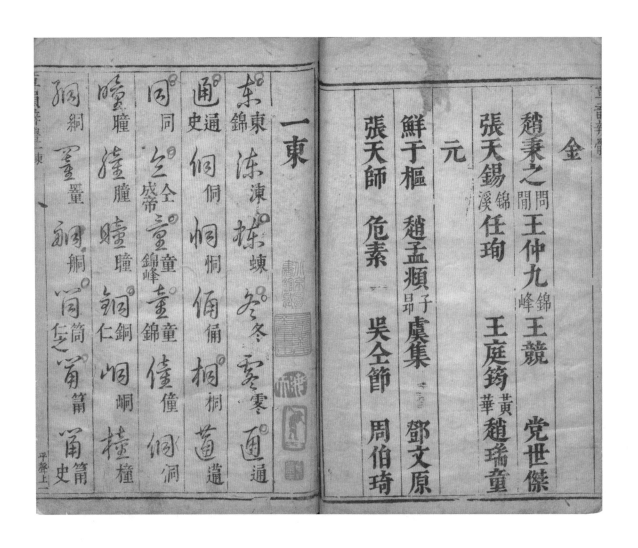

草韻辨體五卷　〔明〕郭謀輯

明崇禎六年（1633）閔齊伋刻本

六册　存四卷：一至二、四至五

半葉六行字不等，白口，四周雙邊。版框 21.2×14.5 厘米

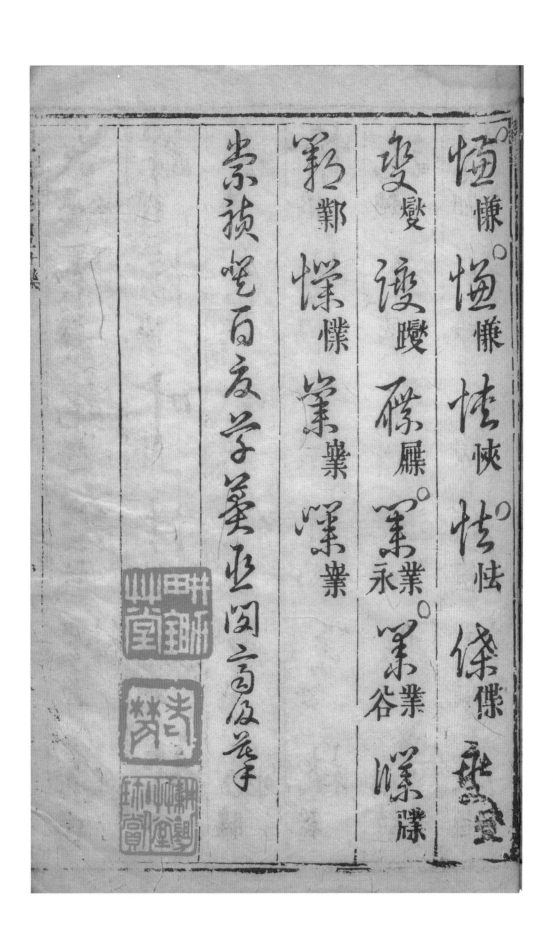

惴慄。慄慄慄慄悈傈傈

變變變變礫厤業。業業
谷業業業

鄴鄴懍懍業業業業

崇禎己酉友弟蕋蚕閔三高及芸

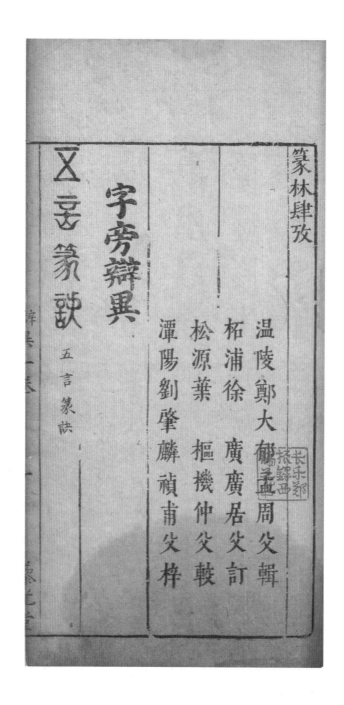

篆林肆考十五卷　〔明〕鄭大郁輯

明崇禎藜光堂劉榮吾刻本

二册　存九卷：一至九

半葉行字不等，白口，四周單邊。版框 20.1×12.2 厘米

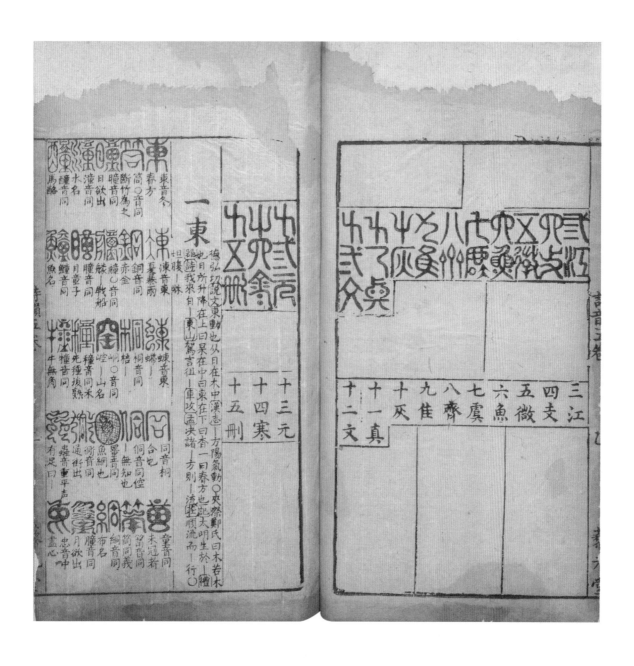

三江

四支

五微

六魚

七虞

八齊

九佳

十灰

十一真

十二文

一東

十三元

十四寒

十五刪

東音冬
春方
人也
凍竹爲之
斷竹爲之
目欲出
瞳音同
赤金
日欲出
瞳音同
鱗音同
魚名
馬路

東音束
蠛音東
種音同
椌○音同
山名
樁音同
先種後熟
牛無角

同音桐
合也
銅音同空
無知也
街衍出也
魚網也
魚網也
有足曰蟲
無足曰豸

童音同
未冠者
筒同音義
銅音同
銅名
月欲出
瞳音中
忠音同
盡心

東方陽氣動○夾祭鄭氏曰木若木
日所升降在上曰杲在下曰杳一曰春方也起太明生於一禮
○義我求曰一東駕言祖一軍攻盂決諸一方則一流迂順流而一行○

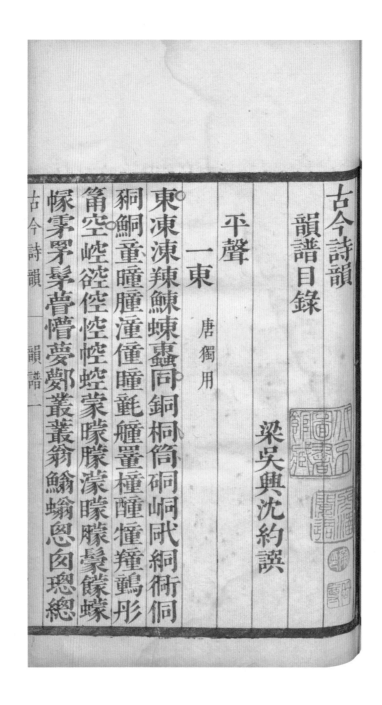

平聲

一東

唐獨用

古今詩韻

韻譜目録

古今詩韻

梁吳興沈約譔

東凍凍辣鰊蝀蠹同銅桐筒硐峒𡵉絧衕侗
狪鮦童瞳膧潼僮瞳甄矓罿橦醲憧犝鶇彤
筩空崆箜焢箜崆蒙曚朦濛矇矓瞢鬃襛蠓
幪雺罞𥊪瞢懵夢鄭叢叢翁鯣螉恩囪悤總

古今詩韻二百六十一卷　〔清〕楊錫震輯

清康熙刻本

二冊　存三卷：韻譜目録一卷、韻補目録一卷、近韻三十平一卷

半葉九行十七字，白口，左右雙邊。版框 17.6×13.5 厘米

新刊韻略上平聲第一

東第一　獨用
冬第二　與鍾同用
江第三　獨用
支第四　同脂之用
微第五　獨用
魚第六　獨用
虞第七　與模同用
齊第八　獨用
佳第九　與皆同用
灰第十　與咍同用
真第十一　同諄臻用
文第十二　與殷同用
元第十三　同魂痕用
寒第十四　與桓同用
刪第十五　與山同用

一東
獨用 春方也動也德紅切大|遠|潮|自|河|山

銅 律歷有六同徒紅切大|和|會|畐|攸|況異|道一也|家金之一品
青一標　桐 木名月令曰清明之日桐始|華蔔|絲|焦|孤|疎山名|岷　筒 名射桐又竹|目

凍 都貢切○同齊也共也
仝 文古|校|黄|昆|不|頭|潤|僵　峒 山名|岣嵝|顖也|癩
　　童 獨也言童子未有室家也終一|僮僕又|瞳 目

蝀 螮蝀虹也○音董|輦也合也

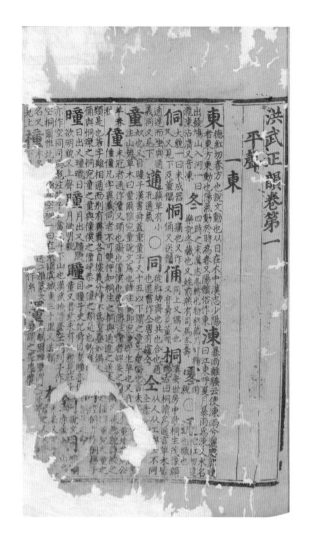
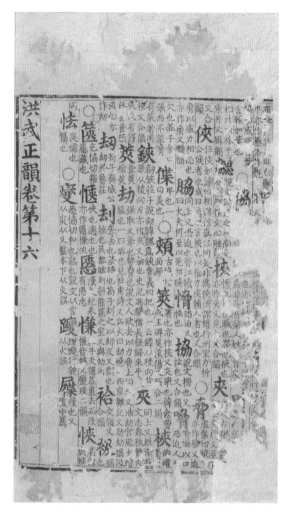

洪武正韻十六卷　〔明〕樂韶鳳、宋濂等撰

明初刻本（卷四至六配明抄本）

五冊

半葉十三行字不等，小字雙行三十六字，白口，四周雙邊。版框 34.7×22.2 厘米

古今詩韻釋義五卷 〔明〕龔大器撰

明萬曆九年（1581）金陵書肆周前山刻本

四冊

半葉十行，大小字不等，白口，四周雙邊。版框 21.0×14.2 厘米

16439（12342）

古今刀詩韻釋義卷之一

一東

東 德紅切動也從日在木中春方也

凍 水出發鳩山又夏暴名又齊也共一曰瀧一沾濆貌

蝀 虹也○同 徒紅切

銅 金之一品也亦作仝

桐 木名猪一夐花紅如火又紫一出西域淚可汗企銀也一曰疊

峒 空峒山名亦作空峒山下崆峒

筒 斷竹也簡通用

童 男有罪曰奴ㄑ曰童女曰妾本作童又山無草木曰童無角者牛曰一又髡一草 未冠者又獨也又名也 僮

瞳 子一知也 欲出一瞳 欲出一朣

侗 同悾一無知也 絧

曈 一曨日欲出一瞳 日瞳一朦月一

潼 水出廣漢一北界一衝衕衝通作童

衕 街衕通作童

絧 繫也一舟一名舩 鮦魚名一鮦○中 和也平

種 禾先種後熟

鐘 無角牛一一羊通一鐘

醴 酪酪毛貌一氃一散也又作氃 馬敬也又私酏曰誠也又適也又正也一

罿 綱一一戰船一雜也 網一

舡 魚一一礁礁

沖 涌也擇也省作中又和也又沖ㄑ聲又瑀飾貌

种 深也又冲ㄑ聲又瑀飾貌

衷 裹褻衣又善也中也又適也又正也一

忠 敬也直也無私

氃

彤

仝

仝

僮

僮

種 足曰豸又華一雄也 鹿中兇中以盛箭者又半也又滿也 足曰一無一 蟲足曰一無一 蜙

燼 旱熟也通作蟲 獝

韻譜本義十卷　〔明〕茅溱輯

明萬曆三十二年（1604）茅溱刻本　鄭振鐸跋

十册

半葉八行，大小字不等，白口，四周單邊。版框 20.6×14.2 厘米

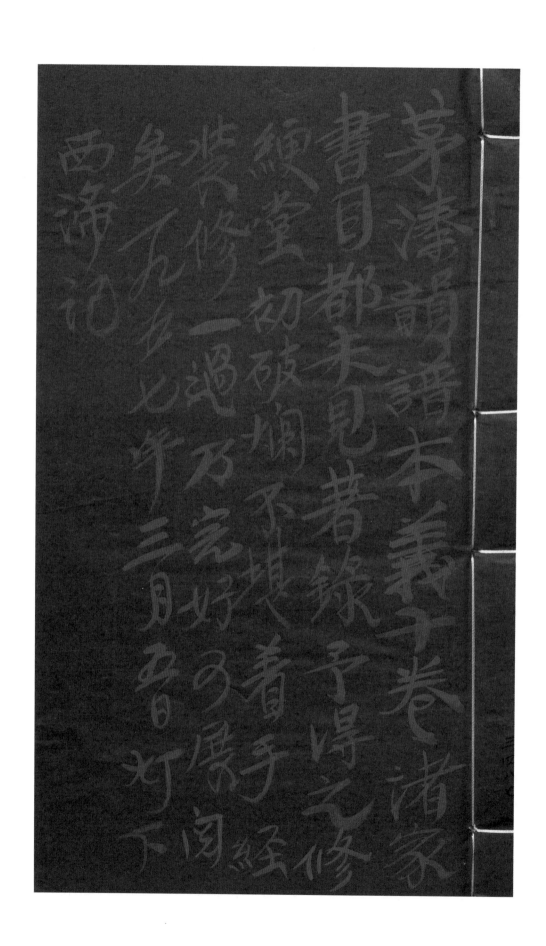

圖書在版編目（CIP）數據

國家圖書館西諦藏書善本圖録 / 國家圖書館古籍館編 . —廈門 : 鷺江出版社，2019.12
ISBN 978-7-5459-1528-0

Ⅰ．①國… Ⅱ．①國… Ⅲ．①私人藏書—圖書目録—中國—現代②古籍—善本—圖書目録—中國 Ⅳ．① Z842.7 ② Z838

中國版本圖書館 CIP 資料核字（2018）第 278085 號

策　　劃：雷　戎　劉浩冰
責任編輯：雷　戎　王　楓　金月華　陳　輝
裝幀設計：張志偉
營銷編輯：趙　娜
責任印製：孫　明

GUOJIA TUSHUGUAN XIDI CANGSHU SHANBEN TULU

國家圖書館西諦藏書善本圖録（全七冊）

國家圖書館古籍館　編

出版發行 : 鷺江出版社
地　　址 : 廈門市湖明路 22 號　　　　　　　　　　　　　　郵政編碼 : 361004
印　　刷 : 天津聯城印刷有限公司
地　　址 : 天津市寶坻區新安鎮工業園區 3 號路 2 號　　　　郵政編碼 : 301806
開　　本 : 889mm×1194mm　1/16
印　　張 : 235.5
版　　次 : 2019 年 12 月第 1 版　2019 年 12 月第 1 次印刷
書　　號 : ISBN 978-7-5459-1528-0
定　　價 : 3800.00 元